方图知识产权实务系列丛书

知识产权诉讼实务研究

广东方图律师事务所◎组织编写

何　俊　陈建南◎主编

▶▶▶▶

知识产权出版社

全国百佳图书出版单位

—北京—

图书在版编目（CIP）数据

知识产权诉讼实务研究/何俊，陈建南主编；广东方图律师事务所组织编写. —北京：知识产权出版社，2020. 10

ISBN 978 – 7 – 5130 – 7113 – 0

Ⅰ.①知… Ⅱ.①何… ②陈… ③广… Ⅲ.①知识产权—民事诉讼—研究—中国 Ⅳ.①D923. 404

中国版本图书馆 CIP 数据核字（2020）第 151330 号

责任编辑：刘　睿　刘　江　　　　　　责任校对：王　岩
封面设计：博华创意·张　冀　　　　　　责任印制：刘译文

方图知识产权实务系列丛书

知识产权诉讼实务研究

广东方图律师事务所　组织编写

何　俊　陈建南　主　编

出版发行：	知识产权出版社有限责任公司	网　　址：	http://www.ipph.cn
社　　址：	北京市海淀区气象路 50 号院	邮　　编：	100081
责编电话：	010 – 82000860 转 8344	责编邮箱：	liujiang@cnipr.com
发行电话：	010 – 82000860 转 8101/8102	发行传真：	010 – 82000893/82005070/82000270
印　　刷：	天津嘉恒印务有限公司	经　　销：	各大网上书店、新华书店及相关专业书店
开　　本：	720mm×1000mm　1/16	印　　张：	21.25
版　　次：	2020 年 10 月第 1 版	印　　次：	2020 年 10 月第 1 次印刷
字　　数：	368 千字	定　　价：	90.00 元
ISBN 978 – 7 – 5130 – 7113 – 0			

序　言

知识产权法学是一门实践性较强的应用学科，知识产权法学教育，不仅要进行知识产权法学专业理论知识的教育，更重要的是要进行知识产权实践能力的培养。使作为受教育的法科学生：能够掌握知识产权法律应用的有关技巧与方法，具有逻辑严密、功底扎实的文字表达能力和口头表达能力，能够正确甄别知识产权法律证据，准确陈述法律事实，正确适用知识产权法律。法科学生本科毕业后，如果从事知识产权律师实务，还需要进行多年的知识产权律师技能实践，方能够娴熟处理现实社会中各种错综复杂的知识产权法律问题，化解社会矛盾。王泽鉴先生说："学习法律的最佳方法是，先读一本简明的教科书，期能通过了解该法律的体系结构和基本概念。其后再以实例作为出发点，研读各家教科书。"可见，实务案例研习是将知识产权法律知识融会贯通的必经之路。自然，其也是融会贯通知识产权法理论与知识产权法适用隔阂的途径。伴随我国知识产权事业的快速发展，知识产权法理论与实务研究也越来越受到关注。

本书是由广东方图律师事务所——业内以知识产权诉讼为特色的专业律师事务所，其几位多年从事知识产权诉讼的专业律师，以自己多年办理的知识产权诉讼案件为素材，怀着对知识产权事业的热爱，本着严谨务实的学风，在繁忙的办案工作之余，加班加点，终成此书。本书的作者均是广东知识产权律师界的知名专业律师，本书是他们在知识产权诉讼实践中多年持续不断学习与思考的成果。

本书的内容具有一定深度。本书既涉及深奥难懂的知识产权法学理论问题，也涉及纷繁复杂的知识产权实务问题。作者既论述了知识产权的基本理论问题，又对著作权保护、工业产权保护、不正当竞争、知识产权损害赔偿相关

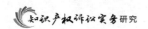

难点问题进行探讨，理论与实务相结合，宏观与微观相结合，实体法与程序法相结合，在解决实务问题的同时，将对知识产权相关问题的探讨引向深入。本书是一部关于知识产权法理论与实务的专著，对于进一步加强知识产权法理论与实务研究，探索知识产权审判规律，提升创新成果保护水平，具有重要的理论和实践意义。

本书的体例具有一定维度。本书的写作没有拘泥于传统的知识产权法的体例，而是以解决实务问题为指引，以办案经验和案例分析为手段，详细解读了知识产权权利产生、权利归属、侵权、抗辩的实体法律关系的要件，以一个个鲜活的、经过作者精心筛选的典型案件为素材，通过解剖典型个案，详尽论述了知识产权案件的办案规律，具体直观、生动翔实，信息量大，"干货"多，是一本风格独具、实用性很强的办案工具书。

法律的生命在于实践。无论是知识产权法律的修订，还是知识产权学术的发展，都与知识产权诉讼实践密切相关。科学技术的不断突破和发展，商业模式的不断变迁和创新，对知识产权法律制度不断带来新的挑战。由此出发，面向现实、解决问题，成了知识产权法学的鲜明特征。而回应这些问题，正是我辈作为知识产权法律工作者的时代责任。衷心期待本书作者不断创新，再接再厉，为我国知识产权事业的发展做出更大的贡献。

功崇惟志，业广惟勤，欣慰之余，是之为序。

胡充寒

目　录

知识产权基本理论

知识产权确认不侵权与行政投诉：冲突与解决……………………　何　俊　3

强保护背景下知识产权权利限制正当性再思考　……………………　何荣华　17

避风港原则在网络平台知识产权侵权纠纷中的适用与演变　…　何　俊　32

著作权保护专题研究

思想/表达二分法在文学作品相似侵权中的司法判定…………　肖玉根　49

数字图书馆合理使用问题再辨析

　　——以《公共文化服务保障法》及《公共图书馆法》

　　为背景　……………………………………………………　何荣华　62

论"半官方标志"的著作权保护　…………………………………　黄伟健　76

类电作品的司法认定及保护态势　………………………………　何　俊　87

电子游戏规则的著作权法保护路径探析　………………………　黄逸锋　99

电子游戏规则的著作权保护…………………………………………　张星宇　113

工业产权及不正当竞争问题研究

驰名商标跨类保护相关问题研究

　　——以案例为视角　……………………………………………　陈建南　131

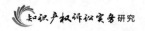

商标描述性使用的认定标准及审查要素 …………………… 何华玲 150

商标性使用的司法认定 ……………………………………… 何华玲 159

恶意受让及不当使用商标的立法规制

　　——从微信域名案谈起 ………………………………… 何　俊 171

商标反向混淆：本质、判定与规制 ………………………… 梁楚婷 184

以反向混淆为由的商标恶意诉讼：识别与规制 …………… 何　俊 197

专利现有技术抗辩及其与新颖性的关系 …………………… 麦晓君 212

知名商品特有装潢相关问题研究

　　——以最高人民法院案例为视角 …………………… 陈建南 223

论《反不正当竞争法》中的"一定影响" ………………… 肖雯敏 238

知识产权损害赔偿责任承担

论股东或法人承担知识产权侵权连带责任的可行性 ………… 何　俊 253

法律意义上的"生产者"之司法认定

　　——基于案例的视角 ………………………………… 陈建南 265

突破知识产权法定赔偿：路径探讨与实证分析 …………… 何　俊 279

知识产权损害赔偿案件中的利润和利润率确定

　　——以案例为视角 …………………………………… 陈建南 291

知识产权惩罚性赔偿制度司法适用的实证研究

　　——以案例为视角 …………………………………… 陈建南 307

后　记 ………………………………………………………… 331

知识产权基本理论

知识产权确认不侵权与
行政投诉：冲突与解决

何 俊

摘要：确认不侵权之诉是知识产权领域的一种不常见诉讼。此类诉讼的受理条件从其产生之初就引发了学界和司法界的较大争议。其中一种情况值得引起关注：权利人一方已经启动行政投诉时，被投诉方当事人是否有权提起确认不侵权之诉。对此，我国司法解释没有明确规定，司法实践中相关案例和对民诉法相关条款的理解差异巨大。结合笔者承办的商标确认不侵权案例及其相关案例，初步探讨确认不侵权之诉与行政投诉发生冲突之相关问题。

关键词：知识产权；确认不侵权；受理条件；行政投诉

一、问题的提出

2004年9月底，笔者所服务的一家佛山市南海区大型摩托车生产企业，突然收到来自全国9个地方工商局对该公司经销商"商标涉嫌侵权查封通知"和"罚款通知"。经查实，是因被同一个人在各处工商局以商标侵权进行投诉所致。而投诉人在投诉前几个月，曾经与南海该企业进行接洽，要求该企业以30万元的高价购买投诉人刚刚获得权利的注册商标。南海该企业认为商标价格太高，企业使用的商标已经注册，而且与投诉人商标有很大不同，因此拒绝购买。然而几个月后，竟然同时收到9个工商局的查封通知。为此，该企业不得不委派律师前往9处工商局陈述事实，进行听证事宜，但投诉人并未停止其投诉举措，又向其他地方十几个工商局进行了投诉。综合考虑事件的解决途径

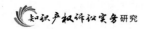

后，笔者认为，为了对抗投诉人的权利滥用行为，只能主动提起确认商标不侵权之诉，主动请求法院解决双方之间的商标侵权纠纷。该企业接受了笔者的意见，向佛山市南海区人民法院提起了确认不侵权之诉。最初，南海区人民法院以没有管辖权为由拒绝接受该案的起诉材料，后经反复争取之后，该院知识产权庭和立案庭对案卷进行了仔细研究，但一周之后，仍然以权利人已经在合理期限内启动了行政纠纷解决机制、不侵权之诉缺乏基本的受理条件为由，给出不予受理裁定书。此后，在律师的建议下，南海该企业向佛山市中级人民法院提起上诉，佛山市中级人民法院经过审理之后，认为"本案是民事主体之间因财产关系提起的民事诉讼，属法院的管辖范围。且本案系确认不侵权诉讼，可以参照侵权纠纷案件确定本案的管辖法院。根据《中华人民共和国民事诉讼法》第29条的规定，原审法院对本案有管辖权。综上所述，上诉人的起诉符合《中华人民共和国民事诉讼法》第108条的起诉条件，原审法院应予受理"。由此，该案经过诸多曲折之后，终于得以由南海区人民法院受理。

该案的曲折立案经历，说明当企业面临恶意工商投诉被动挨打状况时，确认不侵权有望成为遏制此种商标权滥用行为的有效机制。但是，由于立法和司法实践对于确认不侵权立案条件的不同理解，确认不侵权之诉长期以来难以发挥其对抗恶意诉讼的制度价值。

二、以确认不侵权之诉对抗恶意行政投诉的现实意义

（一）确认不侵权的立法来源

不侵权之诉在英国、美国和其他一些国家相当普遍。其一般形式是被指控侵权一方请求法院作出"宣告式判决"。这种宣告方式判决的意义在于将潜在的被告从权利人的威胁之下解除出来。这种威胁来自意在干扰对手，以起诉相要挟，但是何时启动诉讼完全取决于对手——也许对手永远都不起诉。根据英美国家的判例，提出宣告式判决诉讼以存在"真实的纠纷"（Actual Controversy）为必须条件。《英国专利法（1977）》第70条、《英国商标法（1994）》第21条，对无端的侵权威胁规定了救济途径。美国的宣告式判决制度起源于1934年的《联邦宣告性判决法》（Federal Declaratory Judgment Act of 1934），

该法已经成为《美国法典》第 28 章的一部分。❶

1937 年的《宣告性判决法》进一步明确了美国联邦法院管辖权标准——存在实际的争议。立法规定"在存在实际争议案件的情形下任何一个美国法院在收到一个合适诉求的情况下不管当事人是否寻求进一步的救济，都可以宣告当事人之间的权利和其他的法律关系"。此处的案件和争议是指由《美国宪法》第 3 条规定的具有可裁决性的案件和争议。❷

在我国，最高人民法院也认为确认不侵权之诉是对抗权利人恶意诉讼的有效机制。例如，最高人民法院民三庭在 2004 年 2 月 25 日研讨会关于恶意诉讼问题的研究报告中写道，2002 年最高人民法院关于苏州龙宝公司与苏州朗力福公司请求确认不侵犯专利权纠纷案的批复确立了法院可以依法受理不侵权诉讼的原则，使不侵权诉讼成为对抗恶意诉讼乃至滥用诉权的一种有效的手段，已经在实践中发挥着重要的作用。

比较普遍的观点认为，确认不侵权比较适用于权利人发出警告函而迟迟不采取诉讼的情况。例如，权利人发现侵权后，在并无确凿的证据情况下，权利人轻率发警告信，或投诉，或发表声明，甚至指名道姓地指责他人侵权，却又迟迟不提起诉讼，致使侵权嫌疑人的经营处于被动不安全的受阻状态。针对这样的新问题，权利人很有可能属于恶意权利滥用人，必须赋予其相对方同等的诉讼权利，在权利人指控侵权却又迟迟不起诉的情况下，先行起诉，请求法院判决其是否侵权，即请求确认不侵犯知识产权之诉，是以权利人为被告的一种诉讼。

（二）我国行政投诉机制常被异化为恶意权利人滥用权利的工具

对于知识产权行政投诉，是否可以成为被投诉人或者利害关系人提起确认不侵权的条件之一，在司法实践中一直存在巨大争议。然而，权利人以行政投诉方式处理商标侵权，是我国知识产权保护的一个比较特殊的机制。行政投诉由于在案件处理中存在诸多现实问题，导致这种机制往往成为恶意权利人非法牟利的工具。主要问题如下。

（1）行政投诉案件中侵权判断方式过于简单粗暴。很多行政执法机构在判断侵权与否时，判断标准太过单一。如只要投诉人有注册商标，被投诉一方

---

❶ 易玲. 知识产权确认不侵权诉讼之法律性质探析 [J]. 公民与法（法学），2010（12）：23 – 25.

❷ 李娜. 论美国法上确认不侵权之诉的受案标准 [M] // 东南司法评论（2011 年卷）. 厦门：厦门大学出版社，2011：487 – 488.

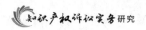

产品上有上述相同或者看起来相似的标识，就认定构成侵权，很少考虑到司法机构判案必须考量的混淆误认的可能性问题。

又如，商标注册人杜某某及其公司注册的商标共计 66 件，涉及行业类别跨度大，其中 53 件商标与他人享有在先权利商标构成相同或类似，部分在先商标曾被认定为驰名商标，其中包括"黑人""DARLIE"商标。2015 年杜某某持其注册第 3135549 号在纸巾产品上"DARLLE"标识注册商标权向工商局投诉某商场在黑人牙膏促销赠品纸巾上贴"DARLIE"标识的行为构成商标侵权。黑人牙膏制造厂家支持该商场提出抗辩理由，指出这种标识方式属于赠品指示性使用，涉案纸巾产品侧面及其包装箱正面标注有"黑人牙膏赠品——纸手帕"、制造商名称"维达纸业（广东）有限公司"，纸巾侧面亦标注有"Vinda"注册商标标识，相关公众和普通消费者不可能误认该纸巾来源于黑人品牌牙膏制造公司，以及杜某某抢注并囤积了多个商标，其投诉具有明显的主观恶意，其注册商标已经被提起商标无效或被判定无效等。此后商标评审委员会作出（2017）第 31919 号《关于第 3135549 号"黑人 DARLIE"商标无效宣告请求裁定书》，裁定该商标全部商品无效，北京市高级人民法院（2018）京行终 2290 号判决书维持了这一裁决。❶

但是此案在行政处理以及之后的行政诉讼中，仍然是一波三折，让人吁叹不已。广州市工商行政管理局海珠分局认定投诉成立，该商场不服提起行政复议，广州市工商管理局认定"本案涉案产品黑人牙膏是消费者所熟悉的商品，中山市商业实业有限公司广州经营部在销售黑人牙膏时，在赠品纸巾正面下方的位置，以较小的字体使用'DARLLE'标识，并未突出使用，并已在赠品纸巾的包装上明确注明'黑人牙膏赠品'，且注明制造商'维达纸业（广东）有限公司'及'Vinda'的字样，不具有使相关公众产生混淆的行为特征，不符合《中华人民共和国商标法》第 57 条第（2）项规定的侵犯注册商标专用权的构成要件"，遂撤销了广州市工商行政管理局海珠分局的裁决。而之后的广州市天河区人民法院和广州知识产权法院则又推翻了广州市工商行政管理局的决定，要求其重新作出行政决定。❷

（2）行政投诉的处理程序常常直接导致被投诉人利益受损，但救济途径非常有限。一般情况下，权利人提起行政投诉的要求并不高，只需提交权利证

---

❶ （2018）京行终 2290 号.

❷ （2016）粤 73 行终 3 号判决书.

明和侵权线索即可。而行政执法机构在接到投诉之后，由于有些地方执法机构本身有办案数量等任务，因此处理中常常先到被投诉人处对涉嫌侵权产品进行查扣，虽然查扣之后并不一定必然会作出处罚决定，但是这种查扣产品并下架的处理方式，必然会导致销售商利益直接受损。此时，无论是销售商还是产品制造商，都很难对这种查扣行为提出权利救济。除非后续工商局再作出处罚或者责令整改的决定，才可对该行为提起行政复议或者行政诉讼。值得注意的是，行政处罚一旦作出，受处罚人就必须先履行。也就是说，这种损害不像民事诉讼之赔偿，一般需要等到二审判决之后才生效履行。同时，这样的损害对于处于弱势地位的被处罚人而言，通常是不可逆的。行政官司难赢，是行政复议乃至行政诉讼的普遍问题，这主要是由行政执法机构的优势地位所决定的。通常的情况下，受处罚人在面对优势地位的行政处罚机构的情况下，特别是地方性的工商行政管理机关，极少数才会选择以对抗的方式积极采取行政复议或者行政诉讼进行后续的权利救济，因为绝大部分个人和企业都认为即使提出，效果也非常有限。

正是由于行政执法机构这种执法特点，也就导致被一些具有恶意的权利人所利用。以笔者所代理的确认商标不侵权案件来看，我方当事人是资产过亿元的大型摩托车生产公司，商标注册使用也有 6 年之久，经长期使用宣传已经是业内颇有名气的品牌。而投诉人是一个抢注若干个知名商标的个人，不具备生产摩托车的资质也从未许可他人生产摩托车。在获得一个仅仅读音上与我方当事人品牌一样的商标专用权不久，高价向我方当事人兜售不成后，在一个月内，以传真的方式向 9 个省份的工商局发送投诉函。该投诉人以非常低廉的成本、简单的手段导致我方当事人大量产品被查封，销售市场遭到重创，还不得不委派律师奔波于各地工商局陈述意见，参加听政，提起行政复议等。可以说，只要投诉人一天不停止投诉，一天不起诉，侵权纠纷的法律事实状态一天就处于不确定的状态中，我方当事人就一天处于极为被动的挨打局面中。而且狡猾的投诉人非常了解地方工商人员的执法情况，并巧妙地利用了这些情况，使工商执法成为打击我方当事人，要挟购买商标的强大武器。一方面，投诉人的恶意非常明显；另一方面，被投诉人急切需要结束被动挨打的局面，快速解决纠纷。因此，提起确认商标不侵权之诉，是对抗投诉人，早日解决纠纷的唯一途径。

（三）确认不侵权可有效遏制权利滥用

平等主体之间的民事确认不侵权诉讼救济，相比行政执法中的不平等主体

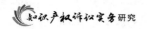

情况下行政救济，更容易起到遏制权利滥用的作用。在行政执法的程序中，被权利人投诉的一方并非直接面对权利人，而是公权力。由于类似的恶意投诉人，通常提出商标的高额售价，而且是向多个行政机关进行投诉，导致被恶意投诉的一方面对的不是一个地方的公权力，而是多个地方的公权力。这种不平等主体对抗下权利救济，谈何容易？相比而言，被投诉一方提起确认不侵权的民事诉讼，让纠纷的双方处于平等的诉讼地位，主动让法院来判定争议的行为是否构成知识产权的侵权行为，则更能够起到定分止争，并且及时遏制知识产权权利滥用的行为。

三、请求确认不侵权之诉的立案管辖依据及司法实践操作差异

（一）确认不侵权诉讼的立案依据

对于民事案件的受理应当参照《民事诉讼法》第 108 条和第 110 条之规定。确认不侵权之诉中，原告因被告滥用权利，不及时提起诉讼遭受利益损害，与案件有直接的利害关系，而且起诉中有明确的被告，有非常具体的诉讼请求和事实、理由，从而在每一条上都符合民事诉讼法关于案件受理的规定，属于人民法院受理民事诉讼的范围。因此，确认不侵权之诉只要符合民事案件受理的法律规定，就应当被法院受理。这一点也可以从最高人民法院（2001）民三他字第 4 号《关于苏州龙宝生物工程实业公司与苏州郎力福保健品有限公司请求确认不侵犯专利权纠纷案》的司法解释中看到明确的依据。最高人民法院在答复意见中认为，由于被告朗力福公司向销售原告龙宝公司产品的商家发函称原告的产品涉嫌侵权，导致经销商停止销售原告的产品，使得原告的利益受到了损害，原告与案件有直接的利害关系；原告在起诉中，有明确的被告；有具体的诉讼请求和事实、理由；属于人民法院受理民事诉讼的范围和受诉人民法院管辖，因此，人民法院对本案应当予以受理。

（二）行政救济是确认不侵权之诉的现实障碍

司法实践中很多案例将行政投诉视为权利人解决纠纷的程序机制，并以此认定被投诉人不能再启动民事程序进行权利纠纷，而只能在行政程序中寻求救济。

曹建明法官撰文指出，"对当事人提出的确认不侵权诉讼请求，要以利害关系人受到侵权警告而权利人又未在合理期限内依法启动纠纷解决程序为基本

条件"，● 很多人认为一旦权利人一方提起行政投诉，则被投诉人或者相关利害关系人则无权启动确认不侵权之诉，就是持该观点。2005 年以笔者所代理的商标确认不侵权案件而言，南海区人民法院在其不受理裁定书中直接引用了曹建明法官观点，指出起诉人虽然提起不侵权诉讼，在性质上属于侵权类纠纷，但提起不侵权诉讼要以利害关系人收到侵权警告而权利人又未在合理期限内依法启动纠纷解决程序为基本条件。现被诉方已向工商行政管理部门提出投诉，依照《中华人民共和国商标法》第 53 条的规定，实际上被诉方已经依法启动对商标侵权的行政解决机制，如起诉人对工商行政管理部门的行政处理不服，可通过行政诉讼予以救济。本案不符合受理条件，应不予受理。●

2007 年，章某某与海通食品集团股份有限公司确认不侵害知识产权纠纷上诉案中，浙江省高级人民法院即对确认不侵害知识产权纠纷案件的受理条件作过如下解释："当事人向人民法院请求确认不侵犯知识产权之诉，必须符合《中华人民共和国民事诉讼法》第一百零八条规定的起诉和受理条件，即原告是与本案有直接利害关系的公民、法人和其他组织；有明确的被告；有具体的诉讼请求和事实、理由；属于人民法院受理民事诉讼的范围和受诉人民法院管辖。对确认不侵犯知识产权之诉而言，'与本案有直接利害关系'，是指原告受到侵权警告而权利人又未在合理期限内依法启动纠纷解决程序。"●

2008 年，北京市科胜内燃机配件制造有限公司与上海柴油机股份有限公司确认不侵害商标权纠纷上诉案中，北京市高级人民法院也作出了类似的解释："根据我国民事诉讼法第一百零八条的规定，原告提起民事诉讼必须符合下列条件：原告是与本案有直接利害关系的公民、法人和其他组织；有明确的被告；有具体的诉讼请求和事实、理由；属于人民法院受理民事诉讼的范围和受诉人民法院管辖。对于确认不侵权之诉来说，原告与案件的直接利害关系体现在：被告发函称原告的产品构成侵权，但此后的一定时间内并未就原告的行为向人民法院提起诉讼或者向其他有权机关请求救济，由于被告发函的行为导致原告的产品无法销售，使得原告的利益受到损害。"●

值得注意的是，上述两案法院均一致认为，如果权利人提起行政投诉，被

● 曹建明. 知识产权保护要有新突破［N］. 人民法院报，2004 - 11 - 24.
● （2004）南民立字第 7 号.
● （2007）浙民三终字第 195 号.
● （2008）高民终字第 1383 号.

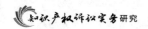

投诉人或相关第三人应该在行政程序中去获得权利救济，不属于直接利害关系人。因此，其提起确认不侵权之诉，不符合《民事诉讼法》第108条的受理条件，应当不予受理，或者驳回起诉。

四、确认不侵权之诉与工商处理商标侵权纠纷并无冲突

一直以来，知识产权司法审判与行政处理两种程序就存在相互冲突及如何衔接的问题。实践中，由投诉而产生的行政处理是否与法院受理案件构成冲突在学界一直存在争论。但从近年来法律的修改及最高人民法院的解释来看，二者的关系日益明确。根据2001年12月25日颁布的《最高人民法院关于审理商标案件有关管辖和法律适用范围问题的解释》第3条和第10条，以及《最高人民法院负责人就发布上述司法解释答记者问》对于行政执法和司法审判两个程序的关系问题的回答，当事人以商标民事侵权纠纷为由向人民法院起诉要求行为人承担赔偿损失等民事责任的，无论工商行政管理部门是否已经立案，人民法院均应依法予以受理。这实际上一方面说明了法院对商标民事侵权纠纷的受理与工商行政管理部门的立案可以同时进行，另一方面也体现了司法审判机关是最终的独立的权利救济机关，它不受其他机关对民事法律关系认定情况的影响，从而充分体现司法审判对行政行为进行司法监督的精神。

既然权利人可以同时选择行政处理和民事起诉，作为同等法律地位的被投诉人一方，当然也具备多个途径的救济权利。因此，工商部门行政处理并不能阻碍涉嫌侵权人在受到投诉时向法院提起确认不侵权之诉的受理。有学者认为❶不能当然地认为行政诉讼程序启动后，当事人就不能再提起确认不侵权之诉。有法官担心，受理确认不侵权之诉会导致同一纠纷的不同机构处理，而违背"一事不再理"原则。其实不然。虽然不服行政处罚的行政诉讼也会涉及对侵权事实的认定，但其更关注的是对具体行政行为合法性的审查，审查的重点是具体行政行为所依据的主要证据、行政行为的程序及行政权限，并非对整个事实的实质性审查，因此不一定能反映侵权事实的完整性。相反，确认不侵权诉讼的审查对象是当事人的诉辩主张，采用高度盖然性的事实认定规则，单纯认定侵权事实，是对侵权事实的实质性审查。可见，法院裁判确认不侵权之

---

❶ 谢绍静. 知识产权确认不侵权诉讼与行政处理及行政诉讼的关系之厘定 [J]. 科技管理研究, 2013 (5)：139－140.

诉与不服行政处罚的行政诉讼虽然都包含对侵权事实的司法审查，但二者审查标准并不相同，所认定的也不属同一法律事实。因此，被控侵权人在启动行政诉讼程序后再提起确认不侵权之诉并不违反"一事不再理"原则。最后，从审理法院的级别、业务能力来看，知识产权纠纷的一审法院一般为中级人民法院，即使是基层人民法院，也由最高人民法院指定且具有一定专业技术水平，而在很多情形下行政诉讼的被告都是基层行政管理部门，因此行政诉讼的审理法院一般也是基层人民法院，由于一般基层人民法院对相关知识产权的知识与审理经验匮乏，如果不允许涉嫌侵权人向中级人民法院提起确认不侵权之诉，而是由受理行政诉讼的基层人民法院来审理涉及知识产权的新型案件，很可能会力不从心，难以保证案件审判的质量。

笔者认为，以工商行政处理阻却被投诉人一方的确认不侵权民事救济途径，违反民事诉讼法的规定，剥夺了一方当事人的合法诉权，并且导致滥用权利的行为无法得到通过确认不侵权途径有效遏制：

其一，确认不侵权之诉符合民事案件的受理条件才会得以受理。

如笔者代理的案件，完全符合《民事诉讼法》关于案件受理的要求，属于应当受理的案件。

其二，为不侵权之诉确立上述条件，实际上是将平等的民事主体置于不平等的诉讼地位上。

利害关系人提起不侵权之诉要以权利人在合理期限内未启动纠纷解决机制为基本条件，实际上是要求一方当事人提起诉讼必须要以另一方当事人的不作为为基本条件，对一方当事人的诉权设置了不合理的行使条件。这样，就直接导致本来纠纷中平等的民事主体因此项确立条件而陷入不平等的诉讼地位上。而且，纠纷解决机制的意义是不明确的。从宽泛的意义上来说，协商、调解、诉讼均可以作为纠纷的解决办法。但是不同的方法中，当事人所处的地位是不同的。就此类案件而言，如果投诉人一边投诉，一边要与被投诉人协商，要求对方必须支付高额费用才能了结此事，那不是被投诉人就因此被限制了诉权的行使，不得不接受其不合理谈判条件了。从严格的意义上讲，因被告投诉所导致的行政处理机制是否可以作为双方当事人之间的纠纷解决机制，是有待商酌的。在行政处理机制中，被投诉人面对的，自始至终都是行政机关的公权力，而非平等的民事主体。民事纠纷在工商处理中双方连碰面的机会都没有，何谈解决纠纷？再者，即使此处工商局的查封、罚款均能通过烦琐的行政复议、行

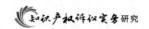

政诉讼得以了结,那谁又能保证投诉人不会继续在其他工商局投诉呢?故投诉人与被投诉人之间的民事纠纷还是无法得到解决。所以,工商部门的行政处理仅仅是其因市场管理和主动执法的需要而做出的单方具体行政行为,绝非为解决民事纠纷而生,也根本起不到解决民事纠纷的作用。

其三,为不侵权之诉确立上述受理条件,会使确认不侵权之诉失去存在的法律意义。

在涉嫌侵权人因权利人的投诉陷入极端被动的局面下,各地工商局的行政处理不仅没有成为上诉人提起诉讼的有利证据,反倒被视为"权利人在合理期限内提起的纠纷解决机制",而成为法院不予受理此案的理由,可谓置法理于不顾,完全颠覆了不侵权之诉存在的法律意义。不侵权之诉就是为了赋予利害关系人与权利人平等的诉权,使其可以主动提起诉讼,尽早结束纠纷的不确定状态,以对抗权利人滥用知识产权的行为。如果法院将因被上诉人滥用知识产权而导致的行政处理后果简单等同于权利人依法启动的纠纷解决机制,对此类确认不侵权之诉一概拒绝受理。那么,投诉人的滥用知识产权行为丝毫不能得以被制止,而被投诉人则继续处于被投诉的损害和威胁之中。

五、行政投诉与确认不侵权并行不悖之制度及案例基础

1. 确认不侵权之诉相关规定

《最高人民法院关于审理侵犯专利权纠纷案件应用法律若干问题的解释》第 18 条规定,权利人向他人发出侵犯专利权的警告,被警告人或者利害关系人经书面催告权利人行使诉权,自权利人收到该书面催告之日起 1 个月内或者自书面催告发出之日起 2 个月内,权利人不撤回警告也不提起诉讼,被警告人或者利害关系人向人民法院提起请求确认其行为不侵犯专利权的诉讼的,人民法院应当受理。目前该条规定是很多法院受理除专利纠纷之外所有确认不侵权案件的适用或参考依据。该司法解释出台,看起来有明确的规定,但实际上对于侵权警告的性质理解还有较大差异。

2. 确认不侵权诉讼与行政投诉并行的相关案例

有学者归纳受理知识产权确认不侵权的若干情形提到:权利人向一个或同时向若干个产品销售地的行政机关投诉,申请查封、扣押涉嫌侵权产品,造成原告的销售市场受到严重影响,并导致原告为恢复受干扰的行为或消除不利影

响而增加额外投入等。❶ 例如，北京市第一中级人民法院受理的"彼得兔"请求确认不侵犯商标权案、广东省佛山市中级人民法院受理的盐步恒业工艺玩具制品厂诉冯某某请求确认不侵犯专利权案、江苏省南通市中级人民法院受理的通州市南洋灯泡有限公司诉德国欧司朗公司请求确认不侵犯商标权案等均属此种情形。

其中提到的佛山市中级人民法院的案例，是指 2001 年广东省佛山市中级人民法院受理并审结的南海市盐步恒业玩具制品厂诉被告冯某某专利不侵权之诉，这是全国审结的第一例不侵权之诉案件。该案中，冯某某曾以恒业厂专利侵权为由请求佛山市知识产权局进行调处，恒业厂拒绝答辩。答辩期满后，恒业厂即向佛山市中级人民法院请求确认其不侵权。这是一个将被动的权利作为主动的诉权的案件，在司法实践中非常少见。佛山中院依据民法的基本理论、法理的基本精神及专利法的有关规定对该案进行了审理，认定被告构成侵权，驳回其不侵权的诉讼请求，从而使双方当事人权利不确定的状态重新归于稳定。

在"彼得兔"请求确认不侵犯商标权案中，权利人向工商部门投诉，原告认为被告侵犯了其若干个商标权，但是工商局只认定被控侵权人侵犯了权利人的一个商标权。那么，在确认不侵权之诉中，法院对于工商部门已经做出认定的商标侵权行为，不再予以审查，而是由当事人通过行政诉讼途径解决。对于工商部门没有作出认定的被控侵权行为，法院则依法审查做出裁决，其潜在意思就是法院认为权利人向工商部门投诉，而工商部门未处理，这种悬而未决的状态，已经影响到被控侵权人的利益，符合确认不侵权之诉的要件。

在通州市南洋灯泡有限公司诉德国奥斯拉姆公司确认不侵犯商标专用权及不正当竞争一案中，在确认不侵权诉讼提起之前，原告南洋公司因不服南通市工商行政管理局对其的行政处罚，已向南通市崇川区人民法院提起了行政诉讼。南通中院受理此案后，经与南通市崇川区法院协调，裁定中止审理已提起的行政诉讼。南通中院经审查，认定南洋灯泡公司侵犯注册商标权成立，驳回了该公司确认不侵权的诉讼请求。除前述案例之外，近年来还有如下案例值得借鉴。

---

❶ 熊亮．论确认不侵权诉讼的性质［J］．中国石油大学胜利学院学报，2011（1）．

（1）上海一中院（2011）沪一中民五（知）终字第 130 号案。该案原告申报出口的货物被告申请海关扣留，被告收到海关通知后未向法院申请责令停止侵权或财产保全。原告提起诉讼后法院依法受理，经过审理裁决认为：一审起诉时海关对涉案行为在处理期间，但开庭前海关作出不能认定是否侵权的通知。原告的行为性质处于待定状态；二审法院认为海关扣留货物并发出书面告知书，属于明确的侵权警告。

（2）佛山市中级人民法院（2011）佛中法知民终字第 82 号判决书案。被告作为权利人已向相关行政机关投诉他人侵犯其外观设计专利权，却未向他人发出侵权警告，相关行政机关已受理，但未有处理结果的情形。法院受理此案并作出裁决，其观点在于：权利人向相关行政机关投诉的行为实质上已起到警告的作用，且效果比警告效果更强，在此情形下，若权利人不行使诉权或怠于行使诉权，他人则可直接向法院提起确认不侵权诉讼，法院应予受理，而不必拘泥于上述司法解释规定的"权利人警告＋他人催告"的程序。

（3）陕西高级人民法院（2009）陕民三终字 12 号判决书的观点案。该案于 2008 年 5 月 4 日起诉。2007 年 2 月被告在北京一中院以相同的事实与理由起诉原告侵犯其在本案的专利权，后撤回起诉。法院认为，本案中虽不存在以警告的方式致函原告侵犯其专利权的事实，但被告在先前的侵权诉讼中撤诉后，在没有明确原告是否侵权的情况下，多次要求原告停产及支付其他相关费用，并向原告的客户散布其产品侵权的信息，其行为导致原告无法正常开展业务，扰乱了原告正常的生产秩序和经营活动。因此，原告提起确认不侵犯专利权纠纷，并无不当。

（4）江苏省高级人民法院在 2016 年作出的昆山山桥机械科技有限公司与天珩机械股份有限公司确认不侵害专利权纠纷二审裁定书中认为："虽然天珩公司在（2014）苏中知民初字第 00187 号案件中撤回起诉、在本案二审中表示愿意撤回对山桥公司及其销售客户的警告，但天珩公司在撤回前诉和撤回警告时，仍然作出了保留侵权指控的意思表示，且在本案二审回应山桥公司的询问时，天珩公司未明确其将于何时再次提起侵权诉讼，其并不具有及时结束山桥公司侵权状态不明的意愿，可见这种有所保留的撤诉和撤回警告，不足以完全消除其发出侵权警告的消极影响，事实上山桥公司仍明显处于天珩公司侵权警告威胁的不安之中。因此，机械地要求山桥公司再向天珩公司发送书面催告起诉函已无必要，也不符合司法解释设置催告起诉义务的立法目的，事实上只能

徒增无意义的程序空转。"❶

（5）江苏省高级人民法院 2016 年作出的宁波生方横店电器有限公司与常州常荣电器有限公司确认不侵害知识产权纠纷判决书认为："本案中生方公司虽未向常荣公司发出过明确的警告信函，但双方之间因商业秘密侵权问题发生过行政投诉，工商行政管理部门受理行政投诉在先但一直未作出行政裁决，可以认为双方之间存在因商业秘密的利害冲突以及由此引起的利益不稳定状态。本案常荣公司为避免其利益可能遭到的损害，向人民法院提起确认不侵犯知识产权之诉，符合确认不侵害知识产权诉讼的实质条件，该院依法应当受理。"❷

（6）最高人民法院在 2019 年 6 月 12 作出 VMI 荷兰公司与萨驰华辰机械（苏州）有限公司确认不侵害专利权纠纷二审民事裁定书❸认为："本案中萨驰公司向专利行政部门提起处理专利侵权纠纷的请求，表明其认为涉案的型号为MAX 的轮胎成型机侵害其涉案专利权。虽然该行政处理程序的相对方为被控侵权设备的使用者固铂公司，但对于该型号设备生产者的 VMI 公司，其必然认识到其所生产、销售的设备可能受到侵权指控，一旦纠纷处理机关认定构成侵权，其设备市场必然受到影响，因此，本案中行政处理程序对 VMI 公司经营的影响是客观存在的。其次，萨驰公司提起的专利侵权纠纷处理请求，被请求人仅为设备使用者固铂公司，而设备的制造者 VMI 公司并非被请求人，VMI公司没有参与到该行政处理程序中的机会，无法在该行政处理程序中主张相应权利。对于 VMI 公司而言，其所制造、销售的被控侵权设备是否会被专利行政部门认定构成侵权，经处于一种不确定的状态，其产品销售市场可能因此受到影响，并且其权益在相应行政处理程序中无法得到保障。VMI 公司提起本案确认不侵害专利权之诉的目的，在于尽快通过司法程序确认其生产、销售的MAXX 型号轮胎成型机未落入萨驰公司涉案专利权的保护范围，从而自可能面临侵权指控的不确定状态中解脱出来并稳定其相应市场。无论如何，尽快确定MAXX 型号轮胎成型机是否落入萨驰公司涉案专利权的保护范围，既符合本案涉案各方的利益，也有利于节约行政和司法资源。本案中权利人请求专利行政部门处理专利侵权纠纷，其处理结果可能直接影响未作为被请求人的 VMI 公司的利益，可认为其已受到侵权警告。因此，本案中对于 VMI 公司而言，应

❶ （2016）苏民终 610 号.

❷ （2016）苏民申 2949 号.

❸ （2019）最高法知民终 5 号.

将萨驰公司提起的专利侵权纠纷处理请求认定为属于专利法司法解释第十八条所称的侵权警告，VMI 公司关于萨驰公司专利侵权纠纷处理请求属于侵权警告的上诉理由具有合理性。"

从上述多个案例来看，从最高人民法院到部分省高级人民法院、地方中院，对司法解释中"侵权警告"的内涵都是作广义论，并未限于字面解释，而是从立法本意出发，将行政投诉处理、起诉后撤诉等导致纠纷不确认状态的情形均视为侵权警告，在此情况下，被投诉人一方有权提起确认不侵权之诉。

结　论

知识产权确认不侵权的本意在于赋予一方诉权，由此限制权利人的权利滥用行为，尽早结束纠纷的不确定状态。这样的诉权一旦赋予，从受理条件而言，任何一方只要证明有确定的争议事实存在，就应该得到法院的受理。而不应该设置不合理的受理条件，导致一方的诉权被轻易地剥夺。特别是针对权利人一方恶意启动的行政投诉而言，在我国目前国情下，基层执法机构的执法水平与中级法院还有较大的差距，且在行政救济程序被投诉人或者被处罚人处于极为不利的非平等地位，权利救济极为艰难。这也许是近几年江苏省高级人民法院、最高人民法院判例明确将行政处理视为"侵权警告"的原因所在，说明上述问题的解决思路已经越来越明晰。

强保护背景下知识产权权利
限制正当性再思考

何荣华

摘要：权利保护与权利限制是永恒的法学理论话题。权利具有无限扩张的天然特性，他人利益和社会公共利益等屏障的存在导致不存在绝对的权利。知识产权法律制度在授予知识产权人垄断权以激励创新并保护相关权利人利益时，是以不损害社会公共利益为前提。为更好地协调知识产权相关权利人与社会公众之间的利益关系，促进社会精神文明和物质文明的发展，确保社会公众能充分接触和利用知识产权，知识产权法在赋予权利人垄断权的同时又对其进行限制，担负着平衡权利人、利害关系人及社会公众之间利益关系的重任，起着类似天平的衡平作用。知识产权权利限制通过制度设计对权利人的知识产权权能设置边界，对实现知识产权的立法宗旨和价值目标，特别是在新技术条件下发挥知识产权制度的功能和作用，具有重要意义。

关键词：强保护；知识产权；权利限制；利益平衡

引 言

全球性或地域性公共健康危机从不间断，不断升级，引发公共健康问题谈判的艾滋病等广泛流行的疾病，导致世界各国发生了多次公共健康危机。如1996年发生的"0-157"大肠杆菌引起日本小学集体食物中毒事件，20世纪80年代以来发生的疯牛病事件，美国、加拿大在"9·11"事件后遭受的炭疽菌病毒袭击，诸如此类的公共健康危机可以说自有人类历史以来从未停止过，包括 2003 年发生的 SARS 危机❶，乃至当下正在全球肆虐的新型冠状病毒肺炎。

在发达国家的坚持下，国际上对化学药品的专利保护呈现出强化的趋势。而在全球范围内，90% 的药品尤其是治疗严重流行性疾病的药品专利掌握在发达国家的跨国性医药机构手中，而遭受公共健康危机则更多的是发展中国家，比如艾滋病患者大部分在非洲南部，而 2003 年受 SARS 沉重打击的也主要是亚洲的发展中国家，受害最深的是中国。❷ 2006 年 5 月 10 日，印度上百名艾滋病患者在首都新德里游行示威，抗议美国治疗艾滋病药品的专利权，因为药品专利的垄断，贫穷患者现在已经无力购买治疗的药品。游行的人群举着反对专利权的标语，在议会大楼前抗议示威。他们表示美国加州生物技术公司生产的治疗艾滋病的药品价格太高，在印度 520 万艾滋病病毒携带者中，仅有 2 万人靠政府的援助才有机会接受治疗，只有取消专利权，才能让大多数人有机会使用这种有效的药品，才能挽救生命。❸ 基于此，笔者开始关注知识产权权利限制问题。2020 年年初，新冠肺炎蔓延之时，某病毒所申请有效抑制药物"瑞德西韦"专利事件在国内引起广泛关注，据查证，此前已有国际医药巨头吉利德就该药物申请了一系列专利。一边是大量患者对专利药物的渴求，一边是权利人的研发投入及合法知识产权，如何平衡才是践行法律的公平公正，符合知识产权制度的创设目标？知识产权权利限制的正当性再次引发笔者思考。

一、概念的界定

（一）知识产权的内涵与外延

从内涵来看，知识产权，英文为"intellectual property"，其原意为"知识（财产）所有权"或者"智慧（财产）所有权"，也称智力成果权。在我国台湾地区，则称为智慧财产权。我国《民法通则》规定知识产权属于民事权利，

---

❶ 曹津燕. 进程实在是走得太慢，面对 SARS 谁还在公共健康上扯皮？［N］. 中国知识产权报，2003 - 06 - 10.

❷ 都是专利惹的祸？［EB/OL］. （2008 - 05 - 22）［2020 - 04 - 16］. http：//www. studa. net/min-fa/080522/1558181. html.

❸ 印度：艾滋病人举行游行抗议美国药品专利垄断［EB/OL］. （2006 - 05 - 11）［2020 - 04 - 16］. www. cctv. com/program/qqzxb/20060512/102444. shtml.

是基于创造性智力成果和工商业标记依法产生的权利的统称。亦有权威学者对知识产权的内涵是这样描述："人们就其智力创造的成果依法享有的专有权利。"❶ 或者"知识产权是基于创造性智力成果和工商业标记依法产生的权利的统称。"❷ 可见，知识产权是一种无形产权，它是指智力创造性劳动取得的成果，并且是由智力劳动者对其成果依法享有的一种权利，主要包括发明专利、商标以及工业品外观设计等方面组成的工业产权和自然科学、社会科学以及文学、音乐、戏剧、绘画、雕塑、摄影和电影摄影等方面的作品组成的版权（著作权）两部分。

从外延来看，知识产权所保护的客体范围主要包括专利权、商标权、工业品外观设计权、制止不正当竞争权、著作权和集成电路布图设计专有权等，在信息化时代，诞生了与信息产权有关的保护新客体。根据 1967 年在斯德哥尔摩签订的《建立世界知识产权组织公约》第 2 条规定，"知识产权"包括下列各项有关权利：文学、艺术和科学作品；表演艺术家的表演以及唱片和广播节目；人类一切活动领域的发明；科学发现；工业品外观设计；商标、服务标记以及商业名称和标志；制止不正当竞争；在工业、科学、文学艺术领域内由于智力创造活动而产生的一切其他权利。❸《与贸易有关的知识产权协议》（TRIPS）规定的知识产权范围中，还包括"未披露过的信息专有权"及"集成电路布图设计权"。随着科学技术的迅速发展，知识产权保护对象的范围不断扩大，不断涌现新型的智力成果，如计算机软件、生物工程技术、遗传基因技术、植物新品种等，都是当今世界各国所公认的知识产权的保护对象。

（二）知识产权权利限制的内涵与外延

知识产权法的权利限制制度充分体现了现代民法关于利益均衡、禁止权利滥用的思想。知识产权的权利限制是由其权利的特殊性决定的。权利限制制度是综合平衡私权及其义务、相对人利益、社会公共利益的结果。

从内涵来看，知识产权的权利限制，是指某些行为本来应属知识产权的侵权行为，但由于法律把这部分行为作为侵权的例外，从而构成了对知识产权人权利的限制，是知识产权法律制度中调整私权与公权、私人利益与公共利益之间关系的重要平衡机制。

---

❶ 郑成思. 知识产权法教程 [M]. 北京：法律出版社，1993：1.
❷ 刘春田. 知识产权法（21 世纪法学系列教材）[M]. 北京：中国人民大学出版社，2000：3.
❸《建立世界知识产权组织公约》第 2 条第 8 款。

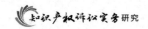

从外延来看，知识产权权利限制包括权能限制、行使限制、时间限制、主体限制、客体限制和地域限制，既有法定的权利限制，也有意定的权利限制。这些限制可归纳为内部限制和外部限制，内部限制主要指知识产权法自身规范的限制，在形态上可以概括为保护范围的限制、保护期限的限制和知识产权的权能限制，知识产权的权能限制又可归纳为基于知识产品使用的限制（包括合理使用、法定许可、强制许可）和基于知识产品流通的限制（主要指知识产权的权利穷竭）；外部限制包含民法上的诚实信用原则、禁止权利滥用等基本原则和竞争法（主要是反垄断法）对知识产权行使的外部限制。知识产权的权利限制受科学技术发展的影响巨大，在新技术条件下，对知识产权权利限制的反限制在国际公约中得到明确的强调，并成为当前知识产权权利限制制度的主要发展动向之一。

二、知识产权保护的价值及其异化

（一）知识产权保护的价值分析

任何法律部门的创设和实施都离不开价值追求，正如拉德勃鲁赫认为："法律是人创造的，只能根据人的理念也即创造的目的或价值来理解；法律又是一种文化现象，即与价值有关的事实。"❶ 法的价值是主体通过认识、评价和法律实践促使法律适应、满足、服务于主体内在尺度而形成的法律对主体的从属关系，即体现了法对人的需要的满足和人关于法的绝对超越的指向，体现了人关于法的精神企求和信仰。传统法的价值范畴包括自由、正义、秩序、平等、效率等，不同的法的价值以明示或暗含的方式存在于各种法律制度之中，为各种部门法所分别或共同追求，相应地，正是通过各种法律制度的实施，价值才得以实现。

知识产权法的价值是立法者在制定知识产权法过程中所奉行的基本理念与精神，它明确了我国知识产权法应实现的目标，同时还决定了知识产权法的规范功能，即知识产权法所应当具有的作用和应当达到的目标。毫无疑问，知识产权法和其他法律一样，应当体现法律的秩序、自由、正义和效益等。知识产权法的价值在于让人们可以享用更多的智力成果，包含"激励知识创新和知

---

❶ 陈谊，汪天亮．试论知识产权法的价值定位——创新［J］．行政与法，2004（9）：119－121.

识扩散活动"两个因素，而"适度保护智力成果完成者及其合法继承者依法享有的经济权利与精神权利，禁止或者限制不劳而获"❶则是实现价值的手段。不难看出，知识产权法具有保护知识产权与维护公共利益的双重目的，利益平衡是知识产权法价值构造的内核。

（二）知识产权保护的非理性扩张及价值异化

现代知识产权制度的运行，日益呈现非理性扩张之势，并逐渐偏离"为天才之火添加利益之油"的价值初衷，取而代之的是一种纯粹的经济理性。伴随着经济全球化和知识化浪潮，一些发达国家纷纷高举保护知识产权的大旗，展开对全球市场垄断地位和经济控制权的争夺。

这种趋势主要表现为：保护标准越来越高，保护措施也越来越强，保护范围不断扩张，如全球专利的推行即是体现。在国际层面，知识霸权主义现象大行其道，完全背离了知识产权制度的立法目的，有学者说："如果知识产权法保护了知识全球垄断霸权，成了全球范围内争霸工具的话，它摧毁的将是人类整个法治文明而绝不是某个发展中国家的法治梦想。"❷更令人忧心的是，知识产权撼动了人权保护这一关系人类生存发展之最根本的基石与支柱，如发达国家的大公司控制着紧缺药品的生产与定价，与此对应的是贫穷国家的重症患者因无钱买药而面临死亡，无怪乎有人指责药品专利权沾染了杀人的血腥。从这一角度看，知识产权似乎正蜕变为发达国家在全球争夺经济霸权的帮凶，是"富国的粮食，穷国的毒药"！故有学者真诚地呼吁"知识产权这棵疯长的大树，到了该修剪的时候了，让它为人类庇荫的同时，也能够让阳光渗透进来"。❸

（三）政府介入知识产权保护的必要性分析

知识产权在运行中导致权利本质发生变异，衍生出与权利保护日益对立的力量，产生了与立法目标背道而驰的后果。有学者认为，如果我们将专有权触角伸到可能利用该项知识产品的任何一个层面，其结果虽然在短期内通过强化保护可能刺激创造的欲望，但是将人类智慧的共有领域蚕食殆尽，长此以往同样会断送宝贵的创造源泉。❹ 面对这种非理性扩张趋势，政府应及时介入并加

---

❶ 陶鑫良. 网络时代知识产权保护的利益平衡思考［J］. 知识产权，1999（6）：18－22.

❷❸ 徐暄. 知识产权这棵大树该"修剪"了［J］. 人民论坛，2001（12）：36－38.

❹ 刘剑文. 知识经济与法律变革［M］//北大法律评论（第5卷）. 北京：法律出版社，2002：79.

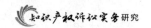

以有效引导，从政策层面确保知识产权战略的良性推进。

首先，任何权利的行使都有其自身的界限，知识产权自然亦不例外。私权与公权本来就是矛盾的统一体，过于偏重任何一方都可能走向迷途。知识产权制度是以保护权利为核心，但是这种保护不是绝对的、无条件的，而应在法定的范围内进行。因此，限制和保护是联系在一起的，知识产权制度运行绩效的实现，应坚持政府监管与私法保护手段的协调，二者互为补充，不可偏废。

其次，知识产权的权利异化，使原有利益平衡机制发生动摇，对个人利益的过度强调，往往压制了公共领域的生长空间。"公地悲剧"警告人们在稀缺资源公有化的情况下可能产生的过度利用的危险性，而反公地悲剧则提醒我们如果过分地促进研究成果的私有化，会导致知识产权的蔓延，这很有可能阻碍我们利用有用的研究成果和技术。❶ 因此，政府角色有必要介入私权制度的运行，重构制度运行中利益群之间的均衡关系。

再次，市场失灵的负面效应也需要政府作用的有效引导和协调。为了获取长期的市场垄断地位，一些利益集团便通过游说政府，使用知识产权这把高悬的利剑设置市场进入障碍。现实知识产权政策不断为私权主体所操纵和修改，最终损害了市场秩序中自由竞争之核心价值原则。

最后，政府角色的介入也是面对知识产权全球保护主义挑战的必然回应。全球化和知识产权力量，与其说是在削弱国内法的效力和强制力，不如说是在通过另一种或更为基本的方式上对国家主权构成挑战。一些强大技术优势的跨国公司纷纷联合起来，对发展中国家的技术创新形成"专利壁垒"。这些问题仅通过私法救济或者市场调节并不能获得圆满解决，我国政府对此应该有足够清醒的认识，并对国家知识产权战略作出及时的调整和应对，积极参与国际竞争与协调。因此，政府的介入成为一种必然。

三、所有权社会化是知识产权权利限制的外在动因

所有权社会化思想，特别强调所有权行使的目的，不仅应为个人的利益，同时还应为社会公共利益，进而主张所有权附有义务。各国公法方面大抵实行国家征收、征用及各种行政管理措施，私法方面则是通过诚实信用、公序良俗

---

❶ 孟奇勋，廖婷. 论我国知识产权战略中的政府角色定位［J］. 唯实，2007（4）：53－56.

及权利滥用之禁止原则，对所有权的行使予以限制。

19 世纪，首倡所有权社会化思想的德国法学家耶林指出：所有权行使之目的，不仅应为个人的利益，同时也应为社会的利益，因此，应以社会的所有权制度取代个人的所有权制度。德国开创了所有权社会化立法的先河。1919 年《魏玛宪法》第 153 条规定："所有权负有义务，其行使应同时有益于公共福利。""二战"后的《德国基本法》也有类似的规定。我国台湾地区学者史尚宽亦指出："个别利益之主张，惟于与公益一致之限度内为正当……重现所有权内在之限制，以所有权当然伴有义务，应为一般幸福而利用，称为所有权之社会化。"❶ 所有权社会化论者一般认为，之所以要反对所有权绝对原则，是因为所有权绝对原则会发生以下两个后果：其一，所有人是财富的拥有者，在经济上处于强者的地位，对于经济上的弱者，遂不免仗势欺凌。其二，所有权是绝对的权利，不含任何义务，所有权人有行使权利的自由，也有不行使权利的自由。故而，富而田连阡陌者，任意使田地荒芜，坐拥广厦万间者，任意使房屋空废与广大贫苦之劳动者无田地可耕，无房屋可住同时存在。❷ 所有权社会化就是以矫正所有权绝对原则带来的弊害为目的。

20 世纪以后，个人双重性观念逐渐形成，即个人既有独立存在的一面，又是社会整体的一分子。社会是一个独立存在统一体，个人只不过是社会全体的组成部分，每个人对于社会都应尽与其地位相应的职责或职能，每个人的权利也就成了尽这种职责的工具，而不是目的。因此，现代权利观念发生了根本的转变，由过去的个人权利转变为社会权利，正如社会法学所倡导的"一切权利皆为社会权"。私权既为社会权，既须常以社会之义务为其本，则其行使与否，不能纯然委于个人的自由，而须依社会的利益为根据，加以相当的限制。❸ 这样财产所有权作为私权最核心的权利，自然成为以社会为本位的权利，成为履行其担负的社会义务的责任，这种职责便是利用自己的财产以增进社会上相互利益或整体利益的责任。

所有权绝对理论指导下的个人所有权不利于社会整体利益的实现，因此其矫正做法是强调所有权的社会义务或社会功能。所有权对经济效率的积极影响不是绝对的，不受限制的所有权利，容易导致社会财富的浪费和资源配置的低

---

❶ 史尚宽. 物权法论［M］. 北京：中国政法大学出版社，1992：59.

❷ 梁慧星，陈华彬. 物权法［M］. 北京：法律出版社，1997：4.

❸ 刁荣华. 现代民法基本问题［M］. 北京：中国政法大学出版社，1995：33.

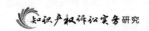

效率，因为一国资源利用效率主要取决于资源配置效率，而资源配置效率主要取决于交易成本的大小。所以，需要合理健全的法律制度，以降低交易成本，解决资源的社会化配置和高效利用问题。既然个人所有权不能涵盖一切社会生产和社会公益事业领域，那么社会须有必要的公共财产的保留，公共所有权有存在之必要。于是，为了克服个人所有权的缺陷，所有权社会化思潮随之兴起，而所有权社会化的内在动力就是出于社会公共利益的需要。

哈耶克指出："我真正意识到'社会正义'这个皇帝原来没有穿衣服，这就是说社会正义根本就是一个空洞无物、毫无意义的术语。"❶ 社会利益不是所有人利益的简单数字相加，但现实中，它往往只不过是多数人的利益或者体现了政治派别的意志，通过占统治地位的精英团体或官僚阶层的喉舌表达出来，但统治集团往往有着不同于社会公共利益的特殊利益，它们往往把自己的私益贴上公益的标签，并以此作为其正当性的借口，从而使个人成为整体的祭品。在国家对社会生活全面加强干预的情况下，特别是现实中国家利益常常以各级政府及其部门利益形式出现，多数情况下，这就被认为代表着公共利益，因此实践中可能导致公共利益泛化。而公共利益泛化的后果就是个人利益空间受侵夺而紧缩。

所有权社会化理论是基于社会公共利益的需要而逐渐形成的，知识产权权利限制的理论基础则是平衡知识产权相关权利人与社会公众之间的利益关系。不难看出，所有权社会化理论与知识产权权利限制都着重于保护社会公共利益，都是以个人私权作为社会公共利益的基础，所有权社会化理论的成熟促进了知识产权权利限制的发展，为知识产权权利限制提供了理论基础，是知识产权权利限制的外在动因。

四、利益平衡是知识产权权利限制的理论基础

知识产权是一种专有权，也可称为垄断权。这种垄断权的授予具有充分的正当性，然而，知识产权的客体——知识产品，具有无形性、继承性的特点，从而使之也具有公共商品的属性，社会公众对其有合法的需求。缺少知识产权的保护将会减少对于智力成果相关权利人的激励，但过度的垄断权保护会妨碍

---

❶ [英] 哈耶克. 法律、立法与自由（第2卷）[M]. 邓正来，等译. 北京：中国大百科全书出版社，2000：2.

创造性表达之原材料的自由获取。❶ 知识产权制度中的知识产权权利人对智力成果的垄断权和社会公众对其的合法需求构成了矛盾的两个方面。这种矛盾始终存在，知识产权制度从立法到实施都体现出这种矛盾的彼此消长。

"平衡"可理解成均衡。所谓均衡，是指每一方都同时达到最大目标而趋于持久存在的相互作用形式。❷ 在知识产权理论上，平衡涉及在智力成果的创造、使用与传播之间达成平衡。在特定时期内，智力成果的容量总是有限的，在这个有限的容量内，智力成果的专有和公有具有彼此消涨的关系。专有的成分太多，势必会给智力成果接近造成障碍，从而影响公众对智力成果的获取以及智力成果的自由流动，最终将妨碍知识产权制度目的的实现；公有的成分太多，则会形成知识产权的弱保护，可能导致对智力成果的生产的原动力严重不足，从而造成智力成果的稀缺，最终也不利于社会效用实现最大化。❸

由此可知，知识产权制度是一种分配权利与利益的平衡机制，具体涉及智力成果的创造与传播之间的平衡、智力成果的创造与使用之间的平衡以及知识产权权利人的个人利益与公共利益之间的平衡。知识产权法中的利益平衡，以知识产权个人权利保护作为利益平衡的前提，以利益平衡作为个人权利保护的制约机制，在立法上进行权利义务的合理配置，以实现知识产权制度在智力成果的创造、使用与传播之间达成适当的平衡。

知识产权法中利益平衡实现的法律价值目标具有多样性，主要体现在效率与公平目标上，知识产权制度价值目标中的公平，主要是由相互制约的利益平衡机制实现的。利益平衡机制主要体现在以下几个方面：（1）通过协调知识产权法中不同权利人间的利益冲突，实现知识产权法律制度的公平、正义等价值目标；（2）通过分配权利义务确立知识产品资源分配的正义标准、正义模式和正义秩序；（3）通过充分利用各种资源，以达到智力成果资源的有效配置，实现知识产权保护制度的最佳社会经济效益；（4）通过知识产权保护制度实现公平与效率的均衡，实现知识财富的公平与合理的分享；（5）通过产权制度最佳地刺激知识和信息财富的增长，并确保公众对知识和信息的必要接近。❹

---

❶ 冯晓青. 利益平衡论：知识产权制度的理论基础［J］. 知识产权，2003（6）：16－19.
❷ 罗伯特·考特，托马斯·尤伦. 法和经济学［M］. 张军，等译. 上海：上海三联书店，1991：22.
❸ 冯晓青. 利益平衡论：知识产权制度的理论基础［J］. 知识产权，2003（6）：16－19.
❹ 冯晓青. 知识产权法的价值构造：知识产权法利益平衡机制研究［J］. 中国法学，2007（1）：67－77.

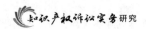

在实现知识产权法利益平衡的价值目标时，应遵循两个方面的原则：一是知识产权权利人被授予的知识产权应充分、有效，且应适度、合理，维持一种适当的保护水准，知识产权保护适度和合理要求知识产权权利人的权利设置既符合激励知识创造的需要，又使得知识产权的授予不致成为社会公众获得知识和信息的障碍；二是知识产权权利人的利益与社会公共利益之间的平衡，知识产权法中的利益平衡包括知识产权法上权利和义务的总体平衡、知识产权权利人的利益与社会公众利益的平衡、知识产权权利人之间的权利义务的平衡。

为了实现知识产权制度的宗旨、功能，确立平衡原则具有关键的意义。平衡原则的破坏，要么表现为知识产权权利过大，损害了社会公众接近和利用智力产品的权利和利益，从而使知识产权制度的根本目的——通过对智力产品提供充分的保护，激励对社会有益的创造性智力产品的生产，同时有利于广泛传播这种知识产品，从而为社会的文明进步提供法律上的保障无从实现；要么表现为损害知识产权权利人的利益，使智力产品生产的原动力不足，同样使知识产权制度的目的不能实现。❶ 正因为此，立法者在进行知识产权立法时，会考虑两个问题：第一，立法授权能够在多大程度上激励创造者，又能在多大程度上使公众获得利益；第二，在多大程度上垄断权的授予会损害公众利益。此外，知识产权法的利益平衡机制还涉及知识产权法律制度、结构、体系、知识产权制度的功能与目标等方面。

利益平衡论围绕知识产权的专有性与社会对智力成果的合法需求这对矛盾，探讨利益平衡原则在知识产权制度中的正当性和合理性，以及通过剖析知识产权中所涉及的各种权利的配置和利益的分配，设置一个以利益平衡原则为基础和核心的知识产权制度的理论框架和体系，以解决知识产权的专有性与社会公众对智力成果的需求之间的矛盾。

在知识产权法领域，权利限制制度的创设是基于保护社会公共利益的考虑，即在权利人与社会大众之间保持一种利益上的衡平关系。现代各国知识产权法在保护权利人利益的同时，也注重对社会公众利益的保护。一方面，权利人与社会公众之间具有相互协调的一面：权利人的知识产权只有被他人使用才能体现出知识产权的社会价值，权利人的精神利益和经济利益才能得以实现，使用者的利益反映了社会公众对于科学文化知识的渴求；事实上，使用者只有

---

❶ 冯晓青. 利益平衡论：知识产权制度的理论基础 [J]. 知识产权，2003（6）：16-19.

在使用他人知识产权的基础上，才能创造出更多的智力成果，从而成为权利人。权利人与使用者在某种程度上是相互转化的，在很多情况下是合二为一的。另一方面，权利人与社会公众之间也存在相互冲突的一面：知识产权是一种独占性的权利，未经权利人许可，他人不得使用，否则，就可能侵犯权利人的知识产权。❶ 在此情况下，若放任权利人的个人本位，权利人不许可使用，他人则永不能接近权利人的知识产权，知识创新就会缺乏基础。若仅考虑社会公众的利益，对权利人施以严格的限制，他人可任意使用权利人的知识产权，权利人的应得的利益将失去保障，也失去了进一步从事知识创新的动力。可见，在权利人与社会公众之间取得利益平衡，既有可行性，也有必要性。可行性在于权利人与社会公众之间的相互协调性。必要性在于权利人与社会公众之间的相互冲突性。就后者而言，要通过相应制度的创设使二者相互冲突的利益趋于平衡，这就是对权利人独占性的知识产权予以必要的限制，削弱权利人的个人本位，但又不至于不合理地损害权利人的合法利益，实现个人本位与社会本位的协调一致。同时，对知识产权加以适当限制也符合《世界人权宣言》的精神。《世界人权宣言》第27条在宣布每个人都有权保护其创作的任何科学、文学或艺术作品所产生的精神与物质利益的同时，也宣布每个人都有权利自由参与社会文化知识，以享受艺术和分享科学的进步与利益。因此，实施权利限制，发挥知识产权促进科学文化进步的作用，确保社会公众对知识产权的接触和使用，是保障人权所必需的。知识产权理论上的利益平衡论，具体表现为以下几个方面。

（一）激励智力成果创造者与激励智力成果传播者的平衡

人类通过智力努力，创造了作品、技术、产品，形成了智力上的财产和信息资源，它们进入市场传播、流转，被社会公众所利用，促进了社会的繁荣与进步。❷ 这些智力财产在市场中的流通显示出了经济价值，在所有权被确认的范围内，它们被称为知识产权。智力财产的实现取决于智力成果的创造成本、潜在使用的需要、市场结构，以及允许其所有人控制其使用的法律权利，既涉及智力产品所有人即知识产权权利人权利的实现和对智力产品生产的激励，也涉及对智力产品在市场中的流转的效用，用信息产权的语言来说即是信息扩散

❶ 刘明江. 论知识产权的权利限制 [J]. 河南工业大学学报（社会科学版），2007（4）：102 – 104.

❷ 龙奕含. 论知识产权制度中的利益平衡原则 [EB/OL].（2008 – 12 – 01）[2020 – 04 – 16]. http://www.chinacourt.org/article/detail/2008/12/id/334063.shtml.

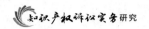

的效用和程度，也就是对智力创造物的传播。

因此，要实现真正的平衡，仅仅对于信息、智力创造物的创造者激励是不够的，信息的传播、智力创造物的使用同样重要，同样需要激励，知识产权的制度设计既要对智力创造者的激励达到最大化，又要对传播者创设相应的激励机制。知识产权作为一种私人财产权，成本与利益共存表明它在观念上是一种激励创造的制度。当然，知识产权存在的前提是社会公众对智力产品扩散和接近的需要。在建立知识产权规则时，应考虑到知识产权人控制其智力产品的需要以及使用者使用的需要，应创设这样一种平衡，即知识产权创造者和传播者之间的适当利益平衡。❶

当然，知识产权中不同制度的经济和社会目标不相同，但它们都试图为开发新技术、信息产品和艺术创造提供充分的激励，确保在智力产品的有效分配在相关主体的经济利益上达成平衡。从政策工具和市场运作机制的角度看，知识产权制度能有效解决市场中信息的开发和流转，因为对智力创造的刺激是以市场为中心运作的。实际上，在当代的知识产权制度中，它被建构为既保护作者和发明者的努力，同时又尽可能广泛地传播信息。从我国的几部知识产权专门立法来看，对激励智力创造与激励智力创造物即智力产品的传播都被看重，可以认为比较好地实现了这种对创造与传播的平衡。如专利法在鼓励发明创造者的同时，也通过一系列制度构建使发明创造被广泛地推广应用，这些制度构建如专利的公开制度、许可和转让制度、权利限制制度、有限的保护期制度等。

（二）激励智力成果创造者与满足使用者对智力创造物需求间的平衡

智力成果创造者的合法利益根基于其智力创造的事实行为，使用者的合法利益根基于智力产品的社会性、继承性、人类自身发展对知识共有物的合法需求。不断增长的思想不应当是私有的，每一个社会公众（包括智力成果的创造者）都需要对思想不受限制地占有和使用，因而需要在那些通过私有化从公有中移除的那些思想与社会主要依靠的那些思想之间有一个平衡。对一个特定的智力创造物来说，存在智力创造者的利益、其他知识产权权利人的利益与潜在使用者的利益需求。使用者的使用可能是作为公有的思想的一部分，也可能是作为专有的部分，专有部分之所以能够被作为使用的对象，是因为知识产

---

❶ WTO贸易相关知识产权保护（TRIPS）的基本规则［EB/OL］．［2020-04-16］．http：//www. jincao. com/t. 58. htm.

权的制度设计中已经限制了这部分专有的权利，以方便公众的接近。❶ 知识产权制度设计的基本思路是创造者对智力成果的专有和使用者对智力成果合法的、正当的需求的平衡。事实上，作者创作的作品和发明者进行的发明也需要使用者使用作品或发明以促进智力成果的公开和流转，况且，试图阻止个人使用他人的智力成果可能会严重地威胁到个人主权。关键问题在于，智力成果的创造者和智力成果的使用者的立场和出发点是不同的：智力成果的生产者追求垄断利润的最大化，可能会忽视社会对科技和文化知识的合法的最大化的需求；智力成果的使用者则从知识产品的公共商品的特性出发，他们追求的是怎样使个人利益最大化，而不太关注是否会损害智力成果创造者的利益。不难看出，为允许最大限度地接近智力成果，知识产权法在实现最佳社会效用的目标中存在一个信息分配的问题：在激励信息的创造与信息的接近之间建立平衡，即对智力创造者的激励与使用者对智力创造的使用与需求间的平衡。

（三）知识产权私人利益与社会公共利益的平衡

知识产权法是一种激励知识创造，促进科技、经济发展和文化进步的重要法律制度。社会的发展需要丰富多样的知识产品，知识产权权利人个人利益表现为通过知识产权法赋予权利人专有权，知识产权权利人可以凭法律授予的专有权获得精神上和经济上的利益，个人利益要确保对创造人智力上的努力或者资本投资者或者劳动者的付出能够有一个积极的激励。❷ 知识产权制度的重要目的，在于保护智力成果所有者的知识产权，各国的知识产权法都对知识产权人的专有权作出周全的规定。近年来，该专有权呈现出不断扩张的趋势，我国新修改的《专利法》《著作权法》和《商标法》都强化了对权利人的保护，这种强化有利于更好地实现知识产权权利人的个人利益。然而，在自我利益市场可能造成对知识产权权利人个人利益的过度保护，知识产权权利人个人利益的膨胀引起了一些学者的担忧，即过度膨胀可能会损害公共利益，使知识产权制度的公共目标无从实现。

然而，知识产权制度的运行是有代价的，表现为专有权的授予限制了知识和信息的自由流动。一方面，社会公共利益要确保经济和文化的发展，知识产权权利人过多地占有智力成果自然会导致不平衡，应受到社会公共利益的约

---

❶ 龙奕含. 论知识产权制度中的利益平衡原则［EB/OL］.（2008-12-01）［2020-04-16］. http：//www. chinacourt. org/artide/detail/2008/12/id/334063. shtml.

❷ 冯晓青. 利益平衡论：知识产权制度的理论基础［J］. 知识产权，2003（6）：16-19.

束。另一方面，知识产权法还担负着实现在一般的社会公共利益基础之上更广泛的社会公共利益方面的重任，具有重要的公共利益价值目标。❶ 有学者认为，知识产权与思想、信息、知识的表述和传播有着密切的关系。在保障知识创造者权益的同时，必须考虑促进知识广泛传播和推动社会文明进步的公益目标。❷

不难看出，在知识产权利益平衡机制中，保障与实现知识产权人利益与公共利益的平衡具有举足轻重的意义。国外学者安图伊奈特·威克咖指出："传统上，知识产权保护平衡了两类集团的利益：公众获得新的、创造性思想与发明的利益，以及作者、发明者通过有限的垄断权形式提供激励或从其思想与发明中获得的收益。"❸ 我国充分重视个人的经济利益和人身权益，也充分重视社会公共利益，个人利益与社会利益同时保护，才能实现繁荣和发展我国科学、文化事业的目的。目前全世界存在知识产权保护强度不断升级和信息资源共享的呼声日高两种趋势。在平衡这两方面利益时，知识产权立法虽然立足于保护知识所有人的知识产权，但同时又注重保护构成这种产权的知识的充分公开和利用，以达成知识产权权利人权益和社会公共利益最大程度实现。建立在对公共利益的维护基础上的对创造者和传播者的保护，是实现知识产权权利人利益与公共利益平衡的主要机制。

五、知识产权权利限制是实现知识产权法价值的重要途径之一

（一）降低知识产权交易成本，提升知识产权效益

知识产权专有权利的范围极广，他人若需要使用享有知识产权的智力成果，首先需征得知识产权权利人的同意，而且要支付报酬。他人若需要使用智力创造成果，必须花费大量的人力财力去获得市场信息、进行谈判、实施交易、监督执行，现实中存在知识产权或交易成本提高，或难以成交，知识产权效益自然会降低。事实上，知识产权人也需要自己的智力成果被广泛传播与使用，并因自己享有知识产权的智力成果被他人需要而获得经济报酬、精神享

---

❶ 冯晓青. 知识产权法与公共利益探微 [J]. 行政法学研究，2005（1）：49－60.

❷ 吴汉东. 科技、经济、法律协调机制中的知识产权法 [J]. 法学研究，2001（6）：128－148.

❸ 冯晓青. 知识产权法的价值构造：知识产权法利益平衡机制研究 [J]. 中国法学，2007（1）：67－77.

受。当然，智力成果的广泛传播同时有助于社会公众的创造活动，也有利于满足社会公众的生产生活需求。

著作权法定许可使用制度、强制许可使用制度、专利强制许可使用制度是知识产权权利限制的重要表现形式。实践证明，知识产权权利限制制度的设定，尽管从某种程度上限制了知识产权人的权利，却给知识产权交易带来易于成交、降低成本的回报，在无形中提升了知识产权效益，满足了社会公众的需求，对知识产权权利人来说也有积极的作用。

（二）知识产权权利限制是知识产权法价值取向的风向标之一

知识产权制度的建立是知识经济得以确立和发展的基础，从 1474 年威尼斯共和国颁布第一部专利法算起，世界上知识产权制度已有 500 多年的历史，知识产权权利限制制度作为知识产权制度的一个组成部分，已经成为各国促进技术创新和技术转移、发展经济的一种法律保障工具。知识产权权利限制制度是为了平衡知识产权权利人、传播者及社会公众的利益，故知识产权权利限制制度的修改总是代表着当时特定情况下，知识产权法更需要倾向于限制哪一方的利益，能更有利于实现知识产权法的天平作用。从这一角度说，知识产权权利限制是知识产权法价值取向的风向标之一。

结　论

民法崇尚"法无禁止皆可为"的理念，充分体现了权利本位的思想。知识产权作为一种民事权利，权利人可自由行使。在全球加强知识产权保护的强烈呼声中，知识产权权利大有扩张之势，知识产权沦为发达国家限制和掠夺发展中国家的工具。新经济背景下，人们逐渐意识到，知识产权并不是绝对的、毫无约束的，知识产权权利保护与权利限制，是矛盾的两个方面，具有辩证统一关系。知识产权法的权利限制制度充分体现了现代民法关于利益均衡、禁止权利滥用的思想，是由其权利特殊性决定的，也是综合平衡私权及其义务、相对人利益、社会公共利益的结果。知识产权法在保护知识产权人独占权的同时，通过设置权利范围、权利期限、合理使用以及法定许可、强制许可等法律制度维系权利人利益和他人及社会利益的平衡。因此，知识产权保护，永远以社会公共利益保护为前提，以诚实信用、禁止权利滥用为基础。

避风港原则在网络平台知识产权
侵权纠纷中的适用与演变

何　俊

摘要： 近十年来，互联网产业在中国发展迅速，其产值和规模已经远远超过部分"世界五百强"的实体经济企业。在知识产权纠纷中，如何适用"避风港原则"，准确判定互联网平台的法律责任，在司法实践中一直饱受争议。本文从产业发展以及避风港原则在我国适用的渊源及立法本意出发，深度剖析"避风港原则"的法律适用趋势，以及如何有效利用"红旗标准"和"间接侵权理论"来平衡解决"避风港原则"所带来的知识产权权益失衡问题。

关键词： 网络平台责任；避风港原则；红旗标准；间接侵权

近十年来，中国互联网产业的发展速度让世界都为之惊叹。以阿里、腾讯、百度、京东、网易、头条等企业为代表的互联网平台，渗透到人们工作和生活的方方面面，并创造出巨大的经济财富。2019 年，阿里营收 3768.44 亿元，腾讯营收 3772 亿元，京东营收 5769 亿元，经营利润远远超过实体经济五百强头部企业。互联网代表企业也被称为阿里帝国、腾讯帝国，可见互联网企业的巨大经济体量和知识产权管理能力。与此同时，大量的知识产权侵权纠纷随着网络平台的迅速发展而衍生出来。长久以来，互联网企业在遭遇权利人诉讼时，均以"避风港原则"进行抗辩，并在绝大多数案件中取得无须承担责任的结果，但随着互联网产业的发展以及我国对知识产权保护的严格政策实施，这一原则的适用也在逐渐发生趋势性变化。

一、网络平台责任引发争议的标志性事件

互联网产业在中国发展之初，大量的音乐作品、视频作品、文字作品都可以在网络平台上直接下载获取，该免费获取且不经权利人许可的方式引发诸多权利人的不满，此类案件中，网络平台均因避风港原则的适用而免责。

2010 年，著作权人与网络平台双方矛盾逐步演化升级，从而发生著名的百度文库事件。作家贾佳因作品《愁城纪》被人上传至百度文库供网友免费阅读和下载，而将北京百度网讯科技有限公司起诉至北京市海淀区人民法院。贾佳认为，百度文库不仅提供信息存储空间服务，而且百度文库可以根据文档内容进行分类，根据浏览下载量列出热门文档，并给上传者奖励，鼓励用户上传以及百度公司对用户发表到百度文库中的任何内容有权在全世界范围内免费、永久性、不可撤销等使用的权利，可视为这些文档为百度公司的文档。因此，百度公司对于作品上传实施了帮助以及诱导侵权的行为，应当承担连带责任。❶ 但是百度公司以避风港原则进行抗辩，认为该公司不具有事先审查的义务，在事后也进行了删除。该案在一审和二审阶段，法院均支持了百度公司的抗辩理由，驳回了原告的诉讼请求。此案判决之后，在作家群体中引发了巨大的舆论浪潮。2011 年 3 月 15 日，贾平凹、刘心武、阎连科、张炜、麦家、韩寒、郭敬明、慕容雪村、沈浩波等 50 位著名作家和出版人联名，分别发表了"抗议百度公开信"和"3·15 中国作家讨百度书"，将矛头对准百度及其文库，声讨其损害音乐权利人的权益和侵犯作家知识产权的行为。由慕容雪村执笔的"3·15 中国作家讨百度书"称："它（百度）偷走了我们的作品，偷走了我们的权利，偷走了我们的财物，把百度文库变成了一个贼赃市场。"2011年 3 月 26 日，知名作家韩寒发表"致李彦宏的一封信"，称"百度文库完全可以成为造福作家的基地，而不是埋葬作家的墓地"。该文章将此次事件的舆论推向高潮。2011 年 3 月 28 日，百度 CEO 李彦宏首度就风波表态，"如果管不好，就关掉百度文库"。2011 年 3 月 30 日，百度文库在规定的时间里删除了绝大多数非授权文学作品，此后逐渐实现通过用户付费阅读和广告分成等模式获取收益的百度文库新模式。百度文库事件激发了学界、司法界以及政府层

---

❶ 北京市第一中级人民法院（2010）一中民终字第 20479 号判决书.

面广泛的争议和讨论，也让很多人开始真正反思避风港原则适用的限制和例外。而百度文库在之后的模式改变，也证明了互联网公司有能力通过平台合作模式的改善和创新，达成权利人和网络公众的利益平衡。但是如果在缺乏外界压力的情况下，网络平台公司往往没有这个内在的动力去实现。此时，司法裁判显然是滞后的，并没有起到应有的指引作用。

衣念（上海）时装贸易有限公司与浙江淘宝网络有限公司、杜某某侵害商标权纠纷上诉案，同样被业界认为是网络平台的标志性事件，原因在于淘宝作为最大的电子商务平台，一直处于知识产权网络纠纷案件的争议旋涡中。但是长久以来，多个权利人针对淘宝的起诉均未能获得法院的支持。截至目前，衣念公司胜诉案件仍然是淘宝公司少见的败诉案件。❶ 该案中，衣念（上海）时装贸易有限公司是一家服装制造企业，其发现在淘宝网存在超过十几万条侵害商标权的商品链接信息，因此，按照淘宝的投诉规则在 2009 年和 2010 年提起了共计 28 条商品信息投诉，淘宝则处理删除了其中约 85% 的链接信息。针对被告杜某某的行为，衣念公司先后发起 7 次投诉，而淘宝公司则 7 次删除商品信息，但没有采取其他处罚措施。法院审理后认为，淘宝公司有条件、有能力针对特定侵权人杜某某采取措施，淘宝公司在知道杜某某多次发布侵权商品信息的情况下，未严格执行其管理规则，依然为杜某某提供网络服务，是对杜某某继续实施侵权行为的放任、纵容。其故意为杜某某销售侵权商品提供便利条件，构成帮助侵权，具有主观过错，应承担连带赔偿责任。最高人民法院在提炼裁判摘要时指出，网络交易平台经营者对于网络商户的侵权行为一般不具有预见和避免的能力，故不当然为此承担侵权赔偿责任，但如果网络交易平台经营者知道网络商户利用其所提供的网络服务实施侵权行为，而仍然为侵权行为人提供网络服务或者没有采取必要的措施，则应当与网络商户承担共同侵权责任。网络交易平台经营者是否知道侵权行为的存在，可以结合权利人是否发出侵权警告、侵权现象的明显程度等因素综合判定。网络交易平台经营者是否采取了必要的避免侵权行为发生的措施，应当根据网络交易平台经营者对侵权警告的反应、避免侵权行为发生的能力、侵权行为发生的概率大小等因素综合判定。

---

❶ 衣念（上海）时装贸易有限公司诉浙江淘宝网络有限公司、杜国发侵害商标权纠纷［J］. 最高人民法院公报, 2012（1）.

二、避风港原则的立法渊源及国外相关司法判例

（一）"避风港原则"的立法渊源

"避风港原则"是由美国在 1998 年推出的《数字千年版权法案》❶ 所规定的。该法案创造性地提出，在发生著作权侵权案件时，当 ISP（网络服务提供商）只提供空间服务、并不制作网页内容时，如果 ISP 被告知侵权，则有删除的义务，否则就被视为侵权。如果侵权内容既不在 ISP 的服务器上存储，又没有被告知哪些内容应该删除，则 ISP 不承担侵权责任。DMAC 的立法初衷有两点：一是建立一种激励机制，激励网络服务商与权利人密切合作，以便于有效制止网络侵权行为的蔓延；二是明确网络服务商可能的版权侵权责任，使得网络服务商可以在准确预测法律风险的情况下，正常地经营和发展网络信息产业。而 DMAC 规定"通知—删除"的首要目的在于，鼓励网络服务商积极拓展新市场而不担心因此承受的著作权侵权责任，以提高网络的效率、品质和范围。❷ 也就是说，"避风港原则"是为网络服务商提供免责的庇护，保护网络产业的正常发展，寻求著作权人和网络服务商的权利平衡，并意图促成著作权与网络服务商之间达成合作关系而创设的规则。该原则被很多国家立法所借鉴或完全移植，已经成为著作权立法上的国际标准。

另外值得一提的，是与"避风港原则"相对应的"红旗标准"（Red Flag Test）。所谓"红旗标准"，是指如果有关他人实施侵权行为的事实和情况已经像一面鲜亮的红旗在网络服务商面前公然地飘扬，以至于网络服务商能够明显发现他人侵权行为的存在，则可以认定网络服务商的"知晓"。对此，美国国会解释说：判断他人侵权行为是否显而易见，应当采取客观标准。如果对于在一个在相同或相似情况下的"理性人"看来，侵权事实已经非常明显，网络服务商却采取"鸵鸟政策"，像一头鸵鸟那样将头深深地埋入沙子之中，装作看不见侵权事实，则同样能够认定网络服务商"知晓"侵权行为。美国 DMAC 明确指出"红旗标准"是避风港原则例外的判断标准，是判断网络服务商对互联网上的侵权信息是否明知或者在获得有关事实情况之后是否看出明显侵权行为的存在。

---

❶ The Digital Millennium Copyright Act of 1998，简称"DMAC"。

❷ 史学清，汪涌. 避风港还是风暴角——解读《信息网络传播权保护条例》第 23 条 [J]. 知识产权，2009（2）：23 – 29.

（二）国外网络平台责任的严格化趋势

由于红旗原则对"实际知情"和"明显知情"的要求很高，美国避风港原则适用实际情况是网络服务商只有在收到符合要求的通知时才构成"知情"。[1] 由此而导致的结果是，迄今为止，美国尚无一例判决认定"明显知情"的"红旗"成立，即便其意识到侵权普遍存在且从侵权活动中获得利益也能驶入"避风港"。因此，这一情况也引发了后续的反思和改进。美国联邦最高法院在 P2P 技术进一步发展之后，通过 Grokster 案引入了引诱侵权责任的类型。[2] 该案中，美国联邦最高法院明确表示，如果一方提供产品服务的意图是促进侵犯著作权的发生，且该意图已经可以通过产品服务提供方明显的表达或其他引诱侵权的切实手段加以证明，那么该方应当承担由于第三方使用其产品服务而进行的侵权行为所产生的责任。此后，权利人开始将引诱侵权单独列为诉由。在 Arista v. Usenet 案中，法院认为，由于被告公开积极吸引 Napster 等侵权软件的原用户，其音乐模块中超过 94%的内容是侵权或极有可能侵权的，且其从未试图使用过滤软件限制侵权行为等，被告明显具有引诱侵权的意图，不能援引避风港原则，需要承担侵权责任。[3] 近年来，在审理涉及网络平台是否承担侵权责任的案件时，[4] 美国法院开始着眼于《数字千年版权法》第 512 条（a）款，即网络服务提供者是否对阻止他人重复侵权的行为采取了合理的措施。该合理措施被称为"重复侵权人政策"。早期美国法院对阻止重复侵权人措施的审查流于形式，并不注重效果。比如 Io Group v. Veoh 案中，即使被告的"重复侵权人政策"通过使用新 E－mail 地址注册新用户即可规避，地方法院仍认为被告的"重复侵权人政策"是合格的。而 2018 年的 BMG Rights Management v. Cox Com－muncations 案中，美国联邦第四巡回法院指出，第一，COX 从未自动关闭任何其用户的账户；第二，虽然 COX 强调其"对于侵权行为并非确实明知，所以并无义务关停有关账号"，但因为有证据显示，所有被关停的账号随后都会被激活，也使得 COX 关于"并非确实明知"的辩解失去了意义；第三，虽然 COX 调整了其政策，规定将不再重新激活关停账号，但是有证据显示，此后 COX 再也没有关停过账号。基于上述事实，一方面，

---

❶ 虞婷婷. 网络服务商过错判定理念的修正——以知识产权审查义务的确立为中心［J］. 政治与法律，2019（10）：125.

❷❸ 徐实. 美国网络平台承担知识产权间接侵权责任的经验与启示［J］. 北方法学，2018（5）.

❹ 徐实. 网络平台著作权保护的严格化趋势与对策［J］. 北京航空航天大学学报：社会科学版，2018，31（4）：14－22.

COX 不关停账号是基于这些账号可以为其带来可观的收入，另一方面，COX 忽视了数以百万计的侵权通知，这些通知能够帮助其对 P2P 侵权公司的监控，第四巡回法院最终认定 COX 没有合理地落实其"重复侵权政策"，因此，不能依据"避风港"原则免责。

欧盟在《电子商务指令》第 14 条的规定和美国"避风港"原则类似，即网络服务提供者在不明知或者不应知侵权行为时，或者其在知道后及时移除侵权内容后，免于承担侵权责任。第 15 条则明确规定了网络服务提供者没有监控其服务器上内容的义务，也没有主动审查的义务。但随着全欧"数字统一市场"概念的提出，欧盟更加重视全欧盟范围内知识产权的保护，并首次在《数据统一市场指令（草案）》的第 13 条中对网络平台规定了管理和注意义务。根据草案第 13 条的规定，提供存储和大量版权作品服务的网络平台，应当采取措施确保其与权利人达成的协议能够实现；还提出网络平台需要采用内容识别技术，以防止著作权侵权。

英国颁布的《2010 年数字经济法》以及法国政府与网络服务提供者签署的 2007 年谅解备忘录规定，❶ 当用户被第一次发现侵权时，网络服务提供商应当通过电子邮件发送侵权警告；当同一用户被第二次发现侵权时，网络服务商向其邮寄书面警告；当其被第三次发现侵权时，网络服务提供商将终止其账号 1 年。

我国台湾地区的著作权法规规定，以契约、电子传输、自动侦测系统或其他方式，告知使用者若有 3 次涉有侵权情事，应该终止全部或部分服务。当用户被第一次发现侵权时，网络服务提供商应当通过电子邮件发送侵权警告；当同一用户被第二次发现侵权时，网络服务商向其邮寄书面警告；当其被第三次发现侵权时，网络服务提供商将终止其账号 1 年。同时，以契约、电子传输、自动侦测系统或其他方式，告知使用者若有 3 次涉有侵权情事，应该终止全部或部分服务。

三、避风港原则在我国的立法状况及司法适用趋势

（一）我国关于网络平台责任的立法

我国也在 2006 年 7 月 1 日颁布实施的《信息网络传播权保护条例》第

---

❶ 黄晖，冯超. 从一起案件看商标侵权行为中网络交易平台的法律责任［EB/OL］.［2020 - 04 - 16］. http://www.cicn.com.cn/zggsb/2015 - 01/22/cms66559article.shtml.

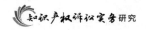

20～23 条规定了 ISP（网络联线服务商）、ICP（Internet Content Provider，网络内容提供商）、IPP（Internet Presence Provider，网络平台服务商）、OSP（On-line Service Provider，在线服务提供商）的免责条件，正式确立了避风港原则。该条例明确规定：网络服务提供者为服务对象提供搜索或者链接服务，在接到权利人的通知书后，根据本条例规定断开与侵权的作品、表演、录音录像制品的链接的，不承担赔偿责任；但是，明知或者应知所链接的作品、表演、录音录像制品侵权的，应当承担共同侵权责任。

我国《侵权责任法》于 2009 年 12 月 26 日通过，自 2010 年 7 月 1 日起实施。该法第 36 条进一步规定网络平台的侵权责任，即网络服务提供者接到通知后未及时采取必要措施的，对损害的扩大部分与该网络用户承担连带责任。网络服务提供者知道网络用户利用其网络服务侵害他人民事权益，未采取必要措施的，与该网络用户承担连带责任。

2013 年 5 月，北京市高级人民法院制定了《关于审理电子商务侵害知识产权纠纷案件若干问题的解答》（以下简称《电子商务解答》），这是我国法院首个审理电子商务知识产权案件的专门规范。该规范文件中指出，在如下两种情况下：（1）明知或应知被控侵权交易信息通过其网络服务进行传播；（2）明知或应知被控侵权交易信息或相应交易行为侵害他人知识产权，可以认定电子商务平台经营者"知道网络卖家利用其网络服务侵害他人知识产权"。

最高人民法院《关于充分发挥知识产权审判职能作用推动社会主义文化大发展大繁荣和促进经济自主协调发展若干问题的意见》规定，要维护通知与移除规则的基本价值，除根据明显的侵权事实能够认定网络服务提供者具有明知或者应知的情形外，追究网络服务提供者的侵权责任应当以首先使用通知与移除规则为前提。既要防止降低网络服务提供者的过错认定标准，使通知与移除规则形同虚设；又要防止网络服务提供者对于第三方利用其网络服务侵权消极懈怠，滥用通知与移除规则。

上述规定、立法以及政策体现出我国对于网络平台责任的规定的进展过程，以及司法机关对这一问题的最新认识。目前在最高人民法院层面认为：一方面在认定网络服务提供者的侵权责任问题上，原则上应当以通知与移除规则作为追责的先决条件；另一方面，网络服务提供者完成通知与移除之后，并不能当然免责，仍然要积极配合保证侵权行为完全停止。

对于我国针对网络平台责任的立法，有学者认为，我国在引进避风港规则时存在移植上的疏漏，并未将惩戒重复侵权用户和容纳标准技术措施作为避风港原则适用的准入门槛。网络服务商只要公开联系信息并履行通知后的删除义务即可免除赔偿责任，客观上促使其在打击侵权方面完全持消极等待立场。❶

（二）我国近年来网络平台责任相关案件的裁判趋势

在《关于涉电商平台知识产权侵权案件的调研报告》❷ 中有这样的调研结果：电商平台基本不承担赔偿责任，存在消极诉讼现象。在法院审理的京东公司和网店经营者作为共同被告的知识产权侵权案件中，法院均采用了避风港原则判定京东公司无须承担赔偿责任。比较常见的案情是，权利人起诉网店经营者通过在京东商城上销售商品的行为侵犯了其知识产权，而京东公司则未尽到相应的审查义务，因此主观上存在过错，应当与网店经营者承担连带责任。而京东公司则认为：其面对海量的商品信息，事前无法承担过高的注意和审查义务；并且在接到通知后，已经对涉案商品采取了下架等相关措施，不应承担赔偿责任。在原告没有证据证明京东公司知道被诉网店经营者的侵权行为存在，并且能够确认京东公司在接到起诉状后对涉案商品及时采取下架措施等事实的基础上，法院判定京东公司不承担赔偿责任。当然，这也带来了一个问题：由于无须承担赔偿责任，电商平台一定程度上存在消极应诉的现象。

《关于电商领域知识产权法律责任的调研报告》❸ 中描述浙江区域法院审理案件的结果：虽然涉电商平台的知识产权案件数量很多，电商平台被判决承担连带赔偿责任的案件少。很多情况下，权利人起诉电商平台的主要目的在于督促其制止侵权以及将其作为管辖连接点。一些权利人在确认侵权链接已被删除后，即撤回对电商平台的起诉，或者放弃对电商平台的诉讼请求。如在2018 年以判决方式审结的 1443 件涉电商平台知识产权民事一审案件中，权利人在诉讼过程中撤回对电商平台起诉的案件 341 件，占 23.63%；放弃对电商平台诉讼请求的案件 347 件，占 24.05%；未撤回起诉亦未放弃诉讼请求的案件 755 件，占 52.32%。在上述 755 件案件中，有 62 件案件判决电商平台承担停止侵害的责任，占 8.21%，仅有 1 起案件判决电商平台承担赔偿责任。该

---

❶ 虞婷婷. 网络服务商过错判定理念的修正——以知识产权审查义务的确立为中心 [J]. 政治与法律，2019（10）：125.

❷ 吴献雅，赵克南. 关于涉电商平台知识产权侵权案件的调研报告 [J]. 法律适用：司法案例，2017（12）：100 - 105.

❸ 浙江省高级人民法院联合课题组. 关于电商领域知识产权法律责任的调研报告 [EB/OL].[2020 - 04 - 16]. https：//www. chinacourt. org/index. php/article/detail/2020/03/id/4871104. shtml. 该

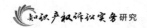

案件系阿里巴巴广告公司在其经营的平台上使用他人作品，侵害他人信息网络传播权，构成直接侵权。从2014～2018年浙江省案件情况看，除上述案件外，只有3起案件判决电商平台承担赔偿责任，分别为：（1）贝塔公司与天猫公司等技术服务合同纠纷案，该案一审判决认定天猫公司因错误删除链接而应向商家承担违约责任，二审调解结案；（2）宏联公司与美丽时空公司等侵害商标权纠纷案，该案判决认为美丽时空公司在商家重复发布侵权商品信息的情况下未采取必要措施防止侵权行为发生，与商家构成共同侵权；（3）嘉易烤公司与天猫公司等侵害发明专利权纠纷案，该案判决认为天猫公司未及时将投诉通知材料转达被投诉人从而造成损害后果的扩大，应对损害的扩大部分承担连带责任。从全国范围看，判决电商平台承担连带赔偿责任的案件也不多。

上述两份报告分别来自北京地区的法院以及浙江高院，比较有代表性。从上述调研的结果来看，虽然网络平台涉及的知识产权侵权纠纷数量巨大，但是承担责任的比例非常小。比如京东基本上不需要承担赔偿责任，以至于该公司会怠于应诉。而在浙江的案例中，755件中仅有1件需要承担赔偿责任，也就是说网络平台承担责任的案件比例不到0.13%。可见避风港原则在很大程度上免除了网络平台公司的知识产权责任。而间接侵权、帮助侵权、诱导侵权等理论在网络平台案件中的适用比较少见。

（三）判定网络平台承担赔偿责任的案件

（1）判定网络平台因未能将有效的投诉通知转达给被投诉人而对损害的扩大部分承担连带责任。浙江天猫网络有限公司与威海嘉易烤生活家电有限公司侵害发明专利权纠纷案中，法院认为：本案系侵害发明专利权纠纷。天猫公司作为电子商务网络服务平台的提供者，基于其公司对于发明专利侵权判断的主观能力、侵权投诉胜诉概率以及利益平衡等因素的考量，并不必然要求天猫公司在接受投诉后对被投诉商品立即采取删除和屏蔽措施，对被诉商品采取的必要措施应当秉承审慎、合理原则，以免损害被投诉人的合法权益。但是将有效的投诉通知材料转达被投诉人并通知被投诉人申辩当属天猫公司应当采取的必要措施之一。否则，权利人投诉行为将失去任何意义，权利人的维权行为也将难以实现。网络服务平台提供者应该保证有效投诉信息传递的顺畅，而不应成为投诉信息的黑洞。被投诉人对于其或生产或销售的商品是否侵权，以及是否应主动自行停止被投诉行为，自会作出相应的判断及应对。而天猫公司未履行上述基本义务的结果导致被投诉人未收到任何警示从而造成损害后果的扩大。至于天猫公司在嘉易烤公司起诉后即对被诉商品采取删除和屏蔽措施，当属审慎、合理。❶ 综上，天猫公司在接到嘉易烤公司的通知后未及时采取必要措施，对损害的扩大部分应与金仕德公司承担连带责任。

（2）判定网络平台在接收投诉通知后未采取删除、屏蔽、断开等必要措施，对损害扩大部分承担连带责任。杭州叠彩服饰有限公司、上海寻梦信息技术有限公司与平湖市天怡服饰有限公司著作权权属纠纷、侵害著作权纠纷案，则是拼多多为数不多的败诉案例之一。法院认为，由于寻梦公司提交的证据并不足以证明其在接到叠彩公司通知后，采取了删除、屏蔽、断开链接等必要措施，故对寻梦公司主张其不应承担部分连带赔偿的主张，法院不予采信。一审法院认定寻梦公司应对损害的扩大部分与天怡公司承担连带责任，于法有据，二审法院予以维持。❷

（3）判定网络平台接收通知后未及时采取必要措施，构成帮助侵权，对损害扩大部分承担连带责任。在北京爱奇艺科技有限公司诉北京密境和风科技有限公司侵害作品信息网络传播权纠纷案中，法院认为密境和风公司的平台用户未经爱奇艺公司许可将涉案视频中的6集通过直播视频完整提供，使公众可以在其个人选定的时间和地点获得涉案视频，侵害了爱奇艺公司对涉案视频享有的信息网络传播权。密境和风公司作为网络服务提供者，接到通知后未及时采取必要措施，其行为构成帮助侵权，对损害的扩大部分应与上传内容的网络用户承担连带责任。此外，当直播平台成为直播视频的权利人时可能构成侵犯信息网络传播权。❸

（4）判定网络平台公司在知道平台使用方发布侵权商品信息的情况下，未采取必要的能够防止侵权行为发生的措施，而放任侵权行为的发生，构成共同侵权承担连带责任。宏联国际贸易有限公司与北京美丽时空网络科技有限公司、湖州迅焱电子商务有限公司侵害商标权纠纷一审民事判决书，❹ 法院认为：美丽时空公司有条件、有能力针对特定侵权人采取措施，其在知道迅焱公司发布侵权商品信息的情况下，未采取必要的能够防止侵权行为发生的措施，从而放任侵权行为的发生，其主观上具有过错，客观上帮助迅焱公司实施侵权

---

❶ （2015）浙知终字第 186 号.

❷ （2018）沪 73 民终 152 号.

❸ （2018）京 73 民终 1591 号.

❹ （2017）浙 0502 民初 1076 号.

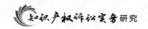

行为，构成共同侵权，应与迅焱公司承担连带责任。

（5）判定网络平台公司对于品牌旗舰店所负有的审查义务高于普通网络商铺，在未审查商家品牌授权证明的情况下，未尽到合理预防的职责，事后也未采取必要的措施终止网络侵权，构成共同侵权承担连带赔偿责任。福建省南安市帮登鞋业有限公司与深圳市千悦环保科技有限公司、浙江天猫网络有限公司商标权权属、侵权纠纷案，二审法院认为，上诉人天猫公司经营的是天猫平台的互联网信息服务，其负有市场准入前的审查义务、日常管理义务，以及收到侵权通知后采取必要措施的义务。一审法院指出，首先，原审被告帮登公司所经营的"帮登母婴旗舰店"是在天猫平台上的品牌旗舰店，消费者对此种平台或商铺的信赖程度高于普通交易平台，故上诉人天猫公司所负有的事前审查义务，亦高于普通交易平台，但上诉人没有尽到合理预防的职责，仅审查营业执照等身份信息，直到发生投诉，才要求商家提供相关品牌授权的证明，且其对商家所提交相关品牌授权的证明，亦没有认真审核。其次，自被上诉人帮登公司提起本案诉讼，上诉人天猫公司已经收到相关诉讼材料后，直至一审庭审，涉案网店"帮登母婴旗舰店"仍然在持续经营，上诉人亦没有尽到事后采取必要措施的义务。因此，认定天猫公司没有尽到事前及事后的审查义务，因此构成共同侵权，依法与行为人承担连带责任。❶

（6）判定网络平台主观上有直接为用户呈现涉案作品的意图，客观上导致用户通过软件获得涉案作品，构成侵权。❷ 深圳市腾讯计算机系统有限公司与上海千杉网络技术发展有限公司著作权权属纠纷、侵害著作权纠纷案中，腾讯公司起诉"电视猫"通过破坏原告腾讯公司所设置的技术措施，获取知名电视剧《北京爱情故事》的内容并进行播放，属于对未经授权的作品再提供，构成侵犯信息网络传播权的行为。被告"电视猫"辩称其提供的仅仅是网络搜索链接服务，自身并未上传或向用户提供作品。法院则认为，从被告的行为表现看，主观上具有在其软件上直接为用户呈现涉案作品的意图，客观上也使用户在其软件上获得涉案作品，同时使得涉案作品的传播超出了原告的控制权范围，构成未经许可的作品再提供，侵害了原告的信息网络传播权，应当承担相应的侵权责任。

从上述为数不多的判定网络平台承担侵权责任的案例来看，总体而言，法

---

❶　（2017）粤 03 民终 12785 号.

❷　（2016）粤 0305 民初 3636 号.

院在对平台责任的设定上倾向于谨慎和保守。从数量上而言，上述案件相比于每年几千件起诉网络平台的案件，占比相当小；从案件所涉类型来看，也比较有限，其中有3件法院认定平台未能采取必要的措施，未履行"通知＋删除"的义务，1件针对网络平台转达投诉文件的程序性瑕疵问题，1件则针对天猫旗舰店的品牌授权文件的审查问题，还有1件则是腾讯公司作为原告起诉另一网络平台的案件。类似于衣念公司起诉网络平台制止重复侵权的这种类型的案件未能看到，特别是针对百度公司近年来被诉病很多的百度关键词检索案件，百度公司从关键词中直接受益，并且引发了著名的"魏则西事件"，在公开的司法判例中却未能看到法院判定网络平台构成帮助侵权或引诱侵权的案例。

四、严格网络平台知识产权侵权责任的必要性

（一）网络平台产业发展实力与其应当承担的社会责任不相匹配

2020年4月28日，中国互联网络信息中心（CNNIC）发布第45次中国互联网络发展状况统计报告。报告显示，截至2020年3月，我国网民规模为9.04亿，互联网普及率达64.5%。随着"互联网＋"加速与产业融合，数字经济已成为中国发展的新引擎。报告显示，我国数字经济规模已达31.3万亿元，位居世界前列，占国内生产总值（GDP）的比重达到34.8%。2019年，中国和美国所拥有的数字平台企业占全球70个最大数字平台市值的90%，包括阿里巴巴和腾讯在内的7个"超级平台"，占据全球数字经济总市值的2/3，以互联网平台经济为代表的新动能为产业升级不断赋能。❶

避风港原则其产生的背景是保护新兴尚不成熟的互联网产业，使得网络服务商可以在准确预测法律风险的情况下，正常地经营和发展网络信息产业。所以长久以来法院在适用这一原则的惯常观点是，网络服务提供者在网络世界扮演着重要角色，决定着网络产业能否健康、可持续发展。如果赋予其过高的审查义务和过重的法律责任，会在一定程度上阻碍互联网经济的发展。

而今我国的互联网产业已经发展成庞然大物，早已今非昔比，甚至已经远远超过一些欧美发达国家。作为社会经济体而言，其往往是能力越大那么承担的责任也会越大。但在我国互联网近二十年的发展中，一方面是网络平台发展

---

❶ "互联网＋"加速与产业融合数字经济已成新引擎 [N]. 人民日报（海外版），2020 - 04 - 30.

迅速，另一方面对于网络平台的责任规则的变化却相对滞后。中国作为大陆法系国家，立法修订速度远远跟不上互联网产业发展的节奏，以致立法规则的现状与产业发展严重不相适应。

腾讯曾发布报告显示，2018 年该公司微信删除了超 15 万篇涉嫌版权侵权的公众号文章。京东的资质保护系统已录入大牌数量上千个，日均拦截违规商品在几十万量级，有效阻止没有资质的商家在标题、广告语等位置书写大牌名称蹭流量。上述事实也充分证明平台大鳄具有预防知识产权侵权的能力，因此不能仅仅满足被动的寻求责任豁免，完全可以转变为积极主动保护知识产权。

（二）网络平台应当执行国家严格知识产权保护的政策

2019 年 11 月，中共中央办公厅、国务院办公厅首次以联合名义出台《关于强化知识产权保护的意见》，全面加强知识产权保护工作，强化制度约束，确立知识产权严保护政策导向，包括加大侵权假冒行为惩戒力度、严格规范证据标准、强化案件执行措施、完善新业态新领域保护制度等。这一文件也说明我国将知识产权严格保护放置到国家重要政策的高度。然而，由于中国互联网产业发展所覆盖的广度和深度，从开设网络店铺，到直播带货，到电子交易，网络环境下给大量的侵权人提供非常便捷的传播、复制、销售渠道。网络平台类似于一个侵权的放大器，将侵权源头所产生的侵权损害，客观上进行了无限的放大。虽然有一些侵权传播的结果并非网络平台公司所希望看到的结果，但客观上起到了这样的作用。因此，要在中国执行知识产权的严格保护，就不能将网络平台排除在外，而是要想方设法地给网络平台设置压力和动力，让网络平台公司愿意主动地承担平台对知识产权纠纷的预防和处理责任。对于网络平台所产生的知识产权纠纷，大部分由司法机关定分止争，网络平台运营者权利和义务的边界往往也是由司法机关在司法审判中首先划定。因此，对于司法机关，可以在了解行业的情况下，对于网络平台运营者义务和责任设置应当遵循"从无到有""从粗到细""从松到严"的目标逐步进行完善，那么网络环境的知识产权纠纷的高发态势也势必能够得到有效控制。

（三）构建网络平台与知识产权权利人之间的利益平衡机制

从知识产权法利益平衡的价值追求来看，互联网产业的发展，不能以牺牲其他产业的发展为代价。我国在互联网产业促进与知识产权保护的关系处理方面与美国相比有一定的目标差异，互联网产业要健康有序发展，必须以知识产权保护的规范化为前提。Grokster 案最大意义在于，如何领略版权法的核心精神，即版权法应当在维护版权人的合法权益与鼓励和促进文化、艺术和科学的传播这两者之间建立一种平衡。如美国联邦最高法院所述，在这种侵权泛滥，著作权人利益严重失衡的情况下，仅仅追究直接侵权人的责任是行不通的，只能通过追究网络产品供应商的责任，要它来承担帮助侵权责任或者代位侵权责任，即追究网络产品供应商的间接侵权责任，最终在知识产权权利人和网络服务商之间重新建立一种平衡。

结　论

互联网的出现虽然加快了作品的传播和分享、产品的交易等，但也为知识产权的侵权提供了极为便捷的环境和渠道，并且让很大一部分权利人面对网络环境下的知识产权侵权而无从下手、束手无策。这种状况与我国立法和司法一直对互联网产业持有比较宽容的责任态度息息相关，也导致了知识产权侵权现象在网络环境下泛滥的现状。考虑到互联网产业的巨大规模和经济创收能力，以及我国严格知识产权保护政策的执行，未来要改变这一现状则有必要在网络平台责任承担上进一步规范，逐步实现避风港原则严格适用的趋势变化，达成网络平台与知识产权权利人之间的利益平衡。

著作权保护专题研究

思想/表达二分法在文学作品
相似侵权中的司法判定

肖玉根

摘要：文学作品抄袭也叫文学作品相似侵权，侵权方式主要是对作品几大组成要素包括题材、人物、对话、情节、故事背景、全文基调、发展速度的部分或者整体借鉴或模仿。文学作品相似侵权依据的基础就是思想/表达二分法，通过辨别作品成分中的思想与表达，对相似部分根据"接触＋实质性相似"原则判断是否构成文学作品相似从而对表达中的独创性部分进行保护。但其概念的模糊性、实质性相似判定存在的争议、独创性标准的不确定使得法官在适用时往往存在不规范的问题，使得思想/表达二分法的适用达不到预期的效果，甚至降低判决的可预测性和权威性。对于思想/表达二分法适用标准应当从利益平衡的角度出发，通过指导案例逐步构建出思想/表达二分法试用的方法、界限、操作步骤等体系，且在适用思想/表达二分法时更加注重独创性标准和实质性相似认定标准的确定，使得思想/表达二分法在判断作品相似侵权中真正起到作用。

关键字：文学作品相似侵权；思想/表达二分法；独创性；实质性相似

引 言

抄袭现象可谓是伴着文学同步发展的，而随着网络时代的来临和网络文学的逐渐繁荣发展，作为快餐时代的产物，网络文学凭借网络的快捷，使得作品的发表和创作也变得便捷快速的同时，也把文学作品变成了快餐式产物。许多

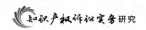

网络作者在网站日更几万字的要求下没有足够的时间独创出引人入胜的故事情节和精巧别致的语言，其大多借助网络上各种写作软件或抄袭神器，这样的创作，在文学产业中逐渐掀起了一股抄袭之风。从庄羽和郭敬明关于小说《梦里花落知多少》抄袭之争、琼瑶状告于正剧本抄袭，到《三生三世十里桃花》抄袭大风刮过小说《桃花债》事件，再到《锦绣未央》抄袭案，这些都对司法判定文学作品相似侵权提出了挑战。在司法实践中，思想/表达二分法是解决文学作品相似侵权的重要基础性原则。

思想/表达二分法是由德国著名学者菲什首次提出的，他认为作品是由"思想内容"和"思想的表现形式"两部分组成。这一原则经过不断实践总结和演变，在司法上逐步形成一系列对思想/表达二分法的应用原则以解决作品相似侵权判定问题。现在大多都是参考美国判定作品相似侵权的三段论方法：第一，抽象法，即根据思想/表达二分法原则，按照美国著作权法的相关规定，思想是排除在著作权法的保护范围之外的，将明显属于思想的内容与表达区分开并从争议作品中去除；第二，过滤法，因为每一部作品不可能完全都是自己独创，其必定会借鉴公共领域的思想内容，因此，法院应当将文中属于公有领域的思想与表达剥离；第三，对比法，将除去属于公有领域的思想和公共表达之后剩下的具有独创性的作品片段进行对比，如果前后二者仍然有大部分雷同的内容，则构成作品侵权。❶

但什么是思想、什么又是表达，何种表达才受保护都是较抽象的概念，这些都需要依赖法官自身价值观念结合实际综合判断，本文希望从案例角度分析如何应用思想/表达二分法在判断文学作品相似侵权方面特别是新型的机器帮助侵权方面起到更好的作用，以期从法律层面遏制日益猖獗的文学抄袭现象。

一、文学作品相似侵权的认定

（一）文学作品相似侵权的类型

文学作品侵权主要是侵犯文学作品著作权的复制类权利和演绎类权利，且这两类权利也经常有所交叉。复制权及其他复制类权利是著作权中最原始也是最重要的权利，侵犯作品著作权也往往是侵犯作者的复制权或类似权利。复制

---

❶ 钟文芳. 判例视野下的著作权思想与表达二分法研究［D］. 广州：华南理工大学，2015：17.

有广义和狭义的区别，且随着文学产业的发展，复制概念外延不断扩大，侵犯复制权的行为也在不断变化。两种侵犯复制权的行为可以概括为：一是完全复制，也叫盗版行为，即照搬他人作品不做改动或稍加变换并签上自己的名字，这种完全复制明显是侵权行为；二是近似复制，通过对他人作品的表达部分进行高水平的模仿改写并以其为基础进行有限创作，这种作品在创作形式上更接近"改编作品"。人物角色、故事题材、情节对话、文章背景、感情基调、发展速度等要素组合构成一篇文章的大致内容，主题相当于整个文章的核心，故事脉络充当文章的大致骨架，而人物、对话、背景等其他要素则是构成骨架上填充材料的成分，对文学作品的相似侵权也就是对这些要素单独或是整合的借鉴模仿。❶ 这种将原作品的内容作为基础并在其上进行有限的改编创作的近似侵权行为，在表达上具有相似性而非属于思想上的借鉴或者灵感来源。依德国"距离学说"理论，当后作品的独创性高度高到对原作品的借鉴部分仅充当一种思想的启发时，这种行为称为自由使用。❷ 即对于相似侵权的判定不仅要从两部作品是否构成实质性相同的角度考虑，还要从争议作品的独创性角度上考虑。

（二）文学作品相似侵权的判定原则

文学作品相似侵权判定的难点在于争议文学作品与原作品相比，它在借鉴的基础上有自己创作部分，在判断其是否侵权时，法官要根据自己的主观判断来断定其借鉴的是思想还是受保护的表达，根据其借鉴文字在数量、在原作品和侵权作品中所占比重，以及两部作品的独创性来判断是否构成抄袭。司法实践中主要是采用的"接触＋实质性相似法"或"抽象检测法"的基本方法来判断文字作品是否构成著作权侵权。

我国司法实践对"接触"通常适用这样的推定：只要原作品经过公开发表并且时间在后作品创作之前，就可以推定后作品作者实际接触过该作品。实质性相似即"在后作品与在先作品自表达上存在实质性相同或近似，使读者产生相同或近似的欣赏体验"。❸ 判定实质性相似是判定文学作品相似侵权的重要步骤，首先是应用思想/表达二分法区分受保护的独创性表达，然后通过应用整体观感法和部分比较法结合法官的主观感觉来判定两部作品是否存在

❶ 黄小洵. 作品相似侵权判定研究［D］. 重庆：西南政法大学，2015：8.
❷ ［德］M. 雷炳德. 著作权法［M］. 张恩民，译. 北京：法律出版社，2015：258.
❸ 北京市第二中级人法院民事判决书（2008）二中民终字第02232号.

相似。

独创性表达有两个条件：一属于表达形式；二须具有独创性。而表达形式确定则依赖思想/表达二分法的划定。抽象的属于大众的并经过思维活动而产生的意识表现为思想，它是人类创作的源泉，即便是具有高度独创性并花费作者很大心血而得来的思想也不在著作权保护边界之内；而表达是指用于表现思想等智力成果的词语，且这种表达还要具有独创性，普通常见的表达也排除在受保护的范围之外。汉德法官对于此的评价十分精辟，即当法律保护范围超越作品中应受保护的临界点时，作者的权利就会延及普通大众的思想，而这显然违背法律的初衷。❶ 独创性即通过合并原则和场景原则剔除一些有限性表达和对于某些事实是描写某种特定历史时期所必需的、标准化的场景，并对剩下的部分进行比较判断相似性。同时以普通人的视角对作品整体进行比较，判断作品是否给人以同样的阅读体验。

二、思想/表达二分法在文学作品相似侵权中的司法适用

（一）思想/表达二分法在案例中的判定标准

思想/表达二分法虽然在判断是否构成实质性相似上有三个步骤，但是对于这些步骤都留给法官很大的自由裁量权，就如同汉德法官所说，"判定侵权与合法的界限是一件极为困难的事情，不论这界限划在何处都具有任意性，判断侵犯版权的测试标准必须有适当的模糊"，而这个模糊的界限就依靠指导案例来划定。针对不同作品侵权类型不同或者作品类型创造空间的大小，这个界限也相对在变化。

1. 庄羽诉郭敬明案

在庄羽诉郭敬明抄袭案中，《圈里圈外》发表在前且无反对证据时，推定后作品作者郭敬明实际接触过该作品。在实质性相似认定方面，庄羽所称的具有独创性构思和作品的语言风格方面，构思和语言风格其本身是属于思想的部分而不属于表达，且即使从独创性方面，其构思主题是男女主角的感情经历与两性关系，其独创性是在于其在体现这种主题过程中所设计的具体故事情节和表达，单纯的文章构思本身是属于著作权不保护的思想范畴。而他所称的语言

---

❶ 王骁．浅析思想表达二分法［J］．法制博览，2013（9）：94. 原英文判决，Nichds v. Universel Pictures Corporation，45F. zd 119，at 121（2nd Cir.，1930）．

风格是源于王朔开创的"酸的馒头"（sentimental）京味调侃文，这一语言风格也被许多作家模仿使用，是属于公有领域的元素。❶ 所列举的大部分情节和表达很多都属于一般场景和公共表达，这些均属于不受保护的思想和公共表达。

从人物关系和特征来说，这些都是通过独创性的表达和情节设计表现，单一的一般性人物描写并不能突出人物特征，属于不受保护的表达，因此一般性描写的类似不构成抄袭，只有将情节和人物关系与特征整体结合起来才是属于受保护的表达。法院方面对于情节和语句方面也认为，"对于主要情节、一般情节和语句的相似认定分别独立进行对比很难得出准确结论，应当通过整体认定和综合判断，具体情节和语句的抄袭可相互之间得到"。❷ 最终从两部作品整体上的人物关系和情节以及多处表达上的相似程度已不能单纯地用"偶然"来描述，从而判定构成作品相似侵权。

这一案例典型性在于对于侵权人抄袭的许多都属于不受保护的公有领域的元素或者一般场景和公共表达时，看似是属于不受保护的思想和公共表达，但是思想/表达二分法从来不是单独判断某一处语句或者情节内容是否属于思想还是表达，在将一些公共表达或者一般场景进行有选择的排列或组合之后，它就属于表达的范畴，受到著作权的保护，而此案中就是因为具体情节和语句之间的相互印证整体判断其构成实质性相似。

2. 金庸诉江南案

江南的《此间的少年》是通过使用与金庸系列武侠小说中的许多人物的角色姓名、相互关系和人物性格写出来的一篇描述大学生活琐事的同人小说，其表达出与金庸武侠小说完全不同的主题、故事情节，给读者带来完全不一样的阅读体验。争议点即抽象的人物关系、人物特征、角色名是否受著作权保护，即其到底属于思想还是独创性表达。一般而言，角色名和角色形象属于思想范畴，它属于一种符号，只有在同作品的其他成分如特定情节、故事背景等结合起来作为一个整体才能受著作权保护，而当它脱离这个文章系统时，单独的名字本身就已经不能再代表这个形象，它就只是一个符号，即使它曾经塑造的形象很生动，使人不由自主地会产生一定的联想，但这个符号仍旧可以在其

---

❶ 何亮. 文学仿写的著作权侵权认定研究——以"庄羽诉郭敬明案"为例［D］. 兰州：兰州大学，2013：12.

❷ 北京市高级人民法院判决书（2005）高民终字第 539 号.

他的环境下与其他的元素结合起来形成新的含义代表新的人物形象。❶ 因此，在江南只是应用了角色名与抽象的属于公共领域的人物关系与人物特性而故事情节背景完全不同时，他只是借鉴了思想，属于自由使用。这些借鉴的角色名只是创作的灵感素材，并不构成江南小说独创性表达中的基础和主要部分，其并没有构成文学作品相似侵权。从故事整体上看，二者给一般普通读者所带来的阅读体验是决然不同的，当然没有达到实质性相似的界限。

对于同人文等衍生作品，这一案例体现出的思想/表达二分法的界限在于两点：一是借鉴的部分是否属于衍生作品的基础和主要部分，若构成主要部分则构成近似侵权，若只是作为灵感或者不构成主要部分，则只是借鉴了思想；而且对于衍生作品，包括同人文和续写类，这些都会在一定程度上借鉴原作品的人物性格、故事构架、环境背景或者一定的故事发展脉络，❷ 在一定程度上会存在相似部分，这是由其文学类型决定的，因此判断其是否构成实质性相似的关键在于其具体的情节设置或者细节描述等是否相似。二是是否造成读者的混淆或者误认，且这个相关读者应当要考虑作品题材或内容深浅程度对其受众的影响。

3. 琼瑶诉于正案

于正的《宫锁连城》剧本在同《梅花烙》小说对比后在核心人物关系和发展脉络上高度雷同，但描述的人物关系和情节线索方面更加复杂，其具体表达方式也不一样。法官认为，判断两部作品的雷同是否能够达到"实质性相似"的标准，首先，应当从文章整体出发，通过对两部作品中相似表达部分进行比较后的所得大致观感综合判定；其次，在综合比较之后，再结合场景原则同合并原则对文中类似部分中的思想、唯一性表达、公共场景，以及其他不具有独创性的表达进行摘除后，再对剩下部分的独创性进行对比；考察相似的独创性表达是否在被诉侵权作品中占据基础重要的作用以及占据的比重。❸ 然后，再把去除的类似部分重新放到作品中去，从这些雷同部分在原作品中实际所占的篇幅来判定被争议作品是否与原作品形成雷同，构成著作权相似侵权。在法官看来，起决定性作用的是被抄袭的原作品中的独创性表达部分是否在原

---

❶ 宋慧献. 同人小说借用人物形象的著作权问题刍议 [J]. 电子知识产权, 2016 (12): 22.

❷ 郭好宁. 由续写作品主体引发的著作权相关问题思考 [J]. 法制与社会, 2019 (23): 20.

❸ 李杨. 改编权的保护范围与侵权认定问题：一种二元解释方法的适用性阐释 [J]. 比较法研究, 2018 (1): 68.

作品中起着重要或基础的作用，而这部分在被争议作品中所占比例大小并不能消除其构成文学作品侵权的事实。[1]

这一案例的典型性在于其强调构成实质性相似并不在于相似部分的数量，构成实质性侵权并没有最低复制标准，而在于复制的部分是否属于原作品受保护部分的精华或者特殊表达。

4. 温瑞安诉周静案

网络版小说《锦绣未央》被控涉嫌对温瑞安的五部作品《温柔一刀》《寂寞高手》《逆水寒》《剑气长江》《江山如画》存在侵权的事实，包括抄袭了30句语句及3处情节。其中，语句部分可归为13处，情节部分具体包括人物设置、故事结构、表达的核心内容、相同或相似的语句4个方面，以上内容共涉及约7000字。[2] 这在一部几百万字的网文小说中所占的比例十分之小，且其涉嫌抄袭的语句及其情节都并非主要情节或者文章主要部分，从语句的单独表达来看，很多均属于常见修辞手法或者一般的日常用语等公共表达，而且侵权的数量占据篇幅十分小。但最后法院判定为侵权，法院主要是从这几个方面考量：在描述人物时存在大量相似的细节；使用了相同的比喻或者形容的具体表达；描述常见历史故事时使用了大量的相似起承转合语句，这些综合来看其整体的安排布置构成表达从而构成了实质性相似。对于3处情节，法院也认为两部作品抽象后的细节处理以及故事前后衔接上构成实质性相似。

法院作出这一判决也有针对现今市面上大量的"写作神器"出现的考量。"写作神器"是由于快餐文学畸形发展的结果，重量而不重质，但其又通常是抄袭大量作品中一小部分片段且非主要或实质部分，要认定侵权用思想/表达二分法认定构成实质性相似是具有一定困难的。著作权法的初衷是为了保护文学的发展，《著作权法》第1条就规定："为保护文学、艺术和科学作品作者的著作权，以及与著作权有关的权益，鼓励有益于社会主义精神文明、物质文明建设的作品的创作和传播，促进社会主义文化和科学事业的发展与繁荣，根据宪法制定本法。"随着时代的发展，文学形式和侵权类型也在发生变化，而主要把握方向是为了促进文化产业的发展繁荣，在一定程度上思想/表达二分法也要在这个限度内发挥作用。

---

[1] 张玲玲，张传磊. 改编权相关问题及其侵权判定方法 [J]. 知识产权，2015（8）：22.
[2] 北京市朝阳区人民法院（2017）京 0105 民初 62752 号.

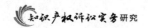

（二）思想/表达二分法在司法中的应用缺陷

1. 思想/表达二分法的概念模糊性带来的案件判定的不确定性

首先，思想与表达的定义在理论上有很多不同的概念表述，作者所希望传达的思想情感和作为作者思想的载体的文字表达共同构成了一个作品，但二者的区分在实践中很难划定准确的界限。不同的法官在认定思想和表达时往往存在不同的见解，从而使得案件的判定有可能会产生不一样的结果。而这种概念的模糊性在实践中也带来了操作上的难题，对于一些处于模糊地带的作品部分往往很难确定其是属于思想还是表达。如在高某某、雷某某诉重庆陈可之文化艺术传播有限公司案中，法官认为美术作品的构图和刻画手法应当属于表达的范畴，受著作权法保护，被告构成侵权。[1] 而广州纤怡内衣有限公司诉广州金稞贸易公司案中，法官认为广告的拍摄手法应当属于思想范畴，所以即使被告广告拍摄手法与原告相似，也不构成侵权。[2] 显然，画的构图、刻画方法与电影作品的拍摄手法在本质上属于同一性质，但不同的法官将其分别判定为思想和表达。

其次，当思想和表达高度重合很难区分时，就必然会导致具有独创性的表达因与思想难以区分而不受著作权保护，如在"女子十二乐坊"著作权侵权案中，原告创作出了一系列关于建设乐队的具体打造步骤、乐队性质、成员角色定位，以及乐队发展壮大的资金来源和目的、后期成员的报酬、培训成本、宣传成本等的具体构思和规划。[3] 争议作品虽然在这些方面已构成相似，但由于创意和方案既属于一种思想构思又是一种对思想构思的表达，二者存在重合使得应用思想/表达二分法判定是否侵权过程中会判定为思想构思而不受著作权法保护。但若这些创造性表达不受到保护，势必会对作者的权益以及社会创作热情造成损害，无法实现著作权真正的目的。

2. 实质性相似应用标准不明确带来的法官自由裁量权过大

对于实质性相似，主要是依靠法官运用整体观感法和部分比较法来主观判断是否构成文学作品相似侵权。没有统一的操作方法和明确的区分界限就使得法官在实践中拥有很大的自由裁量权，很多情况下依据法官的主观感觉来判断涉嫌作品是否构成作品相似侵权。这种主要依靠法官的自由裁量和主观判断断

---

[1] 重庆市高级人民法院（2006）渝高法民终字第 129 号.

[2] 广州市白云区人民法院判决书（2007）云法民三初字第 42 号.

[3] 张韩. 著作权保护对象研究 [J]. 黎明职业大学学报，2007（1）：32.

案势必会使得案件结果的不确定性增大，不利于案件的公平公正处理。且法官在处理著作权纠纷的案件时，应用思想/表达二分法的步骤倒置，很多是先靠主观感觉判断出属于思想还是独创性表达，然后再从思想/表达二分法的角度对自己的判断进行解读。这样案件的结果就会随着法官的判断而左右摇摆，使得原本就不甚清晰的思想表达界限更加飘忽不定，大大降低案件的可预测性。在这种情况下，就相当于案件的结果取决于法官对道德的理解和平衡。❶ 这样，思想/表达二分法就丧失了本来的作用，使得案件的可预判性大大降低，也不利于思想/表达二分法的深入研究和实践总结，这样将违背著作权法的初衷，最终不利于文学的繁荣发展和进步。

3. 独创性认定标准不一致

首先，著作权只保护独创性的表达，判定作品相似侵权的前提之一就是判断作品的独创性，而我国司法实践上对于独创性的认定方法并没有明确的规定。作品的大小、创造高度以及创造空间大小等要素通常来说对于决定作品是否具有独创性都有一定的影响。但对于作品大小、创造空间的大小标准要多少才算具有独创性并没有标准，只能依据法官的主观认识来判断，由于每个法官的认识不一，必然导致案件处理不一致。且长度、创造空间等只是具备独创性的必要前提，只有具备必要的长度和创造空间才能体现作者的思想和独创性，而这些前提要件具备之后还要具有其独特的个性。

其次，司法上对于判断文学作品相似侵权中的独创性标准针对对象存在不同的看法，有的认为独创性针对的应当是被争议作品对原作品改编行为本身的程度要求，而有的则认为应当是对改编后整体作品的要求。这就使得法院在判定文学作品相似侵权过程中，有的侧重于两部作品的独创性部分在整部作品中所占的比重❷；而有的法院则强调有关联的仅为后作品的相似部分与原作品受保护的表达部分，至于后作品非相似部分的独创性部分所占比重则不具有决定性意义。这些在司法实践中还存在争议。

（三）思想/表达二分法面临的新挑战

随着网络的高速发展，思想/表达二分法在判定与人工智能有关的文学作品相似侵权方面的应用提出了一些无法解决的难题。这一原则理论的基石"不保护思想只保护表达"在解决计算机软件侵权认定过程中产生了很大的问

---

❶ 张韩. 著作权保护对象研究［J］. 黎明职业大学学报，2007（1）：32.
❷ 韩笑. 数字时代的独创性理论研究［D］. 济南：山东大学，2014：37.

题。由于软件不同于一般文字作品，软件的精华就在于程序的算法即为了实现某一特殊指令而采取的编程的方法，从理论上其属于著作权所不涉及的"思想"，而这种方法，对于编程人员来说，只要掌握了算法，那么改变编程语言是很容易的。即思想的创造是需要花费很大成本但是表达的实现相当容易，而不像一般的作品，表达恰恰是需要很大的创造性和技巧性，转化表达也需要一定的脑力付出和心血劳动。

这个问题在写作软件等"写作神器"的出现后更为突出。随着大数据时代的到来，利用数据的汇编整理而形成的作品，特别是作品《锦绣未央》被爆出抄袭 11 部网络小说作品，其中仅《身历六帝宠不衰》一书，涉嫌被抄袭的情节就达 97 个，❶ 这个数据中可能会包含一些不受保护的作品片段。虽然此案已被定为构成侵权行为，但是对于一些情况判定还是存在一定的问题，许多情况可能并不能借助思想/表达二分法解决，因为要构成一定的表达必须要有一定的篇幅才能看出对篇幅的设置和细节处理等，也就是其对篇幅还是有一定的要求。

著作权法的目的就是在保护作者权益的同时又保护公众对作者思想的利用从而实现创作自由，最终在作者权利和公共权益之间找到一个平衡点，实现文化产业的繁荣发展。对于这种机器帮助侵权行为，其创作的作品往往创造性不高，属于文化价值低的快餐文学，对于这种行为必须要加以制止，但是其往往徘徊在思想表达的分界线上，很难用此原则来认定实质性相似。

三 思想/表达二分法在文学作品相似侵权中的适用建议

（一）以利益平衡为原则，结合指导案例规范侵权认定

由于思想/表达二分法的模糊性带来的案件不确定性以及法官自由裁量权问题，应当通过指导案例方式来确定标准和界限。人们无法对思想与表达用语言文字作出一个准确统一的定义，而用具体典型案例等方式来界定抽象的思想与表达的边界不失为一个好办法。首先，对于在思想与表达的模糊地带的作品成分，应用案例形式对一些应当保护的部分界定为受保护的表达，对不应受保护的部分界定为思想。其次，在一些思想与表达高度重合部分，对应当保护的

---

❶ 《锦绣未央》抄袭案今开庭 被告方拒认抄袭 ［EB/OL］. （2017 – 04 – 25）［2020 – 04 – 16］. http：//ent. chinadaily. com. cn.

部分进行保护，实现一些可能不适用思想/表达二分法或者在使用上有困难的部分用案例形式确定，这样才能使得每个案件都实现公平公正，也能有效避免由于法官认识不一而带来的对于同一类案件的审判结果有很大差异和案件的不确定性，同时也能统一不同法官在进行相似侵权判定过程中对思想/表达二分法的使用步骤与方法。再次，思想/表达二分法在相似侵权案件中的具体应用方法步骤和逻辑理性也能通过案例的形式对这些抽象的内容进行明确的统一规定，规避法官在应用思想/表达二分法上的不规范，仅将思想/表达二分法作为一种理论解释，而非实际应用该原则解决实际问题。最后，构建一个以思想/表达二分法为基石，联合其他演变原则方法将思想与表达的划分、表达独创性的界定、著作权的限制等整合成一个完整而具有实践性的立法体系。

而在一些典型个案中，不能机械地只保护表达，不保护思想要以利益平衡原则作为补充。对于思想/表达二分法的应用，不能笼统地只保护表达，不保护思想，尤其随着计算机技术的高速发展，对于计算机软件以及其他计算机相关作品，其思想与表达往往高度融合不易区分，机械地只保护表达可能会给该行业造成不好的影响。只有以利益平衡为原则，才能更好地解决计算机行业的新问题，因此审判时还要考虑到判决对社会以及文学产业发展的影响，才能最终实现著作权法的初衷。❶

（二）在实质性相似判定中借鉴美国的显著性相似标准

美国实践中的初步相似和显著性相似的定义划分可以作为我国解决实质性相似问题的参考。所谓初步相似，就是通过对比两部作品整体中是否存在足够比例的相似部分判断是否存在接触即抄袭行为，这种对比是完整的，既包括具有独创性的表达，也包括公共元素和公共场景。但初步相似只是初步证明争议作品存在借鉴原作品内容的可能，即构成接触原作的条件，而非简单的适用我国司法上的公开发表即推定被诉侵权作者接触了原作的推定。显著性相似是指在没有证据证明作者存在接触的初步相似时，在排除独立创作和巧合的情况下，争议作品与原作品中的独创性表达部分仍存在显著雷同，则可以认定争议作品的表达部分对原作品独创性表达部分构成相似侵权。

被控侵权作品中独创性表达部分的数量和品质是判断是否构成实质性相似的重要的衡量标准和要素，但最重要的应当是品质。一个作品的各个要素是相

---

❶ 王玥，许剑飞. 版权法思想表达二分法及其发展——以利益平衡为分析工具 [J]. 南通大学学报，2008（3）：7.

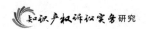

互交融和联系的，想要用一个明确的标准来划分构成一个作品的不同要素是不切实际的，而对这些要素进行量化更是难上加难。❶ 实质性相似原则从意义上并不是一个具有实践性的判断方法，它更类似于认定相似侵权问题的标准。对于实质性相似原则的应用，针对不同类型的作品其标准要有细微调整，因为实质性相似并非一个判断方法而更倾向于一个侵权临界标准的统称，是法官判断相似侵权所应当达到的标准。

（三）确定作品的独创性标准

独创性标准的判定应当从以下几个要件考虑：一是创作行为，创作的作品应当属于作者独立创作，一般以署名者无其他反证即可推定；二是创作空间，对一些不具有创作空间的文学作品的要素应当进行举例规定排除，如某一史实、人物传记的场景等作品部分；三是创作高度，对单纯的角色名、文名和单一情节不予保护，但不是绝对的，当这些要素在整体考虑或相互结合时能体现作者独特个性就应认定其具有独创性，应受到著作权法的保护；四是创作意图。❷ 且这个标准的具体确定还要根据不同的作品结合利益平衡原则按照不同的标准确定。对于独创性的对象，要肯定独创性的对象应当是将涉嫌作品抄袭部分与原作品受保护的独创性表达部分进行比较，涉嫌作品本身的独创性并不能成为抗辩理由。即剽窃作品中有多少独创性内容都不能成为不构成侵权的理由和辩解，但这并不意味着不相似部分的独创性不重要，若不相似片段在被诉侵权作品中所占比重很大且相似独创性表达部分的作用仅是一种借鉴和灵感来源，则这种只能成为自由使用，即不属于著作权侵权。

结　论

著作权作为保护人类智力成果促进文化繁荣发展的无形产权，过多地保护权利人的思想成果会造成权利的滥用，变成思想的垄断，狭隘的保护界限又会打击创作者的积极性。面对版权问题，也时常要与思维、审美激烈碰撞，而这些通常不能用简单的语言概括成法条。而作为判断文学作品相似侵权的思想/表达二分法这一重要原则，与其他法相比，其必然是一个更具开放性、非成文

---

❶　王玥，许剑飞. 版权法思想、表达二分法及其发展——以利益平衡为分析工具［J］. 南通大学学报，2008（3）：7.

❷　韩笑. 数字时代的独创性理论研究［D］. 济南：山东大学，2014：12.

法化的法律原则，❶ 其发展必然要以利益平衡为原则，通过指导案例规范侵权认定，从司法上赋予其定义和大概的界限与判定方法。

通过上述几个案例，我们基本可以确定思想/表达二分法的几个重要判断要素：（1）思想与表达的区分要从整体判断，对属于思想的部分进行了独创性的编排布置就会构成表达从而受到著作权的保护；（2）区分是借鉴还是抄袭决定的不是数量，而是抄袭部分在原作品中是否属于实质部分，是否在被控侵权作品中占主要部分；（3）作品类型及其创作空间的大小在一定程度上会影响作品主要独创性部分的判断；（4）在一定程度上对细节的处理和编排也可以受到保护。除此之外，还需要对独创性标准在案例中予以确定，并适当借鉴美国的显著性相似标准对该原则予以完善。

❶ 梁志文．版权法上实质性相似的判断［J］．法学家，2015：37．

数字图书馆合理使用问题再辨析

——以《公共文化服务保障法》及《公共图书馆法》为背景

何荣华

摘要： 数字图书馆扫描并上传作品的行为是否属于合理使用，在著作权理论界一直都存在争议，在司法实践中也有着不同的判决结果。对谷歌数字图书馆的电子化扫描行为，美国认定其为合理使用，不构成侵权；我国则认定其为侵权行为，不构成合理使用。不仅如此，我国对数字图书馆仅提供电子作品的行为亦认定为侵权行为，不当然构成合理使用。❶ 当前，我国政府积极推进公共文化服务体系建设，数字图书馆将成为提供公共文化服务的重要工具，丰富的作品资源是其提供优质服务的基础和前提。在此背景下，我国著作权法应当通过立法确定数字图书馆的合理使用性质，以满足社会公共利益的需要。

关键词： 数字图书馆；合理使用；公共文化服务

引 言

数字图书馆扫描并电子化作品的行为是否构成合理使用并不是一个新问题，国内外司法实践中亦有着不同的判决结果。在以往涉及数字图书馆电子化作品的侵权诉讼中，公益性之抗辩理由被多次提出，谷歌数字图书馆多次尝试将其数字化作品的行为归为合理使用而非侵权行为，得到了美国法院的支持，

---

❶ （2018）粤民申 11343 号.

但遭到了我国法院的否定。数字图书馆随着技术的发展而成为作品新的传播媒介，在带给人们便捷的知识获取方式的同时，不仅丰富了作品，而且繁荣了文化。依据我国著作权法所作的司法判决，认定数字图书馆扫描并电子化作品的行为不构成合理使用，属侵权行为，显然与当下中国社会发展的需要相悖。2016 年 7 月国务院印发的《"十三五"国家科技创新规划》提出，深入实施全民科学素质行动计划纲要，开展科技教育、传播及科普活动，到 2020 年实现超过 10% 的公民具备科学素质的目标，全面提升广大劳动者的科学文化素质，提高国家科普能力及服务水平。❶ 面对我国社会公众普遍通过数字途径接触作品的现实，数字图书馆扫描并电子化作品的行为将成为保障我国公共文化服务、弘扬社会主义核心价值观、提升广大公众科学文化素质及加强国家科普能力的必要途径。因此，借鉴美国著作权法中有关合理使用的判断标准，完善我国著作权法中的相关规定，不仅有利于促进我国数字图书馆之发展，还有利于落实《中华人民共和国公共文化服务保障法》（以下简称《公共文化服务保障法》）及《中华人民共和国公共图书馆法》（以下简称《公共图书馆法》）。

一、域内外数字作品合理使用规则的新进展

（一）中国颁布《公共文化服务保障法》及《公共图书馆法》

《公共文化服务保障法》已于 2016 年 12 月 25 日通过，并于 2017 年 3 月 1 日开始生效。❷ 它是文化立法中具有全局性、综合性及基础性的立法项目，通过立法来保障广大人民群众应当享有的文化权益，被称为我国全面实施依法治国的具体体现，是社会主义文化法律制度建设的重要标志。该法第 1 条明确了其制定目的是实现社会公共利益，具体来说，就是丰富广大人民群众精神、文化生活，弘扬社会主义核心价值观，传承中华民族优秀的传统文化，增强文化自信，提高全民族的文明素质。该法中所称的公共文化服务，是由政府来主导，各种社会力量参与，向广大人民群众提供公共的文化产品、文化设施及其他有关服务，以满足其不断增长的文化需求。公共文化服务保障法是党的十八

---

❶ 国务院关于印发"十三五"国家科技创新规划的通知［EB/OL］．［2019 - 09 - 08］. http：//www. gov. cn/zhengce/content/2016 - 08/08/content_5098072. htm.

❷ 中华人民共和国公共文化服务保障法［EB/OL］．［2019 - 12 - 29］. http：//news. xinhuanet. com/2016 - 12/26/c_129419435. htm.

大以来，我国公共文化建设领域取得的显著成绩，它的颁布实施，意义重大。首先，它是对我国文化相关法律体系的完善，对我国宪法原则的实施。其次，它为满足我国广大人民群众的精神文化需要，实现他们的宪法基本文化权益提供了法律制度保障。最后，它还是我国公共文化服务健康有序发展及政府落实公共服务职责的重要手段。遗憾的是，本法中没有提及数字作品利用问题。

《公共图书馆法》已于 2018 年 1 月 1 日开始实施。该法的颁布目的，是充分发挥公共图书馆的功能，促进我国公共图书馆的发展，以满足全体公民不断增长的精神文化方面的需求，提高我国公民的文化素质，进而提升社会文明程度。所谓公共图书馆，就是以提供公民的阅读服务作为主要目的，向社会公众开放，通过收集、整理、研究、保存及传播文献信息并依法登记的非营利性文化组织。向社会公众提供免费文献资源的查询、借阅是其主要业务。该法明确指出，政府设立的公共图书馆，应配备相应的设施和设备，以加强数字资源的建设，为社会公众提供数字服务。❶

《公共文化服务保障法》和《公共图书馆法》是两部独立的法律，但毋庸置疑的是，它们有着共同的目标，那就是为社会公众提供免费的文化服务，以满足社会公众的精神文化方面的需要。从国家层面来看，知识产权具有社会政策工具属性，相关法律是国家公共政策的组成部分，国家强调保护特定主体的利益，又注重对相关主体的利益平衡。❷ 由此来看，《公共文化服务保障法》和《公共图书馆法》两部文化方面的法律就是为了实现社会公共利益，保障全社会公众精神文化福祉的实现。

（二）欧洲发布《数字化单一市场版权指令》

2018 年 9 月 12 日，欧洲议会投票通过了备受关注的版权改革法案《数字化单一市场版权指令》。该指令为促进数字技术环境下作品的创造、使用及传播而发布，既是欧盟版权制度近年来最重大的一次改革，又是版权制度对数字技术挑战的回应，是为缩小数字环境下欧盟各国版权制度差异而采取的促进数字化单一市场下实现作品公平和高效使用的制度措施。❸ 其中列明了三种情形下的合理使用：一是为了科学研究的目的，而利用大数据对作品进行分析，科

---

❶ 参见《中华人民共和国公共图书馆法》第 31 条。

❷ 吴汉东. 知识产权的多元属性及其研究范式［J］. 中国社会科学，2011（5）：39 - 45.

❸ 阮开欣. 数字化单一市场版权指令将完善欧盟版权制度［N］. 中国知识产权报，2016 - 09 - 30（10）.

研机构复制、提取作品的行为；二是包括但不限于非商业性的情形下，仅仅为教学目的而使用数字形式的作品并指明作品的来源；三是图书馆、档案馆、博物馆等为保存版本的需要，以任何媒介或格式制作馆藏复制件，包括以数字形式复制保存。尽管此三种情形并不是专门规定数字图书馆合理使用问题的，但反映出欧盟委员会对待使用数字作品的态度，认为现有合理使用的范围过于狭窄，应有选择地扩大至数字环境及数字作品，不妨碍社会公众使用数字作品的需求。

其实，《数字化单一市场版权指令》也是为了实现《数字化单一市场战略》及《面向现代欧洲的版权框架》中提出的版权目标。欧盟委员会 2015 年 5 月通过的《数字化单一市场战略》，明确要求减少各成员国版权制度差异，扩大广大使用者通过互联网络接触作品的机会；同年 12 月又发布《面向现代欧洲的版权框架》，明确欧洲的版权制度改革应面向数字环境。● 值得一提的是，2016 年 12 月《欧盟数字基本权利宪章》被提交至欧洲议会，指出人们的生活方式将因全球数字化程度的提高而不断改变，技术发展应当以服务于人类社会为目的。可见，以欧洲为代表的发达国家认为，数字技术的发展影响了作品的使用方式，但对作品权利人的权利保护，应当以方便社会公众的使用、满足人类精神文化的需要为前提。换言之，数字技术的发展不应成为实现社会公共利益的阻力和障碍。

二、国内外司法实践对数字图书馆合理使用的态度——以谷歌案为例

谷歌公司的数字图书馆计划因其数字化的作品涉及不同国家的相关权利人，在美国、法国、中国等先后遭到抵制，发生版权纠纷并诉至法院——该数字化作品的行为是合理使用还是版权侵权行为？不同国家的法院对谷歌的这一行为给出的评判及评判理由并不相同，使得谷歌案成为数字图书馆合理使用问题在司法实践领域的典型案例。鉴于此，本文选择以谷歌案为例。

（一）谷歌数字出版计划回顾

2004 年 10 月，谷歌公司在法兰克福书展提出作品数字化（Google Print）

● 阮开欣. 数字化单一市场版权指令将完善欧盟版权制度［N］. 中国知识产权报，2016 – 09 – 30（10）.

计划，并于当年底开始对作品进行大规模数字化行动（包括 Google Books 及 Google Book Search），以建立全世界最大的数字化图书馆。● 在谷歌建立的数字图书馆中，包含版权图书及公有领域图书，谷歌通过光学技术将扫描的图书转化为机器可读的电子文本。用户可以通过关键词查找并获取电子图书的相关信息，网页链接中将显示被查询电子图书的著作权人、售卖该书籍的书店及馆藏该书籍的图书馆等信息。需要引起注意的是，因为谷歌公司采取的严格技术措施，网络用户只能看到版权图书中与关键词有关的占一页书 1/8 的小片段，不能浏览到版权图书中的其他内容，也不能进行整本版权图书的阅读及下载。● 谷歌对已经进入公有领域或得到版权人许可的图书提供完整内容。谷歌公司对外声称，它打造该数字图书馆的目的不是为了营利，而是结合其公司的核心业务——搜索引擎，以帮助用户有更多的选择，能方便地免费地获取阅读资源并从中受益——尽管它是一个商业性公司。对于谷歌数字图书馆行为是构成合理使用还是侵犯版权，著作权人的观点并不完全一致。中国作家韩寒明确表示支持谷歌的数字图书馆项目，声称在只显示目录及摘要的前提下，欢迎谷歌图书馆扫描其图书，并接受每本 60 美元的报酬条件。然而，现实中更多的是反对的声音，自谷歌开展数字图书馆项目以来，因其数字化行动涉及版权作品，在全球范围内引发了多起著作权官司。为解决争讼，谷歌公司于 2008 年同相关著作权人及出版商等签订了和解协议，即由谷歌公司出资建立数字化图书著作权档案，以供著作权人和出版商登记被数字化的作品，著作权人及图书出版商授权谷歌公司对其图书作品进行数字化，并从在线阅读及图书的售卖中获得分成。● 2009 年 8 月，亚马逊、雅虎、微软、Internet Archive 及其他几家图书馆宣布，将联合成立面向全球的开放图书联盟，以反对谷歌公司与著作权人及出版商等在 2008 年达成的数字化图书和解协议。● 此后，和解协议被修订，2011 年 3 月，经修订达成的新和解协议因公平及合理性被法院否定。● 其实，谷歌公司从未因为和解协议的存在而摆脱由其数字图书馆项目所引发的版

● 参见百度百科"GOOGLE 图书搜索"。

● 阮开欣. 美国版权法新发展：谷歌数字图书馆构成合理使用——评作家协会诉谷歌公司案判决 [J]. 中国版权，2014（1）：58 - 60.

● Authors Guild v. Google Inc. 770 F. Supp. 2d 666（2011）.

● 王铮. 微软雅虎等组团对抗谷歌 谷歌称其"酸葡萄联盟"[EB/OL].[2019 - 12 - 27]. http://www.chinanews.com/it/it - qydt/news/2009/08 - 27/1837403.shtml.

● Authors Guild v. Google Inc. 770 F. Supp. 2d 666（2011）.

权官司，其数字图书馆项目甚至有"冒天下之大不韪"之嫌疑，受到来自著作权人、出版商等利益主体的反对。

（二）美国法院对谷歌案的判决及理由

谷歌公司的数字图书馆项目最早是在美国引起版权诉讼的。2005 年 9 月，美国作家协会（Authors Guild，AG）以版权侵权为由，对谷歌公司的数字图书馆行为提出控诉。2005 年 10 月，美国出版商协会（Association of American Publishers，AAP）因同样原因对谷歌公司提出版权侵权诉讼。2013 年 11 月，谷歌图书馆扫描并电子化版权作品的行为经美国纽约南区联邦地区法院认定为合理使用。[1] 后原告不服提起上诉，2015 年 10 月，美国联邦第二巡回法院维持原审不侵权判决。[2] 自谷歌数字图书项目被美国第二巡回上诉法院维持合法以后，美国作家协会对判决结果并不满意，于 2016 年 1 月以版权费为由向美国联邦最高法院提出上诉，美国联邦最高法院宣布将不再受理此案的上诉，谷歌数字图书馆案正式结束。

谷歌数字图书馆案的判决书似一篇论证充分的学术论文，法官通过引证并逐一分析美国版权法中的合理使用"四要素"。法院认为，四要素中的第一个和第四个因素对判断某个使用行为是否为合理使用具有显著作用，第二个因素所起作用有限，第三个因素需要与第四个因素共同适用。在第一个合理使用因素"使用目的"的认定中，法院确认的谷歌公司数字化图书属于转化性使用具有重要意义。其认为使用者对作品的使用目的是判断合理使用的关键要素，谷歌公司对其数字化的作品之使用扩充了作品的用途，传达了不同于原作品的内容，具有转换性目的，属于实质性转换使用（transformative）。[3] 转换性使用是判断是否属于商业性使用的重要因素，[4] 尽管转换性使用不构成合理使用的充分条件，但它倾向于合理使用的判断，因为对作品的转化性使用实现了版权法之扩充社会公众之文化科学艺术知识的目的。在第四个合理使用因素"对版权作品潜在市场的影响"之认定中，法院认为通过选定的词对某本图书进行文本搜索，不构成对图书的替代，[5] 因为只有当谷歌显示给用户的图书内容足够多时，才可能构成对原作有竞争性的替代，从而损害原作的价值，但谷歌

---

[1] Authors Guild v. Google Inc. 954 F. Supp. 2d 282（2013）.

[2] Authors Guild v. Google Inc. 801 F. 3d 668（2015）.

[3] Authors Guild v. Google Inc. 804 F. 3d 202.（2015）.

[4] [澳] 马克·戴维森. 数据库的法律保护 [M]. 朱理，译. 北京：北京大学出版社，2007：177.

[5] Authors v. Hathitrust 755F. 3d 87，95（2d Cir. 2014）.

的搜索设计中的片段浏览显然无法实现此效果。❶ 故而，谷歌公司的数字化图书行为从复制目的来看具有实质转换性，从文本显示来看具有限制性，展示的原作有限，无法对原作构成市场替代，谷歌公司本身的商业性质不是否定其合理使用的理由，因为合理使用是依据使用者的使用行为来判断，而不是依据使用者来作判断。❷ 法院最终认定，谷歌数字化图书并上传的行为属于合理使用，不侵犯版权，谷歌参与图书馆提供数字复制件，只是利用自身的专业知识和资源为图书馆制作数字版本，不构成侵权也不构成帮助侵权。

（三）欧洲法院对谷歌案的判决及理由

谷歌数字图书馆项目在欧盟引起了较大风波，尤其是在文化主权意识较强的法国。2006 年，法国作家协会状告谷歌公司在未向作者及出版社支付作品使用费的情况下利用了版权作品，要求谷歌公司赔偿 1500 万欧元；2009 年，法国作家协会与 Le Seuil 等出版社又因未经许可擅自上传图书至互联网而共同起诉谷歌公司。2009 年 12 月，法国巴黎地区民事法院下达判决，认为谷歌公司的未经许可数字化他人图书行为侵犯了著作权，要求其停止侵权并支付赔偿金 30 万欧元，此外，谷歌公司还须在清除资料库中的法国出版图书之前，每日支付 1 万欧元罚金。谷歌公司不服判决提起上诉。2011 年，法国三家出版社又联手起诉谷歌，认为虽然法院判决谷歌的未经许可数字化他人图书行为侵权，谷歌也作出了承诺，但其非法扫描图书的行为仍然在持续。❸ 直至 2012 年 6 月，谷歌公司终与法国作家协会及出版社达成协议，在支付报酬并听从出版社意见的前提下，对已经售罄的图书作品进行数字化扫描。

谷歌数字作品项目被以法国为代表的欧洲国家认为存在文化垄断及文化掠夺，是"披着羊皮的狼"。为抵制文化入侵，2009 年 11 月，欧洲数字图书馆正式成立，它是由法国国家图书馆联合欧洲 19 个国家图书馆自 2005 年谷歌数字图书馆项目实施不久之后宣布的。❹ 法国政府一直以保护本国文化遗产及各文化的多元性为名抵御谷歌数字图书馆项目。

---

❶ Authors Guild v. Google Inc. 721 F. 3d 132.（2013）.

❷ Authors Guild v. Google Inc. 804 F. 3d 202.（2015）.

❸ 彭梦瑶. 法国三大出版商状告谷歌侵权 [EB/OL].［2019 – 12 – 17］. http：//news. xinhuanet. com/world/2011 – 05/12/c_121407499. htm.

❹ 杨骏. 为"制衡"而生的欧洲数字图书馆 [EB/OL].［2020 – 01 – 13］. http：//news. xinhuanet. com/newscenter/2008 – 11/24/content_10406044. htm.

（四）中国法院对谷歌案的判决及理由

2009 年，据中国文字著作权协会的统计，谷歌在未经授权的情况下扫描上传中国 570 位著作权人的 1 万多部作品，并声称其仅仅是为了向用户提供检索服务才电子化扫描上传了这些图书，且只根据用户的搜索显示摘要图书片段预览，应属于合理使用。中国相关权利人并不认可谷歌的说法，中国文字著作权协会曾代表部分作者与谷歌进行了磋商，但无果。此外，笔名为棉棉的作家以个人名义对谷歌提起诉讼，要求谷歌公司赔偿 6.1 万元人民币并赔礼道歉。此案经北京市第一中级人民法院一审，北京市高级人民法院二审，认为谷歌数字图书搜索行为中，所提供作品片段的行为属于合理使用，但电子化全文扫描并上传棉棉图书的行为侵犯著作权，不构成合理使用。❶ 此案是我国作家起诉谷歌的第一案，后被作为北京市 2013 年十大知识产权典型案例。当然，按照我国现行著作权法，法院判决谷歌公司全文扫描图书并数字化上传的行为构成著作权侵权并无不当。毕竟，我国著作权法中的合理使用条款并未包括数字化作品行为，谷歌公司亦未提交证据证明其合理使用，将版权作品扫描上传是对作品的复制，应当获得著作权人的授权并支付报酬，然而谷歌并没有。

三、公共文化服务背景下数字图书馆合理使用评析

（一）我国著作权法中的图书馆合理使用

著作权法中的合理使用（fare use）是指在符合著作权法规定的情形下，使用人既不需征得版权人的同意，也不必向版权人支付报酬，免费使用版权作品，尊重并不侵犯版权人其他权利的行为。合理使用为实现著作权人、作品利用者及社会公共利益之间利益平衡而生，是法律为实现社会公共利益而对著作权人权利的法定限制。合理使用规则充满了正义、公平等法律价值，❷ 它通过对社会公共利益的保护，减少作品之获取成本以促进作品的传播，当然应属于激励作品的创新。我国著作权法规定了合理使用，图书馆在不影响作品正常使用且没有不合理损害版权人合法利益的情况下，为了保存版本或陈列的需要，复制本图书馆收藏的作品时，既不用获得版权人的授权，亦不用支付报酬，可

❶ 北京市高级人民法院（2013）高民终字第 1221 号民事判决书.

❷ Mei Kobayashi, Koichi Takeda. Information retrieval on the web [J]. ACM Computing Surveys, 2000 (2)：144－173.

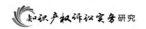

以免费使用。❶ 根据本条的规定，图书馆数字化作品的行为未被纳入合理使用的范畴。然而，当前我国的公共政策需要确立图书馆数字化作品的合理使用性质。合理使用通过平衡著作权人与社会公众之间的利益来激励作品的创作及传播，著作权法律制度本身就与公共政策密切相关。公共文化服务及公共图书馆建设体现出我国促进作品传播并注重实现社会文化福祉之公共利益的政策导向。图书馆作为汇聚以作品为代表的知识信息中心，是广大社会公众接触并利用作品的主要通道。从国内来看，政府着力推动公共文化服务及公共图书馆建设，当图书馆成为提供公共文化服务的重要途径，势必涉及对数字作品的合理使用。从国外来看，无论是《美国数字千年版权法》，还是欧洲《数字化单一市场版权指令》，都明确规定应确保数字环境下公民能够接触到数字作品，这对我国著作权法确立数字图书馆合理使用规则有着一定的借鉴意义。

（二）基于"三步检验法"的数字图书馆合理使用分析

为实现社会公共利益，国际公约《伯尔尼公约》、WCT 及 TRIPS 协定都允许其成员方对著作权人的权利在一定条件下进行适当限制，即在特殊情况下作出限制，不损害作品的正常使用，没有不合理地损害权利人的合法利益，这就是著作权限制理论中著名的"三步检验法"。它在著作权限制方面有着类似"圣经"的地位，是各成员国内法中著作权权利限制制度必须遵循的普遍原则。《伯尔尼公约》第 9 条第 2 款提出："复制版权作品是在特殊情形下进行，不损害作品的正常使用，不侵害作者的合法利益时，成员国法律应确认其为合理使用。"通过著作权法中的权利限制制度来平衡著作权人同社会公共利益之间的冲突。第一步"特殊情形"下对作品的使用就是指为了公共利益目的而使用，第二步是对作品的使用不损害作品的正常使用，第三步是不得不合理地损害作品权利人的合法利益。

第一步中，数字图书馆行为符合《伯尔尼公约》等国际公约中的公共利益目的。其一，数字图书馆的功能天生具有社会公益性，它在保存及获取图书方面具有传统图书馆不可逾越的优势。❷ 一是数字图书有效弥补了纸质图书在保存方面的不足。纵观各国历史，上百万种图书甚至整座图书馆因为天灾人祸而毁灭的事情发生过，就连美国国会图书馆，也曾在 1851 年的大火中失去了 2/3 的藏书。毕竟，纸质图书以物质的形式存在，本身极易被损毁。出版合

---

❶ 参见《中华人民共和国著作权法》第 22 条。
❷ Sergey Brin. A Library to Last Forever［N］. The New York Times, 2009 – 10 – 09.

同、作者、出版社的消失，都可能导致图书的踪迹难觅。现存的图书、画作还能存多久，我们不得而知，我们已经发现的是，在图书出版后的几年之内，就会出现因为版本限制等原因，只能在少数图书馆或二手书店找到它们，部分则消失了。❶ 二是数字图书有效弥补了纸质图书不方便获取的不足。作品创造完成后，其价值需要通过传播来实现。然而，除少数方便利用图书馆的人员外，大多社会公众没有便捷途径获得人类已经出版的图书。

其二，数字图书馆建设是当下我国社会公共政策的重要内容。我们常说书籍是人类进步的阶梯，却很少提到图书馆是人类智慧的宝库。为了实现社会公共利益，我国政府非常重视数字图书馆的作用，早在 2010 年就颁布了关于数字图书馆的服务政策及资源建设指南。2011 年，又发布《加强公共数字文化建设的指导意见》，提出到"十二五"末数字图书馆服务从省逐级覆盖至村（社区）的明确目标。当下，通过建设数字图书馆向社会公众提供数字作品资源，已列入我国的公共图书馆法。它不仅是国家提供公共文化服务的途径，也是保护及传承我国优秀文化的手段。2017 年 1 月 25 日，中共中央办公厅、国务院办公厅印发《关于实施中华优秀传统文化传承发展工程的意见》，将深入阐发文化精髓作为重点任务之一，提出实施中华文化资源普查工程，构建开放共享的文化资源公共数据平台；建设国家文物资源大数据库。❷ 我国文化遗产众多，相关作品躺在图书馆里，就算被保存得再完好无损，人们却无法轻易获得阅读机会，这些文化遗产仅在图书馆保护起来却得不到充分利用，也只是形同虚设。文化及文物资源数据库的建设以及使用，极有可能依托现有图书馆，公共政策中无论是公共图书馆的建设还是优秀文化的传承，当然都有利于实现社会公共利益。

第二及第三步中，图书馆数字化扫描作品并上传的行为，因为是对作品的转化使用，当然没有损害作品的正常使用。同时，图书馆数字化作品的行为不仅不会让著作权人现实的或潜在的经济利益或实用价值受到损失，反而会因为给作品增加了新的传播方式而为其权利人带来更多的经济利益，当然也就没有不合理地损害作品权利人的合法利益。

---

❶ 吴江. 传统图书馆将走向消亡吗［J］. 图书馆杂志，2004（5）：8-10.
❷ 中共中央办公厅　国务院办公厅印发《关于实施中华优秀传统文化传承发展工程的意见》. ［2020-01-28］. http://news.xinhuanet.com/politics/2017-01/25/c_1120383155.htm.

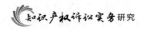

（三）基于美国"四要素"的数字图书馆合理使用分析

《美国版权法》第107条规定了合理使用应当具备的四个要素：第一，对作品的使用应当具有正当的目的，是非商业性或非营利性的教育目的；第二，被使用作品的性质，是独创性的还是仅属于事实材料；第三，被使用作品的数量以及质量，占被使用作品的比例以及是否被使用作品的核心内容；第四，对作品潜在价值的影响，是否会影响原作品的市场份额。❶

关于第一要素，我国数字图书馆对作品的使用基于公共利益的需要，受国家公共政策的指导，当然具有正当目的。关于第二要素，被使用的作品是独创的，还是属于事实材料，似乎我国数字图书馆对作品的使用不符合合理使用，但谷歌数字图书馆中，美国法院明确指出，该要素不是判断合理使用的重要判断标准。❷ 关于第三要素，从被使用作品的数量及质量来看，我国数字图书馆对作品的使用仅限于数字化本馆作品并提供给本馆的用户，因此不影响其合理使用的定性。关于第四要素，对作品潜在价值的影响，对合理使用的认定具有较重要的意义。❸ 我国数字图书馆对作品的使用，以增加用户获取作品的途径且不侵犯权利人的著作权为原则。换言之，立法确定数字图书馆的合理使用性质，是在一定的限定条件之下，并非任何人都可以作为用户使用数字图书馆，合法的用户只能进入本馆数据库进行在线阅读，而不能进行下载和保存。可见，一定技术措施之下的我国数字图书馆不影响作品的潜在价值。

（四）我国数字图书馆合理使用应注意的问题

第一，通过政府和著作权法确认图书馆的公共利益主体地位。以谷歌数字图书馆案为例，谷歌因其数字图书馆项目在国内外产生了多起诉讼。它曾与中国文字著作权协会进行多轮磋商以解决侵犯中国作家的版权问题，但最终以失败告终。尽管谷歌数字图书馆项目现已撤出中国，但当数字出版成为全球不可抗拒的大趋势时，谷歌数字图书馆事件已然警示中国解决数字作品版权问题。回顾谷歌公司实施数字图书馆项目的前前后后，谷歌数字图书馆项目从开始实施起，就因为利益等多种原因遭到了来自全球著作权人、出版商、销售商乃至多国政府的反对。欧洲知识分子还以文化入侵为由阻止谷歌数字图书馆项目的实施。政府担心谷歌作为全球最大的数字图书馆，可能导致垄断等，开始组建

❶ 17 U. S. C. § 107.
❷ Authors Guild v. Google Inc. 282 F. R. D. 384. （2012）.
❸ Harper & Row v. Nation Enterprises，471 U. S. at 566. （1985）.

自己的国家数字图书馆。政府反对还因为谷歌数字图书馆项目影响到本国商家及著作权人的利益。以亚马逊为代表的几大网络公司反对谷歌公司缘自其可能造成的垄断，共同联手抵制谷歌的数字图书馆项目。亚马逊开发的 Kindle 电子书阅读器曾为其带来丰厚的商业利润，如今势必会因谷歌数字图书馆为读者提供了获取电子图书的新来源而受到挑战。雅虎和微软占有一定的网络搜索引擎份额，其广告收益需要以更多的用户为基础。谷歌公司的数字图书馆项目遭到多重阻力，主要原因在于该数字图书馆项目将会对反对者既得或可能的商业利益带来不利影响。事实上，谷歌公司秉持着造福人类的美好愿望来做好数字图书馆项目，通过和解等方式减少阻力，取得了一定的积极效果。牛津大学、哈佛大学、纽约公共图书馆和部分大学的图书馆，已经同意将本馆藏书添加到谷歌的虚拟书架上，谷歌书库还将众多已经绝版的图书进行扫描并电子化以后珍藏于网络，并计划将数以万计已经绝版不再重印的图书扫描珍藏，有学者甚至将谷歌的数字图书馆项目与百科全书立下的功绩相提并论。❶ 正如美国法院在谷歌案中所强调的，谷歌数字图书馆让无法或不方便获得纸质图书的社会公众有机会接触到电子图书，增加新的读者并给出版商及作者带来更多收入，是有利于整个社会的，带给社会的是巨大公共利益。❷ 事实上，谷歌已经扫描的 2000 多万册图书中，大部分是已经不再印刷的非小说作品。毫无疑问，谷歌的数字图书馆项目正是通过对作品保存和收藏的自然需要，来实现广大社会公众的精神文化福祉。

不难看出，谷歌公司遭受到诸多反对，只因其仅仅是一个企业，毕竟逐利是企业的本质。尽管它宣称该数字图书馆计划是为了造福人类，但终究被起诉构成著作权侵权，被质疑可能构成垄断。无独有偶，微软公司也曾经启动过类似谷歌数字图书馆的项目，主要是扫描已获许可的图书或无版权保护的图书，但该业务已经于 2008 年终止。或许，付出多回报少是微软终止该业务的原因，但恐怕与全球大多数国家尚未建立解决数字版权问题的规则不无关系。事实上，数字图书馆随着技术的发展而成为作品新的传播媒介，确实带给人们便捷的知识获取方式，并且丰富了作品、繁荣了文化。有必要通过制度变革来重新平衡著作权人与社会公众的利益，以保证技术的发展不成为作品传播的障

---

❶ 罗四鸽. 哈佛图书馆"大屠杀"［N］. 经济日报，2012－05－04.

❷ Authors Guild v. Google Inc. 801F. 3d－668（2015）.

碍。❶ 不可否认的是，图书数字化行为有利于促进作品的传播，当数字出版成为主流出版方式时，在线阅读收入有利于实现著作权人的版权经济利益。❷ 当下，我国正在建设服务型政府，如果凭借中央政府的身份，以提高国民的文化素质和社会文明程度为目标来推进数字图书馆的建设，就可彻底避免谷歌公司的企业逐利身份和垄断可能。毕竟，我国图书馆以政府出资创办管理或者大学创办管理为主，它们具有公益性的特性，排除了在谷歌数字图书馆项目中存在的被质疑追逐垄断利益的可能。因此，在我国政府推进公共文化服务保障及公共图书馆建设的背景下，通过著作权立法确认数字图书馆的合理使用主体地位是必要的。

第二，数字图书馆在行使信息提供功能时应有合适的技术保护措施，防止使用者侵害著作权人的合法利益。图书馆同时具有保存书籍等资料以及向读者提供信息两种功能。从我国著作权法的规定来看，图书馆为保存版本之需，复制本馆收藏的作品属于合理使用。从我国司法实践来看，图书馆数字化作品并上传的行为被判侵权赔偿，不属于合理使用。显然，我国著作权法中的合理使用仅仅是从资料保存的角度对著作权人的权利进行了限制。数字环境下，作品的利用形式增多，相应地，著作权人权利限制也应当相应扩展至数字作品。如果我国著作权法明确规定图书馆数字化扫描作品并上传的行为属于合理使用，那么，是否意味着图书馆行使自身两种功能均属于合理使用？从美国判例确定了转化性使用应重点考虑的因素是被使用的作品是否明显区别于原作品。❸ 显然，并非所有读者的利用行为都如图书馆数字化扫描并上传本馆作品一样属于转化性使用。图书馆保存资料当然具有公益目的，但其向读者提供信息则应区别对待，毕竟数字图书馆获取作品的使用者，未必都是合法的合理使用者，图书馆有必要采取适当和适度的技术防护措施，以防止未经许可的使用者利用其提供的数字作品，从而造成对著作权人利益的侵害。

结　论

梁启超曰，学术，乃天下之公器。任何作品，无不建立在他人已有研究成

---

❶　王迁. 网络环境中版权制度的发展［J］. 网络法律评论，2008（2）：105 – 108.

❷　Authors Guild v. Google Inc. 801F. 3d – 668（2015）.

❸　Compell v. Acuff – Rose Music 510 U. S 569（1994）.

果的基础之上；任何社会公众，均享有从社会获取和利用作品的权利。著作权法的生成是为了更好地保护著作权人的利益，以激励创作，然其更大的目的，是推动社会公众获取文化科学艺术知识，保护社会公众从作品中受益的权利。合理使用规则应当服从著作权法效益最大化的整体立法目标。❶ 著作权法对著作权人权利的保护从来都是以尊重人权、遵守国家公共政策、不损害社会公共利益为前提的。数字图书馆扫描并电子化作品的行为具有公共利益属性，丰富的数字图书资源是社会公众享受公共文化服务、接触并利用作品的需要。因此，在我国著作权法中增设数字图书馆合理使用条款，符合我国当前公共文化政策的目标导向。

---

❶ 熊琦. 论著作权合理使用制度的适用范围［J］. 法学家，2011（1）：86-98.

论"半官方标志"的著作权保护

摘要：处于标志竞争时代，越来越多组织设计具有自己特色的标志、徽章、吉祥物等服务标志。根据著作权法规定，官方标志不受著作权法保护。但还有一类类似于官方标志的标志由于具有一定程度官方属性，在使用中极其容易引起相关利益主体的争议，现行立法中并未对半官方标志作出明确的规定。本文从现行立法对半官方标志的作品属性认定、著作权法意义上的作品使用和半官方标志的使用与公共利益之间的平衡视角入手，对比独创性标准、美术作品审美理论、合理使用与法定许可制度对相关主体的不同保护情况，提出半官方标志应作为美术作品受到著作权法的保护，在标志的使用上若非因其艺术美感，此类使用并非属于著作权法意义上的使用，半官方标志权利人不应适用现行著作权法的利益平衡制度，而应释放更多的权利到公共领域的立法建议，以期能更好地保护半官方标志的著作权。

关键词：半官方标志；著作权；利益平衡

一、问题的提出

标志是传达信息的视觉符号，使用代表特征和形象的标志是各类组织或个人区别于其他组织或个人的重要手段。在实践中，使用官方标志来代表官方活动的情形很普遍。根据著作权法规定，官方标志不受著作权法保护。但还有一类类似于官方标志的标志，法律已经事先认可其著作权，但由于其具有一定程度的官方标志属性，在使用中容易引起相关利益主体的争议。本文以中国保安协会（以下简称"保安协会"）诉北京旭亿伟业商贸有限公司（以下简称"旭亿伟业公司"）、浙江天猫网络有限公司（以下简称"天猫公司"）侵犯著作权纠纷案❶为例，探讨关于半官方标志的著作权保护。本案中保安协会根据国务院《保安服务管理条例》设计了 2011 式保安服装及肩章、臂章、帽徽、胸牌等服务标志，依法享有服务标志的著作权，原告以被告旭亿伟业公司未经允许在被告天猫公司的网站上销售 2011 式保安服务标志肩章，侵犯其依法享有的著作权，请求赔偿损失。而被告则认为，原告所主张权利的标志缺乏独创性，原告对涉案标志不应享有著作权。另外，保安标志是保安行业的公共资源，原告发布图样的行为是原告代表国务院行使行政权力，应当是公益性行为，涉案标志著作权不应由原告享有。法院认为，涉案肩章的设计均体现了作者个性化的智力创造性劳动，达到了著作权法要求的基本创造性水准，构成我国著作权法上的美术作品，保安协会就其享有著作权，但二被告不构成侵权。首先，被告旭亿伟业公司的销售行为在著作权法上不具有苛责性；其次，国务院《保安服务管理条例》授权原告保安协会推荐和确定保安标志的目的是规范保安服务活动、完善保安行业管理，并非为了让原告获得该领域的垄断经济利益。

该案带给我们许多思考，保安协会依社团性质并不属于官方社团，而是半官方社团，该社团成分既有民间因素，也有官方因素，即保安协会依照其行政职权所公布服务标志属于发布半官方标志。保安协会是否因其具有一定程度的官方属性而判定半官方标志不受著作权法保护？我国著作权法不保护官方文件，但对半官方标志是否保护未有明确规定。本文将根据著作权法原理，通过剖析半官方标志的作品属性来明确著作权意义上半官方标志该如何保护以及其保护界限问题。

二、半官方标志及其作品属性

在品牌竞争的时代，标志的使用可以迅速帮助服务对象在众多品牌中识别出服务提供方。半官方标志属于标志范畴，其设计目的在于表达事物特征。标志蕴含着企业、产品的形象，半官方标志代表半官方组织和半官方组织的活动，因包含受上级政府部门支配的官方因素，致使半官方标志所承载的不仅包

---

❶ 北京市大兴区人民法院（2014）大民初字第 4286 号判决书.

含服务宗旨，也包含着政府形象，向公众展现着该组织独特的行业属性，产生社会影响力、号召力和公信力。

（一）半官方标志具有独创性

作品指的是在文学、艺术和科学领域内可以以某种形式复制的智力成果。《中华人民共和国著作权法实施条例》（以下简称《著作权法实施条例》）第2条对作品所下的定义是："著作权法所称作品，是指文学、艺术和科学领域内具有独创性并能以某种有形形式复制的智力成果。"所以，判断半官方标志是否属于作品，可从是否为人类的智力成果，是否为能够被他人客观感知的外在表达，是否具有独创性三个方面加以考量。半官方标志能否构成作品，这是涉及半官方标志是否受著作权法保护的关键问题。

首先，半官方标志必须是人类的智力成果才属于作品。参考商标按显著性强弱程度分类，半官方标志也可大致分为四类标志：臆造标志、任意标志、暗示标志和叙述标志。臆造标志是指由设计人独立创作的标志，该标志没有含义，与行业服务特性和政府形象不发生任何联系。任意标志是指该标志不是独创的，但该标志的含义与指定行业或机构特性无关。暗示标志是指间接表达行业或机构某方面特点的标志。叙述标志是指直接表达行业或机构某方面特点的标志。半官方标志为了体现通用性以及普遍性，往往会属于暗示标志和叙述标志。标志的设计和选择，无疑是标志使用效果如何、能否获得法律保护、能否最终给使用者带来实实在在的利益的重要因素。标志设计和选择中的智力投入等于"开发"成本。半官方标志设计目的在于表达人类社会组织间的事物特征，它必须包含服务宗旨、政府形象、行业属性等可识别特征，由此，其设计者必定会通过自己的选择及判断，以线条、色彩或其他方式构成各种特征的平面或立体有形物，因此不难判断半官方标志属于人类的智力成果。

其次，半官方标志必须是能够被他人客观感知的表达才属于作品。单纯停留在内心世界的思想感情或者人们对该行业的一贯印象并不是著作权法意义上的"作品"。假如保安协会是管理保安行业相关秩序的协会，人们眼中它代表着保安的形象，犹如狮子般威猛可靠，但我们不能说这个"狮子"就是作品，因为"狮子"无法使社会公众加以阅读、欣赏或感知，也就没有任何社会价值，无法被复制和传播，当然无法由著作权法保护。只有当设计者将特定行业的特征用画笔付诸纸张，画出了可供他人识别、欣赏的标志，才能说这个标志是作品。

最后，只有具有"独创性"的半官方标志才是作品。从字面意思来看，所谓独创性包含两层含义：其一，"独"，即独立完成，而非剽窃，抄袭他人作品；其二，"创"，即具有一定的创作高度，而非机械性或技术性的智力成果。作品需独立完成，而非剽窃，这一点学界已达成共识，而在创作的高度上则争议较大。目前，理论界对独创性标准主要采用英美法系以"商业版权说"❶为其法哲学基础的独创性标准和大陆法系以"作者权"❷为中心的独创性标准。

我国的著作权理论大部分立足于大陆立法法系的观点，正如有学者所言："作品应当具有独创性或最低限度的独创性，这只是一个一般性的要求"❸，"作品中必须体现作者的智慧与个性"❹。同时标志的创造性和显著性之间有着极大的关联。可以认为，标志的显著性是"形式"，创造性是"内容"，二者是相互依赖、不可分割的辩证统一关系，不存在不具有显著性的创造性标志，也不存在不具有创造性的显著性标志。设计过程中的智力成果，一定程度上决定了该标志是否具有显著性及其显著特征的强弱程度。标志的声誉及使用情况，也会直接影响该标志的显著性，从标志的显著性的含义上分析，还可进一步更清晰地看出显著性和创造性之间的内在联系。标志的显著性也称为标志的显著特征或识别性，标志最基础的功能是识别商品的来源，表明商品的出处。缺乏显著特征的标志，不能起到识别作用，也就失去了存在的价值。可以认为，显著性的本意就是公众能通过该标志联想到特定的经营主体，联想到特定的服务品质，使该服务或商品在同类服务和商品中被特定化而不至于混淆。标志识别性的背后，潜藏的是经营者创造标志价值所必需的使用过程及其智力投入。笔者认为，半官方标志一般为由线条、色彩或者其他方式构成具有识别性、艺术性等特点的平面或立体造型艺术作品，不仅通过线条、颜色等表达一定的艺术美感和审美价值，更重要的是表达出该组织的性质、行业属性、行业特征、价值取向等。半官方标志为了使公众更便捷识别出该组织，都会在设计

---

❶ 英美法系版权制度以财产权价值观为基础，注重对个人财产利益保护，奉行版权制度"个人财产论"。版权制度的实质乃是保护作品的财产价值，故英美法系用"Copyright"来定义版权。在适用独创性标准的使用"额头上的汗水"原则，要求作者必须有一定的"技巧、判断或劳动""选择、判断和经验""劳动、技巧和资金"的投入。

❷ 大陆法系著作权法以人格价值观为理论基础，以作者利益的保护为中心和出发点，用"Author - right"来定义著作权。其奉行体现作者"个性"的独创性标准。

❸ 李明德. 著作权法［M］. 北京：法律出版社，2009：29.

❹ 王迁. 著作权法［M］. 北京：中国人民大学出版社，2015：87.

上追求新颖独特。而在设计的过程中，设计者一般需要经过起草讨论，不断修改等环节，一方面，设计的标志要对该组织的服务宗旨、行业特性、理念内涵进行展现，另一方面，还需要对标志的整体外观、形状结构、色彩搭配进行合理布局，最终目的是设计出具有显著性、创造性、原创性、识别性的标志。而从设计整体过程来看，这是思想创意表达的过程，在整体图形设计、构成元素选择及排列布局上均体现了作者个性化的思考、选择和判断等智力创造性劳动，而非简单的摹写或材料收集。半官方标志亦可通过有形的物质媒介广泛地复制和传播。因此，半官方标志具有独创性，属于作品，应受著作权法保护。

（二）半官方标志属于美术作品范畴

解决了半官方标志是否属于作品的问题后，我们应对半官方标志的作品类型进行厘定，这是分析其法律关系、寻求合理保护方式的基础。世界各国由于文化的不同或者认识程度不同，会使用不同的表达方式，在其著作权法中划分作品种类的方式并不是统一的，分类的目的是根据不同客体的特征合理归属其保护方式。

通常而言，半官方标志组成元素由线条、色彩、形状或文字等构成，大致可分为三类：文字半官方标志、图形半官方标志、文字和图形共同组成的半官方标志。对此，根据《著作权法实施条例》第4条规定，"文字作品，是指小说、诗词、散文、论文等以文字形式表现的作品"以及"绘画、书法、雕刻、建筑等以线条、色彩或其他方式构成的有审美意义的平面或立体的造型艺术作品"。半官方标志中的文字及图形是否可根据上述规定分别以文字作品和美术作品加以保护，我们需要进一步分析。

首先，需要明确文字作品不同于文学作品，文字作品的范围要比文学作品广。由于半官方标志的官方属性，在设计时不宜加入华丽的辞藻，其目的是让公众迅速地了解该标志的来源，因此半官方标志中的文字部分没有上升到"文学"水准。另外，作品是用于表达作者的独特思想感情、展示文艺美感或传递一定量的信息的。如果一种表达缺乏最起码的长度，仅仅是个别字词的简单组合，这样不但往往不符合独创性的要求，也难以较为完整地表达作者的思想感情、展示文艺美感或传递一定量的信息。可见，对于文字作品而言，独创性意味着文字组合应当具备起码的长度。以半官方标志来看，文字部分通常是由地域、行业、性质三类字词组成，缺乏相应的长度和必要的深度，无法充分地表达和反映作者的思想感情或研究成果，无法体现作者对此所付出的智力创作，故半官方标志的文字部分不是我国著作权法所保护的作品。

其次，美术作品的定义，要求通过绘画、书法、雕刻、建筑等以线条、色彩或其他方式，构成有审美意义的平面或立体的造型艺术作品。这一定义不仅揭示了美术作品的内涵，而且突出了美术作品是具有审美价值的作品。若半官方标志被认定为著作权法意义上的美术作品，则必须具备"审美意义"。

当然，人们对"美"的定义总是因时代而异，半官方标志所具备的审美意义应达到何种艺术创作水准或高超的艺术创作质量也不同。关于审美理论，从 19 世纪深受柏拉图和亚里士多德影响的"模仿论"演变到 20 世纪中叶的"形式主义"。所谓形式主义，是指判断审美意义应聚焦于作品，而非创作作品的天才作者，艺术的本质是作品的形式特征，如线条、形状、色彩等作品的构成要素。因此，美感来自于作品的形式，优秀的艺术作品就是通过艺术形式来激发受众的情感共鸣。❶ 形式主义理论确立了较为客观的判断标准，从而使得法官不必成为专业的美术鉴赏家，可仅通过分析作品的构成要素，如色彩、线条、形状等，更容易获得对作品客观的审美解释。正如美国霍姆斯法官所言："由那些只受过法律训练的人来判断美术作品的价值是危险的。一方面，有些极具天才的绘画一开始不被人们所欣赏。另一方面，有些在法官看来缺乏美学价值和教育意义的作品却能够被一些民众所接受。不能因为这些民众的口味低就认为这幅画不受版权保护。"只要创作者将其对美学的独特观点在物质载体之上以可视方式表现出来，形成艺术造型，符合最低创造性的要求，就属于美术作品。❷ 对于有相当部分的人群认同的作品，无论这些人是达官贵族还是市井之民，无论是成人还是儿童，无论是知识分子还是文盲，我们都必须承认它属于著作权法意义上的作品。但是，不考虑艺术创作水准或者质量并不等于不考虑"审美意义"。《著作权法实施条例》将"审美意义"作为美术作品的构成要件，实际上是将构成美术作品的表达形式限定为艺术造型。对创作水平或质量的评判总是因人而异、因时而异、难求统一。如果一种表达形式甚至都不能被称为一种艺术造型，缺乏最起码的审美意义，根本不属于艺术领域的成果，那就不能作为美术作品受到保护。由此，法院认为，保安协会的"涉案肩章在整体图形设计、构成元素选择及排列布局上均体现了作者个性化的思考、选择和判断等智力创造性劳动，达到了著作权法要求的基本创造性水准，

---

❶ 梁志文. 版权法上的审美判断［J］. 法学家，2017（6）：143－157.

❷ 王迁. 知识产权法教程［M］. 北京：中国人民大学出版社，2019：76.

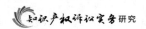

具备美术作品的审美意义"。

半官方标志由绘画、书法、雕塑表达出来的平面设计或立体设计，为了表达其蕴含的价值取向与行业特征，势必采用符合大众审美价值的线条、颜色及其组合。由此，从作品著作权方面的属性上讲，半官方标志可主要定位为美术作品。

半官方标志是作为美术作品受到著作权法保护的，但由于其具有一定程度的官方标志属性，在使用中会有一定的限制。在我国，许多行业为了表现出与新经济政策相适应，许多组织的体制从全官方行政机构逐渐被调整成不受国家权力过度干预的半官方组织。这些代表各行各业的组织一方面为了展现对行业的管理监管控制和文化理念，另一方面为了规范行业人员的行为、主动接受社会监督，需要使用统一的标志。如国务院公布的《保安服务管理条例》第27条规定，保安员上岗应当着保安员服装，佩带全国统一的保安服务标志。保安员服装和保安服务标志应当与人民解放军、人民武装警察和人民警察、工商税务等行政执法机关以及人民法院、人民检察院工作人员的制式服装、标志服饰有明显区别。保安员服装由全国保安服务行业协会推荐式样，由保安服务从业单位在推荐式样范围内选用。保安服务标志式样由全国保安服务行业协会确定。❶公安部发布施行《公安机关实施保安服务管理条例办法》第7条规定，保安服务行业协会在公安机关指导下依法开展提供服务、规范行为、反映诉求等保安服务行业自律工作。全国性保安服务行业协会在公安部指导下开展推荐保安员服装式样、设计全国统一的保安服务标志、制定保安服务标准、开展保安服务企业资质认证以及协助组织保安员考试等工作。由此，半官方标志并不像一般美术作品有着较高的使用自由，往往在一些行业的某些领域，法律法规已指定半官方标志的使用范围。

三、半官方标志的作品使用

根据权利法定原则，著作权的种类和内容由法律规定，任何人不得自行创设法律没有规定的权利。著作权的内容是指，权利人根据著作权法的规定，对其作品有权进行控制的具体行为方式。无论哪种权利，一定是基于对作品本身

---

❶ 参见《保安服务管理条例》第27条第2款。

进行部分或全部控制、利用和支配的行为才属于著作权法意义上的使用行为。❶ 根据著作权法"专有权利控制专有行为"❷ 的基本原理，判断是否对美术作品进行著作权法意义上的使用的时候，应遵循两个步骤：第一，使用的是以线条、色彩或者其他方式构成的图形；第二，使用该作品是为了它的美感。所以，美术作品权利人对作品进行控制的是控制他人因作品的美感进行使用的具体行为方式，其实质是著作权法保护背后的审美价值和艺术美感。换言之，行为人只有在利用美术作品的审美意义时才构成著作权法意义上的使用，如果对美术作品的使用不是利用其审美价值，则不应称为著作权法上的作品的使用。

关于本案被告旭亿伟业公司在被告天猫公司的网站上销售 2011 式保安服务标志肩章的行为，两被告满足了第一条件，使用的是以线条、色彩或者其他方式构成的图形，但被告旭亿伟业公司销售该肩章的主要原因非其具有受著作权法保护的艺术美感，也不是为了展示该艺术美感，而是为了符合行政法规《保安服务管理条例》第 27 条规定和《公安机关实施保安服务管理条例办法》第 7 条规定，被告旭亿伟业公司的销售行为在著作权法上不具有苛责性。涉案肩章作品为国家强制推行的、法定、唯一、固定具有彰显保安服务属性功能的标志，若要销售保安服装所用的肩章，被告旭亿伟业公司没有其他选择。同理，消费者从被告处购买该肩章主要亦非因其具有的艺术美感，亦是为了符合行政法规的要求。故被告旭亿伟业公司并非主要基于该肩章受著作权法保护的艺术美感而获利。由此，被告旭亿伟业公司的销售行为并未构成著作权法意义上的作品使用，不构成侵权行为。

四、半官方标志使用上的利益考量

一方面，著作权属于私权的一种，像其他知识产权一样具有专有性。

---

❶ 彭新桥. 著作权法上侵害作品署名权构成要件的司法认定——周友良诉中国音乐学院侵害署名权纠纷案 [J]. 中国版权, 2016 (3).

❷ "专有权利控制专有行为"理论：著作权的每一项专有权利都是用来控制特定行为的，享有一项专有权利就意味着能够控制他人利用作品的特定行为。也就是说任何人未经著作权人的许可，实施了受著作权控制的特定行为，又不属于合理使用或法定许可，均属侵犯著作权的行为。反之，任何人利用作品的行为只要不属于《著作权法》第 10 条列举的行为，就不属于侵犯著作权的行为。

TRIPS 协议亦强调指出，"全体成员承认著作权为私权"。[1] 著作权私权受保护源自著作权的私权属性，作品是著作权保护对象，拥有商品属性，其目的是进入市场流通领域以获取利益报酬，而基于作品的无形性，占有并不是对作品的具体控制，且作品极其容易脱离权利人控制，故而作品的保护制度采取了区别于传统有形财产保护的方式。著作权权利人可依法对作品享有独占的权利，他人对作品的使用要在著作权权利人的控制之下使用，这体现了著作权法是一种法定的垄断手段。在司法实践中，对作品的这种垄断被视为是合法的，通过这种垄断利益的获取，不仅奖励作者辛勤的劳动过程，也在刺激其他人为获取作品的垄断利益而激发更多的创作灵感。半官方标志的著作权权利人对其享有著作权的半官方标志享有绝对的支配权，他人除法定情形，没有经过权利人的许可则不得擅自使用半官方标志。

另一方面，这种垄断并不是绝对的，为了鼓励作者继续创作出更高水准的作品，著作权法给予了作者著作专有权的保护，同时，为了促进文化交流，著作权法允许在特定情况下他人可不受专有权的控制而对作品进行使用。从公共利益方面看这种合法的垄断，由于著作权权利人对标志拥有高度控制力，会阻碍公众接近作品，最终，由著作权法给予的高度保护会严重损害公共利益。著作权权利人享受着垄断带来的高利润之时，消费者将不会购买更多的作品，同时市场上不会产生更多的作品，进而社会的创造力将大幅下降，社会收益也随之下降。我国《著作权法》在第 1 条则列明立法目的："为保护文学、艺术和科学作品作者的著作权，以及与著作权有关的权益，鼓励有益于社会主义精神文明、物质文明建设的作品的创作和传播，促进社会主义文化和科学事业的发展与繁荣，著作权权利人的利益应与社会公共利益进行平衡。"它的直接目的是保护作者的著作权权益，最终目的则是通过保障作者权利，促进作品有序地传播，以鼓励更多的人去进行创作，这体现了著作权法的社会目标。著作权法的利益平衡的价值目标是著作权法调整的主体的利益关系处于相互协调之中的和谐状态。[2] 也就是说，著作权法基本原则既要保护创作，也要鼓励作品传播；既要制止市场垄断，也要预防滥用权利。

半官方标志归属于美术作品受到著作权法保护的同时，其亦属于应在公共领域被公众所广泛使用的官方文件，后者特征强调了半官方标志的公共性。即

---

[1] 参见《与贸易有关的知识产权协议》序言部分。

[2] 冯晓青. 著作权法的利益平衡理论研究 [J]. 湖南大学学报（社会科学版），2008（6）：115 – 122.

使在现行的著作权制度中,我国《著作权法》主要规定了合理使用和法定许可两类著作权的限制。《著作权法》第 22 条规定了 12 种合理使用的特例或特殊情形,包括个人使用、评介性使用、新闻性使用、公务性使用等。但由于半官方标志在我们生活中是向大众成员开放的,蕴含着官方因素和公共属性,其价值有别于一般作品,如此情形,半官方标志若限于《著作权法》中的法定情形,将容易形成社会垄断,不利于市场的有序发展。由此,半官方标志著作权人利益与公共利益发生冲突主要原因是著作权人对作品财产权的专用性与公众获得信息的需求发生矛盾。

标志的著作权是基于设计者从无到有将思想创意用有形的表达创作的事实形成的。即使半官方标志在某种程度上具有官方文件的属性,设计者对标志依然享有我国著作权法上的相关权利,在专有领域内,著作权权利人能充分地行使自己的权利。首先,由于半官方标志具有社会规范的性质,需要迅速而广泛地传播。如果半官方机构就其标志享有如一般作者对一般作品的控制权利,他人在使用该标志时都会寻求该机构主体的许可,并就许可费讨价还价,必然阻碍该标志迅速而广泛传播。其次,因为半官方机构是受政府部门管理的,在财政上也是由国家税收支持的,或者说是由社会全体成员支持的,其本职工作目的就是为全体成员服务,包括制定半官方标志。再次,一些行政法规在管理行业时会统一使用某一标志,正如本案,依据《保安服务管理条例》,全国保安服应在中国保安协会的指导下采用统一样式,肩章作品为国家强制推行的法定、唯一、固定具有彰显保安服务属性功能的标志,若要销售保安服装所用的肩章,被告旭亿伟业公司没有其他选择。《保安服务管理条例》授权保安协会规范保安服务活动、改善保安行业管理,而不是允许保安协会通过其享有著作权的标志获得垄断经济利益。涉案标志的使用涉及数百万元的经济利益,并且具有公共利益属性,保安协会不应该获得垄断著作权和相关利益。

由此可见,从半官方标志的官方属性来看,半官方标志是具有很强公共利益属性的作品。公共利益与个人利益具有辩证统一的关系,公共利益的存在要求作为社会成员的个人在追求自己的个人利益时应当受到一定的限制,例如民事权利受公共利益限制,权利的行使不能损害公共利益,不能损害他人的合法权益。❶ 况且设计半官方标志的目的不是让半官方机构从中获得高额经济利

---

❶ 冯晓青. 知识产权法的利益平衡原则:法理学考察［J］. 南都学坛,2008（2）:94 – 102.

益，而是为了管理市场秩序。即使我国规定了一般作品与公共利益之间的平衡制度，但半官方标志不应参照一般作品适用现《著作权法》第22条规定的12种合理使用的特例或特殊情形和5种法定许可情形的规定。进一步说，半官方标志权利人对作品不能简单地依照我国著作权法中利益平衡机制来管理，设计标志的初衷是为了更好地管理行业，而不是去获得该领域的垄断经济利益。基于半官方标志特性，主张半官方标志适用现著作权法的利益平衡制度会促使公共利益大幅受损，立法部门应通过寻求一种新的利益平衡机制去管理半官方标志权利人与公共利益的关系，在半官方标志使用上应释放更多的权利到公共领域，才能对半官方标志进行更全面的保护。

结　论

半官方标志在设计中体现了设计者个性化的思考、选择和判断等智力创造性劳动，达到了著作权法要求的基本创造性水准，可作为美术作品受到著作权法的保护。但是在标志的实际使用中，并不是所有的使用行为会构成著作权法意义上的使用，倘若对标志的使用满足使用的是以线条、色彩或者其他方式构成的图形和使用该作品是为了它的美感两个条件，则为著作权法意义上的使用。半官方标志归属于美术作品受到著作权法保护的同时，亦属于应在公共领域被公众所广泛使用的官方文件，具有公益性。因此，半官方标志在使用过程中需要释放更多的权利到公共领域，才能达到公众使用与半官方权利人权利保护的利益平衡。

当前，知识产权强国建设正处于关键时期，在经济的高速发展中暴发出诸多的知识产权纠纷。从现行的著作权法及相关法律法规看，还有许多类似半官方标志的作品尚未纳入著作权法规定，在使用中极易引起相关利益主体的争议。本文通过明确半官方标志的美术作品属性对保护的界限做了说明。笔者希望通过分析保安协会诉旭亿伟业公司、天猫公司一案，能引起有关方面的关注，将更多应保护的作品纳入著作权法的保护，对未来的立法起到参考作用。

类电作品的司法认定及保护态势

何　俊

摘要： 在司法实践中，部分电视节目、游戏、短视频等新型表达方式被认定为类电作品给予保护。其中，类电作品的认定是案件裁决结果的关键。然而，法律规定的不具体及司法实践的不统一，导致类电作品的司法认定及保护成为近年来争议较大的案件类型。因此，梳理相关法律规定，归纳总结现有案例相关法律事实及法律适用情况，有利于理顺当前我国司法实践中类电作品的认定标准，准确评判我国司法实践对类电作品的保护状况、态势及未来发展趋势。

关键词： 类电作品；电视节目；游戏；认定与保护

类电作品司法判例最早出现于独创性较高的 MTV 音乐作品。近年来，我国综艺节目、游戏产业，以及短视频产业都得到迅猛发展，越来越多的类电作品纠纷出现在这两个领域，引发了司法界和理论界对类电作品司法认定和保护的广泛关注及热烈讨论。

一、类电作品法律保护的社会需求

类电作品，是指以类似摄制电影的方法而形成的作品。我国《著作权法实施条例》明确规定，电影作品和以类似摄制电影的方法创作的作品，是指摄制在一定介质上，由一系列有伴音或者无伴音的画面组成，并且借助适当装置放映或者以其他方式传播的作品。也就是说，类电作品虽然不是电影作品，但是可以以类似电影作品的方式进行保护。

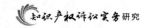

实践中，在综艺节目和游戏尚未成为热点之前，曾经有 MTV 作品被认定为类电作品。法院在这类案件中的观点认为，虽然具有较高独创性的 MTV 作品在著作权法中没有已设定的单独的作品保护类型，但是又不能简单地拆分为音乐作品、文字作品、美术作品、摄影作品等进行分类保护，因此从保护创新以及解决实际存在的社会纠纷的角度，将前述作品归入类电作品进行保护。当今社会，综艺节目和游戏作品市场越来越成熟，引发的法律纠纷也日益增多。而且相比以往的 MTV 作品，这一类作品动辄投资几千万甚至过亿元，耗费大量人力物力，如果还是按照传统的方式进行保护，不能借鉴 MTV 作品方式进行类电作品的有力保护，则相关权利人的创新积极性势必将受到极大打击。

二、我国类电作品认定的相关依据

（一）我国学界对类电作品认定的观点

我国大多数学者认为综艺类节目及游戏应当受到法律保护。有学者指出，将网络游戏与传统电影进行比较，确实存在高度相似之处：首先，二者都是由许多元素组合的混合产物，包括故事情节、对话、画面、音乐等元素，而且对上述元素的拆分又可能单独构成作品。其次，二者在创作过程上也非常相似。❶ 的确，当下许多网络游戏的研发，无论是从制作技术还是创作分工来看，都丝毫不亚于传统电影。如从制作技术上看，许多网络游戏和电影一样都需要分镜运用、动作设计、特效制作和后期剪辑等；再如在创作的分工上，游戏的制作规模越来越庞大，分工也越来越精细和专业，包括制片人、剧本设计师、游戏设计师、美工设计师、程序开发员、音频设计师等，与电影创作过程中的导演、编剧、美工、音乐、服装设计等非常类似。不难发现，游戏制作与拍摄电影一样，都是个人美学观点的表达和智力创造的成果。

（二）类电作品保护的立法现状

我国现行著作权法规定的电影和类电作品，在 2020 年 4 月 30 日最新公布《中华人民共和国著作权法（修正案草案）》中，被统一更名为"视听作品"。在 2014 年著作权法修改送审稿中，视听作品后面有一个定义"由一系列有伴音或者无伴音的连续画面组成，并且能够借助技术设备被感知的作品"。但是

---

❶ 王迁，袁锋. 论网络游戏整体画面的作品定性［J］. 中国版权，2016（4）：19－24.

在修正案中还是沿用原有著作权法简要陈述作品名称的方式，预计上述定义可能会出现在后续著作权法实施条例中。

以送审稿视听作品的定义来分析，相对原来的《著作权法实施条例》第4条第11款："电影作品和以类似摄制电影的方法创作的作品，是指摄制在一定介质上，由一系列有伴音或者无伴音的画面组成，并且借助适当装置放映或者以其他方式传播的作品"的表述，修改的视听作品的定义有如下不同。

一是增加了"连续"。"连续"二字是从视听效果的角度出发，在于图片、音乐、文字或者其他元素组合而成的整体画面具有联合贯通的特性，即所呈现出的画面具有不间断的运动感。

二是删除了"制作方法"。由于技术的飞速发展，"摄制在一定介质上"的表述已不能描述视听作品的制作方法。例如，大量的动画电影如《冰雪奇缘》《千与千寻》等深受年轻人的喜爱。但是这些作品都并非通过摄制的方式制作完成，而是通过手工或者电脑绘制，最终是通过电脑端来完成的，并没有摄制在一定介质上。❶ 因此，以现代技术的眼光来看"摄制在一定介质上"的表述，只能是基于传统电影制作方式下对于现代化制作技术的一种参考、补充和借鉴。因此，最新的著作权法修正案，以视听作品的名称来替代电影或类电作品的表述，实际上是因为原有的名称和定义不符合技术的进步以及制作方对于技术的需求和使用，会使得那些利用新技术制作产生的视听作品无法受到著作权法的保护。因此，即使没有传统观念中的"摄制"行为，亦不能就此否定新技术所产生的作品等构成著作权法意义上的电影或类电作品。这也是"技术中立""工具中立"这一信息网络传播权重要理念和规则在著作权法其他领域的一次非常有益的借鉴和适用。

笔者认为，在目前的法律框架下，结合著作权法草案和现代化制作技术的发展趋势，连续组合画面是否构成著作权法意义上的"类电作品"，其要件有四：一是由一系列有伴音或无伴音的连续画面组成；二是制作方法技术中立；三是能够借助技术设备被感知；四是具有独创性、符合著作权法意义上的作品的构成要件。传统意义上要求必须"摄制在一定介质上"不再成为认定类电作品是否成立的条件。

（三）我国各地法院对于类电作品的指导性规定

2013年1月1日，广东省高级人民法院正式施行的《关于审理侵害影视

---

❶ 李颖怡，梁栩瑜．我国网络游戏画面版权问题研究［J］．政法学刊，2017，34（3）：12－23．

和音乐作品著作权纠纷案件若干问题的办案指引》指出，判断拍摄成果是电影作品（含类似摄制电影的方法创作的作品，下同）还是录音录像制品直接影响有关权利人是否具有原告诉讼主体资格，可遵循以下方法进行判断：电影作品的"独创性"要求较高，一般具有电影制片者与电影导演鲜明的个性化的创作特征；在摄制技术上以分镜头剧本为蓝本，采用蒙太奇等剪辑手法；由演员、剧本、摄影、剪辑、服装设计、配乐、插曲、灯光、化妆、美工等多部门合作；投资额较大；等等。

2015年4月15日，北京市高级人民法院发布的《关于审理涉及综艺节目著作权纠纷案件若干问题的解答》回答了"如何判断综艺节目影像是作品还是制品？综艺节目影像作品中，可单独使用作品的著作权应如何行使？"等问题，认为综艺节目影像，通常系根据文字脚本、分镜头剧本，通过镜头切换、画面选择拍摄、后期剪辑等过程完成，其连续的画面反映出制片者的构思、表达了某种思想内容的，认定为以类似摄制电影的方式创作的作品。同时，综艺节目影像中的音乐、舞蹈、演说、戏剧、杂技等，符合著作权法相关规定的，可以单独构成作品。除法律另有规定外，摄制综艺节目使用音乐、舞蹈、演说、戏剧、杂技等作品的，应当取得该作品著作权人的许可。如无相反约定，可单独使用作品的著作权人就他人使用综艺节目影像作品中单个作品的行为主张财产性权利的，不予支持。

2018年4月20日，北京市高级人民法院发布了《侵害著作权案件审理指南》，明确指出综艺节目、体育赛事节目及网络游戏受著作权保护。相关规定有三：一是综艺节目视频或体育赛事节目视频是否构成作品与现场综艺活动或体育赛事活动是否构成作品无关。综艺节目视频或体育赛事节目视频符合以类似摄制电影的方法创作的作品构成要件的，受著作权法保护。二是运行网络游戏产生的静态游戏画面符合美术作品要件的，受著作权法保护。运行网络游戏产生的连续动态游戏画面，符合以类似摄制电影的方法创作的作品构成要件的，受著作权法保护。网络游戏可以作为计算机软件受著作权法保护。三是网络游戏组成要素可以单独构成作品，包括但不限于如下情形：人物形象、服装、道具、地图、场景等可以构成美术作品；片头、片尾及过场音乐，主题歌、插曲等可以构成音乐作品；台词、旁白、故事叙述、游戏介绍等可以构成文字作品；片头、片尾及过场动画、视频等可以构成以类似摄制电影的方法创作的作品。

2020 年 4 月 13 日，广东省高级人民法院发布的《关于网络游戏知识产权民事纠纷案件的审判指引（试行）》对于游戏构成类电作品作出如下规定："第十八条［游戏连续动态画面构成作品的审查］判断游戏画面是否符合以类似摄制电影的方法创作的作品构成要件，一般综合考虑以下因素：（1）是否具有独创性；（2）是否可借助技术设备复制；（3）是否由有伴音或无伴音的连续动态画面构成；（4）因人机互动而呈现在游戏画面中的视听表达是否属于游戏预设范围。第十九条［游戏直播画面构成作品的审查］直播电子竞技赛事活动所形成的游戏直播画面，符合以类似摄制电影的方法创作的作品构成要件的，应予保护。游戏主播个人进行的，以自己或他人运行游戏所形成的游戏连续动态画面为基础，伴随主播口头解说及其他文字、声音、图像、动画等元素的直播画面，符合以类似摄制电影的方法创作的作品构成要件的，应予保护。"

值得注意的是，目前在最高人民法院的层面还未发布相应的司法解释，最近三年的最高人民法院典型案例、指导案例，也没有与类电作品认定相关的案例列入其中，这说明在最高人民法院层面，对于类电作品的认定可能尚未达成比较统一的指导性观点。

三、司法裁决对类电作品的判定趋势

2015 年以来，我国多个法院将音乐电视、游戏、综艺节目、短视频认定为类电作品，尤其是北京、上海、广东已出现多个司法判例，逐渐形成司法共识。

（一）音乐电视被认定为类电作品

在广州市酷音娱乐有限公司与中国音像著作权集体管理协会侵害著作权纠纷案❶中，法院认为，判断涉案音乐电视是否构成以类似摄制电影的方法创作的作品，关键在于其是否具备独创性，对于凝聚了导演、演员、摄影、剪辑、服装、灯光、特技、合成等创造性劳动的录影属于作品。酷音公司上诉涉及的音乐电视作品中，制片者或导演等将演员的表演、画面、音乐等元素融合为一个整体形成完整的表达，从而体现出导演或者制片者的个性化特征，达到著作

---

❶ 广州知识产权法院（2018）粤 73 民终 1488 号判决书.

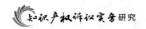

权法对作品所要求的独创性要求，应认定为属于著作权法规定的以类似摄制电影的创作方法创作的作品。

（二）游戏被认定为类电作品

1. 我国首例游戏被认定为类电作品案

在《奇迹 MU》游戏侵权案中，上海知识产权法院作出了我国首例游戏为类电作品的认定，理由如下：一是我国著作权法关于作品的分类以其表现形式为基础，而作品固定在有形载体上的方式并非作品分类的依据。对于类电影这一类作品的表现形式在于连续活动画面组成，这亦是区别于静态画面作品的特征性构成要件，网络游戏在运行过程中呈现的亦是连续活动画面。二是网络游戏与传统类电影在表现形式上存在区别，即网络游戏的连续活动画面是随着游戏玩家的操作进行的，具有双向互动性，而且不同操作会呈现不同的画面。而传统类电影作品的连续活动画面是固定单向的，不因观众的不同而发生变化。三是类电作品特征性表现形式在于连续活动画面，网络游戏中产生的不同的连续活动画面其实质是因操作而产生的不同选择，并未超出游戏设置的画面，不是脱离游戏之外的创作。因此，该连续活动画面是唯一固定，还是随着不同操作而发生不同变化并不能成为认定类电影作品的区别因素。至于固定在有形载体上的方式，随着科学技术的不断发展，特别是网络技术的快速发展，著作权客体也会随之产生新生物，对此应当依据作品分类的实质因素进行判断分析。❶ 法院指出，我国著作权法规定了电影作品和类似摄制电影的方法创作的作品，其中类似摄制电影的方法创作，应是对创作方法的规定，不应仅是制作技术的规定，更应包括对各文学艺术元素整合的创作方法。从此意义上来讲，网络游戏也是采用对各文学艺术元素整合的创作方法。最终，上海二审法院肯定了一审认定《奇迹 MU》游戏整体画面构成类电影作品。

2. 游戏整体画面被认定为类电作品

自上海知识产权法院认定游戏为类电作品之后，广州知识产权法院在网易公司诉华多公司案中认定涉案游戏为类电影作品。理由如下：其一，涉案电子游戏在用户登录运行过程中呈现的连续画面，与传统电影作品或者类电影作品的明显差异是，前者具有双向互动性，不同玩家（用户）操控涉案电子游戏或者同一玩家以不同玩法操控游戏，会呈现不同的动态画面，尤其是多人参与

---

❶ （2016）沪73民终190号.

的情况下，呈现结果往往难以穷尽。但著作权法中对类电影作品的认定要件并未限定连续画面的单向性。其二，游戏系统的开发者已预设了游戏的角色、场景、人物、音乐及其不同组合，包括人物之间的关系、情节推演关系，不同的动态画面只是不同用户在预设系统中的不同操作产生的不同操作/选择之呈现结果，用户在动态画面的形成过程中无著作权法意义上的创作劳动。其三，在预设的游戏系统中，通过视觉感受机械对比后得出的画面不同，如具体的场景或人物动作的变化等，并不妨碍游戏任务主线和整体画面呈现的一致性。法院认为，尽管游戏连续画面是用户参与互动的呈现结果，但仍可将其整体画面认定为类电影作品。❶ 此外，苏州市中级人民法院审理的"太极熊猫"游戏侵权案❷、北京知识产权法院审理的"传奇霸业"游戏侵权案❸、广州互联网法院审理的"昆仑城"游戏侵权案❹、杭州市中级人民法院审理的"蓝月传奇"游戏侵权案❺，均认为动态游戏画面构成类电作品，或者类推适用类电作品的规则进行保护。

（三）电视节目被认定为类电作品

（1）综艺节目被认定为类电作品。早在 2015 年，上海法院明确指出综艺节目可作为类电影作品保护。在当地两科技公司侵害作品信息网络传播权纠纷案二审中，法院指出，涉案《最强天团》节目是一档以主持人和艺人谈话、做游戏及艺人现场表演为主要形式的综艺节目，节目中会有场内和场外场景的切换，在艺人登场前还会穿插有艺人的成长视频及 MV 画面等对艺人的介绍内容，故该综艺节目可作为类电影作品保护。❻ 2016 年，湖南省高级人民法院在湖南某公司与福建某公司侵害作品信息网络传播权案二审中，对一审法院认定涉案电视节目《爸爸去哪儿》属于类似摄制电影的方法创作的作品❼进行了肯定。2018 ～ 2019 年，广州市天河区人民法院、广州知识产权法院在广州某文化传播公司诉深圳等公司著作权侵权一案中，两级法院均认定涉案《中国好声音》综艺节目属于类电作品。❽

---

❶ （2015）粤知法著民初字第 16 号.

❷ （2015）苏中知民初字第 00201 号.

❸ （2016）京 73 民初 229 号.

❹ （2018）粤 0192 民初 1 号.

❺ 浙江省高级人民法院（2019）浙民路 709 号.

❻ （2015）沪知民终字第 454 号.

❼ （2016）湘民终 476 号.

❽ （2017）粤 0106 民初 4271 号、2019 粤 73 民终 240 号判决书.

（2）体育赛事节目被认定为类电作品。体育赛事直播节目是指以体育赛事活动为基础，通过拍摄、编辑、主持人解说等，将体育赛事活动拍摄制作而形成的供广大观众在屏幕前观赏的电视直播节目。有学者在对近几年国内典型判例的研究中发现，当前法院对于体育赛事直播节目法律属性的裁判结果主要有三种。20%的案例中，裁判法院认为制作者在体育赛事直播节目摄制过程中投入的劳动具有创造性，且创造性的难度达到了我国著作权法中作品独创性的要求，遂将体育赛事直播节目认定为作品。30%的案例判决中，法院认为体育赛事直播节目无法构成作品，但能够以录像制品加以保护。剩余案例中，裁判法院未认定体育赛事直播节目性质，而是回避了这一问题，但提出根据节目制作的独创性不同，可构成以类似电影摄制方法创作的作品或录像制品。❶ 原告央视国际网络有限公司与被告上海聚力传媒技术有限公司著作权侵权及不正当竞争纠纷一案，法院认为：涉案足球赛事节目通过多机位的设置、镜头的切换、慢动作的回放、精彩镜头的捕捉、故事的塑造，并加以导播创造性的劳动，充分体现了创作者在其意志支配下的对连续画面的选择、编辑、处理，故根据上述层进式判断方法，可以将其认定为著作权法意义上的类电影作品。在此案中，法官对于独创性的问题做了重点阐述，值得借鉴和思考。法院认为，著作权法对于作品独创性的要求应该是最低限度的，而非一个抽象的、无法捉摸的"较高独创性标准"❷。当今社会，技术发展日新月异，作品必然多种多样，每一种类型的作品其独创性的具体表达特征都存在不同，因此，我们无法创造一个普适的针对所有作品的"创作高度"。对于任何一种类型作品的独创性标准而言，我们需要探索的是一个最低限度的门槛并用以判断是否可以作为作品受到版权法的保护。如果没有跨过这个门槛，则作品的版权保护无从谈起。如果该门槛标准定得过高，则会将许多本应该得到保护的智力成果被排除在版权保护大门之外，并不符合版权法激励创作的基本立法宗旨。一般而言，作品只要是体现了作者的个性就跨过了门槛，满足了这种最低限度独创性的要求。

（四）短视频构成类电作品

短视频产业的发展也带来关于短视频传播或者复制的纠纷，业界对于短视频是否能够构成作品存在一定的争议。北京市海淀区人民法院审结的全国首例

---

❶ 夏慧敏. 体育赛事直播节目法律属性研究［D］. 上海：华东政法大学，2017.

❷ （2017）沪 0115 民初 88829 号.

"认定短视频属于作品"案，或为短视频性质的判断提供了思路。❶北京快手科技有限公司与广州华多网络科技有限公司侵害著作权纠纷一案中，对于华多公司提出的涉案视频时间很短故不构成作品的辩称，海淀区人民法院认为，虽然时长短的确可能限制作者的表达空间，但表达空间受限并不等于表达形式非常有限而成为思想范畴的产物；相反的，在数十秒的时间内亦可以创作出体现一定主题，且结合文字、音乐、场景、特效等多种元素的内容表达。因此，华多公司此项抗辩意见缺乏事实依据。华多公司另辩称涉案视频系对原曲视频的模仿故不具有独创性。对此，法院认为，涉案视频与原曲视频虽在音乐和表演者动作上相似，但两者仍存在较多差别，涉案视频具有区别于原曲视频的独创性，构成新作品。

四、类电作品与其他作品的法律保护差异

（一）类电作品的保护主体不同于其他作品

1. 类电作品的著作权归属于制片人，而非多个权利人，有利于整体作品的许可传播

我国著作权法规定，电影及类似摄制电影方法制作的作品权利人为制片人。类电作品中综艺节目的表演者，游戏画面的美术作者，MTV音乐作品的作词、作曲作者等著作权人无权单独就类电作品主张权利，与汇编作品、录音录像作品中单个权利人可以就其中的部分作品单独主张权利截然不同。类电作品与美术作品、文学作品、音乐作品最大的区别在于，这类作品不是单一的作品构成，往往是需要同时进行美术创作、文学创作、音乐创作等，而且多个作品之间也不是汇编关系，而是交叉关系。类似于电影，首先要有一个文字作品剧本，演员根据剧本，在导演的要求下进行表演，摄影师从多个角度进行拍摄，再将多个拍摄画面进行剪辑、插入音乐背景、配音等，最后形成一个完整的作品。因此，这个完整电影作品的权利人，不是分别归属于单个作品的权利人，如演员、导演、摄影师等，而是归属于制片人。因此，单独的权利人只能向类电作品的制作方来主张权利，从制片人那里获得报酬，而不能向其他使用类电作品的行为人主张电影权利。

---

❶ （2017）京 0108 民初 49079 号.

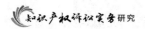
该观点在实践中得到了法官的认同。上海有法官认为：由于视听作品构成的复合性，包含众多权利主体，为了规范、简化权利归属，我国著作权法规定视听作品的全部著作权在整体上属于制片人，而其他参与者，包括摄影、灯光、编剧、配乐、演员等，只能通过合同的方式取得报酬，即在同一视听作品的范围内将相应智力成果的版权让渡给了制片人。❶ 举例而言，如果他人未经许可在其广告中使用《道士下山》的电影片段，则制片方有权提起诉讼，而与画面有关的基础作品的作者，如画面背景音乐的作曲者则无此资格。

法院的判决同样支持该观点。广东省高级人民法院在某判决书中指出，音乐电视中的词曲作者只有在行为人单独使用音乐作品时才能单独行使著作权，而当音乐词曲与编剧、导演、摄影等结合在一起，形成类似摄制电影的方法创作的作品时，其著作权归制片人享有，词曲作者不能就此主张词曲作品的复制权。❷ 无独有偶，北京市三中院在某案中指出，在涉案广告片的整体著作权依法归属于制片者的情况下，演员作为作品中的表演者，其所从事表演部分的权利已经被吸收，其在享有表明表演者身份及保护其形象不受歪曲等人身性权利的同时，仅享有依据合同获得报酬的权利，而不再享有其他经济权利，无权对其在广告片中的表演单独主张表演者权。❸ 也就是说，类电作品中单个作品权利人无权对他人使用类电作品中单个作品的行为主张财产性权利。

借助法律和司法实践形成的法律环境，综艺节目和游戏作品的著作权归属更为简单，不会分散在各个不同类型作品权利人手中，导致一旦在作品传播过程中需要授权许可，则需要寻求多个权利人的授权，只需获得制片人的许可即可。而单个作品的权利人也无权对他人使用综艺节目、游戏整体或者片段的行为来主张，只能向制片方主张。这样对于从制作方那里取得许可授权使用的被许可人，在商业交易中可以大大减少这种作品传播所引发的纠纷。但是比较遗憾的是，目前这种类型的案件还比较少，导致不少法院在适用这一条款时仍然存在很大的争议。比如在广州市天河区人民法院、广州知识产权法院两级法院审理的广州市涂鸦文化传播有限公司诉深圳市腾讯计算机系统有限公司、上海灿星文化传媒股份有限公司等被告著作权侵权一案中，两级法院虽然均认定涉

---

❶ 袁博. 制片人能否单独使用电影中的作品元素？［N］. 中国知识产权报，2016 – 08 – 26.

❷ （2010）粤高法民三终字第 69 号.

❸ （2014）三中民终字第 03453 号.

案《中国好声音》综艺节目属于类电作品。❶ 但一审法院认为腾讯公司从综艺作品制作方处得到合法授权，未侵犯到原告作为单独的词作者的权利，不构成侵权。二审法院则认为虽然腾讯公司从制作方得到作品网络播放的授权，但是由于综艺节目存在权利瑕疵，因此腾讯公司构成侵犯原告作为单独的词作者的网络播放权。在这一点上，笔者比较同意一审法院的观点。

2. 类电作品中可以单独使用的作品，权利人只能在作品单独使用条件下独立行使权利

我国著作权法规定，电影作品和以类似摄制电影的方法创作的作品中的剧本、音乐等可以单独使用的作品的作者有权单独行使其著作权。实践中，相关权利人行使著作权应满足一定的条件。广东省高级人民法院有法官在办案指引中指出，电影作品中的插曲、配乐、剧本等可以单独使用的作品的作者，有权独立行使其著作权，但应满足一定的条件：一是他人未经许可单独使用了剧本或者音乐作品，且该使用方式与使用电影作品和以类似摄制电影的方法创作的作品无关；二是电影制片者与电影插曲、配乐、剧本等作者之间就这些作品单独使用没有约定或约定不明。❷

北京市高级人民法院发布的《关于审理涉及综艺节目著作权纠纷案件若干问题的解答》明确指出，如无相反约定，可单独使用作品的著作权人就他人使用综艺节目影像作品中单个作品的行为主张财产性权利的，不予支持。

（二）类电作品保护强度明显强于其他单独作品

在类电作品适用的观点尚未得到统一之前，部分法院采取"分解型"做法对综艺节目或游戏作品进行保护。虽然该做法与国际上的常规做法无二，❸但我国目前的"分解型"是一把"双刃剑"——好处在于在侵权比对时便于根据不同的作品类型使用不同的"测试法"，可以做到"精确比对"。而劣势同样很明显，一是把一部游戏按照元素进行分解，过于细碎的分解方式，不仅使侵权对比的过程过于庞大复杂，对于原告不仅增加了诉讼的耗时，而且增加了取证的难度与成本；二是"被肢解"的游戏无法被法院整体掌握，而诸如游戏中的图形用户界面与游戏规则等元素由于"思想嫌疑"而被排除，使得

---

❶ （2017）粤 0106 民初 4271 号、2019 粤 73 民终 240 号.

❷ 广东省高级人民法院关于审理侵害影视和音乐作品著作权纠纷案件若干问题的办案指引解读 [EB/OL]. [2019 – 09 – 10]. https：//weibo.com/ttarticle/p/show? id =231350100001416880080 6284353.

❸ 李旭颖. 论电子游戏画面"实质性相似"的判断标准 [J]. 中国发明与专利，2017，14（2）：77 – 83.

最终的侵权认定未必准确；三是分解为元素后，在计算侵权赔偿数额问题时，一般也是参照各自对应的著作权客体的计算标准进行计算，这直接导致在涉及电子游戏著作权侵权案件中赔偿数额偏低。

当立法和司法逐渐统一认识，将综艺节目和游戏作品认定为类电作品之后，可以发现适用类电作品的保护力度明显强于美术、音乐等单独作品，这实际上与此类作品的价值有直接关系。凡属能够被认定为类电作品的综艺节目或者游戏，都具有独创性高、投资额大、多部门多人合作分工、收益巨大等特点。如一个综艺节目或者游戏的开发前期投入都在千万元以上，同时一旦独占播放或投放市场收益巨大，很多综艺节目的播放许可费常常高达几亿元。相对于以往大量美术作品、音乐作品被侵权后几千元、几万元的低判赔，综艺节目或者游戏被认定为类电作品进行保护后，其判赔金额大幅提升，保护力度也大大加强。例如，广州网易计算机系统有限公司诉广州华多网络科技有限公司侵害著作权及不正当竞争纠纷案（"梦幻西游"游戏直播）判赔金额达2000万元；原告苏州蜗牛数字科技股份有限公司与被告成都天象互动科技有限公司、被告北京爱奇艺科技有限公司侵害著作权纠纷（花千骨 VS 太极熊猫）一案判赔金额3000万元；深圳市腾讯计算机系统有限公司诉恺英网络科技有限公司等被告著作权及不正当竞争纠纷案（地下城勇士 VS 阿拉德之怒）判赔5000万元。目前，网络游戏侵权案件的判赔普遍都在1000万元以上，最高金额已经达到5000万元，是著作权领域保护力度较大的作品类型。

结　论

类电作品的认定原来受制于原有著作权法关于摄制媒介的定义，一直存在诸多争议，直到近年来由于新技术引发的纠纷越来越多，从 MTV 音乐作品开始，到如今的综艺节目、游戏作品、短视频作品等多种形式作品均开始被认定为类电作品，在学术层面、司法层面才慢慢逐渐形成共识。而这种共识也反馈到立法修改中，从我国著作权法送审稿以及北京市高级人民法院 2018 年出台的《侵害著作权案件审理指南》相关规定，以及最新出台的著作权法修正草案均可得到印证。未来，由于视听作品的内涵相比原有的类电作品更加宽泛，那么更多新技术所产生连续的画面效果，在具有独创性的情况下，相信可以根据新法得到应有的保护。

电子游戏规则的著作权法保护路径探析

黄逸锋

摘要： 从明晰游戏规则本质出发，可将游戏规则分成三类：基础规则、具体规则、隐性规则。其中基础规则是开发同类型游戏必不可少的规则，应该属于著作权意义上的思想，不属于著作权法保护范围；具体规则足够具体复杂能够体现作者的个性，且保护具体规则不会造成在后创作者不能创作同玩法作品，因此具体规则属于表达，在满足独创性要求时构成著作权法意义上的作品；隐性规则是基于基础规则以及具体规则的相关设定，在交互过程中衍生出的非强制性规则。游戏规则的表现形式由于不存在思想与表达区分的问题，在满足独创性的前提下，应受著作权法保护。在现行立法体系下，"类电影作品"保护模式相对"拆分模式"能够给予游戏规则更全面的保护，但此模式保护不够周延。建议将游戏作为新的作品类型纳入受著作权法保护的作品体系中，对有独创性的具体游戏规则给予保护，将能够为游戏规则提供完整的保护模式。

关键词： 游戏规则；著作权法；思想/表达二分法

引　言

网络游戏规则是指由游戏策划者设计的供玩家共同遵守的一套游戏方法、制度或玩法。❶ 一般而言，游戏规则主要有战斗规则（与战斗相关的东西，如

---

❶ 曾晰，关永红．网络游戏规则的著作权保护及其路径探微［J］．知识产权，2017（6）：68-73.

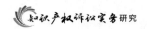

《王者荣耀》中角色的技能效果以及冷却时间,《和平精英》中枪械的种类伤害值、后坐力、挂件等)、关卡设计(障碍物的位置、怪物的分布及 AI 行为方式、物品掉落等)、系统设计(资源获取、角色培养、市场交易等系统之间的整合)、数值设计(MOBA 游戏里平衡不同英雄的强度、平衡英雄的出场率、经济系统的构建等)。

游戏与其他作品的最大不同在于游戏具有交互性。这种交互性是指玩家与游戏世界之间交流的办法和反映,主要分为交互手段以及交互反映。[1] 其中交互手段是指游戏中提供给玩家控制游戏进程以及内容的方法,例如在 PC 端生存类游戏中,游戏角色的前后左右移动通常是以 WSAD 四个键盘键位控制,而在 PC 端 MOBA 类游戏中,游戏角色的前后左右移动通常靠鼠标操控。而交互反映则是指在交互手段的输入后玩家所能体验到的效果,包括视觉、听觉甚至触觉效果。而连接交互手段以及交互反映的则是游戏规则,例如在生存类游戏《和平精英》中,玩家 A 通过手机屏幕虚拟键控制 Kar 98k(基础伤害 72)射击装备了 2 级头盔(减免 40% 伤害)的玩家 B(血量 100)头部(250% 基础伤害),其得到的交互反映是"淘汰 X 人"文字以及"玩家 B 冒烟消失,剩下冒绿色光的盒子"的动画(伤害量 $72 \times 250\% \times 60\% = 108$)。玩家 C 通过手机屏幕虚拟键控制 Kar 98k(基础伤害 72)射击装备了 3 级头盔(减免 55% 伤害)的玩家 D(血量 100)头部,其得到的交互反映则是"玩家 D 头上冒绿光"的动画(伤害量 $72 \times 250\% \times 45\% = 81$)。玩家 A 与玩家 C 的交互手段都是一样的,输入信号一样,但其交互反映不相同,此种不同是由于游戏规则(伤害量大于血量则被打倒)所决定。玩家会根据这种不同的交互反映去调整自己的游戏输入性,在此不断调整的过程中获得更好的游戏体验。

对于一款游戏而言,互动反映越真实,则交互性越强,给玩家带来的沉浸式体验就会越好。但这并不意味着交互反映不好,游戏给玩家带来的沉浸式体验就不好,2018 年生存类游戏《绝地求生》大热之际,国内某游戏公司推出同类型游戏《荒野行动》,虽然其画面即游戏互动反映相对《绝地求生》而言,极其粗糙简陋,但依旧深受玩家追捧,由此可见,对于一款游戏而言,良好真实的互动反映能够给玩家带来更好的游戏体验。但深究到底,决定一款游戏可玩性与否,最重要的是游戏规则的设计是否优秀。可以说,游戏规则是一

---

[1] 朱镇涛. 网络游戏界面设计研究 [D]. 苏州: 苏州大学, 2006.

款游戏的核心，法律对其能否给予保护，很大程度影响着游戏行业的发展前景。下文将探讨在著作权法框架下，游戏规则能否得到保护以及如何保护。

一、思想/表达二分法

我国《著作权法实施条例》第 2 条规定了作品的定义。❶ 其中作品的构成要件有四：一是属于文学、艺术和科学领域；二是属于智力成果；三是能以某种有形形式复制，即是固定性要求；四是具有独创性。关于游戏规则是否构成作品，最主要的争议在于，游戏是否属于智力成果。关于智力成果，学界通常认为，智力成果区别于著作权法意义上思想的表达，修改为智力表达更为适宜，此思想也反映在最新《著作权法》送审稿第 5 条中。通常在司法实践中，区分思想与表达的主要理论为"思想/表达二分法"。

思想（idea）与表达（expression）二分法是著作权法的基本制度之一，是界定著作权法保护范围的重要制度。其基本用意是保护著作权人有独创性的表达，不保护其思想。该方法最早见于 1894 年的一个英国判例，在该案例中，法庭直截了当地指出："……版权不延及思想、方案、原则、方法，它只限于表达，如果没有复制表达，就没有侵害版权。"❷ 其后，美国大法官汉德以及霍姆斯相继在案件中阐述这一原理。在这一原则被确立的一个世纪里，在各国司法实践中被不加质疑地适用。

著作权法之所以不保护思想，最大的缘由在于，用著作权法保护思想会导致思想的垄断，阻碍自由表达，阻碍创作的道路，与著作权法激励创作的宗旨相斥。创作的过程，就是作者脑中非物质存在的思想，不断外化表达为人所感知的过程。思想作为表达形成过程中的必备元素，假如在先的思想被垄断，将会很大程度阻碍在后思想的形成，因为知识都是基于前人成果形成的，如此一来，将极大挤压后来创作者的创作空间。❸ 另外，当思想未被表达出来时，其只处于作者主体的范围之内，外界不能感知其个性，因此没有保护的基础。而对于那些已经被表达的思想，其未被保护的原因则在于其普遍性。汉德大法官

---

❶ 《著作权法实施条例》第 2 条：著作权法所称作品，是指文学、艺术和科学领域内具有独创性并能以某种有形形式复制的智力成果。

❷ Hollinrake v. Truswell（1894）3 Ch 420.

❸ 李雨峰. 思想/表达二分法的检讨 [J]. 北大法律评论，2007（2）：433–452.

在 Nichols v. Universal Pictures Corporation 一案中曾言：当越来越多的枝叶被剔除出去以后，留下的是一些适用于所有作品（尤其是戏剧）具有普遍意义的模式。最后剩下的是关于作品内容最一般的描述，甚至只剩标题。汉德法官给区分思想和表达提供了一个判断标准——具有普遍性，适用于任何作品的元素不应该得到著作权法的保护。❶

"著作权法不保护思想（idea），只保护表达（expression）"不能简单认为，著作权法只保护"表达形式"（form of expression）。❷ 学者卢海君提出，"表达"由"表达的形式"和"表达的实质"构成。❸ 有学者从符号学角度去解释"表达"：符号有能指和所指两部分构成，能指是表达所指的媒介，脱离不了物质（文字、线条等），所指是符号使用者通过符号表达的"某物"。❹ 符号学关于所指与能指不可分特性反映在"表达的形式"与"表达的实质"本质上是一致的，只保护"表达的形式"不保护"表达的实质"，不能有效地保护创作者的个性表达，事实上，如果认为著作权法只保护"表达的形式"，那么演绎权的保护便无权谈起。依照他人剧本，拍成影视作品，由文字作品创作影视作品的过程中，实质上并没有复制原作品的"表达的形式（文字序列）"，但构成了对"表达的实质"——内容的实质复制。由此可见，著作权法的保护范围不应该仅仅限于"表达的形式"，而应该延及"表达的实质"。

划分和确认一个著作权作品中被著作权保护的方面和不被保护的方面是很重要的，但是这也是著作权法中最难处理的问题之一。❺ 汉德大法官也提到，在对作品进行抽象概括的过程中，会有一个临界点，超出此临界点的要素不受保护，但这一临界点没有人曾经找到，也没有人能够找到。有学者提出，基于思想/表达二分法隐喻特点导致二者界限并不清晰，在确认著作权法保护范围时不必要将任何不该包括的对象归为"思想"，把该包括的对象归于"表达"，而是要结合考量相关要素创作时所需的相关技能及劳动、在后作品对在先作品实质部分的借鉴程度和结构以及情节。❻

---

❶ Nichols v. Universal Pictures Corporation 45F. 2d 119（2nd Cir. 1930）.

❷ 姜颖. 作品独创性判定标准的比较研究［J］. 知识产权，2004（3）：8 – 15.

❸ 卢海君. 网络游戏规则的著作权法地位［J］. 经贸法律评论，2020（1）：134 – 143.

❹ 罗兰·巴尔特. 符号学原理［M］. 王ու亮，等译. 北京：生活·读书·新知三联书店，1999：34.

❺ 冯晓青. 著作权法中思想与表达二分法原则探析［J］. 湖南文理学院学报（社会科学版），2008（1）：71 – 78.

❻ 李雨峰. 思想/表达二分法的检讨［J］. 北大法律评论，2007（2）：433 – 452.

二、游戏规则与游戏规则的表现形式

有学者指出，区分游戏规则本身与游戏规则的表现形式，准确把握二者区别，能够有效避免在探讨游戏规则的保护路径时，因概念混淆造成偏差，❶ 笔者甚为赞同。因此，下文将区分游戏规则本身与游戏规则的表现形式，分别对二者的作品属性进行分析。

（一）游戏规则的作品属性分析

游戏规则有不同的类型（战斗规则、关卡、系统、数值），不同类型的游戏规则在内容上会有从简单到复杂的不同。有学者提出，游戏规则可以分成三类：基础规则、具体规则以及隐性规则。❷ 不同的规则会有不同的性质和功能，在著作权法上也有不同的定位。

1. 基础规则不构成作品

基础规则确定了游戏的基本玩法，通常是制作某一类游戏所必须遵循的设计和运行规则。❸ 例如，近两年热门的"吃鸡"类游戏，"成为最后存活的队伍/人"是此类游戏必须遵循的设计和运行规则；在集换式卡牌游戏中，"以摸牌方式开启本回合，进行限定操作（包括不操作），结束回合"属于此类游戏的基本规则；在消除类游戏中，"在纵列/横列组成三个以上的相同元素（小熊、小鸡、葡萄等），即可消除获得积分"属于此类游戏的基本规则。在一些大型网游中，可能融合了很多不同类型游戏的基础规则，显得稍微复杂，但其本质依旧是通常制作此类型游戏所必须遵循的设计和运行规则。

依照汉德大法官提出的标准，基础规则作为适用于同类作品的通用规则，是创作同类游戏必不可少的基础元素，是现有基础元素，具有普遍性的特点。假如保护基础规则的话，就会造成同类游戏只有一个作品的困局。这样既阻碍了后来创作者的表达自由，也极大地损害了公共利益，不符合著作权法鼓励创新的立法宗旨。在《三国杀》诉《三国 KILL》案中❹，法官认为用以描述出牌规则、胜负条件、模式等的文字内容属于对游戏玩法规则的概括性、一般性

---

❶ 吴子迪. 游戏规则的知识产权保护问题研究 [D]. 上海：华东政法大学，2019.

❷ 曾晰，关永红. 网络游戏规则的著作权保护及其路径探微 [J]. 知识产权，2017 (6)：68 – 73.

❸ 卢海君. 网络游戏规则的著作权法地位 [J]. 经贸法律评论，2020 (1)：134 – 143.

❹ 杭州游卡网络技术有限公司诉广州常游信息科技有限公司、广州大娱信息科技有限公司等著作权权属、侵权纠纷案，(2017) 沪 0115 民初 27056 号.

描述，与当下其他流行的桌面推理游戏大同小异，所以应该属于思想被抽出去，不受著作权法保护。可以看出该案法官判断游戏规则是否属于思想，落脚点在于该规则是否属于现有的基本元素——具有普遍性特点。

综上，基础规则应该认定为著作权法意义上的思想，不应该得到著作权法的保护。关于认定哪些游戏规则属于基础规则，则需要结合个案，考查该游戏规则是否是创作同类游戏必不可少的基础元素，是否是现有作品的通用元素。

2. 具体规则在满足独创性要求时构成作品

具体规则是基于基础规则而设计的一系列指引玩家游戏行为的规则的组合。具体规则会设置种种障碍，限定玩家游戏行为，影响着玩家的每一步抉择。❶ 这种限制会体现在地图的设计（《要塞2·十字军东征》通过地图的设计，包括行军路线、地势高低、资源类型等来平衡各势力以及设置游戏难度）、人物角色的差异（在策略类卡牌类游戏《炉石传说》中，存在恶魔猎手、牧师、猎人、德鲁伊、法师、圣骑士、潜行者、萨满、术士、战士十个职业，每个职业都有不同的英雄以及专属于本职业的特殊卡牌）、技能的种类（《炉石传说》中的卡牌，可以分成四类：随从卡、法术卡、秘能卡、武器卡❷）、技能的具体数值设计（恶魔·恐惧地狱火：晶石6，血量6，攻击力6，技能——战吼：对其他角色造成一点伤害）、战斗规则（在标准模式中，玩家仅能使用其所收集的卡牌，用"职业卡牌＋中立卡牌"的方式来组建套牌，游戏的取胜条件为杀死对方职业英雄）以及不同系统的构造（在《炉石传说》中，玩家可以通竞技场奖励和分解系统分解卡牌获得的奥术之尘，在打造分解系统打造任意一张指定的卡牌）。认真审视上面这些规则，不难发现，有的游戏规则的设计十分复杂且有特点，其精巧程度达到较高水平。因此，我们可以认为这些规则并不是创造一款游戏通常需要的元素，也不是在之前的游戏中很

---

❶ 曾晰，关永红. 网络游戏规则的著作权保护及其路径探微 [J]. 知识产权，2017（6）：68－73.

❷ 随从卡可召唤该随从到场上为自己进行战斗。随从们也可以拥有不同的技能——嘲讽：除法术外，对手和对手的随从都只能先攻击它；冲锋：上场第一回合即可进行攻击、潜行；除 AOE 外，法术和普通攻击都不能以它为目标。法术卡可释放各种法术，法术分为单体和群体两类，单体法术可以以除潜行外的任何单位为目标，不受嘲讽卡牌影响，而群体法术则对场上所有角色生效。秘能卡属于法术的一种，当使用后会常驻于英雄头像上以问号形式显示，对手无法知晓秘能卡具体作用，只有在满足条件后才会被触发。只有法师、猎人和圣骑士才拥有秘能卡。武器卡可以为英雄装备武器，使英雄具备更强的攻击力。武器在装备后即可使用，英雄在使用武器进行攻击时，将同样受到目标敌人的反伤害。参见炉石传说官网 https：//hs. blizzard. cn/gameguide/ways－to－play/，最后访问时间：2020 年 4 月 7 日。

常见的。即具体规则的设计是由不是很常见的元素构成的，不具备思想普遍性的特点，不应该归属于思想。

在"Bang!"案❶中，原告游戏 Bang! 与被告游戏三国杀都属于角色扮演类卡牌游戏，二者的角色不同。其中 Bang! 中的人物原型来自美国西部，三国杀的人物原型来自中国三国时期，二者的角色形象不构成实质性相似。但是 Bang! 游戏中的角色都有独特特征和性格，以及基于角色各自特征和性格而设计的能力和生命值。另外还根据角色的不同职业和角色之间的关系设计不同的得失分方式以及互动方式。❷ 因此，法官认为这种技能设计和角色形象一样都属于对抽象的游戏规则（本文所指基础规则）的具体表达，在满足独创性的基础上，应该得到著作权法的保护。在"守望先锋"案中，法官认为，在快节奏的第一人称即时射击游戏中，地图的行进路线、进出口位置、可供选择的射击点和隐藏点、角色技能特点以及血包的摆放位置等设计元素构成了对游戏规则的具体表达（本文所指基础规则），所以被告抄袭"守望先锋"这些具有独创性的设计内容时，构成实质性相似。不难看出，上述两个案件中，部分被保护的游戏规则是属于具体到细节之处或者是比较复杂的，与类似于"丢手绢"❸ 等的简单游戏规则不同，这就与基础规则的普遍性特点相区分开来。

另外，保护复杂的游戏规则，其实并不会造成所谓思想的垄断。基于具体规则复杂性，在后创作者并不需要完全复制在先创作者的具体规则，完全可以基于现有的基础要素进行创作。即使认为保护范围延及单个具体规则造成阻碍在后创作，也应该要保护具体规则整体的联系。正如在戏剧小说等作品中，那些被赋予特定题材、特定人物、特定环境的情节的发展序列——结构，是应该受到著作权法保护的。❹ 借鉴《炉石传说》的关于职业的分类，职业与特定职业卡牌相联系的相关思想就足以创作出同类型的游戏，并不需要复制整个规则体系。换而言之，保护具体规则，并不会导致相关思想的垄断，而造成同种类型的游戏只有一款游戏的状况。但如果具体游戏规则得不到法律保护，一旦一款游戏爆热之后，其他公司马上就会跟进"换皮"生产，而原创者难以通过法律途径对具体规则本身进行保护，长此以往将会极大打击游戏创作者对于开

---

❶ DaVinci Editrice S. R. L. v. Ziko Games, LLC, 111 U. S. P. Q. 2D（BNA）1692.

❷ 董瀚月. 网络游戏规则的著作权法保护［J］. 上海政法学院学报（法治论丛），2016，31（3）：102 - 109.

❸ 孙磊，曹丽萍. 网络游戏知识产权司法保护［M］. 北京：中国法制出版社，2017：52.

❹ 吴汉东，王毅. 著作权客体论［J］. 中南政法学院学报，1990（4）：37 - 44.

发设计新的玩法、新的规则的创作意图，这与著作权法鼓励创新的立法宗旨有所冲突。保护具体游戏规则不造成思想垄断，不保护反而会削减具体游戏规则开发者创作动力，因此，认定游戏规则为著作权法意义上的表达，保护具体游戏规则不失为一个好的选择，最起码不是一个弊大于利的选择。

同时，关于具体规则是否具有独创性，笔者认为应该在个案中进行判断。在"太极熊猫"诉"花千骨"一案中，法院认为，《太极熊猫》的玩法游戏规则中，存在令玩家识别作品来源的特有体验且具有外在的表达方式，值得著作权法保护；另外这部分游戏玩法规则相对于之前的同类型游戏相对成熟的游戏玩法进行了再创新，具备了独创性。❶ 由此可见，有部分游戏规则是具有独创性的，不能因为部分游戏规则不具有独创性而认定所有游戏规则都不具有独创性。但笔者认为，鉴于具体规则与基础规则界限的模糊性，为防止在先游戏创作者对基础规则形成垄断，对于游戏规则采取较为严格的独创性标准，要求达到"区别同类作品"的程度，更利于平衡游戏行业与权利人之间的利益。同时，创作者对于游戏规则的投入程度也应该成为衡量是否有独创性的因素。

综上所述，具体规则属于著作权法意义上的表达，是著作权法保护的智力成果，在满足独创性的基础上，构成著作权法意义上的作品，应该受著作权法保护。

3. 隐性规则不构成作品

隐性规则是指基于基础规则以及具体规则的相关设定，在交互过程中衍生出的非强制性规则。在 MOBA 游戏《王者荣耀》中，有上百个不同的英雄角色，分成战士、坦克、射手、辅助、法师、刺客六大类。经典模式每局游戏开始前，双方玩家各挑选 5 名英雄组成队伍进入召唤师峡谷，一般队伍配置为射手、辅助、法师、战士、坦克、刺客。但玩家也可以根据自己对英雄的把握程度或者根据对手选择的英雄来组成不同于上述配置的队伍。上述队伍配置是依据该游戏对于战斗规则的设定（攻击分为法术伤害和物理伤害，防御分为法术防御和物理防御、血量、英雄技能等）安排的较为合理的选择，在一定程度上属于基础规则和具体规则的衍生规则，与基础规则和具体规则有着密切的联系。

从本质上而言，隐性规则并不是游戏创作者设计的，而是玩家们依据游戏

---

❶ 苏州蜗牛数字科技股份有限公司诉成都天象互动科技有限公司、北京爱奇艺科技有限公司侵犯著作权案，（2015）苏中知民初字第 00201 号.

的基础规则以及具体规则的设定在游戏互动中逐渐形成的非强制性规则，并不属于游戏创作者的智力表达。另外，隐性规则的形成有赖于全体玩家的游戏互动，同时也是一款游戏的互动基础，是游戏中的一种互动思路，应该属于不宜归于个人垄断的思想。

（二）游戏规则表现形式的作品属性分析

游戏规则与游戏规则的表现形式是不一样的，二者不可沦为一谈。虽然关于游戏规则本身到底属于著作权法上的思想抑或表达依旧未有定论，但与游戏规则在著作权法意义上属于思想抑或表达的定性不明不同，游戏规则的表现形式（文字、美术画面、音效等）作为游戏规则的外在形式，天然地具有可为玩家直观感知的形式，无疑属于著作权法意义上的表达。在司法实践中也认为游戏规则的说明书是对游戏内容的高度概括、对游戏情节和角色的集中表现，与游戏的规则属思想范畴不同，不应该简单认为属于游戏规则而归为思想，而应认为是与游戏规则有关的表达，假如独创性达到要求，可以看作文字作品，受到著作权法的保护。❶

在"炉石传说"案中，法院虽然认为游戏规则本身属于思想，不受著作权法保护，没有支持原告保护游戏规则的诉求，但法院认为卡牌上关于技能或功能的文字说明作为一个整体，可以认为是游戏说明书，从而作为著作权法所规定的文字作品予以保护。❷ 在"俄罗斯方块"案中，被告制作了一款除了方块形象不同，方块颜色、种类、形态以及规则等方面都非常相似的游戏。被告辩称这些方块的设计都是为了实现让方块堆积起来的游戏规则，游戏规则属于思想，所以这些方块的设计不是著作权法保护的客体。法官认为尽管游戏规则本身包含对游戏的概括性描述以及方块具体移动和堆积方式，应该属思想，但另一方面几乎所有游戏元素与游戏规则之间都会存在联系，不是所有与游戏规则相关的元素都属于思想，该游戏中的方块组合形式、颜色设计、形状、游戏空间大小、淘汰线的位置等元素构成表达。❸

由上面两个案件可以看出，即使认为游戏规则本身属于思想，不应该给予保护，也应该要保护与游戏规则相关的表现形式。游戏规则与玩家之间的交互

❶ 北京海淀法院课题组. 网络游戏侵犯知识产权案件调研报告（二）——游戏作品受著作权法保护的范围 [J]. 中关村，2016（9）：94－97.

❷ Blizzard Entertainment，lnc.（暴雪娱乐有限公司）等诉上海游易网络科技有限公司著作权权属、侵权纠纷案，（2014）沪一中民五（知）初字第23号.

❸ Tetris Holding，LLC v. Xio Interactive，Inc.，863 F. Supp. 2d 394（D. N. J. 2012）.

体验要通过游戏规则表现形式来实现，但游戏规则与游戏规则的表现形式的交互关系不影响游戏规则表现形式属于表达的判断。游戏规则的表现形式在满足独创性的基础上，理所应当属于作品，受著作权法保护。

三、司法实践的摸索：两种保护模式

理论界通常认为，基于知识产权法定化的要求，如果一种表达形式并不能够清晰地类型化为现行《著作权法》中所规定的作品类型，便不受著作权法保护。❶ 同时，这种观点对司法实践影响颇深。

游戏作为一个多种元素组成的作品，可以分成技术层面的游戏引擎以及外在层面的数据资源库❷（文字、美术、音乐、动态游戏画面等）。其中技术层面的游戏引擎属于计算机软件作品而被著作权保护。依照现行著作权法框架，在司法实践中，游戏的外在层面的数据资源（文字、美术、音乐、动态游戏画面等）的著作权保护路径主要有两种模式："拆分模式"下各元素分别保护模式以及"类电影作品"保护模式。下文将分析在两种对游戏外在层面的数据资源的保护模式中，对游戏规则本身的保护情况。

（一）"拆分模式"下各元素分别保护模式

支持"拆分模式"的学者认为，根据《保护文学艺术作品伯尔尼公约》第2条对于作品的概括性描述：科学和文学艺术领域内的一切作品，不论其表现方式或形式如何，都应该在司法中受到保护。鉴于我国著作权法未对游戏进行单独分类，应该适用《著作权法》第3条的兜底条款进行保护。因此，对于游戏的外在形式层面的相关元素，应该分别根据其特点找到对应类型作品进行保护。例如，对于与美术画面相关的游戏界面、角色造型、游戏场景、道具装备外观、地图设计等元素用美术作品形式保护；对于游戏中的音效和背景音乐可以参照电影中的音乐作品处理；关于游戏中的背景介绍、技能介绍、角色简介则有可能成为文字作品而得到保护。

在《三国杀》诉《三国 KILL》案❸中，原告游戏中武将诸葛亮的技能被

---

❶ 王迁. 论作品类型法定——兼评 "音乐喷泉案" [J]. 法学评论，2019，37（3）：10-26.

❷ 崔国斌. 认真对待游戏著作权 [J]. 知识产权，2016（2）：3-18，2.

❸ 杭州游卡网络技术有限公司诉广州常游信息科技有限公司、广州大娱信息科技有限公司等著作权权属、侵权纠纷案，（2017）沪0115民初27056号.

描述为"观星——准备阶段，你可以观看牌堆顶的 X 张牌（X 为全场角色数，且最多为5），然后将其中任意数量的牌置于牌堆顶，将其余牌置于牌堆底。而在被诉侵权游戏中诸葛亮的技能被描述为"星占——回合开始阶段，你可查看牌堆顶与存活角色数量相同的牌（最多5张），将其中任意数量的牌以任意顺序置于牌堆顶，其余以任意顺序置于牌堆底。法院认为，"描述武将技能的文字内容与权利游戏虽略有不同，但文义无实质性差别"，因此构成实质相似，从而认定侵权。不难看出，这些关于技能的文字描述（表现形式）所指向的实质内容正是游戏规则。文字作品不仅仅局限于文字本身，而保护至实质性描述内容，而在游戏作品中，游戏规则本身与文字实质性描述内容是一致的。因此，保护游戏中的相关文字作品，实质上也间接保护了游戏规则。在此背景下，实践中游戏的开发者通常会选择在其游戏的使用说明书或手册上注入更多可受著作权保护的元素，如原始的图样、故事背景的介绍以及其他的细节部分的叙述或描绘等。❶ 但这种特殊的一致性，并不存在于所有的表现形式中。上文论述，游戏规则实际上是由"外在表达形式"以及"表达内容"构成，换言之，游戏中的表达形式也同时包含游戏规则本身。著作权法保护表达的实质要求应该对"外在表达形式"和"表达内容"共同保护，在保护表达方式的同时，也要保护表达内容本身。但对于游戏音效或者游戏画面等元素，其在游戏中不仅起到声音或者视觉效果，还具有表达出游戏规则与玩家产生交互效果的作用。例如，在生存类游戏《绝地求生》中，"一种可以抵御子弹攻击效果的近战道具"的表达形式为"平底锅"，而在《荒野行动》中具有同样效果的道具的表达形式则为"高压锅锅盖"。如果仅从美术作品的角度而言，"高压锅锅盖"与"平底锅"肯定不构成相似。但在游戏的虚拟世界中，"高压锅锅盖"与"平底锅"所指向的实质内容——游戏规则却是一致的。这就造成侵权人只需要简单替换一些音效或者物品外貌就可以绕开保护范围，从而不构成侵犯著作权。

另外，这种拆分式的保护方法，会使得一部分表达形式因为达不到独创性要求而得不到著作权法保护。例如，对于某些较短的文字简述，要求的独创性程度要相对严格：一是该短语或者词组是否存在作者的取舍、选择、安排、设

---

❶ 孙远钊. 深入解析 MT 游戏案：电子游戏与虚拟环境对知识产权的挑战［EB/OL］.（2015 - 10 - 14）［2020 - 3 - 25］. https：//victory. itslaw. com/victory/api/vl/articles/article/bc16a7ae - e4c2 - 48b1 - babe - 5f4eobzf9988? downlaad link = 2&source = article.

计，体现出作者的智力表达；二是该短语或者词组是否能够一定程度完整地传达一定的信息、表达出作者的思想情感。例如，在"我叫MT"案中，法官认为"我叫MT"这一动漫名称中，关于"我叫……"的表述方式是现实中常见的，而且，"MT"一词也属于常见字母组合，因此认为"我叫MT"整体上是现有常用表达，不符合独创性的要求。❶ 同时，此种拆分保护模式对元素分解得过于琐碎，使得对比过程过于复杂，而且增加了原告方的取证难度与成本，增加了诉讼的耗时。❷

（二）"类电影作品"间接保护模式

持"类电影作品"保护模式的学者认为，鉴于《著作权法实施条例》第4条第11款❸对于电影作品的相关规定，电影作品应该符合两个要求：（1）"由一系列有伴音或者无伴音的画面组成"的表现效果；（2）"摄制在一定介质上"的摄制方式。而对于电影作品的摄制方式要件，有学者认为其有违《伯尔尼公约》立法精神❹，而且《著作权法（修订草案）》（送审稿）❺中已经删除该要件，因此电影作品没有关于摄制方式的限制。❻ 而游戏的整体画面是由声音、文字和图案画面组合而成的"连续动态的图像"，完全符合电影作品的表现效果要求，因此游戏的整体画面可以作为"类电影作品"进行保护。❼

在"奇迹MU"一案中，我国司法实践首次将游戏的整体画面认定为类电影作品从而进行保护。在该案中，法院认为，类电影作品的特点是其表现形式是连续活动画面，游戏的整体画面同样是连续活动画面，符合类电影作品的特点。同时，电子游戏通过对各文学艺术元素进行整合，创作方法类似摄制电影的创作方法，也符合著作权法关于类电影作品的要求。而关于是否构成侵权，其标准在于是否构成实质性近似，对比重点在于活动画面的整体性。不仅进行

---

❶ 北京乐动卓越科技有限公司与北京昆仑乐享网络技术有限公司等计算机软件著作权权属纠纷案，（2014）京知民初字第1号.

❷ 李晶. 实质性相似原则在网络游戏著作权侵权案件中的适用［D］. 南昌：江西财经大学，2018.

❸ 《著作权法实施条例》第4条第11款规定："电影作品和以类似摄制电影的方法创作的作品，是指摄制在一定介质上，由一系列有伴音或者无伴音的画面组成，并且借助适当装置放映或者以其他方式传播的作品。"

❹ 保护文学和艺术作品伯尔尼公约指南［Z］. 刘波林，译. 北京：中国人民大学出版社，2002：15.

❺ 《著作权法（修订草案）》（送审稿）第5条规定："视听作品，是指由一系列有伴音或者无伴音的连续画面组成，并且能够借助技术设备被感知的作品，包括电影、电视剧以及类似制作电影的方法创作的作品。"

❻❼ 王迁，袁锋. 论网络游戏整体画面的作品定性［J］. 中国版权，2016（4）：19–24.

场景视角、角色动作等画面的对比，还参考游戏地图、角色技能、等级设置、武器装备、怪物等角色扮演类游戏中的基本元素的相似程度。❶

将游戏外在表达形式的整体画面认定为类电影作品，能够在一定程度上保护游戏规则。把游戏外在表达形式的组合整体认定为著作权作品，在一定程度在也是在变相认定规则的表达组合属于作品，通过对游戏整体画面中的整体风格、格斗方式、地图路线等元素进行解读，一定程度上能够反映出游戏规则。但不得不说，这种线性关系的联系比较弱，并不是充分必要关系。另外，并不是所有类型的网络游戏的整体画面都符合类电影作品的要求，例如在"三国志3"一案中，法院便认为该款游戏的绝大多数内容属于静态画面内容，表达的故事情节有限，不符合电影作品含义。因此，对于那些不符合类电影作品要求的单幅画面、文字组合和音乐等作品，在符合独创性的基础上，依旧要通过"拆分法"的保护模式进行保护。❷

因此，"类电影"保护模式虽然能够在一定程度上达到保护游戏规则的效果，但是这种保护是不周延的，只能说对于某些画面感强的游戏，此模式相对"拆分模式"能给游戏规则相对全面的保护。

四、立法论上的探索：游戏作为独立作品类型的可能性

针对以上两种保护模式对于游戏规则的保护效果并不好，有学者提出在现有著作权法框架下，将游戏作品作为独立作品类型进行保护。一方面，游戏作品与现有的作品类型相比具有显著的不同——互动性，这种特性使得游戏规则对于游戏作品本身具有核心作用，将游戏作为一种独立作品，突出强调其游戏规则的意义，在实质性相似判断中，加强对具体游戏规则的对比，能够给予游戏作品相对完整的保护。另一方面，游戏作品本身整体性是事实存在的，无论是依照"拆分法"保护模式抑或"类电影作品"保护模式，对游戏作品都是呈现一种人为肢解的状态。特别是网络游戏作为一个整体作品存在是一个事实，如果总在探索如何用法律对其进行部分保护，难免会出现漏洞，也非长久

---

❶ 广州硕星信息科技股份有限公司、广州维动网络科技有限公司诉上海壮游信息科技有限公司、上海哈网信息技术有限公司著作权权属、侵权纠纷案，(2016) 沪73民终190号.

❷ 李晶. 实质性相似原则在网络游戏著作权侵权案件中的适用 [D]. 南昌：江西财经大学，2018.

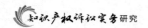

之计。❶

从研究电影作品在著作权法中成为独立作品类型的立法背景可以发现，游戏作品与电影作品有着极为相似之处：一是游戏作品与电影作品都是社会科技发展的产物，异于往常的作品；二是游戏作品与电影作品一样都依赖于技术，随着技术的进步而变化，随着虚拟现实（Virtual Reality）技术的成熟以及5G技术的应用，已经逐步出现体感类游戏，与其他类型的作品差异也越来越大；三是游戏作品与电影作品一样，都是综合利用文字、音乐、画面等文化作品组合而成的综合作品；四是游戏作品与电影作品一样都需要大成本投入。虽然最初电影作品作为著作权法中的一种独立类型作品不被理解，但随着时间的推移，这种不解慢慢消失。游戏作品与电影作品具有一定的共性，在如何对游戏作品进行保护的法律构建中，可以参考电影作品的立法思路。

结　论

游戏规则是一款游戏的灵魂所在，同时也是游戏开发者的智力劳动成果。为避免造成思想的垄断，对于作为同类游戏后续创作必不可少的基础游戏规则不宜纳入著作权法的保护范围。对于有符合独创性要求的具体游戏规则，则应该认定为著作权法意义上的表达，给予著作权法上的保护。在现行立法条件下，"类电影作品"保护模式与"拆分模式"在不同类型的游戏中对游戏规则本身有一定的保护作用。具体来说，以文字描述为规则主要形式的卡牌类游戏，通过主张保护游戏中的文字作品能够对游戏规则本身进行较好的保护；对于那些游戏画面符合"连续动态的图像"要求的游戏，可以通过主张游戏画面构成"类电影作品"实现对游戏规则间接和较为全面的保护。在应然层面，为了给游戏规则更加周延的保护，应该在后续《著作权法》修改中增加"游戏作品"的独立类型，明确游戏规则是游戏作品的核心，要给予保护。

---

❶ 冯晓青，孟雅丹. 手机游戏著作权保护研究［J］. 中国版权，2014（6）：34－37.

电子游戏规则的著作权保护

张星宇

摘要： 电子游戏领域的知识产权案例多发，尤其是对于游戏规则这一游戏的核心创作要素，司法实践中往往将其归入思想的范畴难以获得保护。而且电子游戏尚未成为著作权的客体，目前实践中尝试使用类电作品或者不正当竞争的方式予以保护，但是这些保护方式具有很强的过渡性，适用范围较窄。因此，我们需要深入分析电子游戏规则的特征，从利益衡平的角度重新考虑电子游戏规则的保护方式，达到保护和鼓励创新的目的。

关键词： 游戏规则；思想/表达二分法；著作权；侵权判定

一、电子游戏规则的结构及其界定

（一）不同类型的电子游戏规则解构

本文讨论的客体是"游戏规则"，首先需要解决"什么是游戏规则"的问题。

电子游戏是一种交互产品，即用户输入一定的内容后电子游戏会给予用户一定的反馈，这种反馈所带来的自由度和可能性加深了用户的参与感，使得游戏从表达方式上和其他类型的作品有所区别。

和电子游戏最接近的是视听作品，它们之间的区别就在于——视听作品没有用户参与的内容，它在表达上是单一的，每个人看到的都是一样的内容。而加入了电子游戏规则的视听作品就变成了一种新型的电子游戏——互动电影（叙事）。

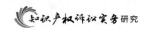

而底层游戏规则设计的不同，就产生了游戏分类。

1. 互动电影类电子游戏

这是最接近传统著作权客体的电子游戏类型，近年来该类型的游戏有两部现象级的作品，分别是《隐形的守护者》和《底特律：变人》，这两部互动电影最吸引人的地方无疑是其剧情，但是剧情在现行的著作权法框架下已经能够得到很好的保护。将游戏中能直接作为视听作品的元素剥离之后，其剩下的游戏规则就是留给玩家在进行到关键的剧情时的互动内容。主要分为两种要素：其一是选择要素，通过玩家自身的选择进一步展开剧情，例如选择走哪条路，对问题做出何种回答，不同的选择对应不同的剧情发展；其二是参与要素，即让玩家控制人物角色的动作获得沉浸感，例如，在《隐形的守护者》中射杀有争议的角色的时候，让玩家自行完成射杀过程。当然更多的情况下，这两个要素是结合在一起的，例如，在《底特律：变人》中部分场景需要玩家操作人物进行打斗，打斗的结果会影响游戏的剧情的走向。

2. 卡牌/战棋类电子游戏

卡牌和战棋类电子游戏与互动电影游戏的思路完全相反，这类电子游戏几乎不包含任何剧情，只是有可能会给某一角色或者卡牌设计角色背景故事，但这和游戏可玩性的关系不大，这类电子游戏由纯粹的规则所构建，要观察这类游戏的规则，可以从其发展史来看。

以卡牌类电子游戏为例，牌类游戏的出现无疑远早于电子游戏的出现时间，扑克牌属于其中的经典，我们今天所见到的 54 张扑克牌及其玩法是公众在长时间不断使用中演变而成的结果。54 张牌所能演化的玩法毕竟有限，于是有人开始创作规则更为丰富的牌，比如万智牌。

后面越来越多的棋牌类电子游戏被制作为网络游戏，而线上环境中游戏设计者可以直接将规则内化于程序之中，玩家无法在对局中做出违反规则的举动，游戏规则的丰富性不再受到人智力、物质条件的限制，游戏规则越发丰富化。例如，《炉石传说》游戏中的尤格萨隆这张牌的效果是对随机对象释放随机法术，这张牌因为其游戏性非常强深受玩家欢迎，该效果在线下的实体卡牌游戏中几乎没有办法完成，在线上却可以轻松做到。

3. 动作/格斗/射击/竞技类电子游戏

此类游戏设计的着眼点在于由游戏玩家操控游戏角色及技能，例如，《英雄联盟》中的每个英雄玩家的操作方式都不一样，英雄又都拥有不同的技能，设计师在设计英雄或者技能的时候考虑的核心并非其视觉效果，而是英雄或者技能在竞技中能发挥的作用。游戏中同一个角色可以建立完全不同的人物模型，但是角色的设计内核完全一致，比如《英雄联盟》中的伊泽瑞尔的未来战士皮肤就属于设计师完全重新建立了人物模型。如果另一个 MOBA 游戏里面也出现一个"换了皮肤的伊泽瑞尔"，那无疑就属于抄袭游戏规则的范畴。

对此类游戏还有一个特殊的设计要点——角色操作感或者说手感、打击感等，此类游戏通常伴随着人物之间的打斗，如何让打斗的感觉显得更为真实是此类游戏非常重要的设计点，比如人物持刀砍向怪物，由于刀的重量、攻击力度、怪物的属性等要素有所差别，如果在所有的场景下玩家得到的反馈都一致，游戏就会失真。比较典型的如卡普空（CAPCOM）公司，其制作的《街头霸王》《鬼泣》《怪物猎人》等动作游戏以打击感闻名，其公司将打击感设计文件以商业秘密的形式加以保护。

（二）电子游戏规则的定义

从解构中我们可以发现，著作权法语境下的"游戏规则"和语言学意义上的"游戏规则"完全不同，本文所讨论的"游戏规则"更多的是指将传统的著作权要素（如美术设计、音乐设计等）剥离之后所留下的内容。因此，我们泛泛而谈地讨论"游戏规则是否应该受到保护"毫无意义，因为这部分剩下的内容没有任何共性，只是我们人为地将其统称为"游戏规则"而已。这部分内容各个要素之间唯一的共性只是因为存在于同一个游戏中，并且不属于已知作品的一种。例如，在游戏《英雄联盟》中的资源点的设置和英雄的技能伤害设定，这二者之间没有任何共性，在法律的语境下却将其归纳为游戏规则的范畴；再例如，《绝地求生》中地形的设计和枪械手感，这两个设计要素也是完全没有联系的。

游戏是一个丰富而庞杂的系统，里面糅合了各种各样的创作内容，对游戏进行保护的第一步应该是改变拆解游戏的方法，不再粗暴地将没有纳入著作权作品范畴的内容统一定义为游戏规则。

（三）电子游戏的特征

1. 集合了诸多知识产权要素

电子游戏通常集合了众多的知识产权要素。首先，由于其商品的属性，天然就受到了商标法和反不正当竞争法的保护；其次，电子游戏本身承载的主体为软件，因此电子游戏属于软件著作权的保护范围；再次，电子游戏开发本身也会运用到多种技术，如《英雄联盟》游戏就对其观战系统申请过专利❶，因此游戏技术也涉及专利法保护；最后，如上文所述，电子游戏中大量符合传统著作权内容的创作成果，可以独立受到著作权法保护。

可以说，电子游戏几乎涉及知识产权保护体系中的各项权利，留给权利人的维权途径很多。问题在于，虽然现有的知识产权体系对游戏进行了全方位的保护，但是由创立规则所带来的独属于游戏的表达并未被纳入知识产权体系。

2. 独特艺术表达

传统的艺术作品是单向的，没有属于受众的空间，但是电子游戏通过创立规则的方式产生留白，给予玩家自由的空间，让玩家产生独特的感受，这其中无疑凝聚了创作者的创造性劳动。有学者认为，电子游戏是一种艺术产品，电子游戏的艺术特征表现在沉浸式的美感体验、交互式的艺术历险、开放式的叙事结构等方面。❷

从知识产权制度的基本理论出发，人格论、契约论和市场竞争论等理论观点共同构成知识产权体系的价值取向。❸ 而从我国《著作权法》的立法可以看出，著作权法保护艺术成果，承认作品中凝聚的作者创造性的劳动成果以及附着于其上的人的精神权利应当受到保护。

3. 电子游戏的强资本、长周期、高利润的创作模式

虽然电子游戏具备艺术价值，但是电子游戏诞生最初的目的就是创造经济价值，艺术价值是电子游戏的附属产品。我们以近年来优秀游戏作品《荒野大镖客：救赎2》为例，该游戏由知名游戏厂商 Rockstar Games 制作，耗时 8 年，开发人数超过 2000 人，聘请了 1000 多位动作捕捉演员和 700 名配音演员，投入成本超过 56 亿元人民币，❹ 但是由于其高超的游戏制作水准，游戏销售三天就迅速收回成本。❺《荒野大镖客：救赎2》无疑具备很高的艺术价值，但是这是厂商追求利润的副产品，在现行游戏制作模式下，游戏厂商几乎

---

❶ Valve 欲哭无泪 Rvot 成功申请观战系统专利 [EB/OL]. (2014 - 02 - 07) [2020 - 07 - 09]. https://www.gamersky.com/news/201402/331703.shtml.

❷ 汪代明. 论电子游戏艺术的特征 [J]. 文艺争鸣, 2006 (3): 133 - 135.

❸ 张平. 知识产权制度基本理论之讨论 [J]. 科技与法律, 2011 (4): 33 - 36.

❹ 从《荒野大镖客2》看，游戏制作才是真烧钱 [EB/OL]. (2018 - 10 - 30) [2020 - 07 - 09]. https://www.sohu.com/a/272109333_99903133.

❺ 徜徉的游戏中. 开售 3 天就几乎回本的《荒野大镖客2》，今年的 3A 大作你都玩了吗？[EB/OL]. (2008 - 11 - 15) [2020 - 07 - 09]. https://baijiahao.baidu.com/s? id = 1617187866165651970&wfr = spider&for = pc.

是游戏的唯一制作主体，其目的就是获取经济利益。这与其他作品有很大的区别，每一种类作品都有只追求艺术性的创作者，即便是创作门槛较高的电影也有很多追求艺术的独立导演，但这在游戏领域几乎不存在。

世界上第一部现代意义上的著作权法为《安娜女王法》，该法最先开始关注书籍作者的利益，保护作者的财产权。❶ 而在著作权法诞生之前，文学艺术作品无疑已经具备了艺术价值，作者的创作动因很大程度上并非基于经济利益，所以著作权法的诞生更多的是为了鼓励与刺激文学艺术创作，并非保护作者的精神权利。从这个角度来说，通过法律来保护游戏厂商的经济利益，以鼓励游戏的创作无疑非常符合著作权法的价值取向。

（四）游戏规则在游戏中的角色

1. 游戏规则是游戏创作的核心

著作权法所保护客体的范围没有明确的边界，但是受保护的作品具备两个重要特征，即属于表达并且具备独创性。❷ "表达"要求作品要能够被客观感知，"独创性"要求作品具有创造性，而并非简单的劳动成果。❸

游戏能够带给游戏玩家完全不同于其他艺术形式的审美体验，其本质在于游戏的交互模式，带给玩家更强的沉浸式体验。一方面创作者的创作方式通过这种交互模式进行了彻底的改变，另一方面受众的感知也因为交互而变得完全不同。游戏规则的设计是交互的核心，同样的美术设计但是不同的游戏规则带来的交互体验完全不同，例如，自走棋系列的游戏，无论是《英雄联盟》还是《DOTA2》，游戏中的角色技能、装备、人物模型等这些能够被观众看到的部分，都是沿用的原游戏的美术素材，但是由于游戏规则的改变，玩家所感受到的游戏内容完全不同。

游戏规则既是游戏创作者创造性劳动成果的核心体现，也是游戏玩家在游戏中最需要感知到的内容。

2. 游戏规则设计决定了游戏的经济价值

世界上第一款电子游戏诞生于 1952 年，1970 年开始进入商业模式，短暂的游戏发展史中有一些具备里程碑意义的作品。例如《拳皇 97》中独特的打击效果，配合上独有的连招系统，改变了原先格斗系列游戏一拳一脚的对抗模

---

❶ 王迁. 著作权法 [M]. 北京：中国人民大学出版社，2015：47.

❷ 杨利华. 我国著作权客体制度检讨 [J]. 法学杂志，2013，34（8）：20 – 29.

❸ 李伟文. 论著作权客体之独创性 [J]. 法学评论，2000（1）：84 – 90.

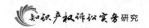

式，获得了巨大的成功；再比如《DOTA》原本是《魔兽争霸3》中的一张地图，其所使用的人物模型、地图模型、操作模式基本都是取自于《魔兽争霸3》，但是因为其创造性地使用了单独控制某一英雄角色、补刀、三路小兵等游戏规则，最终获得了巨大成功，开创了MOBA这一种游戏类型。

事实上只有游戏规则改变了，才能够得到玩家群体的认可。如完美世界游戏公司最先推出了《完美世界》游戏获得了较大的成功，后来公司为了降低开发成本，一直沿用该游戏的框架，推出《完美世界国际版》《诛仙》等作品，进入手游时代之后更是不停地进行该操作，被玩家戏称为换皮之作，最终导致完美世界游戏公司每次发售新的作品都会伴随着"换皮"一类的负面新闻。

二、游戏保护的需求与困境

从游戏保护的司法实践来看，游戏抄袭的情况多发，目前游戏规则的保护争议最大。

（一）游戏抄袭的情形

1. 抄袭游戏名称

游戏名称是抄袭的高发地带，一般是山寨厂商为了攀附一些游戏的知名度而取相似的名字，让玩家产生混淆。以国内游戏产业的两大巨头为例，腾讯旗下的《地下城与勇士》❶《英雄联盟》❷，网易旗下的《梦幻西游》❸等游戏名称都曾被抄袭。

由于知名游戏一般由大型公司运营，知识产权保护措施比较完善，游戏从准备运营的阶段就进行了有关商标的注册，因此游戏名称可以获得商标法的保护。游戏本身属于一种商品或服务，在第41类上有其专属的类别，游戏厂商将其名称注册为商标，防止有人通过与游戏名称相似的标志获取用户的关注，符合商标法的立法宗旨。

2. 抄袭角色、装备、技能等名称

游戏中除了游戏名称对于玩家来说具备较强的识别度，游戏中玩家常接触的游戏角色、装备、技能的名字同样具备很高的辨识度，因此这类识别元素同

---

❶ （2014）石民初字第66号.

❷ （2016）粤0305民初4314号.

❸ （2015）海民初字第9371号.

样是游戏抄袭的重点。例如，"我叫 MT"案❶、"QQ 堂"案❷、"卧龙传说"案❸等多个案件中被告对原告的人物名称、装备（道具）名称进行了模仿。

法院对游戏中该类元素持不构成著作权的态度，在最早的"QQ 堂"案中，法院认为："对于其中的文字部分，虽然若干道具名称具有相似之处，但原告并不能对诸如'太阳帽、天使之环、天使之翼'等这些名称享有著作权。"

但是该类元素有通过反不正当竞争法来保护的可能，在金庸诉江南案❹中，江南所著《此间的少年》一书中大量使用金庸笔下的经典人物名称，如令狐冲、郭靖、乔峰等，最终法院认为人物名称不构成著作权，但是江南使用知名人物名称构成不正当竞争。虽然该案的判决结果存在争议，但是利用不正当竞争的途径来规制对游戏元素的抄袭具备较高的参考价值，既符合反不正当竞争法的立法宗旨，而且在游戏领域并不涉及表达自由的问题。

3. 抄袭美术、音乐等传统设计元素

由于游戏体量的大小有区别，包含的游戏设计丰富度也不一样，其中设计元素最丰富的是 RPG 游戏（角色扮演），此类游戏隐含的目标之一就是向游戏玩家展现更为真实的世界。所以为了尽力达到拟真的效果，制作者会在游戏中尽可能地加入现实元素，《著作权法》第 3 条所列举的八个类型的作品，游戏几乎都有涉及。

游戏的美术设计可以为玩家提供富有美感的场景或人物形象，无疑是需要创造性劳动的，对其中某一元素进行抄袭当然构成侵犯著作权。例如，在"《英雄岛》与《宝贝坦克》"案❺中，被告的游戏角色和装备与原告非常相似，该案最终双方达成和解，被告承认抄袭并进行了赔偿和道歉。❻

虽然某一角色或者某一装备只是整个游戏的一小部分，但是从游戏设计角度来看，制作人需要对造型进行单独的设计，和一般的美术作品并无任何区别。另外，如果绝大多数游戏包含背景故事的创作，而此创作与一般的文字作

---

❶ （2014）京知民初字第 1 号.

❷ （2006）京一中民初字第 8564 号.

❸ （2014）沪一中民五（知）初字第 22 号.

❹ （2016）粤 0106 民初 12068 号.

❺ （2008）沪二中民五（知）初字第 107 号.

❻ 国内首起网游著作权侵权案在沪审理［EB/OL］．（2008 - 07 - 15）［2020 - 07 - 09］. http://www.ncac.gov.cn/chinacopyright/contents/518/133733.html.

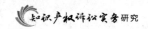

品的创作并无区别。因此，著作权法对游戏中构成著作权的要素进行独立保护不存在法律障碍。

4. 抄袭游戏规则

规则是游戏区别于其他作品的特点，同时游戏规则的保护一直是游戏保护的最大争议点。国内外法院最初认为游戏规则属于思想的范畴不应当受到保护，但后来法院都转变了态度，认为游戏规则属于应当进行保护的范围。

从知识产权发展比较完善的美国来看，在较早的"雅达利"诉"娱乐世界"案[1]中，原告最早开发了一种在宇宙中击毁陨石的射击游戏，被告就仿制原告将陨石改为了流星，其他地方做了略微改动，例如虽然都用的是宇宙飞船，但是形象设计上有所区别。另外，两个游戏在操作方式和规则上都很相似。最终法院认为被告所抄袭的部分都属于思想范畴，不受著作权法保护。但是不侵权判决使抄袭者变得肆无忌惮，几乎完全雷同的游戏开始出现，然后就出现了俄罗斯方块案[2]。在该案中，原告是经典游戏俄罗斯方块案的版权方，被告只对方块的形状做了简单的修改，其他地方完全相同，可以说被告是将所有可以被归为"思想"部分的要素进行了全面抄袭。但是，法院最终转变了态度，认为游戏规则本身也是思想向表达进行转换的工具，被告构成侵权。

国内的司法保护态度的转变与美国极为相似，在较早的"QQ堂"案中，法院认为："'以笑表示获胜、哭表示失败'属于思想的范畴，只要原被告双方表达方式不同，即不视为著作权方面的侵权。"从判决书中的观点可以看出，早期司法实践中对游戏规则采取不保护的态度，只要游戏公司的游戏在借鉴的时候不要使用相似的美术元素，基本不存在侵权的风险。但是，不保护的态度最终导致了侵权的泛滥，最典型的就是"花千骨"案[3]，原告为《太极熊猫》游戏的版权方，被告持有《花千骨》电视剧的版权，被告依托电视剧中的美术等其他创作素材对原告的游戏进行了精准"换皮"，照抄了全部的游戏玩法方面的设计，凭借电视剧的 IP 热度大肆敛财。对于该案，法院并未简单地将游戏玩法归于思想的范畴，认为："游戏设计师通过游戏连续动态图像中的游戏界面，将单个游戏系统的具体玩法规则通过界面内直白的文字形式或者通过连续游戏操作界面对外叙述表达，使玩家在操作游戏过程中清晰感知并据

---

[1]　Atari v. Amusement World Inc. ，547F. Supp. 222.

[2]　Tetris Holding，LLC v. Xio Interactive，Inc. ，863 F. Supp. 2d 394（D. N. J. 2012）.

[3]　(2015）苏中知民初字第 00201 号.

此展开交互操作，具有表达性。"此外，法院还认为原告虽然不能就某个单独的玩法享有著作权，但是对玩法的集合享有著作权。

（二）现行法律对游戏保护的不足

1. 类电作品

在"花千骨"案中法院认为，网络游戏的整体运行画面是其整体作品的表现形态，其整体运行画面构成类电作品，而游戏玩法规则是运行画面的一部分，被告在原告游戏规则的基础上通过改变美术、音乐等资源进行了再创作，侵害了原告的改编权。法院最终通过这种方式在该案中实现了对游戏规则的保护。

从法院的判决不难看出，法院将游戏规则类比为电影情节或者电影的剧本，虽然电影情节不会以文字的形式具体地呈现在电影的画面中，但是电影实际上确实依托于情节所塑造的框架去制作整体的画面，从这个意义上来看从类电作品的途径确实能够间接地保护游戏规则。

但是这种保护方式无疑适用范围非常小。首先，必须要游戏的画面构成类电作品才具备保护的基础，但很多游戏并不具备这种条件，例如曾经非常火的2048游戏；其次，很多游戏的动态画面本质上与游戏规则没有关联，例如，在卡牌类游戏中，游戏规则体现在每张牌的效果中，但是牌的画面是静态的，游戏中绝大部分动态场景也仅仅是对玩家操作进行具象化的描述，去掉动态画面实际不会影响游戏正常进行，最典型的就是三国杀，三国杀既有线上版本也有线下实体的卡牌，线上线下的游戏规则完全相同，因此三国杀游戏的规则与游戏动画完全没有关联，可以看成是一个没有动态画面的电子游戏，因此无法通过这种方式进行保护；最后，类电作品不能完全地反映游戏规则，类电作品给予玩家的感知局限于视觉和听觉，但是游戏带给玩家的感知维度远比其丰富，最常见的例如震动反馈给玩家带来的触觉体验，这也是游戏规则表达内容的重要部分，类电作品显然无法对这部分规则进行覆盖。

总的来说，类电作品的间接保护属于针对换皮游戏的限制，毕竟其行为确实具有极大的不正当性，但是距离保护游戏规则的独创性表达比较远。

2. 不正当竞争

在"卧龙传说"案中，法院虽然认为游戏规则属于思想的范畴不受著作权法的保护，但是，"被告并未通过自己合法的智力劳动参与游戏行业竞争，而是通过不正当的抄袭手段将原告的智力成果占为己有，并且以此为推广游戏

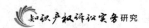

的卖点，其行为背离了平等、公平、诚实信用的原则和公认的商业道德，超出了游戏行业竞争者之间正当的借鉴和模仿，具备了不正当竞争的性质。"❶

　　法院适用了《反不正当竞争法》中的一般条款，认为原告虽然没有侵犯著作权，但是抄袭行为违反商业道德。这条路径虽然比类电作品的思路适用范围更广，但其保护范围也更为模糊，其出发点与类电作品的思路一致，都是为了规范明显不正当的抄袭行为，不具备普遍适用的价值。另外，严格来说，所有触犯知识产权法的行为都是构成不正当竞争的，但是我们不能在每次其他法律无法适用时就使用反不正当竞争法，这属于滥用一般条款。

三、游戏规则侵权判定的方法

　　1. "思想/表达二分法"适用的困境

　　正因为我们对游戏中不属于"作品"的内容进行了简单的定义，而语言学意义上和逻辑上"游戏规则"确实被包含在"思想"而非"表达"的概念中，加之一些游戏规则会被当然地归于思想而非表达，比如卡牌游戏中的卡牌效果，这些规则虽然会写在卡牌表面，但是事实上规则由计算机软件的底层代码实现，玩家只能遵守并运用这些规则。因此，我们可以说这些规则玩家看不见也摸不着，当然就是思想。

　　当我们不再把游戏规则当成一个整体内容进行讨论之后，问题变成了"在游戏规则之中如何适用思想和表达二分法"，或者说哪些游戏规则属于"思想"哪些游戏规则属于"表达"？

　　"思想"和"表达"之间好像真的存在一种分界线，将游戏中的某些要素归为"思想"，某些要素归为"表达"。就算没有这种明确的分界线，至少也有像王迁教授所述的金字塔结构，即虽然无法具体地确定思想与表达的分界线，但是我们面对作品的时候可以对其进行一个"抽象的过程"，如对一段文字不断地进行提炼，从具体文字到情节梗概，再到文章脉络，最终提取出文章主题思想。这样一个"抽象的过程"就形成了从思想逐渐过渡到表达的金字塔结构，金字塔中越接近顶端越容易被归纳到"思想"的范畴中，不被保护。金字塔模型是将一条分界线分为了几个更加细致的分界线。

---

❶ （2014）沪一中民五（知）初字第22号.

然而，笔者在对游戏这一作品进行剥离的时候，发现游戏之中太多的内容无法进行定义，例如前文所述射击游戏中枪械的手感、游戏中人物的打击感、游戏操作界面的布局等。有些即便参考金字塔的模型对游戏本身进行提炼，也无法得到"金字塔"，比如游戏《地下城与勇士》中，其自身带有动作游戏的要素：供玩家操作的人物角色，该人物包括一些技能，设计师精心设计了人物手感；包含 RPG 游戏的要素：人物背景故事，整个游戏的背景故事，人物与人物之间的互动对话；伤害数值系统：某一装备能达到什么伤害，有何种效果，怪物的血量是多少，玩家的攻击力系统如何设计。甚至在该游戏中，设计师为了增加玩家的乐趣，为玩家在闲暇时提供了游戏中的小游戏。

游戏设计的时候往往是多个模块平行设计，最终各个模块之间相互配合达到想要的游戏效果，这种错综复杂的设计结构使得我们必须要对每一个设计要素进行观察，套用金字塔结构并不能帮助我们区分保护范围。

2. "思想/表达二分法"是法律修辞而非裁判规则

从前文所述的几个案件的判决内容来看，法官论证的关注点都在于：原告所诉称的内容是"思想"还是"表达"。然而正如汉德法官在适用"思想/表达二分法"时坦承："从来也没有人确立过，而且也永远没人能够确立那个分界线。"❶ 某些内容归为"思想"的范畴并非因为其属于抽象的思想，而是因为对其进行保护有损公益，所以将其归入"思想"不进行保护。从哲学上来说，这其实是一个价值问题，很多人却把它当成一个事实问题。

休谟最先提出了事实与价值问题，休谟认为事实问题是一种客观的"是与否"的问题，是科学研究领域采纳的标准，价值问题是道德判断领域"应当与不应当"的问题。❷ 例如，我们每个人都有善恶的观念，我们判断杀人是否为恶的时候是基于我们内心的价值判断，而并非客观上该种行为就是一种恶行。与之相反的，被杀的人是否死亡这个问题就属于事实问题，这是自然界的客观标准，死或生不以人的意志为转移。

所以，我们使用"思想/表达二分法"的时候，我们事实上是在对某个作品进行价值判断，而价值判断又取决于人的内心标准，不同人得出的结论不同，不存在某个作品客观上就是思想。甚至更进一步说，本来也就没有思想和表达的分别。

---

❶ Nichols v. Universal Pictures Corp., 45 F. 2d 119 (2d Cir. 1930).

❷ 李其瑞. 法学研究中的事实与价值问题 [J]. 宁夏社会科学, 2005 (1)：19 - 24.

如果认可作品中有"思想"和"表达"两个内容，那么其代表了这样一种含义：思想是一种独立存在的核心信息，表达是外在的编码形式，表达就是将核心的信息进行编码以用于人与人之间的传输。其符合传播学中的过程学派的阐释。但是符号学派认为符号才是传播的核心，信息传播中信息的接收者和解读者地位是平等的，传播的两端都是在阐释符号的意义，符号本身会限制人的思想。❶ 换言之，在"表达"之前并不存在所谓的核心思想，只有表达的欲望而已，思想是在表达和解读的过程中产生的，因此思想和表达不存在可分性。

当然司法实践中有非常多的"思想/表达二分法"的案例，帮助我们区分思想和表达，同时我们自身的经验直觉也会不断地告诉我们这个观点的真实性，例如，我们进行写作不过是把我心中所想给说出来。但是，如果我们仔细思考就会发现，我们无法证明思想是可以独立存在的，你必须要通过某种表达方式才能让受众感受到你的思想。毫无疑问，所有的思想和表达都是一起出现的，那我们又怎么能说二者是可分的呢？

当然，我们可以举出反例，例如《罗密欧与朱丽叶》和《梁山伯与祝英台》在创作思想上的一致性，甚至有人对大量的故事进行总结，抽象出一种故事的基本构架。比如俄罗斯文艺学家普罗普在1928年写成《故事形态学》，根据阿法纳西耶夫故事集中100个俄罗斯故事进行形态比较分析，从中发现神奇故事的结构要素及其组合规律。这些都是抽象的思想存在的证明。但是，我们之所以能够总结出思想的存在，不过是因为我们确信这些作品的表达完全不一致，却毫无疑问地感觉到了某种一致性，这种一致性的内容被我们总结为思想。但是，如果"表达"本身不一致，还有必要讨论"思想"是否一致吗？或者说，如果双方的表达完全不一致，那么思想上是否存在某种一致性，这并非著作权法所需要讨论的问题。

"思想"的诞生模式和司法实践的侵权比对方式一致。我们首先要进行分析哪些内容在表达上相似，然后再区分这部分相似的内容是否应当保护。至于为什么将保护的内容归为"表达"和不保护的内容归为"思想"，由此诞生出"思想/表达二分法"，这不过是因为法律是需要说服公众的，而法官采用这样

---

❶ 陈力丹. 试论传播学方法论的三个学派 [J]. 新闻与传播研究，2005（2）：41-48，97.

一种法律修辞无疑使得裁判规则更易被公众接受。❶

因此，"思想/表达二分法"不过是价值判断的外壳，其本身并不具备区分能力。换言之，在一般的作品中，我们通过长期的司法实践，总结出了应该保护哪些内容，然后形成这些内容是"表达"的共识。但是游戏所带来的是一种（或者多种）全新的表达方式，在这个领域没有人告诉过法官什么是"思想"什么是"表达"，僵硬地适用这个"不存在"的裁判规则很容易导致不公正的结果。

3. 从利益衡平的角度划分保护范围

知识产权的基本理论包括自然权利论、人格论、契约论、市场竞争论、利益衡平论、产业政策论等六种，这六种理论共同构成知识产权的价值取向。❷从游戏的著作权属性上看，由于绝大部分情况都是由公司主导，创作的目的就是获取高额利润，因此从利益衡平的角度去考虑，如何达到既保护著作权人的利益，又不会导致保护范围过大影响创新，这是游戏规则保护的过程中首先需要考虑的问题。

首先，我们需要在个案中确定哪些内容属于相似点，然后考虑是否予以保护。例如，在"QQ堂"案中的"哭表示失败，笑表示成功"这一相似规则，就属于不应当保护的范围，因为如果对其进行保护，就会导致在所有的游戏中都无法使用这一方式进行表达，而实际上我们常常用哭来代表负面的事情，笑来代表正面的事情，保护这一规则无疑是对创作自由的一种损害。

其次，要注意某些规则的创作路径。很多游戏规则并非由游戏制作者创造，而是在前人的基础之上不断完善改进的。例如，《绝地求生》其大逃杀的游戏设定最早出现于小说之中，然后开始出现《饥饿游戏》这类电影，最后才是游戏，而且最早使用这一模式的并非《绝地求生》。《绝地求生》在其中加入了跳伞、收集枪支、毒气等设定使得其游戏性大大增强，使得这一游戏模式开始风靡。毫无疑问，大逃杀这一模式属于公共领域，没有人可以垄断。

再次，游戏里面的很多基于现实而产生的规则也不能进行保护。比如跳伞、空投、枪支造型等，一方面这些内容本身并不是作者创造的，另一方面在大逃杀的设定下，将这些规则加入游戏中是很容易想到的，很难认定为是具有

---

❶ 熊文聪. 被误读的"思想/表达二分法"——以法律修辞学为视角的考察［J］. 现代法学，2012（6）：168 – 179.

❷ 张平. 知识产权制度基本理论之讨论［J］. 科技与法律，2011（4）：33 – 36.

独创性的。与之相反的如《堡垒之夜》，同样是大逃杀模式的游戏，但是在游戏中加入了建造的元素就属于创造性的设定：玩家可以收集材料，然后在对抗中通过材料建造防御设施，增加获胜概率。

最后，需要注意随着计算机技术的进步，游戏制作者的表达空间也越来越大，因此在不同的时代背景下，对某种规则的保护力度也会截然不同。例如，在最早的雅达利公司称霸的时代，游戏基本的呈现方式就是显示屏上的一个个色块，因此在"行星游戏"案中法官会认为被告的表达受限，不可避免地会与原告使用相同的表达，但在后来的"俄罗斯方块"案中计算机技术已经大为进步，被告仍然不做修改地直接套用原告的游戏，构成侵权。

4. 将游戏作为整体进行侵权比对

一款游戏中往往包含非常多的要素，单一的某个规则在整个游戏视角下能够造成的影响会非常小，因此进行侵权比对是有必要将游戏看作一个整体的作品，在此基础上再考虑是否有"抄袭"行为。

著作权侵权判定中有一共识性的规则——"接触加实质性相似"❶，实质性相似具备两个层面的要求，一是在整体感觉上相似，二是构成要素上相似，这样一种方法最终发展为"内部测试法"和"外部测试法"。❷"内部测试法"首先要看玩家对游戏的整体感受，是否存在相似。玩家对游戏是否相似有着敏锐的洞察力，对游戏是否"抄袭"有着比著作权法更高的标准，往往两个游戏使用的仅仅是同一理念，就认为两个游戏构成相似，因此如果无法通过"内部测试"，那就意味着二者之间属于完全不同的表达，没有进行"外部测试"的必要。"外部测试"时要将游戏的元素逐一分解，观察构成相似的元素的比例。需要注意的是，这里分解的是"游戏元素"而非"游戏规则"，如前文所述游戏规则并不能构成一个有讨论意义的客体，因此在整体比对的视角下，应当将游戏的所有内容都放入观察中，例如游戏的背景剧情、人物对话，达到多少比例构成相似，应当根据个案不同进行考量（比例也不是必需的）。

同时"外部测试"应当满足利益衡平。一方面，如果一个游戏的某些规则应当受到保护，但是由于两个游戏构成近似的地方较少，仍然不应当认为是近似，因为在不抄袭的情况下使用同样的表达是非常常见的。具体的程度可以

---

❶ 郑成思. "形式"、"内容"与版权保护范围 [J]. 中国法学, 1991 (6)：93-98.

❷ 卢海君. 论作品实质性相似和版权侵权判定的路径选择——约减主义与整体概念和感觉原则 [J]. 政法论丛, 2015 (1)：138-145.

从"额头流汗"的视角去观察,由于游戏设计具有整体性,单独抄袭一小部分元素并不会降低开发难度,提升游戏效果,因此不认为是侵权。但是一旦抄袭的比例足够大,抄袭者可以节约大量的开发成本,并且利用已经成熟的游戏大幅度提升游戏效果,此时应当认为其构成侵权。另一方面,即使部分游戏规则并非受保护的对象,但是对这些规则的组合运用构成相似,或者与其他游戏元素的结合方式构成近似,仍然有可能构成侵权。

结　语

每一次人类的科技进步都会极大地改变信息的传播方式,传播方式的变革必然会诞生新的作品。从最初的文字作品再发展到美术作品,进而发展到照片、音乐、视听作品,再到最近几十年出现的游戏,表达的维度在不断地拓展,今后仍然还会不断涌现出新的作品。新的作品出现,是否需要保护?以何种方式保护?始终都应该站在公众的角度,以为公众创造出更多精彩的作品为价值取向。当前著作权法对游戏的保护力度偏弱,而我国的游戏产业早已度过了初期阶段,因此我们应当以加大保护力度为导向,发展裁判理念,达到保护和鼓励创新的效果。

工业产权及不正当竞争问题研究

驰名商标跨类保护相关问题研究
——以案例为视角

陈建南

摘要：2001 年《商标法》第 13 条及相关司法解释规定了驰名商标的跨类保护，在适用跨类保护时必须要考虑被诉商标与驰名商标具有"相当程度的关联"。目前在学术界及司法实践中对于"相当程度的关联"的性质及适用存在一定的争议。本文通过对案例的梳理和总结，探索在司法实践中如何适用"相当程度的关联"以及驰名商标跨类保护的除外情形。

关键词：驰名商标；跨类保护；混淆理论；淡化理论

在被控侵权产品与涉案商标核定使用的商品不构成相同或者类似商品时，权利人可以主张涉案商标是驰名商标，请求法院跨类保护。但是跨类保护毕竟不是全类保护，其合理界限在哪里呢？本文拟以"关联性"为切入点，分析研究驰名商标跨类保护的界限。

一、关联性的提出

（一）商标法原则性规定

2001 年《商标法》第 13 条第 1 款规定：就相同或者类似商品申请注册的商标是复制、摹仿或者翻译他人未在中国注册的驰名商标，容易导致混淆的，不予注册并禁止使用；第 2 款规定：就不相同或者不相类似商品申请注册的商标是复制、摹仿或者翻译他人已经在中国注册的驰名商标，误导公众，致使该驰名商标注册人的利益可能受到损害的，不予注册并禁止使用。

本条是关于驰名商标跨类保护的原则性规定，但并非一旦被认定为驰名商标后，其即可以在其他 44 类商品或服务上均获得"跨类保护"。在 2007 年 1 月召开的全国法院知识产权审判工作座谈会上，最高人民法院常务副院长曹建明指出，对驰名商标跨类保护的范围，应当根据具体案件情况，考虑其知名度、显著性和被控侵权行为的误导性后果等因素在个案中合理确定，不能变成无原则的全类保护。❶

（二）司法解释对"容易导致混淆"和"误导公众"的说明

2009 年，《最高人民法院关于审理涉及驰名商标保护的民事纠纷案件应用法律若干问题的解释》（以下简称《司法解释》）第 9 条第 1 款、第 2 款对《商标法》上述规定进一步解释，"足以使相关公众对使用驰名商标和被诉商标的商品来源产生误认，或者足以使相关公众认为使用驰名商标和被诉商标的经营者之间具有许可使用、关联企业关系等特定联系的"，属于《商标法》第 13 条第 1 款规定的"容易导致混淆"。"足以使相关公众认为被诉商标与驰名商标具有相当程度的联系，而减弱驰名商标的显著性、贬损驰名商标的市场声誉，或者不正当利用驰名商标的市场声誉的"，属于《商标法》第 13 条第 2 款规定的"误导公众，致使该驰名商标注册人的利益可能受到损害"。

由此可见，我国给予驰名商标跨类保护是在构成误导和损害的限度内给予的保护，跨类保护既不能过宽实行全类保护，也不能过窄对可能造成损害的不予保护，应该以适度保护为原则，合理确定驰名商标的保护范围。在加强保护驰名商标的同时，应注意保护驰名商标权利范围的不适当扩张和权利滥用。驰名商标跨类保护范围的大小与其驰名度和显著性成正比，驰名程度越高的商标，其跨类保护的范围越大。❷

（三）《商标法》第 13 条第 2 款与"淡化"理论的关系

一般认为，《商标法》第 13 条第 1 款和第 2 款分别对应的是驰名商标的"混淆"和"淡化"。其中，商标混淆保护的出发点是防止消费者对来自于不同商品提供者的商品或服务发生混淆与误认，故对商标给予保护的前提是存在混淆或混淆之虞。对驰名商标进行保护的前提是防止其显著性丧失或削弱，如果任由他人对驰名商标泛化使用，必然导致其目标指向性的不集中，进而逐渐

---

❶ 最高法院知产庭就驰名商标司法保护问题答记者 ［EB/OL］. ［2020 - 04 - 16］. https：//www. chinacourt. org/article/detail/2007/05/id/250130. shtml.

❷ 孙海龙，姚建军. 驰名商标跨类保护的法律适用 ［J］. 人民司法，2013（10）：101 - 103.

模糊、减弱驰名商标与特定商品或服务之间的唯一指代性，最终导致其显著性的削弱或丧失。对驰名商标的丑化不仅会模糊、减弱驰名商标与特定商品或服务之间的唯一指代性，还会让消费者产生本不应该有的联想，导致其声誉降低。❶

有法官认为，如果被诉行为的相关公众在看到被诉商标时，虽可以当然地想到在先的驰名商标，但是知晓该被诉商标与驰名商标所有人无关，则此时可以认定被诉商标的使用行为构成了对驰名商标的"淡化"。此即为反淡化保护的认定原则。而如果相关公众认为被诉商标与驰名商标所有人存在一定关系，则此时将构成"混淆"。❷ 有学者认为该《司法解释》第9条第2款很明显地突破了混淆的范畴，包含淡化理论中的弱化、丑化驰名商标的行为，可以看作我国通过司法解释的方式引入了驰名商标的淡化理论。❸ 还有学者认为，上述司法解释的规定并没有使用"淡化"一词，而是仍然遵循传统的"混淆"理念。不过，从该司法解释的内容看，包含淡化、联想的内涵。因此，可以认为，该司法解释是将淡化、联想纳入广义混淆的概念之中的。❹

但是也有学者明确反对在我国商标法中引入"淡化"的概念。有学者指出，最高人民法院出台的《司法解释》第9条引入了商标反淡化制度，顺应了国际发展趋势。然而，该司法解释以并无商标反淡化因子的《商标法》第13条为基础引入商标反淡化制度，缺乏坚实的法律依据，而且使"商标淡化"寄居于"商标混淆"之篱下，在理论上难谓妥当。目前，我国商标法理论对驰名商标反淡化制度缺乏深入研究，在现实中也欠缺实施该制度的必要环境，因此，我国驰名商标反淡化制度应当缓行。❺ 由于意见纷纭，至今学术界和司法实务界对于我国商标法律制度中是否已引入反淡化制度仍未达成共识。❻

商评委与法院就反淡化理论的引入问题已基本达成共识，但在如何运用反淡化理论对驰名商标进行跨类保护问题上仍存在较大分歧，法院判决之间亦存

---

❶ 张冬梅，孙英伟. 对驰名商标反淡化保护的思考 [J]. 贵州社会科学，2013 (5)：90 - 91.

❷ 芮松艳. 驰名商标反淡化保护规则的细化——以《驰名商标司法解释》及司法实践为基础 [J]. 中华商标，2012 (10)：49 - 50.

❸ 张冬梅，孙英伟. 对驰名商标反淡化保护的思考 [J]. 贵州社会科学，2013 (5)：89 - 92.

❹ 冯晓青. 注册驰名商标反淡化保护之探讨 [J]. 湖南大学学报：社会科学版，2012 (2)：138 - 144.

❺ 邓宏光. 我国驰名商标反淡化制度应当缓行 [J]. 法学，2010 (2)：97 - 105.

❻ 杨夏青. 中国驰名商标反淡化的实证分析和对策探究 [J]. 商丘职业技术学院学报，2018 (5)：11 - 13.

在标准把握不一致的问题。❶

虽然学术界的意见尚未统一，但是在司法实践中已经出现大量的判决。有学者在 2008 年的一篇论文研究发现，无论是否基于原告提出的淡化理论诉求，法院运用淡化理论（无论是直接运用还是间接运用）作为论证判决结论理由之一的比例为 31%；在 100 份判决书中直接运用"淡化"这一词的有 25 份，从未提及但实质属于淡化理论范畴的有 6 份。就论证模式而言，有 21 份判决书采取了补充运用模式，即首先依据混淆理论，再论证被告的行为具有淡化驰名商标的性质和危害，有 10 份采取独立运用模式，即完全依据淡化理论。❷

有学者以 2009 年以来的 35 份裁判文书（侵权纠纷 14 件、行政纠纷 21 件）为样本进行研究，发现判定构成淡化的案件有 16 件，判定不构成淡化的案件 19 件（因缺乏"淡化意义上的联系"的案件 13 件、因证据不足而不予认定驰名的案件 6 件）。❸

根据以上分析，笔者认为，目前虽然在《商标法》及《司法解释》中没有正式提出"淡化"理论，但是在司法实践中已经广泛使用"淡化"理论是一个不争的事实。从效果来说，由于不断积累审判经验，"淡化"理论较好地维护了驰名商标权利人的合法权益。

二、跨类保护中的"相当程度的联系"的司法案例

一般说来，原被告商品的关联度越大，对驰名度的要求越低，关联度越小，对驰名度要求越高。驰名范围广，受到的保护就宽；驰名范围窄，受到的保护就小。❹ 在司法实践中具体如何理解和运用，需要结合相关案例进行解读。

1. "相当程度的联系"不能是程度不高的"联想"

在（2010）高行终字第 1086 号案中，北京市高级人民法院认为，根据

---

❶ 国家工商行政管理总局商标评审委员会法务通讯总第 68 期（2016 年 9 月）［EB/OL］．［2020 - 04 - 20］．http：//spw. sbj. cnipa. gov. cn/fwtx/201609/t20160920_226901. html.

❷ 李友根．"淡化理论"在商标案件裁判中的影响分析——对 100 份驰名商标案件判决书的整理与研究［J］．法商研究，2008（3）：139 - 140.

❸ 刘维．我国注册驰名商标反淡化制度的理论反思——以 2009 年以来的 35 份裁判文书为样本［J］．知识产权，2015（9）：19 - 21.

❹ 周樨平．混淆理论和淡化理论在驰名商标跨类保护中的适用［J］．河北大学学报（哲学社会科学版），2011（6）：141 - 145.

《司法解释》第9条，"误导公众，致使该驰名商标注册人的利益可能受到损害"，是指"足以使相关公众认为被诉商标与驰名商标具有相当程度的联系，而减弱驰名商标的显著性、贬损驰名商标的市场声誉，或者不当利用驰名商标的市场声誉"的情形，这种相当程度的联系，不能是程度不高的"联想"。"杏花村"与酒的联系，并非始自杏花村汾酒公司对引证商标的使用、宣传。

杜牧的著名诗句早已使人们将"杏花村"与酒商品联系在一起，杏花村汾酒公司利用这种早已存在的联系建立引证商标在酒类商品尤其是汾酒商品上的知名度并使之成为驰名商标，但由此对引证商标的保护也不应不适当地扩大，尤其是不应当禁止他人同样地从杜牧诗句这一公众资源中获取、选择并建立自己的品牌。杏花村旅游公司提交的证据证明，数量众多的史料、文献认为杜牧《清明》诗中的"杏花村"在安徽池州，作为住所地在安徽省池州市杏花村大道、从事古杏花村遗址复建开发的杏花村旅游公司，在旅行社等服务上申请注册被异议商标，理由正当。

从上述案例可以看出，由于"杏花村"是历史上有名的典故，杜牧的著名诗句早已使人们将"杏花村"与酒商品联系在一起，一定程度上"杏花村"属于公众资源，"杏花村"作为商标的显著性来说是较低的。这种情况下，要建立起"相当程度的联系"的标准会相对较高，以免损害社会公众利益。

2. 考量指定使用的商品情况、相关公众的重合程度及注意程度等因素

在（2017）最高法行申4283号案中，最高人民法院认为，在认定被异议商标的申请是否足以使相关公众认为其与驰名商标具有相当程度的联系，从而误导公众导致驰名商标注册人的利益受到损害时，应当考量指定使用的商品情况、相关公众的重合程度及注意程度等因素。具体到该案，引证商标"星巴克/STARBUCKS"核定使用于第42类的"餐馆、咖啡馆"等服务以及第30类"咖啡、咖啡饮料"等商品上，被异议商标指定使用于第7类的"电脑刻绘机、电脑刻字机"等商品类别上，二者无论是从功能、用途，还是商品的生产部门、销售渠道等方面看，均具有较大的差异性，相关公众群体鲜有交叉。据此，指定使用在电脑刻绘机等商品上的被异议商标未违反《商标法》第13条第2款规定。

不仅如此，最高人民法院进一步列举出具有"相当程度的联系"的五个考量因素：引证商标的显著性和知名程度；商标标志是否足够近似；指定使用的商品情况；相关公众的重合程度及注意程度；与引证商标近似的标志被其他

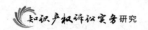

市场主体合法使用的情况或者其他相关因素。可见，"相关公众的重合程度及注意程度"是其中一个非常重要的因素。

3. 在销售渠道、销售方式、消费对象等方面存在较大的关联性

（2017）最高法行申6006号案中，最高人民法院认为，被异议商标指定使用的"化妆品、洗面奶、清洁制剂"等商品与引证商标核定使用的"非医用口香糖"商品虽然在生产方法、产品用途上存在一定差异，但二者在销售渠道、销售方式、消费对象等方面存在较大的关联性。相关公众在化妆品、洗面奶、清洁制剂等商品上看到被异议商标时，容易认为被异议商标与引证商标具有相当程度的联系，从而误导公众，致使引证商标权利人的利益可能受到损害。因此，被异议商标在化妆品、洗面奶、清洁制剂等商品上的申请注册违反了《商标法》第13条第2款的规定，不应予以核准注册。

4. 在功能用途和销售渠道方面均存在较强的关联性

在（2017）最高法行申73号案中，最高人民法院认为，争议商标核定使用的冰箱、冰柜等商品与各引证商标核定使用的消毒柜等商品在功能用途和销售渠道方面均存在较强的关联性。争议商标的注册和使用，足以使相关公众认为争议商标与引证商标之间具有相当程度的联系，从而致使广东康宝公司的利益可能受到损害。

5. 被异议商标与引证商标商品的相关公众重合度较高

在（2017）最高法行再46号案中，最高人民法院认为，被异议商标指定使用的商品为"子宫帽、避孕套、非化学避孕用具"，与服装商品虽有一定差异，但是在认定驰名商标的跨类保护时应当对相关因素进行综合考量。"GUESS"虽有固有含义，但是将其作为商标用在服装商品上，具有固有显著性。并且，在案证据足以证明格斯公司在服装商品上对"GUESS"商标进行了大量宣传和使用，已达到相关公众广为知晓的程度，被异议商标与格斯公司的驰名商标标识亦构成近似。虽然被异议商标指定使用的商品与服装商品存在一定差异，但是两商品的相关公众重合度较高。综合考虑本案情形，被异议商标的注册容易误导公众，可能损害格斯公司的利益。

6. 相关公众有一定的重叠性或关联性

由于"重合度"具有一定的裁量性，在不同的个案中其标准并不相同，因此有的案件并不要求具有较高的"重合性"，只要具有一定的重合性或者重叠性也是可以的。

在（2013）知行字第 59 号案中，最高人民法院认为，该案争议商标的显著识别部分"七匹狼"文字与引证商标的显著识别部分完全相同，应该认定争议商标构成对引证商标的复制、摹仿。争议商标核定使用的水龙头等商品与引证商标核定使用的服装等商品都是日常生活用品，相关公众具有一定的重叠性或关联性，在引证商标已经成为相关公众所熟知的商标的情况下，争议商标与引证商标共存，可能发生误导相关公众、致使驰名商标权利人的利益受到损害的后果。

当然，如果相关公众群体鲜有交叉的话，我们可以看到是难以认定驰名商标的。比如在（2017）最高法行申 4283 号案中，最高人民法院认为：引证商标"星巴克"核定使用于第 42 类的"餐馆、咖啡馆"等服务以及第 30 类"咖啡、咖啡饮料"等商品上，被异议商标指定使用于第 7 类的"电脑刻绘机、电脑刻字机"等商品类别上，二者无论是从功能、用途，还是商品的生产部门、销售渠道等方面看，均具有较大的差异性，相关公众群体鲜有交叉。

据此，二审法院认定指定使用在电脑刻绘机等商品上的被异议商标未违反《商标法》第 13 条第 2 款规定的结论具备事实与法律依据，最高人民法院予以支持。在（2017）最高法行申 7168 号案中，最高人民法院认为，被异议商标指定使用的脱水机商品与引证商标核定使用的晾衣架商品虽分属不同群组，但均为常见消费类产品，且均与衣物清洁活动相关，二者在消费群体上存在较大程度的重叠。在被异议商标已构成对引证商标的复制、摹仿的情况下，并结合引证商标在中国境内被相关公众广为知晓的程度，相关公众在购买上述商品时容易认为被异议商标与引证商标的注册人具有相当程度的联系并对商品来源产生混淆误认，致使好太太公司对已经驰名的引证商标享有的利益可能受到损害。

在（2019）京行终 3413 号案中，北京市高级人民法院认为，诉争商标核定使用的水过滤器、冰箱、空气过滤设备、加热元件商品与引证商标核定使用的陆地机动车辆商品虽然在功能、用途、生产部门、销售渠道等方面存在一定的差异，但考虑到相关公众的重合程度、标志的近似程度以及引证商标构成驰名商标的情况，可以认定当诉争商标使用在水过滤器等上述核定的商品上时，足以会使相关公众认为其与驰名引证商标具有相当程度的联系，从而误导公众，致使路虎公司的利益可能受到损害。

在（2012）高行终字第 567 号案中，北京市高级人民法院认为，香奈儿公

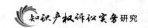

司驰名商标所核定使用的化妆品、衣服等商品均为日常生活用品或消费品，其知名度及于广大公众，在社会公众中显著性及影响力较大；而被异议商标指定使用的瓷砖等商品属于日常装修、装饰用品，其相关公众与香奈儿公司驰名商标的相关公众相互交叉，故被异议商标指定使用在瓷砖等商品上足以使相关公众认为香奈儿公司的驰名商标与其存在相当程度的联系，从而减弱驰名商标的显著性，或者不正当利用驰名商标的市场声誉，构成《商标法》第 13 条第 2 款所规定的情形。

7. 使用场景等方面具有一定关联

在（2018）最高法行申 8086 号案中，最高人民法院认为，争议商标核定使用的玻璃器皿、酒具、非贵重金属厨房用具等商品与引证商标核定使用的调味品商品在消费群体、使用场景等方面具有一定关联，当相关消费者购买标有争议商标的商品时，容易认为争议商标与引证商标具有相当程度的联系，进而减弱引证商标的显著性或使争议商标权利人不正当地利用引证商标的市场声誉，导致雀巢公司对已经驰名的引证商标享有的利益可能受到损害。

8. 商品为上下游关系

在（2014）粤高法民三终字第 775 号案中，广东省高级人民法院认为，广东联塑公司生产的非金属管材虽与江苏联塑公司生产的高分子材料、塑料浓缩母粒为不相同或不相类似商品，但需要注意的是，后者为前者的原材料，在两个市场主体在生产的商品处于上下游关系的状态下，再增加相同的商标充斥市场，无疑增加消费者的识别难度，进一步造成混淆与误认。因此江苏联塑公司复制他人注册商标的驰名商标或其主要部分在不相同或者不相类似商品上作为商标使用，违背诚实信用原则，存在搭便车利用广东联塑公司驰名商标的主观故意。

9. 涉案商标未臆造词，具有较强的显著性

臆造词汇作为商标，通常显著性较强。因此，在引证商标已经具有相当高的显著性和知名度，已构成驰名商标的情况下，应当给予该引证商标较强程度的保护。❶ 在（2012）浙甬知初字第 306 号案中，涉案产品为家用龙头产品，核定使用的商品属于第 6 类商品，而卡地亚公司的涉案两项商标核定使用的商品为第 14 类的珠宝、手表等。宁波市中级人民法院认为，"卡地亚"和"Car-

---

❶ （2014）行提字第 28 号.

tier"属于臆造词，具有较强的显著性。贝乐公司在其网站上使用与"卡地亚"和"Cartier"商标相同的文字为产品系列命名，且在网页显著位置突出标注，该行为使相关公众误认为该系列产品与卡地亚公司有相当程度的关联，从而减弱卡地亚公司的"卡地亚"和"Cartier"商标的显著性，使卡地亚公司的利益受到损害。

10. 涉案商品与广大普通消费者的日常生活联系紧密

如果涉及的商品/服务与日常生活领域有关，属于消费者容易接触到或者接触较多的，则通常容易被认定为具有相当程度的关联。在（2015）知行字第24号案中，最高人民法院认为，在引证商标核定使用的酱油、醋、调味品等商品与争议商标核定使用的果汁、汽水等分属不同的类别，但均属于食品，与广大普通消费者的日常生活联系紧密。海纳百川公司注册使用争议商标，不正当利用"海天"商标的市场声誉，误导公众，致使海天公司的利益可能受到损害。

在（2019）最高法行申3229号案中，最高人民法院认为，争议商标核定使用的饭店、餐馆、酒吧服务等服务与引证商标核定使用的文娱活动、娱乐信息服务虽属不同类似群组，但二者均属日常生活消费领域，在服务目的、服务方式、消费群体等方面存在较大重叠，在引证商标已构成驰名商标且争议商标完整包含引证商标的情况下，相关公众在购买争议商标核定使用的服务时，容易认为争议商标与引证商标具有相当程度的联系，进而减弱引证商标的显著性或者不正当地利用引证商标的市场声誉，致使咪咕公司对已经驰名的引证商标享有的利益可能受到损害。

类似的与日常生活有关的跨类保护案例还包括驰名的矿泉水、水（饮料）等商品跨类保护到鱼翅、水果罐头、水果片等商品；❶ 驰名的珠宝、装饰品（珠宝）、金银珠宝饰品及其仿制品商品，跨类保护到家用豆浆机商品；❷ 驰名的化妆品等商品跨类保护到地毯、席等商品。❸ 这些案例中，被异议商标指定使用的与引证商标核定使用的商品均属于日常生活用品，二者的相关公众范围存在交叉，将被异议商标使用在上述商品上足以使相关公众认为其与引证商标存在相当程度的联系，从而减损引证商标的显著性。因此，被异议商标的申请

---

❶ （2018）京行终4323号.

❷ （2017）京行终1822号.

❸ （2015）高行（知）终字第622号.

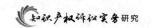

注册违反了《商标法》第 13 条第 2 款的规定。

11. 对被告主观恶意的考量

认定驰名商标跨类保护的范围，可以考虑驰名商标的知名度、显著性、指定使用商品的情况、相关公众的重合程度以及注意程度、与驰名商标近似的标志被其他市场主体合法使用的情况、被告的主观因素等，以判断诉争商标的使用是否足以使相关公众认为其与驰名商标具有相当程度的联系，从而误导公众、致使驰名商标注册人的利益可能受到损害。

在（2016）京行终 2464 号案中，北京市高级人民法院认为，由于引证商标赖以驰名的"滚珠轴承及零件"商品与被异议商标指定使用的塑料周转箱、非金属装货盘、非金属盘等商品均属于常用的工业用品，上述商品的相关公众即有关的消费者和与上述商品的营销有密切关系的其他经营者存在重合。另外，结合凯艾欧公司申请注册系列国外知名轴承品牌的事实，可以看出其主观上存在明显的复制、摹仿他人高知名度商标的恶意。

除了上述申请时的恶意，被告使用时的恶意也是法院考虑的重要因素。（2015）高行（知）终字第 2221 号案中，除了被异议商标，欧珀莱公司曾经申请注册过其他与"AUPRES""欧珀莱"标志相同或近似的商标，并且在其与资生堂丽源公司及其投资公司日本资生堂公司毫无关联的情况下，虚假宣传获得资生堂公司欧珀莱化妆品品牌在国内的商标使用权，故意误导公众，具有搭靠资生堂丽源公司知名商标的意图。因此，北京市高级人民法院认为被异议商标的申请注册将减弱驰名的引证商标使用在化妆品上的显著性，贬损引证商标的市场声誉，可能损害资生堂丽源公司的合法权益。

在（2018）京行终 1909 号案中，被告申请了多个与知名品牌近似的商标，且在多个网站显示有销售、推广"BESSLAUDER/碧斯兰黛"化妆品商品的内容，涉及"美国碧斯兰黛化妆品国际集团有限公司……2002 年，碧斯兰黛国际集团进入中国大陆市场……"等信息，表明被告在申请注册同引证商标相近似的诉争商标时，存在明显复制、摹仿他人已经在中国注册的驰名商标的主观恶意。故在此情况下，若允许诉争商标注册使用，必将误导公众，导致相关消费者容易认为商品来源的提供者存在特定联系。且引证商标经过雅诗兰黛公司的使用宣传，已与其形成唯一、对应关系，广州创美公司的相关行为利用了引证商标的市场声誉，占用了雅诗兰黛公司因付出努力和大量投资而获得的利益成果，减弱了其驰名商标的显著性，致使其权益受到损害，故诉争商标应当被宣告无效。

12. 诉争商标容易使相关公众产生消极联想，贬损驰名商标

在（2015）高行（知）终字第 3541 号案中，北京市高级人民法院认为，诉争商标核定使用的医用营养饮料等商品与景田公司赖以知名的矿泉水、水（饮料）等商品虽不属于类似商品，但均可以饮用，二者在销售渠道、消费群体等方面存在共通性，具有一定的关联性，足以使相关公众认为诉争商标与驰名商标具有相当程度的联系，诉争商标的注册易导致相关公众对商品来源产生混淆和误导。

而诉争商标核定使用在消毒剂、净化剂、兽医用药、卫生巾等商品上，容易使相关公众产生被净化、不洁净的消极联想，不正当利用驰名商标的市场声誉，无形中利用了景田公司两引证商标的市场声望，无偿占用了景田公司因付出努力和大量投资而换来的知名度，削弱了相关公众对两引证商标与景田公司矿泉水等产品之间的固有联系，减弱驰名商标的显著性，进而损害景田公司作为驰名商标权利人的利益。

三、商品和服务之间的跨类

跨类保护不仅可以适用在具有"相当程度的联系"的商品与商品之间，还可以在具有"相当程度的联系"商品和服务之间进行跨类。

在（2016）最高法行再 33 号商标异议复审行政纠纷中，最高人民法院认为，被异议商标指定使用在第 3 类化妆品、眉笔、成套化妆用具等商品上，与咖啡馆服务（第 42 类）等虽然在物理属性上差距较远，但同属日常消费领域，消费对象存在一定程度的重合，在"STARBUCKS"显著性和知名度较高的情况下，相关公众在上述商品上看到被异议商标时容易联想到引证商标，并误认为相关商品可以由星巴克公司提供或与其存在特定关联，损害星巴克公司的合法利益。

在（2016）粤民终 1734 号案中，广东省高级人民法院认为，涉案空气能热水器属于第 11 类商品，而清华大学第 1225974 号"清华"注册商标核准服务项目为第 41 类，包括学校（教育）、教育、函授课程等，二者属不相同、不相类似的商品或服务。学校、教育、培训服务与使用被诉标识的空气能热水器分属不同领域，两者在商品/服务性质、消费对象等方面虽然存在差异，但

基于清华大学具有众所周知的知名度及其在理工科领域享有的极高声誉，并结合聚阳公司在经营过程中对"清华太阳能集团有限公司""清華企業"等字样的使用情况等综合考虑，相关公众容易误认为标有被诉标识的商品来源于清华大学或其关联企业，或聚阳公司在经营活动中使用"清华"二字得到了清华大学的许可，或聚阳公司与清华大学之间存在参股控股、关联企业等特定联系。概言之，聚阳公司使用被诉标识的行为容易使相关公众误以为其与清华大学具有相当程度的联系，从而不当利用了清华大学驰名商标的声誉，损害了清华大学的利益，应当承担相应的侵权责任。

类似的商品和服务之间的跨类保护案例还包括在首饰、宝石、钟表等商品上驰名的"卡地亚"商标跨类保护到酒店服务业等服务；[1] 在婴儿产品上驰名的"亨氏""Heinz"商标跨类保护到"学校（教育）"等服务；[2] 在餐具等商品上驰名的"双立人及图"商标跨类保护到广告等服务上等服务；[3] 在打火机商品上驰名的"ZIPPO"商标跨类保护到广告、推销（替他人）等服务上；[4] 在餐馆、咖啡馆、咖啡店等服务以及咖啡、人造咖啡、咖啡饮料等商品上驰名的"星巴克"商标跨类保护到地板、半成品木材、成品木材、胶合板等商品上。[5]

这些案例中，虽然被异议商标指定使用的商品/服务，与引证商标核定使用的服务/商品存在一定差异，但是考虑引证商标均具有较高知名度，将被异议商标使用在上述商品上足以使相关公众认为其与引证商标存在相当程度的联系，从而减损引证商标的显著性。

四、未能跨类保护的案例

如果诉争商标的使用并未使相关公众认为其与引证商标具有相当程度的联系，未误导公众，未致使驰名商标注册人的利益可能受到损害，则无法进行跨类保护。

在（2019）最高法行申 3304 号案中，引证商标指定使用的第 33 类"含酒

---

[1] （2011）浙知终字第 32 号.

[2] （2016）京行终 5001 号.

[3] （2018）京行终 272 号.

[4] （2013）高行终字第 27 号.

[5] （2016）最高法行再 100 号.

精饮料"商品与诉争商标指定使用的第 29 类"加工过的花生、精制坚果仁、蛋类"商品。最高人民法院认为，两商标指定使用的商品在功能、用途、生产渠道上差异较大，酒鬼酒公司也没有提供证据证明同一公司经营同一品牌的"含酒精饮料"和"加工过的花生、精制坚果仁、蛋类"是市场中的常见现象。可以认定，尽管两商标指定使用的商品具有一定的联系，但整体上相距较远。诉争商标的使用并未使相关公众认为其与引证商标具有相当程度的联系，从而误导公众，致使酒鬼酒公司的利益可能受到损害。

在（2017）最高法行申 4283 号案中，最高人民法院认为，引证商标"星巴克"核定使用于第 42 类的"餐馆、咖啡馆"等服务以及第 30 类"咖啡、咖啡饮料"等商品上，被异议商标指定使用于第 7 类的"电脑刻绘机、电脑刻字机"等商品类别上，二者无论是从功能、用途，还是商品的生产部门、销售渠道等方面看，均具有较大的差异性，相关公众群体鲜有交叉。据此，二审法院认定指定使用在电脑刻绘机等商品上的被异议商标未违反《商标法》第 13 条第 2 款规定的结论具备事实与法律依据，应当予以支持。

类似的未能跨类保护的案例，还包括在晾衣架商品等商品上驰名的"好太太"商标未能跨类保护到乳胶（天然胶）、非金属软管、橡皮圈、塑料管、农用地膜、石棉板、瓦、绝缘材料、防水包装物、排水软管、非金属管道接头商品上；[1] 在服装商品上驰名的"ESPRIT"商标未能跨类保护到空气调节设备、水暖装置、水龙头、电暖器商品上；[2] 在钟表商品上驰名的"雷达""RADO"商标未能跨类保护到衡器、量具、光学器械和仪器、电镀设备、灭火器、工业用放射设备、动画片、电熨斗商品上；[3] 在钟表商品上驰名的"BLANC-PAIN""宝珀"商标未能跨类保护到进出口代理、替他人推销、人事管理咨询

---

[1] （2017）京行终 3610 号.

[2] （2014）高行终字第 1119 号.

[3] （2016）京行终 4423 号. 法院的判决理由是：被异议商标指定使用在衡器、量具、光学器械和仪器、电镀设备、灭火器、电熨斗等商品上，由于灭火器等商品与表等商品的功能、用途、生产部门、消费对象、销售渠道的区别较大，因此，即使引证商标在表商品上累积了较高的知名度，也不足以证明被异议商标在灭火器等商品上的核准注册会使相关公众认为其与各引证商标具有相当程度的联系，从而减弱其显著性、贬损其市场声誉，或者不正当利用市场声誉。而在（2017）京行终 2684 号案中，法院判决理由是：被异议商标指定使用的商品是齿条齿轮传动装置、滚珠轴承等，其与引证商标"劳力士""ROLEX"核定使用的表、手表等商品虽有差别，但手表尤其是机械表与齿条齿轮传动装置等商品有着一定的联系的认定也不无道理。因此，被异议商标的申请注册构成不正当地利用了引证商标的市场声誉，进而削弱劳力士驰名商标的显著性，使得劳力士公司的利益可能受到损害。

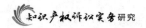

等服务上。❶

值得讨论的是，"整体上相距较远"或者"相关公众群体鲜有交叉"非常抽象，实践中难以把握。在"米其林诉超洁公司"商标侵权案中，二审法院认为：被诉侵权商标的使用不足以使相关公众认为被诉侵权商标与米其林集团该案商标具有相当程度的联系，未误导公众，不至损害米其林集团该案商标权。❷在再审阶段，最高人民法院认为，被诉侵权商标指定使用的水槽等厨房用具商品与米其林集团涉案驰名商标核定使用的汽车轮胎等商品的消费群体存在交叉和重叠，超洁公司使用被诉侵权商标足以使相关公众产生混淆误认，从而减弱米其林集团涉案驰名商标的显著性，损害米其林集团的利益。故对米其林集团涉案权利商标的保护可以跨类到厨房用不锈钢水槽。❸

从以上案例中可以看到，在判断是否存在"整体上相距较远"或者"相关公众群体鲜有交叉"的情形时，具有相当的裁量空间。如果说水槽等厨房用具商品与汽车轮胎的消费群体存在交叉，那么"含酒精饮料"与"加工过的花生、精制坚果仁、蛋类"商品的消费群体其实也应当是消费群体存在交叉。在日常生活中，用加工过的花生、精制坚果仁、蛋类等商品与含酒精饮料共同搭配、共同食用的情形并不鲜见。最高人民法院以"尽管两商标指定使用的商品有一定的联系，但整体上相距较远"为由，未充分考虑二者在消费时的场景，没有支持跨类保护，有值得商榷的地方。

此外，在一些案例中，虽然被异议商标指定使用的商品，与引证商标核定使用的商品存有一定区别，但是法院考虑到引证商标的知名度较高，相关公众在看到被异议商标时容易误认为相关商品可能由驰名商标注册人提供或与其存在特定关联，法院也会适用驰名商标跨类保护。❹

五、驰名商标跨类保护的除外情形：合理使用

驰名商标的合法权益当然需要保护，但是任何权利都是有其权利界限的。在涉及驰名商标的法律关系中，其他的利益主体也存在合法的利益。为实现这

---

❶ （2016）京行终 2680 号.

❷ （2014）粤高法民三终字第 1244 号.

❸ （2016）最高法民再 408 号.

❹ （2016）京行终 4407 号.

种合法利益，需要对驰名商标反淡化保护予以适当限制，只有这样才能防止驰名商标所有人滥用其驰名商标，真正做到维护公平竞争秩序，实现商标法的立法宗旨。相反，如果对驰名商标的反淡化保护无任何限制，就不能有效地实现驰名商标所有人与社会公众利益的平衡，反而会助长驰名商标所有人滥用权利的行为，最终会损及公平竞争秩序。❶

山西杏花村汾酒厂股份有限公司诉国家工商行政管理总局商标评审委员会的"杏花村"商标异议复审案是典型的"合理使用"案例，也是最高人民法院公布的 2010 年中国法院知识产权司法保护十大案件之一，该案表明驰名商标虽受到跨类保护，但是也受到一定的限制，并非当然可以将其保护扩展至所有商品类别。

该案中，第 147571 号"杏花村牌及图"商标（引证商标）于 1980 年 12 月 15 日申请注册，核定使用商品为第 33 类的白酒，1997 年 4 月 9 日被商标局认定为驰名商标，现注册人为山西杏花村汾酒厂股份有限公司（以下简称山西杏花村公司）。

2002 年 2 月 28 日，安徽杏花村集团有限公司（以下简称安徽杏花村公司）提出第 3102476 号"杏花村"商标**杏花村**（被异议商标）注册申请，其指定使用商品类别为第 31 类的树木、谷（谷类）、植物用种苗、活动物、鲜水果、新鲜蔬菜、植物种子。对被异议商标在树木、谷（谷类）等商品上予以核准注册，山西杏花村公司不服，以商评委为被告、安徽杏花村公司为第三人，向法院提起诉讼。北京市第一中级人民法院认为，虽然山西杏花村公司的"杏花村"商标在酒类商品上已经成为驰名商标，但是，鉴于"杏花村"一词并非山西杏花村公司所独创，且山西杏花村公司的"杏花村"商标核定使用的第 33 类白酒、含酒精饮料（啤酒除外）商品与被异议商标指定使用的第 31 类树木、谷（谷类）等商品在生产方式、销售渠道、消费对象等方面区别较大，被异议商标在树木、谷（谷类）等商品上的注册和使用并不会造成消费者的混淆误认，致使山西杏花村公司的利益受到损害。因此，被异议商标在树木、谷（谷类）商品上的注册并未违反《商标法》第 13 条第 2 款之规定。山西杏花村公司不服一审判决又向北京市高级人民法院提起上诉。

二审法院认为，"杏花村"与酒的联系，并非始自山西杏花村公司对引证

---

❶ 冯晓青. 注册驰名商标反淡化保护之探讨 ［J］. 湖南大学学报（社会科学版），2012（2）：138 – 144.

商标的使用、宣传。杜牧的著名诗句早已使人们将"杏花村"与酒商品联系在一起，山西杏花村公司利用这种早已存在的联系建立引证商标在酒类商品尤其是汾酒商品上的知名度并使之成为驰名商标，但由此对引证商标的保护也不应不适当地扩大，尤其是不应当禁止他人同样地从杜牧诗句这一公众资源中获取、选择并建立自己的品牌，只要不会造成对引证商标及山西杏花村公司利益的损害即可。

安徽杏花村集团公司在树木、谷（谷类）等商品上申请注册被异议商标，虽然树木、谷（谷类）等商品上的部分相关公众会知晓"杏花村"并可能联想到山西杏花村公司，但更大的可能是将"杏花村"与杜牧的诗句联系在一起。因此，被异议商标在树木、谷（谷类）等商品上使用并不足以导致相关公众误认为该商标与引证商标存在相当程度的联系，从而减弱引证商标的显著性或不当利用引证商标的市场声誉。

上诉人山西杏花村公司关于被异议商标的申请、注册违反《商标法》第13条第2款的上诉理由不能成立，法院不予支持。

从以上案例可以看出，注册商标被认定为驰名商标，并不意味着就得到了在所有商品类别上的保护。为了使公众利益和个人利益达到平衡，以维护市场良性发展，注册驰名商标跨类保护必须有合理的界限，而且商评委和法院对这个界限的设定采取的是比较严格谨慎的标准。❶

六、法院与商评委在驰名商标跨类保护认定上的分歧

根据商评委的统计，2013年，商评委与法院的分歧焦点较2012年基本变化不大，因商标近似和商品类似判定存在分歧仍然是商评委败诉的主要原因，占所有败诉案件的48%。其他败诉原因中，因驰名商标条款认定与法院存在分歧导致败诉的案件比例有所上升，由2012年的5%上升为17%，其中部分是商评委认为驰名商标证据不足或商品类别差别较大无法给予跨类保护，法院却对此给予了驰名商标保护，也有部分案件是商评委认定了驰名商标或给予跨

---

❶ 郭霭雯. 对驰名商标跨类保护界限的思考——评"杏花村"商标异议复审案［J］. 中华商标，2012（1）：25－26.

类保护，而法院则未予支持。❶较为常见的分歧包括以下情形。

（一）对驰名商标跨类保护范围的把握❷

在大量败诉案件中，商评委考虑到系争商标与引证商标指定使用的商品之间的明显差异以及商标标识之间的差别等因素，从驰名商标按需认定的角度出发，不认为系争商标的注册违反了《商标法》第13条的规定。而在诉讼阶段，法院作出了驰名事实的认定，同时给予了驰名商标较大范围的跨类保护。

如在"匡威CONVERSE"系列案件中，法院认定"匡威""CONVERSE"为鞋类产品上的驰名商标，并分别跨类保护至家具、人用药、灯、热水器、手表、磨刀石以及商业场所搬迁等商品或服务上；在"美孚"案中，认定"美孚"商标在"润滑油"商品上驰名，并跨类保护至"非医用饲料添加剂、动物催肥剂"等商品上；在"伊美乐及图"商标案中，认定"施华洛世奇SWAROVSKI及图"商标、第346372号图形商标在"金银珠宝饰品及其仿制品"商品上驰名，并跨类保护至"家用电动机器、家用豆浆机"等商品上；在"米其林""米奇林"系列案中，认定"米其林"商标为轮胎等商品上的驰名商标，并跨类保护至避孕套、茶、糖果、肉松、鱼片等商品；在"咏威及图"案中，认定国际注册第708041号"VW及图"商标、第205770号"VW及图"商标在"汽车"等商品上驰名，并跨类保护至"防火水泥涂料"等商品上；在"Hennessy"案中，认定"Hennessy"商标为"含酒精饮料（啤酒除外）"商品上驰名商标，并跨类保护至"瓷砖"等商品上；在"BAOMA. MR及图"案中，认定"寶馬"在机动车领域驰名，并跨类保护至"纺织品挂毯（墙上挂帘帷）、毡"等商品上。

目前，商评委与法院对驰名商标反淡化保护的引入已形成共识，但在具体操作及适用标准上仍未形成统一。驰名商标反淡化保护因仅考虑对驰名商标造成的损害而不考虑混淆后果，从而，在适用上很容易扩大化，走向"全类保护"的误区，造成对商标符号的绝对保护。因此，对于驰名商标反淡化保护的适用范围应当严格限定，应仅对具有高知名度且固有显著性强的商标提供保护，对于除商标含义之外还具有其他含义的商标标识在差异明显的商品上则不

---

❶ 国家工商行政管理总局商标评审委员会法务通讯总第63期（2014年7月）［EB/OL］.［2020 – 04 – 20］. http：//spw. sbj. cnipa. gov. cn/fwtx/201407/t20140731_226896. html.

❷ 国家工商行政管理总局商标评审委员会法务通讯总第70期（2017年6月）［EB/OL］.［2020 – 04 – 20］. http：//spw. sbj. cnipa. gov. cn/fwtx/201709/t20170920_269228. html.

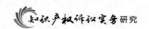

应当给予驰名商标的反淡化保护。

（二）注册驰名商标的跨类保护范围

2014 年，法院在若干商标行政诉讼案件中，认定"万宝路"为卷烟商品上的驰名商标，跨类保护至服装商品；认定"LV"为手提包商品上的驰名商标，跨类保护至车辆轮胎、自行车；认定"星巴克"为咖啡店、咖啡馆服务上的驰名商标，跨类保护至动物用化妆品；认定"特仑苏"为牛奶商品上的驰名商标，跨类保护至纺织品；认定"法拉利"为汽车商品上的驰名商标，跨类保护至眼镜商品；认定"李锦记 LEE KUM KEE 及图"为调味品、酱油商品上的驰名商标，跨类保护至洗衣用淀粉、洗发液、厕所清洗剂等；认定"念慈庵"为人用药商品上的驰名商标，跨类保护至化妆品、牙膏等；认定"狗不理 GBL 及图"为包子商品上的驰名商标，跨类保护至眼镜、太阳镜等；认定"费列罗"为巧克力、糖果商品上的驰名商标，跨类保护至沐浴用设备、压力水箱、澡盆、坐便器等。❶ 商评委在总结时认为，今后在适用《商标法》第 13 条第 3 款时，应从《商标法》第 13 条第 3 款的立法目的出发，对已注册驰名商标进行保护时，不应仅仅局限于从系争商标与引证商标指定使用商品之间的关联性出发确定驰名商标的跨类保护范围，而应从防止减弱驰名商标的显著性、贬损驰名商标的市场声誉，或者不正当利用驰名商标市场声誉的角度出发判定驰名商标的跨类保护范围。对于如前述法院判决中所认定的，知名度高、独创性强、使用在日常消费品或服务上，相关公众为普通大众的驰名商标，在系争商标构成复制、摹仿或者翻译的情况下，对其保护的范围应适当放宽。

但同时值得注意的是，在强调对已注册驰名商标提供高标准保护的同时，也要防止驰名商标制度的滥用，随意扩张驰名商标的权利范围，造成驰名商标的"符号圈地"。

从上述商评委的总结中可以看出，目前商评委与法院对驰名商标反淡化保护的引入已形成共识，但在具体操作及适用标准上仍未形成统一明确的标准，仍然需要在今后的案件中继续沟通和总结。

---

❶ 国家工商行政管理总局商标评审委员会法务通讯总第 66 期（2015 年 8 月）［EB/OL］.［2020 – 04 – 20］. http：//spw. sbj. cnipa. gov. cn/fwtx/201508/t20150827_226899. html.

结 论

驰名商标跨类保护在商标保护中发挥着非常重要的作用，同时也涉及非常复杂的法律问题，值得我们继续深入研究。本文抛砖引玉，不足之处，敬请指正。

商标描述性使用的认定标准及审查要素

何华玲

摘要： 商标描述性使用在司法实践中是一个比较复杂的法律问题，涉及商标本身是否具有显著性，是否具有描述性特点，被告对被控标识的使用是否基于描述商品本身特点之需，且不用于指示商品来源，以及被诉侵权行为是否导致消费者混淆、误认等因素。同时，原告商标的知名度、被告是否具有主观故意等相关因素亦会作为认定商标描述性使用的考量依据。再加之被诉商标侵权行为的表现形式多种多样，进一步加大了司法实践中认定商标描述性使用的难度。本文通过对商标描述性使用的内涵界定，以及商标描述性使用判断标准的分析，试图厘清商标描述性使用的认定标准和构成要素。

关键词： 描述性商标；描述性使用；商标正当使用

一、科学定义的寻求：什么是商标描述性使用

（一）描述性使用的定义

关于"描述性使用"的含义并没有明确定义，一般认为"描述性使用是指被告利用标志本身固有的描述性含义描述自己的产品或者服务，而非商标意义上的使用"。❶ 又或者"描述性使用主要指在商标的第一含义意义上对商标的使用，其并不是为了彰显商品的来源，而是为了描述该商品的某一特征"。❷

---

❶ 刘德权．最高人民法院司法观点集成·知识产权卷Ⅱ（新编版）［M］．北京：中国法制出版社，2014：620.

❷ 曹阳．商标实务指南与司法审查［M］．北京：法律出版社，2019：480.

上述二者对于描述性使用的定义基本相同，均强调描述商品特点而非标识商品来源。

（二）我国法律对商标描述性使用的规定

我国《商标法》第 59 条明确规定："注册商标中含有的本商品的通用名称、图形、型号，或者直接表示商品的质量、主要原料、功能、用途、重量、数量及其他特点，或者含有的地名，注册商标专用权人无权禁止他人正当使用。"

根据该规定，某商标在作为商标注册之前，已具备形容某种事物的含义，即"第一含义"。如某商品的通用名称，表达商品功能的词汇。商标权人将该原本已具有含义的词汇注册为商标，使其具备了标识来源的"第二含义"。商标权人对于该词汇的权利应当仅限于"第二含义"，不能由于其注册了该商标，并对该商标所具备的"第一含义"进行垄断。否则，这无疑是对公共领域共同享有的权利或资源的掠夺，也使得其他经营者丧失了使用该词汇准确描述商品特点的权利，进而剥夺了其应当享有的同等的竞争机会或优势。这也契合了上文中关于"描述性使用"的含义，即并非标识商品来源，而是用于描述商品本身。

《最高人民法院关于充分发挥知识产权审判职能作用推动社会主义文化大发展大繁荣和促进经济自主协调发展若干问题的意见》第 4 条第 22 点规定："商标侵权行为应以在商业标识意义上使用相同或者近似商标为条件，被诉侵权人为描述或者说明其产品或者服务的特点而善意合理地使用相同或者近似标识的，可以依法认定为正当使用。"该规定实际上也为描述性使用提供了法律依据，描述性使用属于商标正当使用的一种。据此，判断是否构成描述性使用，应当满足商标正当使用的构成要件：（1）不是作为自己商品的商标使用，而是为了说明或者描述商品；（2）使用出于善意、合理地使用。

（三）司法实践案例对描述性使用的认定

司法实践中对于描述性使用的认定。早在最高人民法院 2009 年审理的"片仔癀"案❶中在确定原告商标具有描述商品特点的属性时，提出了"被告出于说明或客观描述商品特点的目的，以善意方式在必要范围内予以标注，不

---

❶ （2009）民申字第 1310 号．该案被评为"2009 年全国法院知识产权司法保护 50 件典型案例之一"，先后被收入《商标实务指南与司法审查》《最高人民法院司法观点集成·知识产权卷Ⅱ（新编版）》《最高人民法院司法观点集成·知识产权卷（第三版）》等。

会导致相关公众将其视为商标而导致来源混淆的，可以认定为正当使用"之裁判观点。虽然该案判决时间较早，但对于商标正当使用以及描述性使用的认定具有参考意义。

综上，结合法律规定、司法判例及学者观点，笔者认为，商标描述性使用的含义包括三个方面：一是商标本身具有描述商品的"第一含义"（描述性商标）；二是被告对该商标的使用是用于描述商品的特点，而非用于识别商品来源；三是被告的使用系出于善意合理地使用。

二、描述性商标：构成描述性使用的前提分析

（一）臆造性商标和任意性商标的含义

判断描述性使用时，首先应当了解何为描述性商标。司法实践中，根据商标与商品之间的关联程度，以及商标的属性，商标被区分为臆造性商标、任意性商标、暗示性商标以及描述性商标。

所谓臆造性商标，即权利人将原本没有形成固定词组或固定搭配的文字进行组合，其在作为商标使用前（自行组合之初），并无特定含义，而是因为作为商标使用后，才赋予其新的含义，如"格力"（空调）。也有学者将其解释为杜撰文字所组成的无特定含义的商标。

任意性商标，则体现为日常生活中已经存在的词汇，甚至是常用词汇，但该词语与商品之间无直接联系，如"海天"（酱油）。"海天"一词在日常生活中有"海天一色""海天相接"之意，但其第一含义与酱油没有任何联系，作为酱油商标进行使用时，属于任意性商标。臆造性和任意性商标均与商品没有直接联系，客观上不能起到描述商品特点的功能，被告自然难以主张属于描述性使用，争议往往在于该商标是属于暗示性商标还是描述性商标。

（二）描述性商标和暗示性商标的区别

1. "直接表达"和"需要联想"是区分二者的标准

暗示性商标，是指商标组成词汇与商品之间具有某种暗示的联系。例如，"雅芳婷"与"雅芳芳"，均有"芳香""美好"的含义，用于床上用品，被

认为对于该商品的功能、质量等具有暗示性，属于暗示性商标。❶ 描述性商标则无须联想直接表达商品特点，二者的分界线在于是否需要消费者进一步联想，才能想到商品的功能、用途、质量等特点。描述性商标系"直接表达"，暗示性商标则"需要联想"。

2. 从商标与商品的关联程度，区分"直接表达"和"需要联想"

除了从商标包含的文字内容本身进行区分，更应当侧重于考察商标与商品之间的关联程度。如果某商标的内容是描述性词汇，但与商品之间没有任何联系，则不构成描述性商标。反之，某商标从其自身的含义来看，具有显著性，但由于与商品之间的关联程度较强，亦有可能被认定为包含描述性词汇的商标。

表1所列案件中，当事人主张其申请注册的商标为暗示性商标，具有一定的显著性，应当予以注册。法院经审理后认为系直接表达商品特点的词汇，属于描述性商标，而非暗示性商标。

表1　法院审理认为描述性商标

商标	商品类别	案号
37℃	药品	（2010）高行终字第1074号
双高火	燃气炉	（2017）京行终5049号
智能光感	纸巾	（2010）高行终字第1072号
商办空间	不动产经纪等	（2018）京73行初7661号
考级帮	电脑软件；计算机程序等	（2017）京73行初5664号

从字面含义来看，上述商标并不太具有描述性的功能，消费者看到37℃、双高火、智能光感、商办空间、考级帮的商标时，并不会认为上述标识是用于形容商品本身，但当它与商品联系时，消费者可能将其与商品特点联系起来，而非商品来源，继而丧失了商标应当具备的区分商品来源的基本功能。其关键在于相关公众心目中该词汇与特定商品之间的关系，而非仅仅为商标的文字或图形内容本身。

正如"37℃"商标案，北京市高级人民法院认为，"判断某一商标标志是否具备显著特征，并不能局限于该标志本身，而是必须将商标标志与其指定使用的商品或服务结合在一起综合加以判断"。该判决认为"37℃"商标本身具

---

❶　（2010）鲁民三终字第11号.

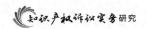

有一定显著性，但是与人用药等商品结合使用时，"易使相关公众将该标志与上述指定使用商品的功能、特点联系在一起，而不是将其作为区分商品来源的商标予以对待"。❶ 据此认为 "37℃" 商标核定使用在药品上时，不具有显著性，难以实现商标的基本功能。由此可见，脱离了商品本身对商标是具有暗示性还是描述性进行判断是不符合实际市场状态的，就好比商标是否近似不能仅将原、被告的商标进行物理比较，还应当结合原告商标知名度和显著性、被控标识实际使用情况、消费者是否混淆等因素进行综合判断。

3. "需要联想" 之 "联想" 程度要求

在第 13891915 号 "财付通" 商标驳回复审行政诉讼案的评析中，"律师意见部分" 认为，判断暗示性标志和直接描述性标志参考的第一项标准是 "相关公众需要经过层层推理才能将系争商标与其指定使用的商品或者服务特点相联系，则该商标极可能为暗示性标志"。对此，笔者认为，"需要层层推理" 才能认定为暗示性商标，该标准过于严苛。笔者更倾向于达到 "需要联想" 的程度即可，这种 "联想" 有可能仅是第二反应的联想，只需达到与 "直接描述" 相对应的程度即可，否则对于权利人的保护尺度过宽，有损公共利益。上文列举的相关案例亦显然达不到层层推理之程度。

当然，该案评析的 "律师意见" 中对于暗示性标志和直接描述性标志的判断标准，笔者认为是非常准确的，可以作为区分暗示性和描述性标志的参考标准。一是其提到 "行业竞争者在日常经营中的经常性使用行为，说明该商标传递有关商标或服务的信息是非常清楚直接的，反之使用越少，则该商标极有可能为暗示性标志"；二是 "暗示性标志与直接描述性标志的界限建立在消费者的直觉基础上，判断商标的显著性要以大部分消费者群体的认知状态为基础"。❷

三、描述商品特点：构成描述性使用的前提分析

（一）使用行为：认定描述性使用的重点

如前文所述，商标描述性使用的构成要件包括三个方面：一是商标本身具有描述商品的 "第一含义"（描述性商标）；二是被告对该商标的使用是用于

---

❶ （2010）高行终字第 1074 号.

❷ 陈浩. 知识产权疑难案件律师代理思路与裁判精析［M］. 北京：法律出版社，2018：162.

描述商品的特点，而非用于识别商品来源；三是被告的使用系出于善意合理地使用。据此，在考察被告的被诉侵权行为是否构成描述性使用时，应当分别从静态和动态两个方面进行考察。所谓静态是指商标本身，即被诉侵权标识是否为描述性商标，动态则是指被诉侵权行为是否系说明或描述商品本身及其特点。商标侵权的认定本身即为个案、动态的认定，描述性使用亦如是。对于被诉侵权行为的考查应当重点考查被诉侵权行为本身，而非仅观察被诉侵权标识。

但在司法实践，较多出现偏重于考查商标的属性是否为描述性词汇，仅根据被诉侵权标识是否为描述性词汇，即得出被告是否构成描述性使用的结论，这显然是有所偏颇，亦未能对描述性使用的构成要件进行充分考查。试想若原告的某商标具描述性词汇，但被告对其使用并非出于善意、合理地使用，而是完全超出了正当使用的边界，倘若不能对被告的行为进行全面审查，则有可能落入被告不构成商标的结论。

以上文提及的"片仔癀"案为例，"片仔癀"是药材名称，被诉侵权产品中确实含片仔癀中药成分。如仅考虑商标属性，而不考虑被告使用"片仔癀"标识是否具有正当性、是否善意合理、是否满足商业惯例等，则有可能得出与最高人民法院判决相反的结论。"正当使用的核心不在于或不仅在于标志本身的描述性属性，更强调的是使用行为的正当性，包括主观善意和客观合理。标志本身具有描述性的属性仅是构成正当使用的条件之一，是现象。要透过现象看本质，审查其具体使用方式体现出来的正当性与否。"❶ 商标的属性是现象，是静态的，相对而言更容易判断。而商标的使用行为是本质，是动态的，更为复杂，在不同案件中会呈现出不同的表现形式，否则就不会出现同样的原告，同样的权利商标，在不同案件中获得的判决结果具有非常大的差异。

如何判断被告不是商标性使用，而是为了描述商品，以及何为善意、合理使用，是具体案件中被告侵权行为是否成立的关键，也是审理的难点。笔者通过列举两个具有代表性的相反案例进行分析，以说明在具体个案中，被诉侵权行为表现形式对描述性使用成立的影响。

（二）"老干妈"商标案：合理使用的边界

在贵阳南明老干妈风味食品有限责任公司诉贵州永红食品有限公司、北京

---

❶ 刘德权. 最高人民法院司法观点集成·知识产权卷 II（新编版）［M］. 北京：中国法制出版社，2014：620.

欧尚超市有限公司侵害商标权及不正当竞争纠纷案❶中，被告的侵权表现形式
为：（1）被告将"老干妈"作为商品的口味名称进行使用，在商品包装的正
面下方使用"老干妈味"字样；（2）被告在产品包装的正面上方突出使用了
自身的"牛头牌文字＋图形"组合商标；（3）被控产品确实添加了"老干妈"
豆豉；（4）被控产品包装背面注明了被告公司名称和地址。

被告的上述行为是否构成描述性合理使用？表面上，被告突出使用了自身
商标，规范标注了制造商信息，其产品中确含"老干妈"原料，似乎满足我
国《商标法》第 59 条规定的"表示商品原料的特点"。但需要注意的是，我
国《商标法》第 59 条规定的是"注册商标中含有的……直接表示商品的质
量、主要原料、功能、用途、重量、数量及其他特点"，强调"直接表示"和
"主要原料"。本案中，被控产品是牛肉棒，其产品中虽然使用了"老干妈"
酱料用于调味，但其主要原料仍然是牛肉棒，"老干妈味"并不能"直接"表
示"主要原料"，不符合描述性使用的情形。相反，"老干妈"是原告的驰名
商标，具有较高知名度，被告的使用难谓善意。正如二审判决所述，"虽然涉
案商品确实添加有'老干妈'牌豆豉，但'老干妈'牌豆豉并非食品行业的
常用原料，'老干妈味'也不是日用食品行业对商品口味的常见表述方式……
被诉侵权行为不属于商标合理使用的范畴，不具备正当性"。

（三）"洁柔"（纸巾）商标案

在中顺洁柔纸业股份有限公司与南通市濠景纸品厂侵害商标权纠纷再审
案❷中，被告的侵权表现形式为：（1）原告注册商标为"洁柔"，被控标识为
"柔洁"，使用的商品均为纸类用品；（2）被告同时使用了自身的商标"濠
景"，且"濠景"商标比"柔洁卫生纸"的字体明显更大，突出使用在显著
位置。

洁柔公司起诉的多个商标侵权案中均获得胜诉，法院认为被告使用的与
"洁柔"相同或近似的标识构成侵权，其中亦不乏被告同样主张正当使用。但
在该案中，法院认为被告系描述性使用，不构成商标侵权。笔者认为，主要原
因在于：一是被告使用的是"柔洁"，虽与"洁柔"构成近似，但毕竟有一定
差异，与使用相同商标的性质略有不同。二是被告在产品正面使用并且以明显
较大字体突出使用了自身的"濠景"商标。被告从主观上并无混淆的恶意，

---

❶ （2017）京民终 28 号.

❷ （2016）苏民申 3685 号.

客观上亦难以说明消费者必然会导致混淆、误认。三是"柔洁"二字与纸巾关联性较强，可用于描述商品特点，再审判决中更指出"生产商不可避免地会使用表述其纸品柔软干净的词语来描述产品特性，增强产品市场竞争力，吸引消费者"。综上，虽然"洁柔"商标具有较高知名度，但其作为描述纸巾特点的"第一含义"并未就此消失，在通过证据显示被告系描述性使用时，洁柔公司不能对"洁柔"二字进行垄断。

四、"是否混淆"：不应作为判断描述性使用的构成要件

在上文提及的"洁柔"案件中，虽然再审判决对于认定理由进行了详细阐述，但笔者仍然存在疑惑。虽然被告使用了自身的"濠景"商标，但其"濠景牌柔洁卫生纸"与原告的"洁柔牌卫生纸"是否一定不会混淆，笔者认为不能排除混淆的可能性。事实上，在不少案件中，由于原告商标知名度极高甚至有可能达到家喻户晓的程度，被告只要使用了与原告商标相同或近似的标识就有可能造成混淆，即使标注自身商标或附加区别标识，亦难谓不会使消费者联系或驰名商标淡化。再者，在上述案件中若说被告一定毫无攀附原告商标知名度的本意也难言绝对。在此情况下，是否仍然不再考虑混淆的可能性？如果不考虑，是否并不符合商标侵权判断必须考虑混淆（相同商品上使用相同商标除外）的司法精神呢？

有学者认为，"如果原告的注册商标显著性较弱或者属于公用领域的词汇，他人当然可以善意、正当地使用，特别是在该词的第一含义上使用。被告也无须证明存在混淆的可能；即使事实上造成混淆，也应当允许存在，因为该商标人不可能独占一个公用领域中的词汇。"❶ 即正当使用不以不构成混淆为要件，即使构成混淆，亦是商标权人选择将一个显著性低的词汇或元素注册为商标，应当承担的后果，对于他人对该商标的使用具有一定的容忍空间。

笔者也注意到，无论是为商标正当使用提供法律依据的《商标法》第59条还是《最高人民法院关于充分发挥知识产权审判职能作用推动社会主义文化大发展大繁荣和促进经济自主协调发展若干问题的意见》第4条第22点的规定，均没有规定混淆为构成要件，相较于《商标法》第57条第2款明确规

---

❶ 王莲峰. 商标法学（第三版）［M］. 北京：北京大学出版社，2019：182.

定商标侵权须"容易导致混淆"的规定，显然不是立法者的疏漏，恰恰反映了立法者的本意。需要说明的是，在北京市高级人民法院的相关解答中，明确将"混淆"作为了商标正当使用的构成要件。但该文件目前已失效，不宜援引该文件进行反证。

结 论

综上所述，描述性使用的认定与描述性商标的特点紧密相关，在判断描述性商标时，不能仅观察商标内容本身，更应侧重于考察商标与商品之间的关联性、分析在具体行业中同业经营者的使用情况以及相关媒体、杂志、期刊的报道，以明晰在具体商品上某商标是否为描述性商标。更重要的是，在个案中应当考察被告的商标使用行为是否具有正当性，是否符合善意、合理之必要条件。由于描述性商标天生具有缺乏显著性的缺陷，不能以混淆作为商标正当使用的前提。即使构成混淆，只要有证据显示被告是正当使用，则仍然不构成侵权。这也就是对商标权利人的专用权和禁用权做出合理的限制，以免公共领域常用词汇为个人所垄断。

商标性使用的司法认定

何华玲

摘要： 在商标侵权纠纷中，常见的侵权方式是将与他人权利商标相同或近似的标识作为商标使用。此时，往往只需确定被控标识与权利商标的构成要素是否相同或近似，分析是否会导致相关公众的混淆及误认，即可得出被诉侵权人是否构成商标侵权的结论。但在司法实践中，被诉侵权行为往往多样且复杂，如将他人注册商标作为商品名称、型号、装潢等方式进行使用，而非作商标使用的案例时有发生。结合法律规定及具有代表性的相关案例分析商标性使用的构成要件和判断标准，旨在厘清司法实践中认定商标性使用时需要考量的因素和可以适用的方法。

关键词： 商标性使用；商标法意义上的使用；商标正当使用

一、商标性使用的含义

关于"商标性使用"的含义，各国商标法对此均有抽象的规定，一般认为"商标的使用必须是商业性的，只有商标商业性的使用，才能成为商标侵权的构成要件。这几乎是各国商标法乃至国际商标法共同奉行的原则。例如，TRIPs 第 16 条规定，只有任何第三方在贸易过程中使用某注册商标，该注册商标所有人才享有禁止权"。❶《美国兰哈姆法》《日本商标法》都对商标性使用应当是商业性的使用作出了具体规定。

---

❶ 十二国商标法 [M]. 中国人民大学知识产权教学与研究中心，中国人民大学知识产权学院《十二国商标法》翻译组，译. 北京：清华大学出版社，2013：83.

《德国商标和其他标志保护法（商标法）》第 14 条规定"未经商标所有人同意应禁止第三方在商业活动中使用"，❶《美国兰哈姆法》第 1127 条对"在商业中使用"解释为"在日常商业活动中对一个商标的真诚使用，而不仅仅是为保留一个商标的权利"。❷

我国《商标法》第 48 条对何为商标法意义上的使用进行了明确规定，"本法所称商标的使用，是指将商标用于商品、商品包装或者容器以及商品交易文书上，或者将商标用于广告宣传、展览以及其他商业活动中，用于识别商品来源的行为"。

由此可见，"商标性使用"应当包含两个构成要件：一是与商品紧密联系，系将商业标识使用在商品或与商品相关的商业活动中；二是被控侵权标识的使用，其目的在于识别商品来源，且客观上起到了足以指示、区别不同的商品的生产者或提供者的作用。笔者认为，仅商业性的使用不足以准确地界定商标性使用，应当进一步明确，商标性使用是围绕商品，与商品紧密的使用，而非所有商业性使用都可落入商标性使用的范围。下文将对两项构成要件展开阐述。

二、商标性使用的基本前提：将商标与商品紧密联系

商标性使用应当是将商标与商品紧密联系的使用，如果脱离了商品本身，即使是出于商业经营目的的使用，仍然不构成商标性使用。而如果将他人注册商标用作企业名称突出使用时，系属于将他人注册商标与自身商品建立联系的使用，属于商标性使用。但作为企业名称规范使用时，虽然使用在商业活动中，可实质上是与自身企业建立联系，而非商品，一般认为不构成商标侵权，而是属于不正当竞争行为。

在广东联塑科技实业有限公司与江苏联塑高分子材料有限公司、佛山市顺德区宜兴电子电器有限公司侵害商标权纠纷二审案❸中，法院认为，"江苏联塑公司是一家制造企业，本案请求保护的商标系核定使用在产品上而非服务上

---

❶ 周家贵. 商标侵权原理与实务［M］. 北京：法律出版社，2010：43 - 44.

❷ 十二国商标法［M］. 中国人民大学知识产权教学与研究中心，中国人民大学知识产权学院《十二国商标法》翻译组，译. 北京：清华大学出版社，2013：512.

❸ （2014）粤高法民三终字第 775 号民事判决书.

的商标，江苏联塑公司在门口的巨石、企业形象的宣传上使用'联塑'字样，并非直接将'联塑'注册商标与被诉侵权的商品联系在一起，而是将他人注册商标与自己的企业形象联系在一起。因此，二者对'联塑'文字的使用均不属于在商品上作为商标使用，而是使用与他人驰名商标相同的文字对其企业本身形象进行宣传，不属于侵犯注册商标专用权的行为"。从而认定被告在企业门口的巨石上使用"联塑"字样，不属于将原告"联塑"商标与商品相关联的使用，不构成商标侵权，而是属于不正当竞争行为。

与此类似的案件还有广东蒙娜丽莎新型材料集团有限公司与广州蒙娜丽莎建材有限公司、佛山市贝佳斯洁具有限公司侵害商标权纠纷二审案❶，法院亦认为广州蒙娜丽莎建材公司在其门店悬挂蒙娜丽莎画像的使用方式，仅起到装饰店面的作用，未发挥指示商品来源的功能，不能认定为商标性使用。

在笔者办理的广东蒙娜丽莎新型材料集团有限公司诉佛山市莫纳丽莎陶瓷有限公司、王某某、林某某、张某某侵害商标权及不正当竞争纠纷一案中，几被告使用了与原告第 1476867 号 蒙娜丽莎中英文及图形组合商标、第 1765162 号 商标相近似的 " "" " 标识，被告佛山市莫纳丽莎陶瓷有限公司、王某某还在公司名片上使用了与原告第 3263410 号 " " 商标相同的 "蒙娜丽莎头像" 标识。两被告在名片的正面左上方以较大字体突出使用 " " 标识，在名片右上方使用了 " " 蒙娜丽莎图形标识，在两标识的下方标注了被告的公司名称、地址、联系方式（公司信息已隐去）：。

由于佛山市莫纳丽莎陶瓷有限公司、王某某系在名片上使用 " " 标识，而未在商品、包装、网站上使用该标识，使得案件引起较大争议。一审法院认为，"莫纳丽莎公司、王某某在名片上使用蒙娜丽莎画像不能确认是使用蒙娜丽莎公司的注册商标还是世界名画'蒙娜丽莎画像'，为维护社会公众利益，蒙娜丽莎公司不能禁止他人使用蒙娜丽莎画像"，从而认定两被告对蒙娜

---

❶ （2015）粤高法民三终字第 143 号.

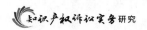

丽莎画像标识的使用行为不构成侵权。

二审法院则对此观点予以纠正，认为"名片是经营者在商业活动中用以介绍、宣传经营者相关经营信息的一种载体……从莫纳丽莎公司、王某某对蒙娜丽莎画像的使用方式看，蒙娜丽莎画像已构成涉案名片上的一个标识。虽然涉案名片上所印的蒙娜丽莎画像是世界名画，具有一定的美观装饰的功能，但蒙娜丽莎画像经蒙娜丽莎公司在瓷砖产品上注册为商标并进行使用后，蒙娜丽莎画像与蒙娜丽莎公司的瓷砖产品已建立起特定的联系，即在经营瓷砖产品的商业活动中将蒙娜丽莎画像作为标识使用时，蒙娜丽莎画像即具有指示商品来源的功能，蒙娜丽莎画像标识并不因其画像具有美感而丧失其在瓷砖产品上指示商品来源的功能"。❶

通过上述案例，我们可以得出这样的结论：商标性使用一定是将商标与商品进行紧密联系的使用，是在宣传、销售、展示商品时，通过将商标用于商品或用于宣传、展示和销售商品，使二者建立直接的、特定的联系，形成市场记忆，使消费者可以凭借该商标识别不同的商品来源。而不是将商标与企业名称相关联，或是其他虽然是用于商业活动，或是使用在商业场所中，但实际上脱离了商品本身进行的使用（如在销售"蒙娜丽莎"品牌的卫浴产品的店铺中悬挂"蒙娜丽莎画像"）。判断是否构成商标性使用时，首先需要考查被控侵权标识是否满足该前提条件。

三、商标性使用的考量因素：将他人商标作为商品名称、型号、装潢进行使用

对商标性使用的认定，并不以行为人将商标作为商品名称、型号、装潢等方式进行使用为转移，无论是商品名称、型号还是装潢，均属于行为人自身的主观认识或称谓上的差异，不能作为商标性使用的"避风港"。

我国《商标法实施条例》第 76 条规定，"在同一种商品或者类似商品上将与他人注册商标相同或者近似的标志作为商品名称或者商品装潢使用，误导公众的，属于商标法第五十七条第二项规定的侵犯注册商标专用权的行为"。这为将他人注册商标作为商品名称或装潢使用时是否构成商标性使用的评判，

---

❶ （2015）佛中法知民终字第 151 号.

提供了法律依据。

为进一步说明行为人将商标使用在商品名称、型号、装潢上，未超出商标法意义上的使用的范畴，笔者引用以下几个具有代表性的案例。

（1）在"五谷丰登"商标侵权案件中，法院认为被告将原告的"五谷丰登"商标作为商品系列名称使用，属于商标性使用。

在珠海格力电器股份有限公司诉广东美的制冷设备有限公司"五谷丰登"商标侵权一案中，原告格力公司主张被告美的公司在空调器产品上使用的"五谷丰登"标识，侵犯了其注册的第8059133号**五谷丰登**商标。美的公司则辩称，其空调器产品的商标是"美的Midea"注册商标，"五谷丰登"系作为商品的系列名称使用，属于正当使用。

上述诉辩观点实际上涉及的法律问题是：美的公司将格力公司的"五谷丰登"商标作为商品名称使用，是否属于商标法意义上的使用？法院认为，"美的公司称其系将'五谷丰登'作为家电下乡项目中空调器产品的名称使用，用以区分其他空调器产品，因此不属于商标法意义上的使用。但是，是否属于商标使用应当从客观意义上进行判断，商品名称是否具有识别商品来源意义，不以使用人的主观认识或者称谓上的差异为转移，而是要根据其客观上是否具有了识别商品来源意义进行判断"。❶ 因此，商标性使用是一个广义的概念，不仅包括狭义的作为"商标"本身的使用，还包括其他诸如作为商品名称、型号、装潢等与商品紧密联系的使用，关键在于满足"商品上使用"前提的情况下，是否还可以识别商品来源。

此外，与"商标性使用"对应的情形为商标"正当使用"，将他人商标使用在商业行为中，如欲主张不构成商标性使用，实际上是抗辩自身的使用为正当使用。但该案中"五谷丰登"商标并非涉案空调产品的通用名称或直接表明商品特点，美的公司并非无可避免地必须使用该标识，亦不符合商业惯例，缺乏正当理由，这对非商标性使用的主张亦存在较大障碍。需要说明的是，该案中因格力公司并未实际使用"五谷丰登"商标，故并未产生实际的经济损失，二审法院纠正了一审法院判令美的公司赔偿格力公司经济损失380万元的判项，而是改判美的公司支付格力公司的合理维权支出。

该判决在业内引起较大争议，主要在于是否构成"反向混淆"的问题。

---

❶ （2015）粤高法民三终字第145号.

一种观点认为，由于美的公司"美的"商标的知名度，其同时使用"美的""五谷丰登"商标时，会使消费者误以为"五谷丰登"是美的公司持有，从而掠夺了"五谷丰登"商标资源，破坏了"五谷丰登"识别商品来源的功能，限制了该商标的成长空间。另一种观点则认为，"本案中美的公司在空调产品上的显著位置使用了自己的享有极高知名度的'美的'商标，该驰名商标的使用会明显减弱、破坏'五谷丰登'标识的显著性和辨识性，不符合'反向混淆'掠夺他人商标符号资源的行为特征。因而，'五谷丰登'的使用应认定为不属于混淆商品来源的使用行为"。❶ 司法实践对于混淆的认定，系强调"混淆可能性"，而非实际已造成混淆，该案判决显然更倾向于第一种观点。将两个商标同时使用在产品正面，虽然被告自身商标系突出使用，但无法排除"混淆可能性"，而由于"美的"商标的极高知名度，消费者显然不会误以为该空调产品是"五谷丰登"指向的格力公司生产，而是会以为"五谷丰登"是美的公司的子商标或商品名称/型号，故构成反向混淆。

（2）将他人注册商标作为商品型号使用是否构成商标性使用？

由于我国《商标法实施条例》已明确将他人注册商标作为商品名称、装潢使用，误导公众的，构成商标侵权。因此，对于将他人注册商标作为自身的商品名称、装潢进行使用时，是否属于商标性使用的争议相对较小，至少在满足可以"识别商品来源"的情况下，是足以认定为商标性使用的。但对于将他人注册商标作为商品型号使用是否可以纳入商标性使用，则存在较大争议。笔者认为，商品型号本身满足"与商品紧密联系的使用"时，即符合我国《商标法》第48条关于商标法意义上的使用的前叙部分，即属于围绕商品进行的商业性使用。

为什么要将商品型号也作为商标性使用的范畴？作者认为，无论是我国《商标法》第48条，还是外国商标法在规定商标性使用时，均没有将型号排除在外，而是强调使用在商业活动中，以及可以识别商品来源。加之我国《商标法实施条例》将他人注册商标作为商标名称、装潢使用导致混淆的列为侵权行为。可以进一步得出结论，商品型号不应其型号的称谓或性质不同，而

---

❶ 张学军. 商标正当使用的司法认定（下）[EB/OL]. （2016 – 12 – 22）[2020 – 04 – 16]. "学军每日一案"微信公众号，https：//mp. weixin. qq. com/s？ src = 3&timestamp = 1594361514&ver = 1&signature = NJX9vyMQYZC4KXZ6AF1GIykC3wGWMiZdq1jVPOmVJdymlK50nFekYsvlPXFD4V – wmm4xo7XSh JRJhLjN-PPb9rpBNCAXbaeLEWksMt – 3pW7PkUA47Uv3zAd – T9W1EUCt51L ∗ KFvQK89evQJRvlZhvy – wW1Y ∗ ∗ tK-mkJ2dH7fAxW7M = .

当然地排除在商标性使用之外，关键仍然在于其是否可以实现商标的基本功能，即识别商品来源。

在原告上海赛一环保设备有限公司诉被告常州沛德水处理设备有限公司、上海德沛环保设备有限公司侵害商标权及不正当竞争纠纷一案中，原告请求保护的商标为第 7847758 号 "*SCII*" 商标，被告的被诉侵权行为之一系将与该商标相同或近似的 "SCII、SCⅡ、SC11、SCJJ" 字样作为商品型号进行使用。在使用上述型号时，亦使用了其自身的 "沛德" 注册商标。

表面上看，被告既已使用了自身持有的注册商标，其对于商品型号的使用应当不属于商标性使用。但正如前文而言，商品型号不能作为非商标性使用的 "避风港"，使用自身商标同样如此。

法院认为，"常州沛德公司生产的被控侵权产品与赛一公司'SCII'商标所核准注册的商品类别相同，在标注被控侵权产品型号时使用了 SCII、SCⅡ、SC11、SCJJ，其中 SCII 与 'SCII' 商标相同，SCⅡ、SC11、SCJJ 与 'SCII' 商标近似。虽然常州沛德公司同时使用了 '沛德' 注册商标，但将他人注册商标作为产品型号进行使用将弱化注册商标的显著性，并可能造成相关公众对两者的关联关系产生误认，属于商标侵权行为，应承担停止侵权、赔偿损失、消除影响等民事责任"。❶

同时，法院在该案中还对商品型号及商标二者的功能的区别进行了阐述，"产品型号的主要功能在于标示机械产品及其他工业产品的品种、性能、规格和尺寸等，从而为相关公众在选购产品时提供必要的信息。因此，产品型号常常被企业用来区分自己不同规格的产品或不同生产线的产品。而商业标识的主要功能在于区分商品或服务的来源。产品型号的商品信息的标示功能不同于商业标识的商品来源的区别功能"。

除此之外，根据 360 百科介绍，"型号指用汉语拼音（或拉丁文）字母和一个或几个数字来表示不同形状、类别的型材及硬质合金等产品的代号"。从日常生活经验中亦可知道，型号是表明产品本身的性能、类型、规格、生产时间等用于指代特定商品的代号，产品型号往往用于区分同一生产者名下的不同规格或批次的产品，而商标在于指示商品的不同的生产者，二者的功能、目的和作用并不相同。换言之，消费者在看到产品型号时，无法联想到生产者。且

---

❶ （2013）沪一中民五（知）终字第 207 号.

由于产品型号一般多由"字母＋数字"组成，其辨识度和显著性都较弱，消费者以一般注意力难以识别或记忆。

笔者认为，在判断商品型号是否构成商标性使用时，还可以通过观察其具体使用形式进行判断，如是否突出使用，是否使用在产品正面等容易被消费者观察到的部位，是否在商品、商品包装、宣传册、网站等多处使用。一般而言，商品型号对于消费者的作用，仅在于下单购买商品时，指定某一特定的商品，以免错误购买。商品型号既不需要广泛反复使用，更不需要突出使用。即该案判决中法院所述的"在通常情况下，产品型号不会像商标等商业标识那样进行突出使用，只会在产品铭牌、说明书等上进行一般性的标注"。因此，当被诉侵权人将他人的注册商标作为商品型号使用于产品、包装、宣传册等渠道，甚至是以较大字体突出使用时，一方面不符合商品型号的正常使用和规范使用，反而更接近商标使用的方式和特点，另一方面该种使用方式会使得消费者很容易观察到该型号，并将其与特定商品产生联想，从而起到指示商品来源的作用。在上述提到的"五谷丰登"商标侵权案中，被告美的公司之所以构成商标侵权行为，与其将"五谷丰登"标识以较大的红色字体使用在空调器产品的正面，亦有直接关联。

四、商标合理使用：非商标性使用

非商标性使用本质上是一种正当使用，即被诉侵权人对权利人注册商标的使用具有正当性和合理性，且没有超出必要范围和合理界限。

商标正当使用是对商标专用权及禁用权的限制制度，其目的在于平衡商标权及社会公共利益。"商标侵权行为应以在商业标识意义上使用相同或者近似商标为条件，被诉侵权人为描述或者说明其产品或者服务的特点而善意合理地使用相同或者近似标识的，可以依法认定为正当使用。"[1]据此，构成商标正当使用应当具备以下要件：其一，不是作为自己商品的商标使用，仅仅是为了说明或者描述商品。其二，使用出于善意且具有合理性。因此，认定被诉侵权行为不构成商标性使用时，其本质在于该使用为正当使用。

具体而言，商标正当的行为类别主要包括：（1）我国《商标法》第59条

---

[1] 《最高人民法院关于充分发挥知识产权审判职能作用推动社会主义文化大发展大繁荣和促进经济自主协调发展若干问题的意见》（法发〔2011〕18号）第4条第22点。

第1款、第2款规定"注册商标中含有的本商品的通用名称、图形、型号，或者直接表示商品的质量、主要原料、功能、用途、重量、数量及其他特点，或者含有的地名，注册商标专用权人无权禁止他人正当使用。三维标志注册商标中含有的商品自身的性质产生的形状、为获得技术效果而需有的商品形状或者使商品具有实质性价值的形状，注册商标专用权人无权禁止他人正当使用"。
(2) 其他出于描述或说明其产品或服务的特点，而合理、善意使用与他人注册商标相同或近似的标识的行为。

在山西沁州黄小米（集团）有限公司与山西沁州檀山皇小米发展有限公司、山西沁县檀山皇小米基地有限公司侵害商标权纠纷再审案中，法院认为，"'沁州黄'是一种谷物品种的通用名称。沁州黄小米是选用'沁州黄'等优质品种，按照特定生产技术规程种植的谷子加工而成的粳性小米。在此基础上，沁州黄公司的'沁州'注册商标虽然具有较高知名度，但是无权禁止其他企业将'沁州黄'文字使用在以'沁州黄'谷子加工而成的小米商品上，以表明其小米的品种来源。檀山皇发展公司、檀山皇基地公司在其生产销售的小米商品包装明显位置使用了自己的注册商标，其在包装上使用'沁州黄'文字以表明小米品种来源的行为，属于正当使用，并无不当。檀山皇发展公司、檀山皇基地公司没有突出使用'沁州'文字，也没有证据证明其攀附'沁州'注册商标商誉的主观恶意"，从而认定一审被告对"沁州黄"文字的使用，不构成侵犯一审原告"沁州"注册商标专用权。❶

当然，被诉侵权人主张其系对通用名称的正当使用时，应当进行举证，否则其抗辩理由难以成立。❷还需特别说明的是，无论是依据商标法对他人注册商标中含有通用名称、地名或直接表明商品特点的部分进行使用，还是其他描述性、指示性使用他人注册商标，均应当尽到注意合理界限的义务，属于善意、合理的使用，否则难谓正当使用，可能落入商标性使用的范围。

在佛山市顺德区宝骏汽车维修有限公司与米其林集团总公司侵害商标权纠

---

❶ （2013）民申字第1642号.
❷ 最高人民法院《关于审理商标授权确权行政案件若干问题的意见》（法发〔2010〕12号）第7条第1款："人民法院在判断诉争商标是否为通用名称时，应当审查是否属于法定的或者约定俗成的商品名称。依据法律规定或者国家标准、行业标准属于商品通用名称的，应当认定为通用名称。相关公众普遍认为某一名称能够指代一类商品的，应当认定该名称为约定俗成的通用名称。被专业工具书、辞典列为商品名称的，可以作为认定约定俗成的通用名称的参考。"

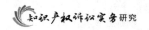

纷案❶中，权利人米其林公司主张保护的商标为第 136402 号"**MICHELIN**"商标、第 519749 号"**米其林**"商标、第 1922872 号"![MICHELIN]"等商标，被诉侵权人宝骏公司系一家经营销售米其林公司生产的米其林轮胎以及其他产品，同时还提供汽车维修服务的企业，宝骏公司在其经营店铺的商业匾额上突出使用"michelin""米其林"标识。

宝骏公司主张上述使用行为属于正当使用，法院则认为宝骏公司在其店铺正门的商业匾额上仅仅突出使用米其林商标，系直接、特定、唯一地指向米其林品牌，不属于商标的描述性使用。该案具有很好的示范作用，在被诉侵权人销售的产品中包括商标权人生产的产品的情况下，理论上，销售商有权对生产商，即商标权人的注册商标进行使用，以便更好地宣传、销售权利人的产品。然而，这种使用行为并不当然构成商标的正当使用，销售商仍然应当注意合理的界限，免于使相关公众误认为该销售商与商标权人的关联性超出客观实际情况，如误认为该销售商系专门销售商标权人生产的产品的经销商，从而达到攀附权利人商标知名度和美誉度的目的。

在"片仔癀"因申请诉前停止侵害注册商标专用权损害责任纠纷再审案件中，关于商标正当使用界限的认定亦有很好的示范性。虽然该案判决时间为 2009 年，但其作为 2009 年中国法院知识产权司法保护 50 件典型案例之一，至今仍然具有较高的参考作用。

该案中，权利人漳州片仔癀药业股份有限公司主张保护的商标为第 701403 号、第 562754 号"**片仔癀**"、第 358318 号"**片仔癀**"、第 358317 号"**PIEN TZE HUANG**"商标。"片仔癀"本身是药品名称，但由于权利人的长期使用，上述商标已具有极高的知名度和显著性。被诉侵权人漳州市宏宁家化有限公司将"片仔癀"作为其产品名称的组成部分，在包装装潢上突出使用"片仔癀""PIENTZEHUANG"等标识，宏宁公司在该案中主张其对"片仔癀""PIENTZEHUANG"等商标的使用属于正当使用。❷

法院认为："片仔癀是一种药品的名称，如果被控产品中含有片仔癀成分，生产者出于说明或客观描述商品特点的目的，以善意方式在必要的范围内予以标注，不会导致相关公众将其视为商标而导致来源混淆的，可以认定为正

---

❶ （2014）粤高法民三终字第 239 号.
❷ （2009）民申字第 1310 号.

当使用。判断是否属于善意，是否必要，可以参考商业惯例等因素。宏宁公司如果是为了说明其产品中含有片仔癀成分，应当按照商业惯例以适当的方式予以标注，但是本案中，宏宁公司却是在其生产、销售商品的包装装潢显著位置突出标明'片仔癀''PIENTZEHUANG'字样，该标识明显大于宏宁公司自己的商标及其他标注，并且所采用的字体与片仔癀公司的注册商标基本一致。该种使用方式已经超出说明或客观描述商品而正当使用的界限，其主观上难谓善意，在涉案商标已经具有很高知名度的情况下，客观上可能造成相关公众产生商品来源的混淆，因此宏宁公司关于其使用是正当使用的主张不能成立。"❶

综上，商标正当使用系对商标性使用的突破，从法理上来说，并不能认为系商标法意义上的使用。

五、商标性使用的目的：标识商品来源

将商标使用在商品或与商品相关的商业活动中，但使用目的不是为了标识商品来源，并不构成商标性使用。

判断行为人使用的商标，是否用于"识别商品来源"，可以从商标的本质出发。商标所记载的文字、图形、颜色及其组合本身是没有实质意义的，只有在与特定的商品和商誉相联系时才有实质意义。商标的本质作用在于与其他商品进行区分，进而进一步区分商品来源。对于消费者而言，则提供了一种可以区分不同商品和生产商的信息，使消费者可以快速找到自己想要的商品。如果一个商标根本既不是出于指示或识别商品来源的目的，客观上亦不能起到区分不同商品来源的功能，则并不具备商标法所称的商标的功能。

在上文提及的格力公司与美的公司"五谷丰登"商标侵权案中，法院认为，"从美的公司使用被诉侵权标识的方式看，被诉侵权产品室内机面板正面左上方标有红色艺术字体的'五谷丰登'字样，且字体较大。可见，该标识较为明显和突出，相关公众在购买空调器产品时，非常容易观察到被诉侵权标识，并将该标识与美的公司特定商品相联系，从而凭借其在市场上识别美的公司特定商品。因此美的公司该使用'五谷丰登'标识行为客观上起到了指示商品来源的作用，应认定为商标法意义上的使用"。❷

---

❶ （2009）民申字第 1310 号.
❷ （2015）粤高法民三终字第 145 号.

由于对"识别商品来源"的认定，系根据行为人使用商标的客观状态作出的合理推定，具有一定的主观性和不确定性。这就好比商标侵权案中对于"混淆"的认定，并非要求客观上达到"实际混淆"的结果，而是根据被诉侵权标识的使用状况和被告是否具有主观故意、原告商标的知名度等情况，得出"容易导致消费者混淆、误认"的结论。笔者认为，判断"识别商品来源"应当从两方面着手：一是行为人对商标的使用是否出于"用于识别商品来源的目的"，二是行为人对商标的使用是否达到"可以识别商品来源的作用"，二者既是独立并存，又是紧密联系、相互关联的逻辑关系。

例如，前文提及的将他人注册商标作为商品型号使用，通常情况下，商品型号只是用于区分同一生产者的不同单个产品的"一般性标注"，而不会突出使用，更不会在产品正面或其他容易被观察到的位置反复、多次的使用。由于该种使用情形，足以认定行为人的使用系为了标识商品来源，同样也是基于这样的使用情形，足以达到标识商品来源的目的，从而形成主客观的统一。

结　语

综上所述，商标性使用应当包括两方面：一是将商业标识与商品紧密联系的使用，即使用在商品或与商品相关联的商业活动中，如果脱离了商品本身，则不构成商标性使用。二是该使用行为必须是出于区分不同的商品来源的目的，客观上亦足以达到区分商品来源的功能。在商标侵权案件中，将他人注册商标作为商品名称、型号、装潢进行使用，并不当然脱离商标性使用的范围。非商标性使用本质上是对商标的正当使用，不构成商标性使用。此外，在分析商标性使用时，还应当考量行为人的主观故意，以及权利人注册商标的知名度和显著性，这对于商标性使用的认定，特别对于是否系标识商品来源的认定具有较高的参考作用。认定被诉侵权行为构成商标性使用仅是商标侵权的要件之一，还应当考虑被控标识与权利商标是否构成相同或近似，以及是否容易导致相关公众造成混淆、误认。

恶意受让及不当使用商标的立法规制

——从微信域名案谈起

何　俊

摘要： 微信域名案中，亚洲域名争议解决中心在进行裁决时，遵循了将域名受让行为视同域名"新注册"之原则，并考查域名受让行为的发生时间，以及受让之后是否存在明显的主观恶意之裁判思路。反观现实中的多起商标转让后被恶意使用并引发商标侵权纠纷的相关重大影响案例，微信域名裁决案或可以提供较好的解决思路。本文以相关案例为研究基础，对立法规定恶意受让及使用行为可撤销的进行必要性分析，并对如何进行规范提出立法设想。

关键词： 权利转让；使用行为；恶意；撤销

2016 年 1 月 29 日，亚洲域名争议解决中心香港秘书处专家组就香港地区"微信""weixin"注册商标的持有人腾讯控股有限公司（以下简称"腾讯公司"）与争议域名 weixin. com 的持有人 li ming 之间的 weixin. com 域名争议作出裁决。专家组裁定支持投诉人腾讯公司的投诉请求，将争议域名转移给投诉人腾讯公司。

一、微信域名案的裁决理由和结果

（1）争议域名是完全包含投诉人的商标"weixin"，二者相同并容易引发混淆。专家组不认可被投诉人指出的"weixin"并非单单应对"微信"一词，而常用汉语词组同样发音的还有"威信""维新"等词，因此"weixin"无显

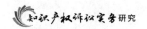

著性之答辩意见。❶

（2）被投诉人不拥有对该"weixin"域名的权利或合法利益，理由在于被投诉人的姓名与"weixin"并无关连。而投诉人亦从未授权被投诉人使用"weixin"作为其域名的识别部分，被投诉人亦从未以"weixin"在任何地方作出注册或注册申请。被投诉人亦指出，注册争议域名的时间为2000年11月，早于投诉人于2011年10月在我国香港特别行政区和台湾地区、马来西亚登记"weixin"商标。因此被投诉人对争议域名享有该域名注册时即产生的权利或合法利益。但是专家组引用见 WIPO 案号 D2007－0062 2，认为实质上被投诉人受让的时间，应被视为登记/注册的时间，作为新的注册。因此，被投诉人根据此分析并未早于投诉人先注册域名。

（3）被投诉人的域名已被注册并且正被恶意使用。投诉人的商标"weixin""微信"，于2015年在中国是家喻户晓的。其实投诉人早在2004年已在香港主板上市（股票代号700）。而在2015年，微信和 WeChat 的月活跃账户已达到6.5亿个。证据显示，被投诉人是在明知投诉人的商标"weixin"下，通过受让方式获得争议域名，构成恶意注册。有证据显示，争议域名的网页截图，2011年显示出的中文名是"威信"而至2014年4月11日的截图，才改为"微信"。综上，专家组认为恶意注册已成立。关于恶意使用，投诉书亦于8.11－8.19段详列被投诉人的恶意使用，包括变更网站内容；误导该网站为投诉人官方网站；而该网站多处使用投诉人商标包括企鹅图案、QQ；在公众号托管平台多处显示投诉人的商标；以金钱回报诱导关注某些公众号及用户分享等。综观网站整体内容，专家组认为恶意使用成立，满足《ICANN 统一域名争议解决政策》第4（a）条第3款的条件。

上述裁决理由中，"受让"等于"新注册"成为众多专业人士极力批评的着力点。大家认为该观点突破了法律规定，等于变相巧取豪夺。但笔者认为，本案裁决思路对处理现实中大量以受让商标所产生商标侵权纠纷值得借鉴。

---

❶ 腾讯微信 weixin. com 域名仲裁书全文［EB/OL］．［2020－05－20］．http：//www. 52z. com/jiaocheng/61035. html.

二、因受让商标的使用引发的侵权纠纷案例

1. 真假红牛商标案

2003~2004 年,广州某商标代理人兼律师看中 1995 年申请注册的第 800816 号"红牛及图形"商标,以先撤销后购买的方式最终于 2004 年受让商标成功。之后专门成立广东泰牛维他命饮料有限公司许可多家生产企业生产销售带有红牛标识的功能饮料,外包装装潢与天丝公司的红牛功能饮料非常相近。

之后天丝公司提起侵权诉讼,此后案件一波三折。此案被告自恃有第 30 类"营养液"商品上的注册商标,也对原告提起了侵权诉讼,诉称原告的功能饮料并非普通饮料,而是带有特殊功能的营养液。双方为此在多地互相提起诉讼和工商查处,多年相持不下。此案最终因第 800816 号商标被"撤三"成功而赴美落定。最高人民法院(2011)知行字第 28 号裁定书认定,商标三年不使用撤销制度的确有鼓励商标使用、防止浪费商标资源的立法目的,因此为实现该制度的价值,在确有实际使用或实际使用意图的情况下,可以酌情从宽掌握使用标准,尤其是可从证据及证据标准、情事变更等方面进行适当从宽把握。但是,商标立法的相关目的是相互协调的,如果维持商标的结果导致与相关商标基本上无法区分,从而涉及公共利益和消费者权益保护的,就要适当从严把握该制度。从该案的实际情况来判断,涉案商标与天丝公司的"红牛 + REDBULL"及"红牛 + REDBULL + 斗牛图"两个商标极其近似且关联程度极高。而且,天丝公司的红牛品牌,经过多年的广泛宣传和使用,其红牛产品在同类商品中已经具有较高的知名度,在相关领域已经具有广泛的影响,其红牛商标已经通过各种途径为相关公众熟知,韦某某使用涉案商标生产红牛饮料,势必导致与天丝公司生产的相关产品相混淆。为维护公共利益和防止消费者混淆,也有必要适当从严把握韦某某对于复审商标的使用事实。❶ 法院最终支持撤销涉案商标。至此商标撤销,该纠纷已经持续 8 年之久。而此纠纷从公开的相关判决书中还有一个花絮事实。红牛维他命饮料有限公司、广东泰牛维他命饮料有限公司、韦某某与李某侵害商标权纠纷二审民事判决书❷中显示,韦某

---

❶ (2011)知行字第 28 号.

❷ (2010)桂民三终字第 80 号.

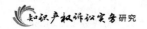

某 2008 年将第 800816 号以 4000 万元的价格转让给惠州市泰牛食品饮料有限公司，因双方合同履行发生纠纷，案件中双方确认商标购买方已经支付了3000 万元的商标转让对价。是什么让这样一个濒临"撤三"的商标具有 4000万元的市场价值呢？无疑是该商标与红牛驰名商标过于相似，而可能导致消费者混淆的巨大市场而带来的。

2. 真假"荣华"月饼案

1950 年起，香港元朗荣华酒楼开始生产"荣华月饼"，"荣华月饼"是南方名气很大的香港食品老品牌。1979 年前后，香港荣华月饼通过探亲访友旅游等方式进入内地，香港荣华饼家也在 1980 年 4 月正式成立。1998 年，顺德市勒流镇荣华面包厂看中于 1989 年申请注册第 533357 号"荣华"商标，通过受让取得该注册商标。此时，创立于 20 世纪 50 年代的香港荣华月饼早已在珠三角地区家喻户晓，并且因为无法在大陆成功注册"荣华"商标而郁闷不已。此商标转让之后，市场上便出现两种"荣华"月饼，且两种月饼的包装都极为相近，十多年来一直让消费者无法区分。

自 1999 年开始，两个荣华公司之间打了大大小小十几场官司。2008 年东莞市中级人民法院和广东省高级人民法院分别认定香港"荣华"为知名商品特有名称，香港荣华在诉讼战役上明显占优，但 2012 年之后情况开始发生逆转，不仅已经生效的判决经过最高人民法院再审被改判❶，并输掉了数个与顺德荣华之间商标官司。此案也扯出了巨大的贪腐案，原知名退休法官在2010～2013 年以法律咨询公司的名义与顺德荣华签订了数个服务合同，涉及合同金额超过 5000 万元。2014 年该退休法官因荣华月饼案以及其他案件被人举报，因而被刑事立案处理，而顺德荣华的负责人苏国荣也因行贿罪而锒铛入狱。此后顺德荣华提起 8 件民事诉讼，起诉退休法官及其知识产权代理公司，要求终止数份案件委托合同，退还超过 2000 万元的服务费用。相关裁决书在互联网上公开爆出，更加令人唏嘘不已。

除上述两纠纷案件外，还有若干个类似的案件。比如樱花案❷、劲酒案❸、九阳案❹、欧普案❺，这些案件都呈现出以下特点：权利人某类商品在市场上

---

❶ （2012）民提字第 38 号.

❷ （2017）最高法民申 1406 号.

❸ （2009）武知初字第 403 号.

❹ （2013）穗中法知民终字第 366 号.

❺ （2013）高民终字第 4324 号.

具有知名度和良好商誉；侵权人通过抢注或者许可受让方式获得在类似商品的近似的注册商标；侵权人通过不规范使用其注册商标，侵入权利人商标权保护范围；侵权人均以自己享有商标专用权为由进行合法使用抗辩。❶

在商标领域，有人通过检索注册时间早，且与现有一些知名品牌十分形似的商标，想方设法受让后，以此为基础进行扩展注册，然后在使用中再穷尽方法地靠近一步，不混淆不罢休。在字号领域，同样有类似的案例。比如在某品牌已经全国知名的情况下，一些公司或者个人通过收购股权方式，获得一个与知名商标相同字号名称的公司控制权，然后再以该公司名义投资成立多家相同字号的公司，在市场上与知名商标企业造成难以区分的混淆现象。这种情况下，由于其收购取得的字号公司成立时间较早，后面的字号与前面的字号又有投资关系，在司法诉讼中，不仅撤销后期字号有较大的争议和难度，对最早成立的字号更是束手无策。还有通过收购股权，取得一个知名字号公司控制权后，进行超业务范围经营，或者变更该公司的经营范围，导致字号与某知名品牌经营范围完全一致，双方形成业务竞争关系。这是目前部分人利用在先权利保护这一原则的漏洞，通过受让方式取得一些早期注册的商标或者字号，然后进行不当使用所导致的纠纷。

上述受让商标或字号的行为，从一开始就具有明显的恶意，而当权利被转让之后也就沦为了侵权工具。但这些行为由于被裹上合法的外衣，导致由其侵权行为所导致的纠纷数年都不得解决，甚至还衍生了司法丑闻。除上述列举案件之外，类似案件比比皆是。受让取得在先商标，通过股权转让控制在先字号等，不一而足。总之，只要穿上合法受让权利的外衣，则可以顺理成章地继承最早注册时间带来的在先权利基础，然后真假品牌之间不可避免地陷入胶着之战，难分胜负。

三、不具有善意基础之"受让"的法律性质

从解决现实纠纷的角度来看，在"红牛"和"荣华"案件中，双方一直纠缠不清的原因在于，由于商标权利注册时间早，无法采用撤销的途径来解决争议。即使明知其受让商标明显恶意，使用商标也明显恶意，对于商标本身却

❶ 马东晓. 一起不规范使用注册商标和滥用商标专用权的案件［EB/OL］. (2018 - 12 - 05)［2020 - 04 - 16］. https://www.sohu.com/a/221074400_221481.

是束手无策的。这也是两个案件纠纷争议多年的症结所在。这两个典型案件也促使我们从诚实信用、公平竞争的立法精神出发,反思微信域名案件。专家组会认为"受让"与"新注册"的性质相同,可从如下几个方面来分析。

其一,无论是原始取得还是受让取得,都应具备善意基础,特别是当两个容易混淆或者冲突的权利已经在市场上存在共存的状态,此时当有人主动购买其中一个缺乏使用和知名度的权利名称时,更应该综合事实考虑双方取得权利和使用上是否具备善意。西安市中级人民法院姚建军法官在评述香港汇丰银行、汇丰中国银行与陕西汇丰公司侵犯商标权及不正当竞争纠纷案中认为:一般而言,不同主体的知识产权或者商业标识权利的共存应指善意共存,而善意共存不等于事实上的共存,法律认定的共存应为基于对不同合法权利及其不同主体各自分别延续下来的并行现状,在符合一定条件下的权利状态的确认,而非对于事实上并行共存的使用行为进行确认或者赋权。❶ 必须指出的,本文所指的"善意",与物权法中"善意取得"有一定的区别。物权法的善意取得,是受让人不了解权利可能存在的瑕疵或者争议,通过合理对价的方式取得权利。本文的"善意",是以知识产权法律中"诚实信用""公平竞争"为原则的"善意"。比如,"weixin"域名受让人李某,在明知微信商标已经家喻户晓的情况下,以受让方式取得"weixin"域名,是不具有善意基础的。

其二,受让取得与原始取得,在多个现实案例中显示,二者的善意基础完全不同,因此二者的法律地位也是完全不同的。原始取得在先商标权或者字号的权利人,其在申请注册时,不存在其注册商标或者字号成为知名品牌的事实,因此其注册行为是没有恶意的。而在后受让权利人,是在明知某品牌具有较高的知名度情况下,可以寻求与之相同或近似的名称或标识进行以市场交易方式取得,其本身恶意和新注册商标或者字号的恶意是比较一致的。

其三,受让权利人,在受让成功后通常会衍生若干个傍名牌的行为。比如,不规范使用受让取得的商标权利,或者抄袭他人知名商品特有包装装潢,等等。例如,"红牛"案件受让方采用与"红牛"功能饮料非常相似的包装装潢,故意引发消费者对于二者的混淆误认。"荣华"月饼纠纷案件,顺德荣华一方受让商标后也使用了与香港荣华难以区分的外包装,同时也注册了一个香港公司,标注在包装上。这一点在微信域名案件也有类似情节,被投诉人一方

---

❶ 姚建军. 不同主体商业标识权利共存应以善意为基础 [EB/OL]. [2020 - 04 - 16]. http://www.nipso.cn/onews.asp? id = 31908.

在其网站标注了"微信平台"以及微信图样，很容易误导消费者认为其网站与腾讯公司之间存在某种联系。

因此，受让人在受让时间点上所存在的"明知"和"故意"，以及其受让之后的行为表现，均说明其受让行为并非善意，不能等同于"原始注册"，因此不能理所当然地继承"原始取得"的被合法保护的善意基础来源。在上述情况下，将其视同于一种"新注册"行为进行规范，是与立法精神相符的。

四、解决恶意商标受让及恶意使用行为纠纷的尴尬现状

对于不规范使用注册商标构成侵权的行为，目前司法实践中主要解决依据是《最高人民法院关于审理注册商标、企业名称与在先权利冲突的民事纠纷案件若干问题的规定》中关于"原告以他人超出核定商品的范围或者以改变显著特征、拆分、组合等方式使用的注册商标，与其注册商标相同或者近似为由提起诉讼的，人民法院应当受理"的规定。上述规定对解决侵权纠纷案起到一定作用，但是由于抢注或者受让注册商标一方本身的目的就是在于攀附知名品牌，而注册商标与知名品牌之间确实形态上比较近似，因此即使类似案件判决后，仍然不能阻止新的纠纷发生。也就是说，这样的处理治标不治本。

而在权利人试图以商标无效的路径对这些近似的注册商标提起无效或者"撤三"时，很多情况下就会面临如下困难：其一，争议商标注册时间较早，已经超过 5 年无效期限，权利人无法证明其引证商标在争议商标申请之前就构成驰名，或者无法证明第一手的争议商标申请人存在注册的恶意。其二，在"撤三"的案件中，往往被撤销一方可以拿出零星的合同、发票证明有实际使用。虽然权利人主张这种证据属于为了维系商标有效的象征性使用，但不同法官对于象征性使用证据的尺度把握不一，因此在"撤三"上也经常难以获得较好的结果。

在立法层面，针对商标的撤销理由，都是针对原始注册行为本身。而对注册之后的使用行为，仅有《商标法》第 49 条的规定"商标注册人在使用注册商标的过程中，自行改变注册商标、注册人名义、地址或者其他注册事项的，由地方工商行政管理部门责令限期改正；期满不改正的，由商标局撤销其注册商标"。上述条款是一条供工商部门进行执法的法律条款，但是并没有赋予因不当使用行为造成损害的利害关系人提起商标撤销的权利。而且上述规定，在

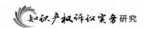

执行层面用得很少，鲜有工商局主动查处擅自改变注册商标后或者因期满不改正而由商标局主动撤销的案例。所以，该条法规执行层面上实际处于形同虚设的尴尬境地。

目前在一些商标无效的行政案件中，法院也在力争解决这个问题，但由于立法和司法解释的空白，论证方面是以受让及使用恶意来推定申请恶意，如"锦竹 JINZHU 及图"案。争议商标申请注册于 1984 年，距提起争议申请时已近 30 年，要求剑南春公司用具体的证据来证明一个 20 多年前的行为存在恶意，显然过于苛刻。❶ 更何况该案争议商标经过多次转让，其最初的注册人早已注销，很多资料因历史变迁已不可考，无疑加大了剑南春公司的举证难度。但有证据显示，争议商标第一次转让前，第一受让人就已经在从事"锦竹大曲"的生产销售，其与后来的受让人及宝松利公司一直有业务上的往来，可见宝松利公司受让争议商标就是为了从事侵权活动，其受让行为具有明显的恶意。宝松利公司一直在利用争议商标从事针对"绵竹及图"商标的侵权行为，并多次被相关工商机关予以查处，剑南春公司也曾多次提起商标侵权和不正当竞争之诉，虽然诉讼赢了却未能彻底消灭宝松利公司的侵权行为。在此种背景下，如果法院狭义理解"恶意注册"，严格适用《商标法》第 41 条第 2 款的规定，在剑南春公司没有更多的证据证明争议商标原注册人有注册恶意，而宝松利公司的恶意受让行为不能纳入"恶意注册"的考虑范畴的情况下，剑南春公司将无法通过商标争议使侵权商标归于无效，从而彻底消灭宝松利公司的侵权行为。宝松利公司完全可以通过关联公司之间的商标转让，利用争议商标继续从事侵权活动，而剑南春公司将疲于提起民事诉讼而陷入维权的困境中。正是在这样的背景下，法院指出，首先，明知他人驰名商标存在，出于商业目的将与他人驰名商标近似的标志加以注册，并且可能通过相关公众对驰名商标与所注册商标的混淆或误认获得利益，就应当认定为具有恶意。该案中，争议商标文字"锦竹"与引证商标文字"绵竹"在字形和视觉效果上极为相近。争议商标原申请人与引证商标权利人同处四川省，对争议商标的知名度应当知晓，其仍将与引证商标相近的争议商标加以注册，已经能够表明其摹仿、攀附引证商标的故意。其次，虽然争议商标注册时间较早，但其核准注册后几经转让，争议商标原权利人四川省绵竹绵窖酒厂和现权利人原告宝松利公司在明知

---

❶ 庄晓苑. 对"恶意注册"的理解与适用——"锦竹 JINZHU 及图"商标争议案与类似案例的比较分析 [J]. 中华商标，2016（1）：85 – 90.

引证商标知名度的情况下，利用"锦竹"和"绵竹"文字字形近似，多次摹仿剑南春公司绵竹大曲酒包装装潢并被当地工商行政管理机关予以处罚，该行为进一步在市场上造成混淆，已产生不良市场效果。故，从争议商标的转让情况以及不同时期权利人的行为来看，可以证明争议商标申请注册之时即非善意，且现在争议商标已经成为宝松利公司及其他具有不良企图的人摹仿驰名商标"绵竹"的工具，且四川省绵竹绵窖酒厂和宝松利公司的不正当竞争行为在实际中加大了相关公众的混淆误认，损害了剑南春公司驰名商标的合法权益。综上，争议商标已构成《商标法》第 13 条第 2 款所指的情形，应予撤销注册。●

宝洁公司诉汕头市威仕达化妆品有限公司、国家工商行政管理总局商标评审委员会争议再审行政判决书●，该案争议商标即第 1904474 号"威仕达玉兰"申请注册日为 2001 年 5 月 15 日，一审和二审法院均认为：宝洁公司提起争议商标的申请日为 2010 年 8 月 4 日，已经超过 5 年的法定期限。另外，如上所述，宝洁公司不属于驰名商标所有人，其在争议商标核准注册之日起 5 年届满后提起撤销申请，不符合法律规定。最高院在判决（［2016］最高法行再 13 号）指出，判断争议商标的注册是否具有恶意，不能仅仅考虑商标是否已经达到驰名的程度，即只要是驰名商标，就推定申请注册人具有恶意，而应该根据案件具体情节，从主观意图、客观表现等方面综合判断。该案中，威仕达公司与宝洁公司同为洗化行业经营者，引证商标在争议商标申请注册日前已经具有很高知名度，威仕达公司应当知晓宝洁公司的引证商标而申请注册争议商标。此外，威仕达公司在实际使用争议商标的过程中具有攀附宝洁公司商标商誉的意图之行为，亦进一步佐证该公司申请注册争议商标具有恶意。

在国家工商行政管理总局商标评审委员会、云南奥普伟业金属建材有限公司、浙江现代新能源有限公司诉杭州奥普电器有限公司无效宣告（商标）二审行政判决书●，北京市高级人民法院认定是否具有恶意可以考虑如下因素：其一，诉争商标与引证商标的近似程度。诉争商标与引证商标的近似程度越高，诉争商标注册人独立创作的可能性越小，明知引证商标而复制、摹仿的可能性越大，同时，如果引证商标由臆造词构成，则该标志的独创性程度通常较

● （2012）一中知行初字第 3359 号.

● （2016）最高法行再 13 号.

● （2016）京行终 5666 号.

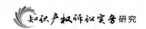

高，不同主体使用相似标志的可能性较小，复制、摹仿的可能性越大。其二，引证商标的知名度。引证商标的知名度与相关公众的知晓程度有关，诉争商标的注册人在申请注册之时理应注意避让那些具有较高知名度的商标，以免产生混淆可能性或者误导公众。其三，核定使用商品之间的关联关系。核定使用商品关联的远近关系到诉争商标的注册是否会导致混淆可能性或者误导公众。在功能、用途、生产部门、消费对象、销售渠道等方面相去甚远的商品上注册的两个商标不会误导公众，或者使之产生混淆的可能性，诉争商标的注册人也难以从中获利，反之亦然。其四，诉争商标的使用方式。虽然进行恶意注册判断应当以诉争商标申请注册时的事实状态作为判断基准，但此后诉争商标的使用方式可用以推定商标申请人注册该商标时的主观状态。

上述案件所采用的思路都是用诉争商标在后的使用方式来推定商标申请人的主观恶意。有法院专门指出："2013 年商标法第四十五条第一款'对恶意注册的，驰名商标所有人不受五年的时间限制'的规定，系针对诉争商标申请人在申请注册时是否存在主观恶意进行的认定，而并非诉争商标现权利人使用时是否存在主观恶意进行的认定。特别是在诉争商标发生过转让的情况下，针对该条款的判断应为诉争商标的申请注册时的原始主体。"❶ 而实际上，在商标发生转让的情况下，以受让人的行为推定申请人的恶意，逻辑上本身还是有些问题的，但法院为了解决纠纷，不得已而采用自圆其说的解决办法。

五、微信域名案对我国商标立法改进的借鉴

本文所持观点在于，鉴于现实中大量出现利用受让在先权利，以合法外衣来实现傍名牌、搭便车的行为，并且多个案件中显示这种行为的危害性非常之大，不仅使真正的权利人束手无策，而且浪费了大量司法资源，甚至滋生了司法腐败。但是微信域名案件的裁决结果，无疑给这一类纠纷的处理提供了一条新的解决思路。所以，有必要从立法上进行一定修订，解决目前这一类纠纷无法可依的现状。当一件商标已经沦为侵权的工具时，此时如若完全割裂商标使用与商标注册的关系，无视实际使用中混淆误认的存在，继续维持作为侵权工具注册商标的效力，显然不利于我国商标市场的健康发展。司法机关应当通过

---

❶ （2017）京行终 1675 号.

审判，使这种假借注册商标实现侵权目的行为得到制止，以彰显商标法鼓励正当、规范使用注册商标的本意。这一观点实际在域名争议解决纠纷已经形成共识。

《WIPO 意见》第 3.7 条明确，在考虑恶意时，域名的续展通常不构成新注册，而向第三方转让域名构成新注册，恶意注册通常发生在当前注册人获取域名的时候。微信域名案的裁决并非突破性的裁决，而是引用了 2007 年裁决的 HSBC Finance Corporation v Clear Blue Sky Inc. c/o Domain Manager 案，其仲裁意见对该规则进行了一定的解释：注册时原始善意的恩惠不应该永远达到这种程度，即在原始注册过期已久之后还能作为所有权或"占有"继承人的借口。此外，在 HSBC 案中，也有类似的裁判理由。投诉人在信用卡业务上使用"CREDITKEEPER"商标，其最早的使用时间是 2003 年 11 月，并于 2004 年 7 月获得美国专利商标局的核准。争议域名"creditkeeper. com"于 2001 年 1 月首次注册，而被投诉人于 2004 年 12 月以 4.8 万美元购买该域名。专家组在 2007 年 6 月作出裁决，认定被投诉人恶意抢注域名，将争议域名"creditkeeper. com"转让给投诉人。不仅如此，对于那些初始注册并无恶意，但是在后续的使用出现恶意，其进行再次续展时也会被认为是重新注册。比如，在 2009 年裁决的 Eastman Sporto Group LLC v. Jim and Kenny 案中，投诉人主要生产和销售运动鞋，其拥有美国专利商标局核准注册的商标"SPORTO"。被投诉人在 1997 年注册了争议域名"sporto. com"，1997 ~ 2008 年进行过断断续续的使用。但从 2008 年开始，该网站开始出现投诉人的商标，被链接的网站销售投诉人的产品或与投诉人具有直接竞争关系的产品。2009 年 8 月，被投诉人还以 10.08 万美元的价格向代理投诉人的第三方提出销售要约。专家组将被投诉人在 2009 年的域名续展视为新注册，从而认定其构成恶意抢注，裁决向投诉人转移争议域名。SPORTO 案的仲裁意见还阐释了之前部分先例（以 2000 年裁决的 Teradyne 案为首的相关判例）中存在的问题，即只要在初始注册时具有善意，被投诉人就进入了"避风港"，无论之后如何毫无忌惮地恶意使用都不会丧失其域名的所有。因此，SPORTO 案确立了将"域名的注册和使用具有恶意"概念，在后的恶意使用对于注册时候的恶意认定具有追溯效力，从而大大降低了认定恶意的门槛。❶

---

❶ 阮开欣. 域名争议的若干法律问题探讨——兼评微信域名案［J］. 中华商标，2016（5）：27 – 31.

笔者认为，可以从人大立法或者司法解释的方式在如下方面进行立法改进。

其一，借鉴微信域名案裁决观点，对受让取得权利的正当性进行合法审查。如受让方在受让时间节点明知知名品牌的存在，故意受让与之相近似的商标，并且实际使用中存在不当攀附行为，应当视为符合无效的情形。比如在红牛案件中，被转让的商标申请时间为1995年，泰国天丝医药保健有限公司之所以多年来与擅长商标运作的韦某某陷入混战，主要的原因就在于由于无法证明在1995年之前红牛权利商标构成驰名，因此将该商标釜底抽薪，最后剑走偏锋采用"撤三"的方式才最终解决，但是过程非常不容易。而在荣华月饼案件中，即使顺德荣华一路抄袭，并且为了争夺荣华市场，竟然耗资几千万元做司法"勾兑"，但香港荣华对1989年申请注册的荣华商标依然是毫无办法。因为根据现有的法律，香港荣华很难证明在1989年之前荣华已经是未注册驰名商标的事实。对于这样已经沦为侵权工具的注册商标，不论是原始注册人，还是受让人，都不曾在商标上投入，却无偿地收获傍名牌所带来的巨大市场利益。并且不惜一切代价，利用法律的漏洞与真正打造品牌的权利人在司法上争得你死我活。这种局面无疑不应该是立法所鼓励的。如果能够借鉴微信域名案件的裁决观点，将受让取得权利视为新注册，重新考查其获得权利是否正当，是否存在主观恶意，那么对于类似于红牛案、荣华案的症结问题，就能一扫而清。对于那些一心希望购买早期注册商标，如同商标古董捡漏，从而借助这些商标与知名品牌相近似的形态，大肆进行市场不正当竞争的商标投机人，在考查受让正当性的情况下，他们就再也无法得逞。

其二，对于转让注册商标设立提供使用证明的条件。大量的商标囤积的目的，实际上都并不是为了使用，而是为了待价而沽。虽然新的商标法已经规定不以使用为目的的注册不能核准，但是不能改变在新商标法颁布之前，已经存在大量囤积商标的事实。那么，这些商标都有可能通过买卖交易的方式，在市场上流通，并且引发新一轮的纠纷。因此，为了避免这种情况，可以在转让商标的手续上增设提供使用证明材料的条件，否则不能核准。那么，在这种限定方式下，大量的囤积商标就会因为无法提供真实的使用证明材料，而无法交易，从而最终维护商标正常的注册秩序。

其三，对于商标注册人不规范使用注册商标导致侵权的行为，以立法方式赋予利害关系人以此为由提起商标撤销的权利。在现行的法律框架下，根据

《商标法》第49条的规定，商标注册人在使用注册商标的过程中，自行改变注册商标、注册人名义、地址或者其他注册事项的，由地方工商行政管理部门责令限期改正；期满不改正的，由商标局撤销其注册商标。但是，该条款实际上形同虚设。现实中，发生了大量的不规范使用注册商标并且导致商标侵权的案例，但这些案件发生后，从未看到有商标注册人承担过商标撤销的责任后果。主要原因在于，该条款没有赋予利害关系人以此为由提起商标撤销的权利。因此，建议《商标法》第49条做如下修改："商标注册人在使用注册商标的过程中，自行改变注册商标、注册人名义、地址或者其他注册事项的，由地方工商行政管理部门责令限期改正；期满不改正的，由商标局撤销其注册商标。如商标注册人因自行改变注册商标、注册人名义、地址或者其他注册事项，或者具备其他恶意或者不当使用商标的情况，导致侵犯他人合法权益的，利害关系人可以向商标局申请撤销其注册商标。"此条增加了注册商标如不当使用，导致侵犯他人合法权益，那么可以由利害关系人来提起商标撤销。通过这样的规定，可以解决目前很多注册商标不当使用，只需要承担规范使用和侵权赔偿的民事责任的问题，难以起到釜底抽薪的惩戒作用。现实中，因为各种原因，本身就存在一些容易混淆的注册商标，但因为注册人未必有经营意图，因此容易混淆的注册商标未必会形成市场冲突。然而当有人刻意购买了这些注册商标，并加以不当使用之后，就制造出来许多山寨产品与正品之间的战争和矛盾了。只有通过立法规范，让不当使用行为成为撤销的合法理由，那么作为商标权人，无论是原始注册人还是受让取得权利人，都会对使用行为有了更强的注意义务，一旦其越过合法边界，就需要承担失权的法律责任。那么，相信很多侵权人就不敢自恃名下有商标权，肆无忌惮地傍名牌和搭便车，滋生出如"红牛"案和"荣华"月饼案那样的事件了。

结　语

商标法的修改，表明国家已经充分重视到囤积商标对于商标秩序的重大危害，然而囤积和买卖商标互为因果，要解决问题的源头，不仅要贯彻诚实信用原则，还要在受让商标获得权利的合法性审查、转让商标的使用条件，以及对不规范使用商标责任承担上进行多方面的立法规制。

商标反向混淆：本质、判定与规制

梁楚婷

摘要： 迥异于传统商标侵权"小企业攀附大企业"的搭便车印象，反向混淆案件由于在先商标权人与在后商标使用人之间的实力差距悬殊，在后商标使用人并无意攫取其商誉，而是试图通过大规模使用，以期"淹没"或消除在先商标在相关消费者心中的印象，最终导致消费者误以为在先商标权人的商品来自在后使用者或者二者之间存在某种关联。为了维护公平竞争以及商标权益，保护反向混淆具有合理性。但是正向混淆及反向混淆案件有极大的差异，商标反向混淆这一新型的商标侵权类型正对传统的商标侵权理论理论发起挑战。

关键词： 商标侵权；反向混淆；正向混淆

一、问题的提出：小米"米家"商标侵权案

由浙江省杭州市中级人民法院审理的小米"米家"商标侵权案引起社会的广泛关注，这是一起典型的反向混淆案例。该案原告联安公司成立于 2003 年 5 月，是国内较早提供联网报警系统的企业之一，并拥有"MIKA 米家"商标专用权，核准使用在"报警器、电锁、电线、防盗报警器、扩音器喇叭、录像机、摄像机、声音警报器、网络通信设备、扬声器音箱"等商品上。然而，2016 年起小米通讯公司、小米科技公司陆续将"米家"商标使用在摄像机、行车记录仪、多功能网关、烟雾报警器等商品上。该行为会导致相关公众误以为联安公司的产品来源于小米公司，或二者之间存在某种关联。最终法院

认为小米公司的行为构成对联安公司涉案商标的侵害，判决赔偿 1200 万元。本案也再一次刷新了"反向混淆"案件的赔偿金额。

反向混淆作为一种新型的侵权类型，其理论来源于美国判例，在长期的司法实践中归纳总结形成并且不断发展。反向混淆与正向混淆在构成要件上存在差异，美国法院对此并未形成较为统一的司法裁决标准。目前，我国司法实践中不断出现反向混淆的商标侵权纠纷，一些法院也支持和认可了反向混淆理论。但是，我国立法尚未明确规定反向混淆，相关理论在我国也没有深刻而成熟的认识。鉴于此，本文将结合我国司法实践及美国判例，从反向混淆的正当性、判断标准及救济方式三个方面进行探讨。

二、反向混淆的本质及正当性

（一）反向混淆与正向混淆

反向混淆理论是传统商标混淆理论在方向上的混淆。一般的商标侵权案件讨论的是正向混淆问题，即分析在后商标与在先商标是否会构成混淆。通常而言，侵权人也即在后商标使用者的商标较弱，被侵权人的商标较强，一般是在先商标。在后商标使用人不正当地利用在先商标权人积累下来的商誉，使用与在先商标相同或近似的商标，导致相关公众误认在后商标的产品或服务来源于在先商标权人。传统商标混淆侵权的认识是以抵制"搭便车"行为为中心建立起来的，其主要目的是防止混淆、误导或欺骗消费者。然而，在反向混淆中，由于在先商标知名度相对较低，在后商标使用人无意攫取其商誉，而是试图通过在商品交易、广告宣传中大规模地使用与在先商标权人相同或相似的商标，以期"淹没"或消除在先商标在相关消费者心中的印象，最终导致消费者误以为在先商标权人的商品来自在后使用者或者二者之间存在某种关联。

（二）反向混淆的危害

商标权保护的实质在于商标对其商品或服务的来源识别性，即商标与该产品、服务之间的联系。商标权人通过实际使用，在建立商标与产品、服务的联系的过程中，会在该商业标识上凝聚商誉。商誉则是一个综合性评价，反映的是商誉主体的总体印象，是商誉主体不断传递自身信息，积累形成在相关公众观念中的良好评价和记忆。这就意味着，在不考虑商标转让的情况下，商标权人与商标使用是同一主体时，商标权人能通过利用投资、产品或服务的质量、广告宣传等方式控制商标在市场中与消费者联系紧密的程度，以及商标信誉在消费者心中的总体印象好坏。同时，当持续有效地使用商标使其积累一定信誉时，商标权人可以有计划地利用该商标扩大新市场，这也是每一位市场竞争者都享有的机会和权利。

在反向混淆中，当实力较强的在后商标使用者将他人商标当作自己的商标使用时，利用广告宣传等方式对市场进行"饱和轰炸"，最终导致消费者误以为在先商标权人的商品是来源于在后商标使用者，这样一来，不仅割裂了在先商标与该产品之间的联系，损害商标最基本的识别功能与价值，而且影响了在先商标权人对其商誉的控制能力与后续开发新市场的能力。与此同时，由于造成消费者混淆，反向混淆使在先商标使用者的商标由信誉良好的无形财产转变为恶意侵权中的"搭便车"的工具。❶ 长此以往便损害了在先商标权人的商誉，而且这种侵权行为更为微妙，造成的损害更为隐蔽。

美国第十巡回法院 1977 年判决的 Big O Tire Dealers, Inc. v. Goodyear Tire & Rubber Co. 案被视为反向混淆的起源性判例。法官在判决书中指出，如果法律责任仅仅局限于欺瞒，那么任何具有相当规模和资源的人，都可以采纳任何一个商标并且就该商标开发出新的含义，以之作为在后使用者的产品的标识。❷

（三）反向混淆保护的正当性

反向混淆这种特殊的商标侵权行为，导致其发生的根源是在先商标权人与后使用者的实力不均，在后使用者并不是出于搭载前者商誉便车的动机，甚至不知晓在先商标的存在。在后商标使用者通过大量人力物力的投入，使用与在先商标近似的标识，使得该在后使用的标识积累了更大的商誉及价值，在消费者眼里系争商标的主要含义还是在后使用者的商标。如果说商标法保护的是标识在市场上建立的商誉，那么根据财产权劳动理论，在后使用者对该商标的使用具有合理性，不应剥夺在后使用者对此付出的巨大投资而获得的权益。从市场与效率的角度来看，如果在后使用者使用商标带来的收益超过对在先商标的损害，那么强化反向混淆的保护是不利于市场效率的提高的。

尽管在后使用者在社会的影响更大，创造出更多的财富与价值，但这并不意味着实力较弱的在先商标使用者的经营成果与合法利益不值得被保护。

---

❶ 龚征南. 美国商标反向混淆制度研究 [D]. 重庆：西南政法大学，2018.

❷ Big O Tire Dealers, Inc. v. Goodyear Tire & Rubber Co., 561 F. 2d 1365, 1977 U. S.

从商标的性质来讲，商标所体现的商誉高低，影响该标识的价值高低，但并不是决定其是否受到保护的条件，商标权保护的实质在于商标对其商品或服务的来源识别性，在实际使用中会在该商业标识上凝聚商誉，因此应当遵循注册商标的优先权原则，只要发生了破坏商标基本的识别功能，或损害商标权人商誉的行为，导致市场混淆问题的都应当受到商标法的保护。

从商标的激励理论出发，通过给予商标专有权，商标权人知道自己的竞争对手不能模仿自己的商标并可以自由地辛勤经营工作，以此来激励企业生产高质量的商品或服务。因此，强有力的商标保护能够鼓励对商标的投资，而商标保护能力较弱则会阻碍对商标的投资。反向混淆只是商标保护的一种特殊形式，它主要保护实力相对较弱的中小企业。对于诚信经营的中小企业，其自身也通过一定努力打造自身商标的商誉，如果没有反向混淆保护，任由实力雄厚的大企业利用广告宣传等方式对市场进行"饱和轰炸"，破坏在先商标对其产品或服务的识别功能，就违背了商标法保护初衷，即不论经济规模大小，都对商标所有人开发其商标给予必要的鼓励。❶

除此之外，从公平竞争的角度而言，反向混淆是对传统知识产权保护功利主义的一种修正，在商标权权属明确的情况下，不能因为商标权人的经济效益不高、规模较小而拒绝给予保护，任由强势一方无限度索取排他性权利来排挤在先商标的市场份额，而应当为小企业营造公平的竞争环境，保护其注册商标的排他性权利，以及通过持续使用进一步拓展注册商标市场空间的权利。禁止反向混淆行为，保护商标权人的合法权益，是权利平等的体现，是公平正义的要求。尽管同类型的权利应获得同等保护，并不意味着必然获得一致结果，而是指在保护路径、保护程序方面应平等。❷

总而言之，反向混淆作为一种特殊的商标侵权类型，其造成的损害更加隐蔽与微妙，出于保护商标识别功能，维护公平竞争的目的，在符合传统商标侵权构成要件及考虑到反向混淆特殊性的前提下，应当维护在先商标使用者的合法权益。

---

❶ Joel R. Feldman. Reverse Confusion in Trademarks: Balancing the Interests of the Public, the Trademark Owner, and the Infringer [J]. J. Tech. L. & Polý, 2003, 163 (8).
❷ 罗斌. 论商标的反向混淆理论——以 iPad 案为视角探讨反向混淆的规则 [J]. 河北学刊, 2012, 32 (6): 168–171.

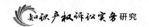

三、判定商标反向混淆的考量标准

传统的商标侵权主要围绕商标性使用、商标近似性、商品或服务类别相似性、混淆可能性等要件进行判定。构成反向混淆的商标侵权同样也要符合上述要件，但在认定上需要谨慎，必须同时考量被告、原告与公共利益之间的关系，也需要正视反向混淆与传统商标侵权案件之间的特殊区别。反向混淆的判断标准源于传统的商标侵权构成要件但需考虑特殊因素。

（一）对传统混淆判断标准的修正

传统混淆与反向混淆在事实构成和损害结果上有所差异，如果直接适用传统的商标混淆判断标准，则会忽略了二者的差异，因此需要针对反向混淆的特性对各个参酌因素进行修正。

反向混淆中造成消费者混淆可能是指，消费者误以为原告的商品或服务来源于被告，或误解为二者之间有特殊关联关系。尽管在美国第十巡回法院1977年判决的 Big O Tire Dealers, Inc. v. Goodyear Tire & Rubber Co. 案中，反向混淆理论才被法院所接受，但各地法院尚未形成统一的判断标准。为了确立反向混淆的判断因素，需要了解由正向混淆演变而来的判断因素。美国第二巡回法院在 Polaroid 案中，确定了判断正向混淆的 Polaroid 八要素，包括商标的强度、实际混淆证据、被告产品质量、购买者的认知成熟度、被告的善意、商标相似度、产品类别相似度以及商标权人跨越产品之间的距离。[1] 直至1983年判决的 Plus Products v. Plus Discount Foods, Inc. 案中，第一次开始使用 Polaroid 的正向混淆八要素来检测是否构成混淆可能性。[2] 在具体案件中，八个检验因素在认定是否造成混淆可能性的权重会有所不同，单一一个因素难以成为决定性因素，应当依据个案情况进行综合认定。

1. 商标的强度

商标的强度由商标本身的显著性及市场强度组成。依据商标的固有显著性，可分为四种：一是通用名称，一般情况下不能获得商标法的保护；二是描述性商标，即标识是直接表示商品的质量、主要原料、功能、用途、重量、数量及其他特点的，通用名称和描述性标识只有在获得第二含义时才能获得商标

---

❶ Polaroid Corp. v. Polarad Elecs. Corp., 287 F. 2d 492, 1961 U. S. 1.

❷ Plus Prods. v. Plus Disc. Foods, Inc., 722 F. 2d 999, 1983 U. S.

法保护；三是暗示性标识，包含该产品的特征，但消费者需要加以想象才能将产品与该特征联系在一起；四是臆造性商标，该商标的含义与商品联系最远，固有显著性最高。因此，商标固有显著性更多是指标识含义本身具有多大的识别商品来源的能力。商标固有显著性与商标市场强度应当区别开来，市场强度更多的是依赖商标权人的经济实力、知名度以及市场认可度。在审理反向混淆案件中，商标固有显著性的判断无须改变，但在市场强度的认定上则需要作出与正向混淆所不同的修正。如前所述，反向混淆的产生是由于原被告之间的实力不对等导致的，被告利用强势的市场地位，对系争商标进行大规模的投入使用，企图"淹没"在先商标权利人的商标商誉，最终割裂了商品与原告之间的联系，破坏商标的识别来源功能。因此，不同于正向混淆特别考量原告的市场强度，反向混淆中应该考量被告商标的市场强度，如果在后商标的市场强度足以淹没在先商标在相关公众的印象，则越容易导致反向混淆。在浙江蓝野酒业有限公司诉杭州联华华商集团有限公司、上海百事可乐饮料有限公司商标侵权案（蓝色风暴案）中，二审法院认为百事可乐公司通过一系列的宣传促销活动，已经使"蓝色风暴"商标具有很强的显著性，形成了良好的市场声誉，当原告蓝野酒业公司在自己的产品上使用合法注册的"蓝色风暴"商标时，消费者往往会将其与百事可乐公司产生联系，误认为蓝野酒业公司生产的"蓝色风暴"产品与百事可乐公司有关。❶

2. 商品或服务的相似性

在正向混淆中，审查判断相关商品或者服务是否类似，应当考虑商品的功能、用途、生产部门、销售渠道、消费群体等是否相同或者具有较大的关联性；服务的目的、内容、方式、对象等是否相同或者具有较大的关联性；商品和服务之间是否具有较大的关联性，是否容易使相关公众认为商品或者服务是同一主体提供的，或者其提供者之间存在特定联系。❷ 因此，在考量商品或服务相似性时更多是在考察商品或服务的关联性以及双方是否同处一个竞争市场。在反向混淆中，同样也需要考察商品或服务的相似性，一般需要审查三个因素，即商品或服务本身的相似性、销售渠道和消费群体的相似性以及广告宣传、营销方式的相似性，同时结合相关公众的一般认识进行综合考量。

其一，商品或服务本身的相似性。商品在功能、用途上具有相似性，或服

---

❶ （2007）浙民三终字第 74 号民事判决书.

❷ 最高人民法院印发《关于审理商标授权确权行政案件若干问题的意见》的通知.

务在目的、内容和方式上具有相似性的，越有可能构成消费者混淆。否则，原被告之间不存在竞争关系，消费者也不会将在先商标使用者的商标与被告商标联系在一起。在"非诚勿扰"商标侵权纠纷再审中，法院认为被诉"非诚勿扰"相亲综艺节目与原告商标核准注册类别第 45 类"交友服务、婚姻介绍"不构成相同或类似。原因是，被诉《非诚勿扰》节目在于向社会公众提供旨在娱乐、消遣的文化娱乐节目，凭节目的收视率与关注度获取广告赞助等经济收入。而第 45 类中的"交友服务、婚姻介绍"系为满足特定个人的婚配需求而提供管理相关需求人员信息、提供咨询建议、传递意向信息等内容的中介服务，系通过提供促成婚恋配对的服务来获取经济收入。❶ 因此，在服务目的、内容、方式以及对象上存在较大差异，不会使相关公众产生混淆误认，最终推翻了二审法院的判决。

其二，销售渠道和消费群体的相似性。即使认定了商品或服务本身具有相似性，当销售渠道和消费群体存在较大差异时，商品或服务本身的接近度则变得没那么重要。消费者更倾向于关注自己可能购买或感兴趣的商品，消费群体之间的差异会降低误解产品来源的可能性。在 Plus Products v. Plus Discount Foods, Inc 案中，原告 Plus Products 公司于 1939 年开始生产和销售带有"PLUS"的保健产品。随后在其产品线中增加了各种产品，包括宠物食品、香料和食用油，这些产品均以高品质和高价格著称。被告 Plus Discount Foods 公司于 1979 年成立了第一家折扣店，并以自己的"PLUS"标签出售宠物食品、香料和食用油。与原告出售高品质商品的做法相反，Plus Discount 公司开设的是价格便宜的折扣店。被告在商店与该商店销售的商品上都使用了"PLUS"这一商标名称，直到 1981 年 Plus Discount Foods 公司开设了 81 家商店。原告随后对被告提起诉讼。原告诉称消费者会误认为其产品是来源于被告公司，或者二者相关联。法院认为该案是关于反向混淆，尽管原被告在某些商品上非常接近，但原告的销售渠道是以专卖店的形式，被告则是有折扣优惠的杂货店，同时双方产品的质量和价格差异较大，面对的目标客户也不同，对原告高品质商品感兴趣的消费者并不会关注到被告的打折商品，因此对于消费者而言，能够施加一般注意力去区分高质量保健食品与常规杂货店保健品。❷

其三，广告宣传及营销方式的相似性，是指在后商标使用者与在先商标使

---

❶ （2016）粤民再 447 号再审民事判决书.

❷ Plus Prods. v. Plus Disc. Foods, Inc., 722 F. 2d 999, 1983 U. S.

用者在相同或者类似的媒体上做宣传，一定程度上也会暗示双方存在直接的竞争关系，更容易造成消费者的混淆。在 Dream Team Collectibles，Inc. 案中，法官认为一旦消费者将原告与被告的商业行为做错误联结，即使是不相关联的商品也能造成反向混淆的印象。❶

3. 被告的主观意图

反向混淆成立与否，与在后使用者是否具有搭乘在先使用商标声誉便车的主观意图没有关联，商标侵权也并不要求侵权人主观上有过错。即使如此，法院也会审查在后使用者在选定拟使用的商标时是否存在疏忽或可责性，若在使用前未进行适当检索，会被认定存在疏忽。在后使用者若具有试图排挤在先使用者的主观因素，明知在先商标存在而继续大规模地宣传使用，该行为则具有可归责性。在"蓝色风暴"案中法院也注意到百事可乐公司在中国进行"蓝色风暴"促销宣传活动之前，并没有提供证据证明其进行了相应的中国注册商标检索的事实。

（二）考察商标共存的可能性

反向混淆的判定标准还需要考虑特殊因素，重点考察商标共存的可能性。对于消费者而言，并不会当然造成混淆误认的，不宜对反向混淆进行一刀切。若在先商标权人并无实际使用该商标的，当涉案商标未建立起与产品稳定的联系时，此时消费者对涉案商标与被控侵权标识能够产生整体性的区别认知，认定构成反向混淆无疑是剥夺了在后使用者的商业成果与竞争优势，应当允许二者适当的共存。在汕头市澄海区建发厂诉迈克尔高司（上海）、迈可寇斯（瑞士）商标侵权案中，二审法院认为原告建发厂没有提供充分的证据证明其在国内有大量销售涉案商标" MK "箱包商品，涉案商标" MK "并未通过建发厂持续大量地使用，获得更强的区别他人近似标识的排他性和独立的市场价值，因此，涉案商标对于相关消费者而言并不会当然地造成混淆误认。

总而言之，考察商标共存可能性首先需要综合考虑涉案商标的显著性和知名度，同时分析原被告的竞争市场情况，原告进入被告市场的可能性以及原被告产品的价格与质量等，在此基础上判断是否构成反向混淆。

---

❶ 张郁龄. 商标侵权反向混淆理论之研究 ［J］. 东吴法律学报，2013，25（1）：107 – 145.

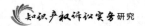
四、商标反向混淆的侵权救济模式选择

（一）对传统商标侵权救济模式的矫正

1. 谨慎对待反向混淆

反向混淆是由判例法发展而来的，作为新型的商标侵权理论，虽然引起了大多数国家的关注，但至今鲜有国家将其纳入明文规定中。作为一种财产权，商标权重心在于排除他人的侵权性使用，可谓是一种绝对权。但商标使用在商业活动中，商标只要达到识别商品来源的显著性要求即可，无须达到著作权法中的独创性，或专利权法中的新颖性、创造性和实用性的高标准。同时，商标符号本身的先天意义是不能阻止他人使用的，否则将会构成文字语言的垄断，因此商标的独占性、排他性相对于物权来说是更弱，商标权包含维护公共利益以及公平竞争的目的。对商标权的保护如果给予和物权绝对权同等水平程度的话，则可能会威胁到公共利益以及竞争公平。但是，物权的理念与制度深深影响着知识产权法，商标权或多或少都会存在物权绝对权的烙印色彩。商标的混淆类型的扩张本质上是商标财产化的加强，商标侵权认定中的混淆可能性要件，不仅包括传统意义上的"来源混淆"，还包括"关联关系混淆"或"间接混淆"，混淆类型在我国的第二次扩张是"反向混淆"。每一次混淆类型的扩张，都意味着商标侵权手段及类型的认定进一步开放，也增加了侵权行为认定不可预测性的难度。我国法院引入美国使用在先原则下的商标反向混淆规则就潜伏着一个巨大危险，有可能用来强化在先的注册商标的财产权利，导致商标权在我国的进一步扩张。❶ 因此，我们在看到中美之间制度差异的同时，也需要结合相关公众、原告与被告三方利益，谨慎对待反向混淆。

2. 反向混淆的考量因素

首先，在反向混淆案件中，由于在后商标使用者通过大规模的投入使用，已具备一定的知名度，形成了良好的商誉，其在消费者之间形成较为紧密且稳定的联系。从商标的通信本质而言，消费者利用商标来接收商品交易过程中传递的信息，以此来区分市场上的竞争商品。既然商标所承载的商品信息、生产信息、质量保障等信息系指向在后商标使用者的，判定商标侵权会徒增消费者

---

❶ 吕炳斌. 商标财产化的负面效应及其化解［J］. 法学评论，2020（2）：55－67.

的搜寻成本。换言之，商标始终是消费者对市场的认知，认定构成反向混淆的商标侵权，涉及需要扭转消费者对争议商标的认知，消费者要耗费更多的精力与成本去辨别争议商标的产品并不属于在后商标使用者，这将减损消费者的福利。因此，法院应当充分考虑消费者的利益，审慎判定在后使用人是否构成侵权，公共利益的存在意味着不能一味偏袒商标权人。

其次，禁止反向混淆是对商标保护的强化，可能会加剧商标抢注。商标抢注人可能会以构成侵权要求其停止侵害、赔偿损失为谈判筹码实现自身利益，名为权利救济，实为商标挟持。由于我国商标抢注问题突出，在判断是否构成商标侵权时需要考查原告商标权利是否存在瑕疵，如果是抢注他人在先商标的，后再提起反向混淆商标侵权纠纷，则是违反诚实信用原则，法院判定构成反向混淆会对被告造成不公平。除此之外，需要考查原告在商标注册后一段合理时间内有没有对该商标进行商标性使用。商标性使用是指通过广告宣传、促销展览等方式发挥商标的识别来源功能，使得该标识积累一定的商誉与信誉。如果商标权人只是象征性地使用，没有实际有效地使用，或在投入商业领域中没有发挥注册商标应有的价值，侵权人使用该商标，并不会造成消费者混淆。

不能忽视商标反向混淆中潜在的利益对峙问题。传统商标侵权规制的是"搭便车"问题，也就是实力较弱的商标侵权人，借助商标权人的知名度、良好商誉与市场上的优势地位，通过在相同、类似商品或服务上，使用与商标权人相同或近似的标识，造成消费者混淆，引诱、欺骗消费者购买侵权产品。在反向混淆中，情况则相反，在后商标使用者无意也没必要利用在先商标权人的商誉，在后商标使用者可能是因为检索不周而使用他人商标，即不存在"搭便车"的问题。但不排除，大企业的强势广告宣传和市场地位会对实力较弱的在先商标权人形成辐射效应，商标权人难免会利用在后商标使用者形成的品牌效应，来提高自己产品的销量。因此，商标反向混淆中的在先权人即中小企业并非仅受有损失，其在一定程度上也会有所裨益。❶

在实践中，部分权利人为了获取高额赔偿金，明知在后使用者实施侵权行为却任由其使用，不及时采取防范措施，怠于行使权利，待争议商标具备一定知名度，被告获得利润巨大时才提起商标侵权诉讼，其"放水养鱼"的目的明显。

---

❶ 王元庆. 商标反向混淆侵权救济模式的选择 [J]. 北方法学, 2019, 13（1）: 64-72.

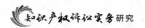

（二）反向混淆侵权救济的责任承担

商标侵权的民事责任承担主要是停止侵害、赔偿损失、赔礼道歉、消除影响。如前所述，商标反向混淆的特殊性，其行为潜在多方利益博弈，不仅涉及原被告双方的利益，更关系到消费者利益乃至公共利益。因此，面对商标反向混淆情形的复杂性，需要依据不同的情形来判决被告承担的民事责任。笔者主要就争议较大的两种民事责任承担方式进行论述。

1. 停止侵害

在我国，对于商标侵权行为，通常能够适用停止侵害。但是在英美法系，停止侵害属于禁令救济的一种，只有在赔偿损失不足以弥补权利人损失或阻止侵权发生时，才会选择颁布禁令，因此禁令需要符合衡平救济的目的。在法经济学领域，知识产权被看作一种公共产品，其具有非竞争性和非排他性，决定了知识产权不能与传统财产权相提并论，因此在适用停止侵害时不能简单地套用法律条文，判断是否限制停止侵害的适用，可以吸纳专利侵权中应考虑的因素：双方当事人的竞争关系、市场性质、被许可历史、各方的损益与公共利益等。[1]

从公共利益的角度出发，当被控侵权行为已经持续了较长时间，具备了较高的知名度，那么相关公众对诉争商标的认识主要依赖于在后商标使用者，并与之建立了较为稳定且紧密的联系时，则该商标事实上是由被告来发挥识别来源功能。如果判决停止侵害，要消除在后商标使用人在消费者心中留下的深刻印象，需要耗费大量的资源。构成商标侵权而不判令停止侵害，不是鼓励"大鱼吃小鱼"的侵权行为，而是利益平衡的结果。一方面，基于市场格局和交易效率的考虑，我们要尊重相关公众在客观上将相关标识区别开的市场实际，并由此形成的稳定的市场秩序。[2] 但是需要依据被告的主观过错、侵权情节等因素对原告进行损害赔偿，同时限制被告标识的使用方式和范围，规范标识的使用来代替适用停止侵害。[3] 另一方面，在侵权行为发生的初期，在后商标使用人对商标使用的范围尚未扩张，尚未积累一定的商誉，消费者与该商标之间的联系比较松散，此时应当以保护在先商标权人的利益优先，避免商标影响力的扩大而判决停止侵害。

---

[1] 张耕，刘超. 商标领域适用"停止侵害"救济方式之限制［J］. 河北法学，2017（2）.

[2] 孔祥俊. 商标法适用的基本问题［M］. 北京：法制出版社，2014：62.

[3] 张耕，刘超. 商标领域适用"停止侵害"救济方式之限制［J］. 河北法学，2017（2）.

从原被告双方损益影响的角度出发，根据财产权劳动理论，剥夺在后使用者对商标使用付出的巨大投资而获得的权益，难免是不公平的。在构成商标侵权的情况下，如果损害赔偿数额足以弥补原告损失，又要求被告停止侵害，无疑是迫使被告放弃因投资于商标使用而积累起来的商誉。同时，反向混淆的商标权人反而受惠于消费者将其商品或服务误认为来源于在后商标使用人。除此之外，为了避免"停止侵害"这一责任形式沦为知识产权人实施的所谓反市场、反竞争的"遏制战略"武器，妨碍市场的有效竞争❶，在判定"停止侵权"时应当审慎考虑。因为"停止侵害"有可能被滥用，以及由于知识产权权利界定的不确定性，会过多地威慑一些边际合法行为。当被告想继续使用该商标时，需要和原告达成商标许可协议，在先商标权人手持"停止侵害"的筹码势必在谈判交易中成为压制潜在的在后商标使用人的利器。

2. 损害赔偿

填平原则是我国民事侵权赔偿的基本理论，填平原则是指权利人不能因为被侵权而获利，赔偿要与侵权行为所导致的损失相当。《商标法》第 63 条规定了侵权赔偿的顺位规则，这种赔偿也是以弥补权利人损失为目的。但与易于确定财产价值数额的有形财产不同，商标权的损失取决于权利人的举证能力、选择的赔偿计算方法以及原被告的具体情况。❷ 除此之外，反向混淆中原告反而因为消费者混淆了商品来源于被告而受益，也因此扩大了自己商标的影响力，其失去的更多是控制商誉的无形损失，在"原告实际损失"难以计算从而适用"被告侵权获利"计算方法有违民法中的填平原则。因此，在商标反向混淆的损害赔偿中难以适用填平原则。

米家案中法院判赔 1200 万元，MK 案中原告诉请金额高达 9500 万元，到底是依据什么来确定这不菲的数目呢？上述赔偿金额的依据是侵权人因侵权所获利润的数额。在计算因侵权所获利润时，需要考虑被告的营业利润率以及侵权行为对利润的贡献率，考察被告的市场声誉、营销能力、广告宣传投入、生产销售时间、销售范围，同时证明被告的疏忽或主观故意有利于原告主张损害赔偿。在米家案中，法院考虑到涉案各侵权商品在网页链接标题、商品详情、商品名称和商品实物包装上基本均使用了"米家"标识，被告小米通讯公司、

---

❶ 杨涛. 论知识产权法中停止侵害救济方式的适用——以财产规则与责任规则为分析视角［J］. 法商研究，2018，35（1）：182-192.

❷ 袁博. 浅析"新百伦"商标案的侵权赔偿数额［J］. 中华商标，2015（6）：13-17.

小米科技公司对被控侵权标识的使用贯穿于消费者选择、购买、使用的全流程，一方面对破坏原告商标识别来源功能的结果更为严重，另一方面被告使用被控侵权标识的强度与广度带来了巨额的利润，最终酌情确定侵权标识对小米通讯公司和小米科技公司利润的贡献率，并据此认定小米通讯公司因本案侵权行为应当承担的赔偿金额为 1200 万元。❶

进一步思考的是，商标侵权案件中原告的损失往往难以计算，主要依据被告的营业利润来确定损害赔偿金额是否完全合理呢？尤其是当原告没有真实、勤勉地使用涉案商标时，而是乐于追求与被诉侵权标识所指示的商品来源相混淆的结果，目的在于阻止大企业对类似商标善意的使用，意图通过放水养鱼索要大笔的赔偿金。对于这种违背公平竞争的小企业，仍能获得商标法上的保护恐怕有悖立法宗旨。在 Sands，Taylor & Wood Co. V. Quaker Oats Co. 案中，关于反向混淆的损害赔偿开创了新的规则，法院裁定，在没有恶意的情况下，以一定的许可使用费就可填平后使用人的不当得利或者弥补权利人因侵权所遭受的损失。所以，原告要么获得合理使用费，要么就是取得被告利润的10% ~ 30%的赔偿。这一比例对于原告来说无异于是一笔横财，一般都高于许可费。❷ 对于为了获取高额赔偿，怠于行使权利，"放水养鱼"目的明显的权利人主张损害赔偿时，都要谨慎对待。与此同时，有美国学者在侵权损害赔偿额的计算上，主张依据商标许可使用费来计算损害赔偿额，既不会有失公允，又能尽可能地遏制试图不劳而坐收不义之财的情况出现。❸

结　语

无论是认定反向混淆还是确定反向混淆的赔偿金时，法官面临平衡原告、被告及社会公众三方利益的问题都更为微妙与复杂。我们应当尊重中小企业的诚信经营下构筑的商标价值与商业信誉，维护其公平的市场竞争环境。大企业在今后的市场推广中也应进行合理的商标检索，即便是善意使用在先商标的也应当是谨慎、谦抑的，及时寻求双方商标共存的空间，以期相互包容共同发展。

---

❶ (2017) 浙 01 民初 1801 号民事判决书.

❷ Sands，Taylor & Wood Co. v. Quaker Oats Co. ，978 F. 2d 947，1992 U. S.

❸ Leah L. Scholar, Righting the Wrong in Reverse Confusion, 55 Hasting Law Journal 737, 741 (2003 – 2004).

以反向混淆为由的商标恶意
诉讼：识别与规制

何　俊

摘要： 新修正的《商标法》首次对恶意诉讼进行了具体规定，引发了知识产权学界及实务界对商标恶意诉讼概念的广泛关注。司法实践中，商标恶意诉讼常常带着合法维权的面纱，尤其是以反向混淆为理由的恶意商标诉讼，具有较大的欺骗性，容易带来巨大的损害后果。因此，有必要对此类商标诉讼进行有效的恶意识别和法律规制，避免恶意诉讼原告以此为由进行商标投机，将商标法异化为反向掠夺的工具。

关键词： 商标恶意诉讼；反向混淆；恶意识别

一、问题的提出

案例 1： G2000 商标侵权案。纵横两千公司是一家香港的服装企业，1986 年就开始在中国内地申请第 25 类、第 18 类的注册商标，1997 年之前就已经在广州等地大量销售涉案含"G2000"标识的服装、领带、围巾、袜子等产品。但纵横两千公司只注册了第 25 类"服装、帽"，未注册"领带、围巾、袜子"等商品。某个体工商户在 1997 年恰巧在领带、围巾等商品上申请了"2000"商标，2005 年经过两次转让由"赵华"受让取得，经查询赵华名下注册超过 100 个商标。赵华受让商标后不久即展开针对"G2000"品牌服装店的调查取证，随后于 2006 年对纵横两千有限公司提起商标侵权诉讼，索赔金额 2000 万元。一审法院认为纵横两千公司使用"G2000"与原告注册商标"2000"构成近似，因此全额支持原告的诉讼请求。❶ 二审法院对案件赔偿金额改为 1257 万元。❷ 该案判决虽然没有直接引用反向混淆理论，但是广受关注的"蚂蚁绊倒大象"的反向混淆案例，在很多文章中被广泛评论和引用。此案在当时大部分商标侵权案件赔偿额在 50 万、10 万元以下苦苦挣扎的年代，是足以让人咂舌的赔偿金额。

案例 2：红河商标侵权案。2001 年 2 月，济南红河经营部受让取得于 1997 年注册成功第 1022719 号"红河"商标。2001 年 10 月，济南红河经营部起诉称，云南红河公司生产销售"红河"啤酒侵犯其商标权，以云南红河公司 1999 年、2000 年年度报告及 2001 年中期报告披露的经营数据请求判令赔偿 499 万元，法院判决构成侵权赔偿 50 万元，云南红河公司没有上诉。❸ 2004 年济南红河经营部再次提起诉讼，起诉赔偿 1000 万元。一审法院认为，云南红河公司产品上使用的行楷体"红河红"文字与济南红河经营部的"红河"商标上楷体的"红河"文字字形、含义相似，两商标构成近似。云南红河公司使用"红河红"商标侵犯了济南红河经营部的"红河"注册商标专用权，需要承担侵权赔偿责任 1000 万元。❹ 二审法院维持原判。❺ 云南红河公司不服提起再审，最高人民法院经过审理认为，云南红河公司使用"红河红"商标与"红河"不近似，但使用"红河"仍然构成商标侵权，但考虑到济南红河经营部无法提供其使用商标的证据，改判承担合理维权支出 2 万元。❻

案例 3：被再审改判的"非诚勿扰"案。"非诚勿扰"电影播出之后一个叫金阿欢的个人将"非诚勿扰"商标注册在"婚姻介绍"类别上，随后江苏电视台推出的"非诚勿扰"婚恋综艺节目也广受关注。因此，金阿欢便将江苏电视台以商标侵权为由起诉至法院。一审法院认为商标类别不近似，因此驳回了金阿欢的诉讼请求。❼ 而二审法院认为江苏电视台的行为构成反向混淆，理由在于江苏电视台"非诚勿扰"节目是在金阿欢商标注册申请之后才开播。由于江苏电视台的强力宣传，已客观上淹没了上诉人的商标，不可避免地压缩

---

❶（2006）杭民三初字第 131 号.

❷（2008）浙民三终字第 108 号.

❸（2001）济知初字第 45 号.

❹（2004）佛中法民三初字第 98 号.

❺（2006）粤高法民三终字第 121 号.

❻（2008）民提字第 52 号.

❼（2013）深南法知民初字第 208 号.

了法律预留给商标权利人的空间、压缩了权利人今后正常的品牌运行空间。❶
广东省高级人民法院则推翻了二审判决，认定商标保护应当与权利人对商标的
知名度、显著性所作出的贡献相符，认为不构成商标侵权。❷ 该案由于"非诚
勿扰"电影以及综艺节目的知名度，引发了社会以及业界人士的广泛关注，
尤其在二审反向混淆认定结果出来之后，更是引来广泛的批评议论。

上述几个案件都是业内经常讨论的反向混淆案例，不少学者在研究上述案
例时认为在多个适用反向混淆理论的案件中，商标权利人均具有反向劫持的嫌
疑。❸ 即注册商标并非为了真实经营使用，而是待价而沽，或者专门等到他人
使用后再进行"收割"性的起诉，反向混淆在商标诉讼中沦为掠夺他人劳动
果实的镰刀。

二、商标恶意诉讼规则的确立

2017 年，最高人民法院在发布指导性案例时明确指出，当事人违反诚实
信用原则，损害他人合法权益，扰乱市场正当竞争秩序，恶意取得、行使商标
权并主张他人侵权的，人民法院应当以构成权利滥用为由，判决对其诉讼请求
不予支持。❹ 在原有类似案例中，比如优衣库案，恶意商标注册人在多个不同
地区法院提起诉讼，产生的判决结果各不相同：有的法院判决不近似不混淆，
判决不构成侵权；有的法院判决构成侵权，但不需要赔偿；有的法院则判决构
成侵权，需要赔偿经济损失。在歌力思案之后，优衣库案也被认定为恶意诉
讼，原告诉讼请求得以驳回。

可见，在司法实践中，业界均认为歌力思案是恶意诉讼认定的分水岭。在
多个涉及恶意诉讼案件审理之后，商标恶意注册人针对真正的权利人和使用人
发起的民事侵权诉讼被普遍认为是恶意商标诉讼。其中，恶意注册是指恶意抢
注他人有一定影响力的商标、恶意抢注通用名称、通用包装等公有领域的标
识，以及囤积商标待价而沽的行为。

恶意诉讼规则的确立，是对我国商标注册制度的一种深刻反思。长久以

---

❶ （2015）深中法知民终字第 927 号.

❷ （2016）粤民再 447 号.

❸ 邓宏光. 商标反向混淆的司法应对［J］. 人民司法（应用），2017（10）：18 - 23.

❹ （2014）民提字第 24 号，即王碎永诉深圳歌力思服饰股份有限公司、杭州银泰世纪百货有限
公司侵害商标权纠纷案（以下简称"歌力思案"）。

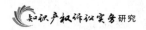

来，在我国实行商标注册先申请原则的影响下，商标抢注、恶意受让、囤积售卖，甚至恶意诉讼的现象大量存在，被长期诟病，已成为近几次商标修法中竭力整治的重点。红河商标案赔偿金额从 1000 万到最高人民法院改判至 2 万元，引发了广泛关注和争议思考。该案件也促使 2013 年修法中，增加了第 64 条"注册商标专用权人请求赔偿，被控侵权人以注册商标专用权人未使用注册商标提出抗辩的，人民法院可以要求注册商标专用权人提供此前三年内实际使用该注册商标的证据。注册商标专用权人不能证明此前三年内实际使用过该注册商标，也不能证明因侵权行为受到其他损失的，被控侵权人不承担赔偿责任"的规定。大量涉及商标囤积的抢注案件，以前由于 5 年时效的限制长期无法得到解决，但在 2019 年修法之前发生了微妙变化，在司法中均以《商标法》第41 条第 1 款其他不正当行为取得商标条款得以被最终无效，比如杜某某与好来公司系列商标行政案件。该系列案中法院认为，杜某某及其公司注册的商标共计 66 枚，涉及行业类别跨度大，其中 53 枚商标与他人享有在先权利构成相同或类似，部分在先商标曾被认定为驰名商标，其注册行为具有明显的复制、抄袭他人高知名度商标的故意，扰乱了正常的商标注册管理秩序，有损于公平竞争的市场秩序。❶ 2019《商标法》第 4 条明确规定，自然人、法人或者其他组织在生产经营活动中，对其商品或者服务需要取得商标专用权的，应当向商标局申请商标注册。不以使用为目的的恶意商标注册申请，应当予以驳回。

三、以恶意诉讼规则评判反向混淆之案件概况

当恶意诉讼规则逐渐确立，再对之前发生的部分反向混淆案例进行诚信评判时，竟然发现这些案件的原告均存在不同程度的恶意行为。如 G2000 案中，原告赵华名下囤积超过 100 个商标，其主张的商标权利是受让取得，申请日迟于纵横两千有限公司在中国内地市场销售涉案产品的时间，且未有证据证明其对歌力思商标投入实际经营使用；在红河案中，济南红河经营部虽然没有商标囤积行为，但其受让取得"红河"商标后并非进行持续经营使用，而是立刻展开针对云南红河公司的商标诉讼，可见其受让商标的目的在于发起诉讼获得赔偿；在非诚勿扰案中，金某某的商标是抢注知名电影名称取得，获得商标权

---

❶ （2018）京行终 2294 号，（2018）京行终 2295 号.

之后也没有真实投入精力、时间、财力、物力经营业务，而是利用该商标起诉非诚勿扰婚恋节目的制作方江苏电视台；在"新百伦"案中，原告周某某同样在诉讼中被质疑具有恶意诉讼的特征。经查询周某某名下有59个商标，其公司名下有75个商标，一共持有134个商标，其中不乏"伊利""伊顿""立顿"这样的知名商标。不仅如此，该公司还注册多个与"NEW BANLENCE"近似的商标，说明其在提起诉讼的同时还在刻意追求混淆的结果。上述案件中原告取得商标均非为了诚实经营使用，而是期望利用该商标获得不正当利益，因此从本质上更加符合商标恶意诉讼的特性。

特别是让被告纵横两千有限公司付出高达1257万元赔偿，并且被迫购买了"2000"商标的G2000案特别让人扼腕叹息。事实上，将G2000案与歌力思案的进行对比，就会发现两个案件非常相似（见表1）。

表1　G2000案与歌力思案对比

案例	被告在先权利	被告有商标漏洞	原告取得商标后不久提起诉讼	原告囤积商标
歌力思案	1996年成立并使用歌力思字号，1999年在第25类使用并注册歌力思商标，具有极高的知名度	歌力思公司未在18类注册"歌力思"中文商标	2011年6月取得涉案权利商标，2011年9月大量调查取证，2012年3月提起诉讼	名下有30多个商标
G2000案	1986年开始在服装产品使用并注册"G2000"商标，在同行业具有极高的知名度	纵横公司未在第25类围巾、领带、袜子上注册"G2000"	2005年5月受让取得涉案权利商标，然后开始大范围取证，2006年3月提起诉讼	名下有100多个商标

可见，G2000案件的被告纵横两千有限公司，实际上是恶意诉讼的被害者，但是司法裁判者在当时那个年代，将这样的案件当作了反向混淆进行处理，由此无限倍数地放大了加害的效果。所以，反向混淆理论的适用初衷表面看起来像是为了保护弱小的企业不被大型知名企业抢夺商标，在实际运用中却演变成对于恶意诉讼的纵容和保护，成为商标投机分子合法"劫富济贫"的保护伞。一个商标注册人只是注册了某个或者多个商标，并未对该商标进行任何持续、稳定、大量的经营使用（比如少量的使用，以保障商标不被"撤三"），一旦发现某个知名企业存在漏洞，使用商标与自己的商标相同或者近似，便可以堂而皇之打着"反向混淆"大旗大胆碰瓷，成功了就赚个盆满钵

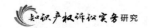

满，失败了也无须承担法律责任。这样的利益驱动机制，催生了恶意抢注、囤积商标总是屡禁不绝的现象。

四、对我国司法实践反向混淆理论运用的反思

（一）反向混淆理论的本意探讨

"反向混淆"概念来源于美国。众多论文指出著名的霍姆斯法官乃是该概念的提出者。在1918年的International News Service v. Associated Press案中，霍姆斯法官发表反对意见指出："通常的情况是被告假冒原告产品，然而相反方向的误解也会导致同样恶果，即通过某种表述或暗示让人们误以为原告产品来源于被告……与常见的不正当交易相比，这种错误更加巧妙和隐蔽，所造成的损害也更为间接。在我看来，苛责第一种行为的规则同样可用来苛责第二种行为。"❶

美国麦卡锡（McCarthy）教授这样描述反向混淆："传统的正向混淆是指消费者错误地认为在后使用者的商品来自于在先使用者，或者与在先使用者有关。反向混淆恰恰相反，是指消费者购买了在先使用者的商品，却错误地认为该商品来自于在后使用者。也就是说，由于在后使用者大量的广告和促销活动，导致在先使用者在市场中的声誉被吞没。"❷可以看出，首先商标权人应当对商标有在先的使用，其次通过使用建立该商标可识别商誉。在不存在使用和商誉的情况下，实际上并不会导致"在先使用者在市场中的商誉被淹没"的事实发生，所以美国的"反向混淆"理论与其国情是息息相关的。美国商标法长期采用"使用取得"制度，注册本身并不创设商标权，只对于商标权归属与效力，具有公告及表见证据的作用，这一点类似于我国的版权登记证书的效果。

而我国移植而来的反向混淆理论，实际上是在注册体制下的变味移植，也就是将"在先使用者"变成"在先商标权人"，因此商标商誉是否存在不再是考虑因素。一些司法裁判者的文章如此论述反向混淆的三种危害：其一，限制了在先商标权人利用商标开创市场的预期利益；其二，误导了消费者，损害了

---

❶ 黄武双. 反向混淆理论与规则视角下的"非诚勿扰"案［J］. 知识产权, 2016（1）：29－36.

❷ McCarthy on Trademarks and Unfair Competition, FourthEdition, Chapter 23：10. Westlaw. ©2012 ThomsonReuters.

消费者的合法权益；其三，弱肉强食，在后使用人实力强大通过广告和商业经营导致在先商标权人通过该商标开拓市场的期望落空，造成了不公平竞争的后果。❶ 也就是说，只要权利人注册了商标，那么不管是否使用，都具有用该注册商标开拓市场的预期利益，在后使用人的大量使用和推广则导致商标权人未来的预期利益落空，造成了弱肉强食的恶果。这里面其实存在巨大的理论和现实脱节的错误。注册商标开拓市场的利益，究竟是注册商标所产生的价值，还是经营投入所产生的价值？一个注册商标本身并不会当然地产生市场价值，只有经过大量持续地使用和商业推广后才会产生真正的市场价值。而且这种使用必须依赖于所附属商品或者服务的良好品质、正确商业推广渠道、持续的人才和资金投入等方面，一个环节不慎则不仅商标不会转化成人们心目中的品牌，而且投入很可能血本无归，这种失败的概率非常高。所以，注册商标开拓市场，并不会必然产生预期利益。

然而，我国反向混淆理论从一开始就忽略了该理论产生的国家背景和本意实际上是为了保护在先商标使用人的商誉不受掠夺。只有在在先商标权人已经对其注册商标长期持续使用，并获得了一定的市场声誉和地位后，这种权益才应该得到保护。

（二）反向混淆演变为恶意诉讼的深层原因

和美国商标法所实施的"使用取得"制度不同的是，我国商标法采取的是注册取得制，并遵循先申请原则，未要求申请人取得商标权之前已实际使用该商标。虽然我国也有三年不使用撤销制度，但是实际"撤三"案件中，对使用证据的要求一直持较为宽松的态度。特别是商标局阶段，上述证据商标局不转交给"撤三"申请人，对证据有效性的认定比较随意，往往是商标权人即使提供的是不合格的使用证据，商标局仍然作出维持商标有效的决定。这些案件只有在后期的评审阶段，经过双方对于证据的质证博弈，才能改变商标局作出的决定。

商标注册取得制度，结合我国的现实情况，从经济学角度而言驱动产生了大量企业或者个人恶意申请并囤积商标的行为。因为商标囤积行为从行为成本、效益及风险作出评估来看，本身就是一种低风险、低成本、高收益的投资。首先，选择注册 10 个商标，只需要付出少量的不到 1 万元申请费用，同

---

❶ 祝建军. 商标反向混淆的争议问题［J］. 人民司法（应用），2017（10）：6–12.

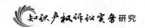

时由于商标注册程序的简化，时间成本也大大降低。注册不成功，也只是损失1万元，风险很低。但如果注册成功并且10个商标中有一个转让成功，以目前市场价格一个注册商标最低2万～3万元来看，只要售出一个商标，全部成本就会收回并且盈利达到100%甚至200%或者更高。如果注册商标中一些商标和知名商标非常近似，则有可能会产生一本万利的效果。比如某商标权人通过受让取得注册时间在20世纪90年代第5类的"红牛"商标，其向另一方转让费用高达4000万元。❶ 在佛山市海天调味食品股份有限公司诉王某某等被告商标侵权纠纷案中，被告注册了"海天"商标，随后以该商标参与多家饮料生产公司合作，其中一家公司商标投资作价199万元，占股比例50%。❷ 除了转让、许可他人使用牟利之外，诉讼盈利也是巨大的利益诱惑。如红河案件中原告首次提起诉讼获得赔偿50万元，G2000商标案件中原告赵华获得商标赔偿金1257万元。正是种种一本万利的利益模式驱动之下，很多个人或企业选择以商标注册为职业，胆子小的在注册之后委托代理机构进行公开售卖，胆子大的则直接选择知名企业进行诉讼"碰瓷"。比如优衣库案中的原告，注册商标多达2000多个，在试图转让给被告优衣库公司不成功之后，则对多个优衣库的全国门店提起了诉讼，一方面获得案件赔偿，另一方面也是以此方式逼迫优衣库接受转让商标的价格。这些行为即使失败，也不会产生法律后果或利益的损失。我国法律并未禁止商标交易行为，商标转让和商标诉讼亦是合法形式，此行为隐蔽性极高，即使被发现，除了驳回注册申请、宣告注册商标无效，违法成本极低。

比较尴尬的是，我国现有反向混淆的原告恰巧就是商标投机人，他们有的刚好甚至刻意注册或受让取得一个商标，与现有的知名企业的使用标识有相像之处。比如红河商标、红牛商标、非诚勿扰商标。有的则是选择性注册大量的商标进行囤积，比如优衣库案的原告。而在法院判断反向混淆行为构成要件时，既不考查原告是否存在恶意诉讼的意图，也不考查其对其商标经营是否已经形成市场声誉和地位，更重要的是在判决赔偿时完全不考量原告对商标的投入和贡献的情况下，则大量反向混淆案件势必演变成恶意诉讼的遮羞布和保护伞。

---

❶ （2010）桂民三终字第80号.
❷ （2015）佛中法知民初字第10号.

（三）反向混淆的谨慎适用应当成为学界和实务界共识

对于反向混淆在司法实践中的适用一直都存在较大的争议。不少学者提出观点认为应当废止反向混淆理论的适用，或者严格其适用条件。

其一，美国本身也在对反向混淆理论进行反思和加以限制。相比于中国而言，美国实际真正适用反向混淆的案例非常稀少。由于实务界的争议不断，因此也形成一种新的观点，若在先商标不具有高度的先天识别性，且在后商标具有相当的商业性强度，即在市场上已经因密集性的销售、宣传和商品广告而广为消费者所知悉，则法院不再倾向支持反向混淆误认的主张。另外，按照商标保护的比例原则，原告商标的显著性越强，其获得的保护应越强；显著性越弱，其获得的保护应越弱。反向混淆是商标保护比例原则的例外，突破了商标保护强度与其显著性正相关的一般原则。这种突破应仅限于个别例外情形。❶

其二，反向混淆的损害是一种虚构性的损害。商标反向混淆类案件中，原告基本是规模非常小的企业，甚至是个人，其使用的商标知名度极低，甚至根本没有知名度，而且往往偏安一隅，不思进取，也无能力进取。实务上尚未见到有反向混淆的原告已经具有市场主体身份、产品独立资格以及未来市场发展空间，因为反向混淆被剥夺的真实案例。与此事实相反的是，往往这些原告得到了因反向混淆而带来的市场知名度的益处，并且积极扩大双方混淆的可能性。也就是说，反向混淆不但没有损害原告的利益，反而是混淆结果的受益方。以新百伦案件为例，其中一个原告广州新百伦领跑鞋业有限公司官网公开的 2014 年度报告显示，2014 年资产总额为 1.38 万元人民币，营业总收入、纳税总额均为零，所有者权益合计为 -0.62 万元人民币，利润总额和净利润均为 -0.62 万元人民币，公司负债总额为 2 万元人民币。❷ 而案件被告则在二审中举证，该公司生产的运动鞋抄袭被告新平衡公司的知名运动鞋外观。很显然这样的原告并没有经营品牌的实力和计划，因此这样的原告所声称受到的损害其实是不存在的。

其三，反向混淆案件的高额赔偿形成了对社会有害的导向机制。在反向混淆案件中，由于被起诉的被告都是资产过亿的知名企业、上市公司，其产品销售规模极大，财务数据规范透明。在侵权成立的情况下，按照一般侵权案件的

---

❶ 张玲玲. 商标保护比例原则与反向混淆的例外 [J]. 人民司法（应用），2017（10）：11-15.

❷ 张玉敏，李杨. 商标反向混淆探微——由"蓝色风暴"商标侵权案引起的思考 [J]. 江西社会科学，2008（5）：161-166.

获利计算方式，则总会计算出来一个天价赔偿。比如 G2000 案、新百伦案。这种数额看似有证据，有计算规则，却极度不符合情理。首先，相比于大量知名企业而言，对于商标投入巨大但面对市场上大量的山寨企业，要获得如此的高额赔偿判决极度困难，大量的案件连维权支出都无法弥补。反向混淆案件中原告对商标并无实质性的投入和贡献，却在诉讼中获得如此大的优势和区别，严重违反贡献与保护比例相一致的基本原则。其次，相比于原告自身的经营收入而言，很多原告每年的资产、营业收入极为有限，纳税甚至为零。数年经营所产生的经济收入还不如一次诉讼维权的收入。这种结果实际上就是变相鼓励个人或者企业以诉讼牟利胜过真实的经营获利。

值得一提的是，反向混淆理论一直没有出现在司法解释中，也没有出现在最高人民法院的公开判例中，本身就说明最高人民法院层级未必认可该理论。

五、反向混淆案件中的恶意识别与司法规制

不管是反向混淆，还是正向混淆，商标保护都应当严格考察权利人对商标知名度和显著性所作出的贡献，其保护范围和保护强度也自然是与贡献相适应的。一旦偏离这个原则，那么反向混淆理论就会变成恶意诉讼丑恶嘴脸的遮羞布，而法律也间接成为不劳而获、非法掠夺的工具。在近期的司法判例中，已经开始在原告主张反向混淆的案例中，考察原告对于商标知名度和显著性的贡献，以及原告提起诉讼的主观恶意情况。

对于反向混淆理论的法律适用，汕头市澄海区建发手袋工艺厂与浙江银泰百货有限公司、北京京东世纪贸易有限公司、迈可寇斯（瑞士）国际股份有限公司、迈克尔高司商贸（上海）有限公司侵害商标权纠纷案中，法院做了比较好的分析，其认为如果被控侵权标识在我国市场投入使用时，涉案"MK"权利商标通过长期使用已获得了一定的市场地位以及具有能够进一步拓展市场空间的良好预期，被控侵权标识亦应作出合理的避让。但该案中，建发厂是一家致力于对外贸易的企业，其没有提供任何证据显示其在国内有大量销售使用涉案商标的箱包商品。在 2011 年"MICHAELKORS"品牌入驻中国时，涉案"MK"商标并未通过建发厂持续大量的使用，获得更强的对字母相同商标的排斥力和更大的市场空间。相反，建发厂在箱包商品上开始申请注册并大量使用与被控侵权标识的整体形态更为接近的标识，即建发厂并没有努力

为涉案商标创造独立的市场价值和地位，而是更乐于追求与被控侵权标识所指示的商品来源相混淆的结果，对于这种试图不劳而获、有违公平竞争原则的行为不应予以鼓励。❶ 最高人民法院也认为，"虽然涉案商标于 1999 年即获准注册并投入使用，但其所使用的商品多用于出口，在中国境内的销量数量及影响十分有限，故无法证明经过建发厂对涉案商标的使用能够使涉案商标获得较强的显著性及知名度"。"建发厂在 2015 年后即开始出现不规范使用涉案商标的情形，其在自身生产的商品上使用与被诉侵权标识相近似的标识，还于同年在第 18 类商品上申请注册'mk'及'mk'商标，可见建发厂自身也开始刻意接近、模仿被诉侵权标识，攀附被诉侵权标识的商誉，主动寻求市场混淆效果。"❷

在 AOPU 奥普商标侵权纠纷案中，浙江现代新能源有限公司在 2009 年 8 月通过受让取得第 1737521 号"AOPU 奥普"商标，2009 年年底将杭州奥普卫厨科技有限公司起诉至苏州市中级人民法院提起商标侵权诉讼，起诉金额 500 万元。法院认为，虽然奥普卫厨公司的电器类奥普注册商标具有较高的知名度，消费者将奥普卫厨公司生产、杨某销售的被控金属扣板误认为来源于新能源公司的可能性较小，但将新能源公司生产销售的金属扣板误认为来源于奥普卫厨公司或认为二者之间存在某种关联的可能性较大。这必然会降低乃至于消灭涉案注册商标在消费者心目中的影响，妨碍新能源公司合法行使涉案注册商标专用权，对其合法利益造成损害。由于奥普卫厨公司的电器类奥普注册商标的知名度较高，新能源公司合法行使其涉案注册商标专用权因此而受到的压制必然较大，其因被控侵权行为遭受的损失必然也较大。❸ 可以看出，该判决是采用反向混淆理论认定被告构成商标侵权。而最高人民法院经过审理后则认为，基于知识产权保护激励创新的目的和比例原则，知识产权的保护范围和强度要与特定知识产权的创新和贡献程度相适应。只有使保护范围、强度与创新贡献相适应、相匹配，才能真正激励创新、鼓励创造，才符合比例原则的要求。对于商标权的保护强度，应当与其应有的显著性和知名度相适应。新能源公司在受让涉案商标后，主要通过许可凌普公司使用的方式对涉案商标进行使用。但该案证据显示，凌普公司在对涉案商标进行使用的过程中，多次因不规

---

❶ （2017）浙 01 民初 27 号.

❷ （2019）最高法民申 6283 号.

❸ （2011）苏知民终字第 0143 号.

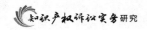

范使用或突出使用"奥普"文字等行为，受到工商行政管理部门的处罚或被司法机关认定为不正当竞争行为，而其商誉攀附的对象，正是在市场中已经具有较高知名度的奥普电器产品。作为对凌普公司的使用行为负有监督职责，且与凌普公司作为共同原告提起该案诉讼的新能源公司，对凌普公司的上述行为应当是清楚的。因此，新能源公司并未提交证据证明，其已经通过正当的使用行为，使涉案商标产生了足以受到法律保护的显著性和知名度。商标法所要保护的，是商标所具有的识别和区分商品及服务来源的功能，而并非仅以注册行为所固化的商标标识本身。因此，商标标识本身的近似不是认定侵权行为是否成立的决定性因素，如果使用行为并未损害涉案商标的识别和区分功能，亦未因此而导致市场混淆的后果，该种使用行为即不在商标法所禁止的范围之中。❶ 该判决中最高人民法院强调了回归商标保护的基本原则之观点，也就是商标保护强度应当与创新贡献相适应，从而起到真正驱动创新的作用，其实也是对二审中反向混淆理论适用观点的一种否定性回应。

从上述两个案件中，都可以看出原告提起商标诉讼的目的，明显具有恶意。比如"MK"案中，原告建发厂具有刻意模仿被控标识，攀附被控标识商誉，主动寻求混淆效果的行为。在奥普商标案中，原告受让商标后立刻启动涉案诉讼，而另一方面其许可其他公司使用中，又多次因为不规范使用商标被工商行政机关处罚，可见其受让商标的目的就存在明显的恶意。另外，查询原告公司的名下商标可以看到，该公司注册 90 个商标，其中"现代""格兰仕""奥普"均是他人公司驰名商标。因此，对于以反向混淆理论起诉的原告应当进行严格的主观恶意识别审查，以防止恶意诉讼的原告以反向混淆蒙混过关，导致商标保护沦为恶意商标权人的牟利工具。

笔者认为，可以从如下几个方面进行原告主观恶意的识别。

首先，应当严格审查原告对于商标权利的取得情况。不正当取得权利可能会有如下几种。其一，抢注他人在先使用具有一定影响力的商标。在商标注册程序中，由于受到 5 年时效的限制，对于注册时间超过 5 年的注册商标，原告必须证明自有商标权利在争议商标申请日之前具有驰名的事实，这种难度往往非常之大。这也就导致一些商标抢注明显具有恶意，但是由于诉讼时效的问题而无法解决。而这样的商标即使没有被撤销，实际上也带有天生的原罪，因此

---

❶ （2016）最高法民再 216 号.

当商标权利人用抢注的商标提起诉讼维权时不应当被允许。对于不正当的抢注，特别是提起诉讼情况下，相比于注册会产生更加严重的损害。因此在恶意抢注的情况下，应当更加严格。如《WIPO 意见》第 3.1 条列举了这类商标权产生之前存在恶意抢注域名的例外情形：（1）企业之间的兼并消息已经公开，但新企业的商标权产生之前恶意抢注；（2）离职雇员、合作伙伴或其他知情的人在商标权产生之前知晓信息而恶意抢注；（3）抢注人通过媒体的关注（如广受期待的产品或服务的发布）猜测到可能将会产生的潜在商标。上述情况也可以考虑列入不正当抢注商标的情形中。

其二，大量囤积商标的情形。在优衣库案中，原告取得涉案商标并非抢注，但该公司因存在大量囤积和售卖注册商标的行为而被认为不正当取得，扰乱了商标注册秩序。目前在司法实践中对于囤积，有一些争议区域。是否必须要达到几十个、上百个才能符合囤积的数量要求？笔者认为，对于囤积应当分成三种情形。第一种是数量上的囤积，显然超出了其使用的必要范围，此种商标数量可以在几十个以上就可以构成囤积；第二种是数量不多，但其中有涉及抢注两个以上他人知名商标的情况，此种仍然构成囤积；第三种是数量不多，但多年未真实投入使用。

其三，明知被控商标标识的知名度，受让与之相近似或者相同的商标。在微信域名争议仲裁一案中，仲裁机构认为受让取得视为新的注册。被投诉人明知"微信"商标的知名度，受让取得微信域名，并且进行恶意的使用。虽然上述仲裁意见在国内引发了广泛的争议，但这实际上是《WIPO 意见》认为，为了有效制止域名囤积以及域名抢注的现象，在认定抢注的恶意时有必要将转让域名视为新注册域名。《WIPO 意见》❶ 第 3.7 条明确规定，在考虑恶意时，域名的续展通常不构成新注册，而向第三方转让域名构成新注册，恶意注册通常发生在当前注册人获取域名的时候。《WIPO 意见》第 3.7 条还指出，当一方购买组合系列或批量（portfolio or batch）域名的时候，符合域名控制变化的情况下，这通常被视为新注册，购买者的主观意图以购买的时间来判断。微信域名案的裁决引用了 2007 年裁决的 HSBC Finance Corporation v. Clear Blue Sky Inc. c/o Domain Manager 案，其仲裁意见对该规则进行了一定的解释：注册时

---

❶ 孙涛、姜鑫在《"微信"域名案不是"新闻"——域名纠纷中应如何认定恶意》（http://www.junhe.com/law - reviews/105）一文中指出，《WIPO 意见》是将域名争议中具有"共性"的问题，总结归纳为具有一般参考意义的原则。

原始善意的恩惠不应该永远达到这种程度，即在原始注册过期已久之后还能作为所有权或"占有"继承人的借口。❶ 在我国商标囤积和商标抢注现象屡禁不绝，泛滥成灾的情况下，要遏制这一现象，尤其避免恶意受让取得注册商标成为恶意诉讼的武器。比如前文中所列举的原告，均是在明知被控标识非常知名的时间受让取得涉案权利商标，且受让后立刻展开诉讼，具有明显的主观恶意。

其四，经营中具有模仿和抄袭，主动寻求混淆的行为。有的商标权人既无抢注、囤积行为，也没有恶意受让的行为，在经营中却有模仿被控侵权标识，攀附他人知名度的行为。如"MK"商标案中的原告汕头市澄海区建发手袋工艺厂其并无抢注或者商标囤积行为，也并未受让取得商标，但其在经营中存在申请注册并大量使用与被控侵权标识的整体形态更为接近的标识的行为，因此在法院的认定中此案原告主动寻求混淆，对于这种试图不劳而获、有违公平竞争原则的行为不应予以鼓励。

值得特别注意的是，在原告主张反向混淆案件中，对于原告商标的使用证据，应当持更高的标准。最高人民法院在"MK"商标案以及"奥普"商标案中，均认为原告应当提交证据证明，其已经通过正当的使用行为，使涉案商标产生了足以受到法律保护的显著性和知名度。也就是说仅仅维持商标有效性（不因三年不使用而撤销）的使用证据是不足够的，或者只是少量、小范围的使用也是不足够的，只有大量、持续、广泛的使用才能使注册商标产生足够的显著性和知名度，才能得到相应的保护。在实践中，很多恶意诉讼的原告打着反向混淆的大旗有备而来。比如在非诚勿扰案中，原告金阿欢在诉讼中出具了其开设的婚介所的证据。"而记者根据判决书所述地址，找到该婚介所，发现实际是一家房产中介。与金阿欢是从今年下半年才一起合作四个月，金阿欢很少过来，店里虽然挂着非诚勿扰的招牌，但是目前从来没有一单婚介业务，也没有人来这里登记过。"❷ 事实上，敢于以反向混淆提起诉讼的原告，在经过专业人士的指导后，都会刻意准备一些商标使用的证据。比如在很多案件中，原告提供了少量的发票和一些经销商证明，以及报纸。但是为了维持商标有效

---

❶ 阮开欣. 域名争议的若干法律问题探讨——兼评微信域名案 [J]. 中华商标，2016（5）：27－31.

❷ 记者探访金阿欢婚介所：仅有房产中介业务 [EB/OL]. [2020－04－16]. http：//news. youth. cn/gn/201601/t20160111_7511670. htm.

性的使用证据，和实际上进行大量经营投入的证据，还是有本质差别的。所以，在实际案件的审理中，对于原告诉求巨大的商标诉讼，不应看到原告提供少量的使用证据后，便认为原告进行真实合法的使用，而应当根据上述证据判断原告是否真实地在进行品牌投入，并且经过其使用已经产生相应的品牌显著性和知名度从而具备商标的识别功能。只有如此规制，才能回归到商标法的本意，法律保护的是商标所具有的识别和区分商品及服务来源的功能，而并非仅以注册行为所固化的商标标识本身。

结　语

商标法几次修改，一直都在竭力遏制我国泛滥成灾的商标抢注和囤积现象，规范商标注册、使用以及诉讼回归到诚实信用的法律框架中。因此，最高人民法院对于恶意商标诉讼以及恶意诉讼导致损害的案件开始树立典型案例，实际上是加大对商标恶意诉讼的法律代价。在这种社会背景下，对于一直以来司法实践和理论中争议巨大的反向混淆案例，更需要重新反思其存在以来衍生大量以反向混淆为幌子的恶意诉讼的现实。归其原因既有水土不服的因素，也有法律适用的偏差，从而产生了非常恶劣的社会影响和不良导向。规制商标恶意诉讼，其本质就是规制打着反向混淆名义的商标诉讼。因此，在实务中必须多方面识别此类诉讼原告是否具有恶意，是否提供充分证据证明其权利商标是否经过使用、是否已经具有可识别来源的显著性和知名度。

专利现有技术抗辩及其
与新颖性的关系

麦晓君

内容摘要：现有技术抗辩是专利侵权诉讼中极为重要的抗辩事由。我国相关法律法规对现有技术及现有技术抗辩作出了明确规定，在专利侵权诉讼中，有必要慎重选择现有技术抗辩，特别关注现有技术抗辩适用时的重点问题，厘清现有技术抗辩与专利申请程序中新颖性判断的关系。

关键词：专利法；抗辩事由；现有技术抗辩；新颖性

引　言

《专利法》（2008）❶ 第 11 条规定了侵犯专利权的行为，但若"本法另有规定"，则可以构成抗辩事由，例如《专利法》第 62 条规定的现有技术/现有设计抗辩、第 69 条规定的权利用尽、先用权抗辩、交通工具例外、科研目的例外、医药行政审批例外，以及第 70 条的合法来源抗辩。其中，对于被诉侵权方是制造者的情形来说，现有技术/现有设计抗辩可以说是非常重要的一种抗辩方法，也是作为知识产权律师，尤其是专利律师必须重点掌握的不侵权抗辩事由。

---

❶　为行文方便，如无说明，下文的《专利法》均指 2008 年修正的版本。

一、现有技术和现有技术抗辩[1]

（一）现有技术的内涵

"现有技术"是我国在 2008 年修订《专利法》时新增的名词，是现行专利法中重要的概念。《专利法》第 22 条第 5 款规定，现有技术，是指在申请日以前在国内外为公众所知的技术。而现有技术，包括在申请日（有优先权的，指优先权日）以前在国内外出版物上公开发表、在国内外公开使用或者以其他方式为公众所知的技术。[2] 即现有技术公开的方式包括出版物公开、使用公开和以其他方式公开三种，均无地域限制，[3] 这就是绝对新颖性标准，是我国为了提高专利质量和水平而设置的更严格专利授权标准，避免已经存在的技术方案被重复授权。

值得注意的是，除了公开的时间，"处于能够为公众获得的状态"，以及"公众从中得知实质性技术知识的内容"是判断某技术是否能构成现有技术的关键点，也是容易被忽视的点。

《专利审查指南》指出，现有技术应当在申请日以前处于能够为公众获得的状态，并包含有能够使公众从中得知实质性技术知识的内容。处于保密状态的技术内容不属于现有技术。所谓保密状态，不仅包括受保密规定或协议约束的情形，还包括社会观念或者商业习惯上被认为应当承担保密义务的情形，即默契保密的情形。然而，如果负有保密义务的人违反规定、协议或者默契泄露秘密，导致技术内容公开，使公众能够得知这些技术，这些技术也就构成了现有技术的一部分。[4]

正确地理解何为现有技术，奠定了现有技术抗辩成功的基础。

（二）现有技术抗辩相关法律规定及理由

同理，现有技术抗辩是 2008 年修订《专利法》时新增加的制度，本制度的理论基础在于，专利权的保护范围不得包括现有技术。《中华人民共和国专利法》第 62 条规定，在专利侵权纠纷中，被控侵权人有证据证明其实施的技

---

[1] 现有技术是相对发明专利和实用新型专利而言的，现有设计是相对外观设计专利而言的，两者的抗辩有共同之处，因此下文只讨论现有技术。

[2] 《专利审查指南》（2010）第二部分第三章第 2.1 节。

[3] 《专利审查指南》（2010）第二部分第三章第 2.1.2 节。

[4] 《专利审查指南》（2010）第二部分第三章第 2.1 节。

术或者设计属于现有技术或者现有设计的，不构成侵犯专利权。《最高人民法院关于审理侵犯专利权纠纷案件应用法律若干问题的解释》（2009）第 14 条第 1 款规定，被诉落入专利权保护范围的全部技术特征，与一项现有技术方案中的相应技术特征相同或者无实质性差异的，人民法院应当认定被诉侵权人实施的技术属于《专利法》第 62 条规定的现有技术。

其实，从《专利法》第 1 条的立法宗旨不难发现，设置专利制度的目的是对技术创新活动提供保护，国家通过赋予专利权，回报真正作出发明创造的创新主体。但是，专利法对创新技术赋予专利权是有要求的，即该发明创造不但要新颖，还必须有一定的创造高度，而不能是对现有技术的简单变化或简单组合。专利制度作为保护私权的制度，不仅要充分维护专利权人的合法权益，也要充分顾及社会和公众的合法权益，二者之间应当实现一种合理的平衡。❶因此，允许被诉侵权方进行现有技术抗辩，把一些明显不具有新颖性或创造性但被错误授权的专利权排除在专利保护体系之外，着实是司法的重大进步，是平衡社会公众利益和专利私权的重要举措。

二、选择现有技术抗辩的理由

我国专利法沿用欧陆体系专利民事侵权程序与行政无效程序的二元分立体制，俗称双轨制。

理论上，被授权专利权的发明创造均应当符合可专利性要件，例如，具备《专利法》第 22 条的新颖性、创造性、实用性等。但现实的专利申请审查过程中，尤其是发明专利的实质审查，审查员由于检索式、检索经验和对技术理解程度等不同原因，无法穷尽所有现有技术来做检索，不排除有缺乏新颖性，或者只有细微改动的发明专利获得授权，更遑论不经过实质审查的实用新型专利和外观设计专利。这一问题在美国这样已实行专利制度长达 200 年的国家，也是无法避免的。

所幸专利法设置了无效宣告程序作为对瑕疵专利错误授权的救济，被宣告无效的专利权自始即不存在。《专利法》第 45 条规定，自国务院专利行政部门公告授予专利权之日起，任何单位或者个人认为该专利权的授予不符合本法

---

❶ 尹新天. 中国专利法详解（缩编版）[M]. 北京：知识产权出版社，2012：8.

有关规定的，可以请求专利复审委员会❶宣告该专利权无效。

从以上法条也可以看出，否定专利权的效力，只能通过国家知识产权局，法院不能直接基于新颖性、创造性等理由否定专利的效力。

但是，如果一个人明显实施了在先技术，被诉侵权方为证明清白，避免侵权，还需要先通过无效程序宣告专利无效，对于该实施者可能过于苛刻和显失公平。被诉侵权方既要应付民事侵权诉讼，又要提起专利无效申请，两个程序并行，显然费时费力费财。允许现有技术抗辩可以说是司法的重大进步，节约程序，有利于及时定分止争、保护当事人的合法利益。

三、现有技术抗辩适用中的重点问题

专利法中关于现有技术的定义只有短短 20 字，但在实务中，现有技术抗辩成功不是那么容易的事，有必要对其适用的要件一一研究。除了在本文开头强调对现有技术的正确理解外，笔者认为还需要注意以下问题。

（一）比较对象

在二元分立制度的两种程序中，总会遇到涉案专利权、被诉侵权技术（被诉侵权方的涉案产品或方法），还有现有技术（可能是已经进入公共领域，也可能是原告外第三人拥有的技术）。

在现有技术抗辩、无效程序证据比对和专利侵权诉讼技术比对三种不同场景下，比较对象是不同的，实务中也经常会弄混。图 1 比较清晰地说明了三者的关系。

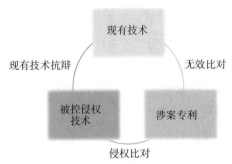

图 1　涉案专利、现有技术与被诉侵权技术的关系

---

❶ 2019 年，国家知识产权局专利复审委员会更名为国家知识产权局专利局复审和无效审理部，为国家知识产权局专利局内设机构。

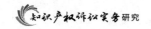

现有技术抗辩，在司法程序的具体比对中，只需要将被诉侵权技术与现有技术进行比对即可，至于涉案专利技术，可以放一边去。也有人认为在此二者比对之前，需要被诉侵权技术落入"专利权保护范围"的前提，因为司法解释就是这么规定的。

但是笔者认为这是法院适用抗辩事由的先后顺序问题，并非技术比对对象的问题。

例如，在不侵权抗辩和现有技术抗辩同时进行的情况。既然可以进行不侵权抗辩，也就是说被诉侵权产品或方法的部分技术特征与专利技术不同，按道理只需要使用一种抗辩方法即可。但由于双重保险的诉讼策略，若能找到与被诉产品相同或无实质性差异的现有技术，则一般会同时主张现有技术抗辩，理由是被诉侵权方使用的技术，是在专利申请日前已经为国内外公众所知的技术，不应该纳入涉案专利权的保护范围，否则有损公众利益。

这种情况下，由于不侵权抗辩已经成立，法院一般会直接评述被诉侵权技术未落入涉案专利权的保护范围，即使被诉侵权技术使用的确实是现有技术，也不再继续评述现有技术抗辩是否成立。因此，无论被诉侵权技术是否落入"专利权保护范围"，只要认为可以主张现有技术抗辩，就只需要将被诉侵权技术与现有技术进行比对即可，与法院适用抗辩事由的先后顺序并不矛盾。

（二）现有技术的数量

从《最高人民法院关于审理侵犯专利权纠纷案件应用法律若干问题的解释》（2009）第 14 条第 1 款可以看出，现有技术的数量有且只能有一项。所谓"一项现有技术"，通常是指物理意义上独立存在的各项现有技术。对以出版物方式为公众所知的现有技术而言，是指由单独一件专利文件或者论文、文章记载的技术内容，不允许将两份以上对比文件记载的技术内容组合起来，形成一个技术方案；对以公知公用方式为公众所知的现有技术而言，是指一台设备、一个产品或者一种工艺方法，不允许将两个以上设备、产品或者工艺方法组合起来，形成一个技术方案。❶

有部分案例引用了多篇专利或文献，均超出了法院可审理的范畴，例如，在（2013）沪高民三（知）终字第 99 号案中，被诉侵权方经原审法院释明仍主张以两份对比文件进行现有技术抗辩，但是其中一份对比文件的申请日晚于

---

❶ 尹新天. 中国专利法详解（缩编版）［M］. 北京：知识产权出版社，2012：190.

原告涉案专利优先权日，故原审法院无须对被控侵权产品与该份对比文件进行比对；另一份对比文件与被控侵权产品存在较大差异，故对被诉侵权方的现有技术抗辩，原审法院不予支持。

最高人民法院《关于处理专利侵权纠纷案件有关问题解决方案草稿》（征求意见稿2003.7.9）第86条中还提到：判断公知技术抗辩事由时，一般应当以单独一份公知技术和所属领域的技术人员在专利申请日前的专业技术知识的组合与被控侵权物使用的技术进行单独对比。以上内容虽没有写入后来正式的司法解释中，但应该还是代表法院体系的普遍认识，❶ 值得参考。

（三）提出现有技术抗辩的时间

关于提出技术抗辩的时间，这是法律和司法解释均没有明确规定的，通常我们认为一审没有提出，二审提出的话会有审级损失。

但笔者检索案例得知，为了厘清事实，保证实体公平，即使在二审，仍可以提交现有技术证据进行抗辩，因为专利权的保护范围不应当包含在先技术。否则若二审时不接受现有技术新证据，被诉侵权方不服的救济只能是再审或另行提起无效宣告请求，而且二审终审后就要执行，即使再审翻盘或专利权被无效，已执行的部分也无法逆转。而原告的救济是再审之后依然可以继续执行。二审可以提出现有技术抗辩，显然更符合公平原则。

以（2017）浙民终第798号案为例，被诉侵权方提供了一个花箱实物和一份授权公告号为CN201709171U的专利作为现有技术抗辩的证据。二审庭审中，经比对，双方当事人均认为除"连接卡柱"这一技术特征有细微区别但无实质性差异外，被诉侵权产品与作为现有技术抗辩的花箱在其他技术特征上均完全相同，只是专利权人坚持认为被诉侵权方提交的证据无法证明上述花箱的安装时间。至于花箱的安装时间，被诉侵权方提交的证据足以证明上述花箱安装于上海市长宁区江苏路的时间早于2014年5月15日，即公开时间早于涉案专利申请日2015年8月21日，因此可以作为现有技术抗辩的比对依据。

正因为该案例，笔者在代理一起专利侵权纠纷二审案时，在一审被判定侵权的情况下，与当事人积极寻找现有技术证据，最终成功改判。该现有技术证据是一台设备，带有标注生产日期的铭牌，而且对方当事人也提供了《设备订购合同》，如此，生产日期和合同签订日期均在涉案专利的申请日前。双方

---

❶　崔国斌. 专利法原理与案例［M］. 2版. 北京：北京大学出版社，2012：658.

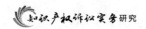

也确认该设备的技术方案与涉案专利技术方案相同。尽管对方当事人抗辩设备交付时间是在专利申请日之后，但并未提交任何证据予以证明，根据谁主张谁举证的民事规则，应承担不利后果。法院认为，对于大型机械而言，买卖双方一般会在看到产品实物后才会签订购买合同，即使没有看到产品实物，买卖双方也会在合同中约定具体的技术参数、规格等技术指标，而证据中的合同并没有约定这些技术指标；而且，大型设备一般应保留有送货、安装调试等交易凭证，对方主张交付在后却无法提交证据，因此，法院认为该案专利技术方案在申请日前被公开的可能性已经达到高度盖然性，从而支持现有技术抗辩理由，诉讼结果成功逆转。❶

四、现有技术与新颖性的关系

（一）相同现有技术与新颖性

专利法中新颖性判断的条款要求不包含现有技术和抵触申请，排除抵触申请抗辩外（因这种抗辩未明文规定，案例也比较少，本文不展开），现有技术抗辩一开始的应用，是把比对对象严格限定为一项现有技术来进行单独对比，这点与新颖性的判断相同。即判断新颖性时，应当将发明或者实用新型专利申请的各项权利要求分别与每一项现有技术或申请在先公布或公告在后的发明或实用新型的相关技术内容单独地进行比较，不得将其与几项现有技术或者申请在先公布或公告在后的发明或者实用新型内容的组合，或者与一份对比文件中的多项技术方案的组合进行对比。而单独对比的结果，假如是相同侵权的情况则很容易判断，无非是与现有技术一模一样。

（二）实质相同的现有技术与新颖性

如前文提到的，"现有技术"在中国法中有其特殊的含义，它仅限于一份在先公开的完整的技术方案。但是，《最高人民法院关于审理侵犯专利权纠纷案件应用法律若干问题的解释》第 14 条提到"与一项现有技术方案中的相应技术特征相同或者无实质性差异"，"相同"容易判断，但何为"无实质性差异"，这个尺度就不太好把握。以往法院的案例也是这样，对于能够直观地判断被诉侵权技术与现有技术相同，才适用现有技术抗辩。然而现实中有些对本

---

❶ （2019）粤知民终第 23 号判决书.

领域技术人员看来明显不具备新颖性的情况，但是与专利权利要求字面又有所不同，该怎么办呢？

2013 年，最高人民法院在泽田公司诉格瑞特公司［（2012）民申字第 18号］一案中已经突破这一限制，许可被控侵权者以被控侵权方案与现有技术等同作为抗辩。最高人民法院显然对专利侵权与专利效力争议的分立的双轨机制不是十分满意，逐步扩张现有技术抗辩使得法院在侵权诉讼中直接可以处理效力争议。❶ 因此，在专利侵权民事程序中的现有技术抗辩，还能采用等同原则。即"无实质性差异"的判断标准即为判断"等同"的标准，假如被诉侵权技术与现有技术有些不一样，但是这个不一样的技术特征，是以基本相同的手段，实现基本相同的功能，达到基本相同的效果，并且本领域普通技术人员在被诉侵权行为发生时无须经过创造性劳动就能够联想到的特征，则符合该司法解释中关于"无实质性差异"的规定，不影响现有技术抗辩的成立。

由此可见，现有技术抗辩的适用外缘在不断扩大，实际上也有越来越多案例显示，依然是采用一项现有技术的情况下，可以结合了公知技术和专业技术知识作比对。《专利审查指南》中明文列举的几种破坏新颖性的常见情形，又可以看成是实质相同的情形。下面结合具体案例讨论一下。

1. 惯用手段的直接置换

《专利审查指南》提到，如果要求保护的发明或者实用新型与对比文件的区别仅仅是所属技术领域的惯用手段的直接置换，则该发明或者实用新型不具备新颖性。❷

惯用手段相当于等同原则中的"本领域普通技术人员在被诉侵权行为发生时无须经过创造性劳动就能够联想到的特征"，因此这种简单的变换不足以被授予专利权，被诉技术采用与现有技术无实质性差异的技术，当然也不会落入专利保护范围。

在案例（2015）浙知终字第 213 号中，法院认为：首先，从实现的功能看，二者所实现的功能基本相同，均通过与导向滑座连接，实现带动导向箱升降移动的功能。其次，从实现功能的手段来看，油缸是由液压油提供压力，推动油缸活塞做往复运动；气缸是由气体提供压力，推动气缸活塞做往复运动。最后，从达到的效果上看，油缸与气缸均是通过将流体的压力能转换成机械

---

❶ 崔国斌. 专利法原理与案例［M］. 2 版. 北京：北京大学出版社，2012：717.

❷ 《专利审查指南》（2010）第二部分第三章第 3.2.3 节。

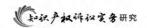

能，从而实现自动化移动升降装置的效果。由此可见，被诉侵权产品的相应技术特征与专利权利要求书中的技术特征以基本相同的手段，实现基本相同的功能，达到基本相同的效果。并且，综合考虑到油缸、气缸系按运动介质不同进行划分的最基本的动力装置，均系机械及自动化领域广泛使用的标准执行组件，本领域的普通技术人员无须经过创造性劳动就能够联想到用油缸等效替换气缸，因而法院认为，被诉侵权产品的这一技术特征与专利相应技术特征构成等同。在专利申请的审查程序中，气缸和油缸是惯用手段的直接置换，这对于本领域技术人员来说是毫无疑义的。与之类似的例子还有把螺钉固定方式改换为螺栓固定方式等。

再如最高人民法院公报案例（2011）民提字第306号案是个有趣的案例，案件中采用的现有技术是《航空模型》2005年第4期公开舵机的照片及相应文字描述，公知常识采用的证据是《电位器基础及其应用》一书。涉案专利权利要求有七个技术特征，一审法院委托科学技术部知识产权事务中心进行技术鉴定，《司法鉴定意见书》认为被诉侵权产品的技术特征a、d、e分别与现有技术方案的技术特征A′、D′、E相同，被诉侵权产品的技术特征b、c、f分别与现有技术方案的技术特征B′、C′、F无实质性差异，被诉侵权产品的技术特征g与公知常识无实质性差异，也就是说有三个相同特征，四个无实质性差异特征。一审、二审法院均全盘采纳鉴定意见，从而认定现有技术抗辩成功。而到了再审阶段，最高人民法院认为，四个区别特征，其中三个特征虽然没有被现有技术《航空模型》杂志所公开，但均属于本领域的惯用手段，该三项技术特征与被诉侵权技术没有实质性差异。对于最后一项区别特征，现有技术没有公开，也与公知技术《电位器基础及其应用》记载的不同，由此认为不是本领域的普通技术人员基于公知常识能够从现有技术中直接或者毫无疑义得出的技术特征。因此，被诉侵权技术方案与现有技术方案具有实质性的不同，原二审判决依据知产事务中心的鉴定意见认定现有技术抗辩成立，存在错误，应予纠正。❶

这个案例中多个技术特征不相同，但均被认为没有实质性差异，这对我们了解现有技术结合公知常识和专业技术知识的尺度非常有帮助。

---

❶ 最高人民法院（2011）民提字第306号判决书.

2. 具体（下位）概念与一般（上位）概念

如（2015）赣民三终字第 31 号案，涉案专利保护的是"一种高分子 UV 装饰板"，申请日是 2012 年 3 月 30 日，专利权利要求记载为："1. 一种高分子 UV 装饰板，其特征在于：它包括免漆板、复合于免漆板上的 UV 涂料（3）。2. 根据权利要求 1 所述的高分子 UV 装饰板，其特征在于：所述的免漆板包括高分子挤出板（1）、固设于高分子挤出板（1）上的塑料膜（2）。"而被诉侵权方沃居公司主张 2011 年 6 月 7 日之前便加工生产了 UV 装饰板产品在全国各地市场上进行销售，其生产的装饰板，是由主料 PVC 原料和碳酸钙复合而成，表面颜色由 PVC 膜共同挤压而成，高分子板就是 PVC 板，高分子板是上位概念，PVC 板是下位概念，自己在先生产的产品即为下位概念产品。

最终，二审法院认为沃居公司有先用权，不构成侵权。但笔者愚见，该案是否也适用现有技术抗辩条款？虽然从法条的字面理解似乎并无不妥，但如果结合司法解释，即《最高人民法院关于审理侵犯专利权纠纷案件应用法律若干问题的解释》（2009）第 15 条第 2 款"有下列情形之一的，人民法院应当认定属于专利法第六十九条第（二）项规定的已经作好制造、使用的必要准备：（一）已经完成实施发明创造所必需的主要技术图纸或者工艺文件；（二）已经制造或者购买实施发明创造所必需的主要设备或者原材料"。该案证据中显示沃居公司在涉案专利申请前几个月已经大面积销售，构成现有技术，不仅是作好制作、使用的必要准备的程度了。从这个角度看，该案是否适用现有技术抗辩？正因如此，该案例虽然不是现有技术抗辩成功的案例，笔者也放在这里一起讨论了。

3. 数值和数值范围

其实这种情形类似具体概念与一般概念，例如数值是具体概念，而数值范围是一般概念。

在案例（2016）苏民终 1079 号中，被控侵权产品外缘包裹有经热压制成的聚四氟乙烯包裹层厚度在 0.4316～0.4781mm，而涉案实用新型专利的权利要求 1 记载外缘包裹有经热压制成的聚四氟乙烯包裹层厚度在 0.20～0.50mm。显然，被控侵权产品落入涉案实用新型专利权的保护范围。但是，被诉侵权方提交的在先国家标准 GB/T13404－2008 公开了"聚四氟乙烯包裹层的厚度为 0.5mm，顾客另有要求时由供需双方协商确定"等技术内容，法院考虑到被控侵权的聚四氟乙烯包裹层厚度在 0.4316～0.4781mm，与已经公开的 0.5mm 在数值上已基本接近，且涉案专利的聚四氟乙烯包裹层厚度的端点数值亦为0.5mm，故可以认定被控侵权产品的上述技术特征亦为国标 GB/T13404 – 2008 所公开。而且，根据《实用新型专利权评价报告》，通过热压工艺将聚四氟乙烯材料包裹到橡胶材料上是加工领域的常用技术手段。因此，国标 GB/T13404 – 2008 和本领域的公知常识相结合，已经公开了被控侵权产品落入涉案专利权利要求1的所有技术特征，故现有技术抗辩成立，不构成侵害涉案实用新型专利权。

在新颖性判断中，在先公开的数值落在申请专利的数值范围之内（包括端点）或者重叠部分，将会破坏该范围内的新颖性。而在该案中，被诉侵权技术虽然不等于国家标准中的数值，但已经非常接近，而该数值，在国标中又说明可以根据顾客要求协商确定，若还僵化地认为不构成现有技术，显然对被诉侵权方极为不公平。

结　语

对现有技术含义的理解是恰当运用现有技术抗辩的基础，近年的司法判例有助于对其具体化的理解，而进一步的深入理解，还可以参考专利申请程序中关于新颖性判断的几种情形，同时，关注适用时的一些注意事项。

随着专利质量的提升，现有技术抗辩采用相同现有技术的比例会下降。但是，随着法院审判水平的提高和对现有技术理解的深入，尤其是随着最高人民法院知识产权法庭的建立，全国裁判标准的进一步统一，以及各地技术调查官的参与，现有技术抗辩适用的外延必将不断扩大，采用实质相同的现有技术的比例则会随之上升。因此，现有技术抗辩是专利侵权诉讼中非常重要的抗辩事由，是专利律师必须掌握的、也是值得研究的抗辩方法。

知名商品特有装潢相关问题研究

——以最高人民法院案例为视角

陈建南

摘要：在不正当竞争纠纷案件中，因模仿知名商品特有装潢而引起的纠纷呈现出越来越多的态势。在司法实践中，知名商品及特有装潢的认定、侵权判定、权利主体以及后发商誉等因缺乏统一标准而存在理解及适用不统一的情况，属于此类案件裁决中的疑难问题。结合相关法律法规，梳理最高人民法院裁决的典型案例，具体分析知名商品特有装潢不正当竞争纠纷案中出现的疑难问题，并对人民法院在审理该类案件的思路和观点进行总结。

关键词：特有装潢；知名商品；侵权判定

一、"特有装潢"的概念明晰

（一）法律及相关规定

《反不正当竞争法》（1993）[1] 第 5 条规定："经营者不得采用下列不正当手段从事市场交易，损害竞争对手：擅自使用知名商品特有的名称、包装、装潢，或者使用与知名商品近似的名称、包装、装潢，造成和他人的知名商品相混淆，使购买者误认为是该知名商品。"但是该条款没有对什么是"特有装潢"作出具体规定。

1997 年，国家工商行政管理总局在《关于禁止仿冒知名商品特有的名称、

---

[1] 本文研究的案例适用的均为 1993 年《反不正当竞争法》，2017 年《反不正当竞争法》于 2018 年 1 月 1 日起施行，如果没有特别说明，本文提及的均指 1993 年《反不正当竞争法》。

包装、装潢的不正当竞争行为的若干规定》第 3 条规定："本规定所称特有，是指商品名称、包装、装潢非为相关商品所通用，并具有显著的区别性特征。本规定所称装潢，是指为识别与美化商品而在商品或者其包装上附加的文字、图案、色彩及其排列组合。"

2007 年，最高人民法院《关于审理不正当竞争民事案件应用法律若干问题的解释》第 2 条规定，特有装潢，是指具有区别商品来源的显著特征的装潢。如果仅由商品自身的性质产生的形状，为获得技术效果而需有的商品形状以及使商品具有实质性价值的形状，人民法院不认定为知名商品特有的装潢。

2017 年《反不正当竞争法》进行修订，在其中第 6 条第（1）项规定"经营者不得实施下列混淆行为，引人误认为是他人商品或者与他人存在特定联系：（一）擅自使用与他人有一定影响的商品名称、包装、装潢等相同或者近似的标识"。

（二）司法实践对"特有装潢"的解释

在上海中韩晨光文具制造有限公司诉宁波微亚达制笔有限公司宁波微亚达文具有限公司、上海成硕工贸有限公司擅自使用知名商品特有装潢纠纷再审案（以下简称 16 号案）中，最高人民法院认为，商品的装潢的字面含义是指商品的装饰，它起着美化商品的作用。一般而言，凡是具有美化商品作用、外部可视的装饰，都属于装潢。如果把装潢仅仅理解为附加、附着在商品本体上的文字、图案、色彩及其排列组合，就会把商品自身的外观构造排除在外，从而不恰当地限缩了装潢的范围。❶ 2017 年，《反不正当竞争法》修改时，相关条款的表述更改为"不得擅自使用与他人有一定影响的商品名称、包装、装潢等相同或者近似的标识，引人误认为是他人商品或者与他人存在特定联系"。修改后虽不再包含"特有"字样，但本质上仍然要求相关商品的名称、包装、装潢具有一定显著性。在四川五丰黎红食品有限公司诉简阳市颜江花食品有限公司、深圳市龙岗区平湖湘佳佳食品商行不正当竞争纠纷案中，法院认为，新法虽不再使用"特有"这一措辞，但具备一定辨识度和显著性，本是商业标识发挥识别功能的应有之意；而且没有任何显著性的商业标识，也不可能产生一定影响力。❷

关于商标是否是装潢的组成部分，需要根据具体情况进行分析。一般情况

---

❶ （2010）民提字第 16 号.
❷ （2018）粤民终 2482 号.

下，商品的包装装潢通常是由文字、图案、色彩等多种构成要素组合而成的整体形象，文字部分一般指向的是使用该包装装潢的商品名称或商标。在对包装装潢进行实际使用的过程中，既可以将商标作为包装装潢的组成要素之一，亦可将其明确排除在外，这完全取决于包装装潢设计或使用者自身的意愿。❶ 在广东加多宝饮料食品有限公司诉广州王老吉大健康产业有限公司诉擅自使用知名商品特有包装装潢纠纷案中，加多宝公司既有在实际使用过程中将"王老吉"文字作为包装装潢组成部分的主观意愿，亦通过长期、稳定的使用行为和使用方式，使"王老吉"文字在事实上也成为涉案包装装潢的组成部分，并与包装装潢中的其他内容紧密地结合在了一起。在该包装装潢之中，"王老吉"文字及王老吉注册商标为加多宝公司经广药集团许可使用的内容，包括红色底色、图案及排列组合在内的其他部分，为加多宝公司自行创设完成的部分。因此，在王老吉红罐凉茶产品的罐体上的特有包装装潢包括：黄色王老吉文字、红色底色等色彩、图案及其排列组合等组成部分在内的整体内容。❷

但是，将商标作为装潢的组成可能存在潜在的隐患，需要加以注意。有学者认为，需要区分法律意义上的特有包装装潢与功能意义上的包装装潢设计，不能将事实上的包装装潢元素与法律上的特有包装装潢混为一谈，否则，就会出现法律障碍，导致法律上的不能。例如，将王老吉文字作包装装潢的组成部分，在判决共同享有时即发生权益冲突，于法不合。❸ 这种观点充分考虑了法律对于注册商标、商品名称、特有包装装潢是分别作为权利和法益的保护客体，不宜将商标当然地列入装潢权利的保护范围，值得深入思考。也就是说，在商标权所有人与装潢实际使用人之间存在不同主体的时候，需要慎重处理商标是否当然包括在特有装潢内容内，以免造成权利的冲突。

（三）经过使用可取得显著特征

在烟台市中圆酒业有限责任公司（以下简称中圆公司）因与山东烟台酿酒有限公司（以下简称烟台酿酒公司）擅自使用知名商品特有名称纠纷案中，最高人民法院认为，烟台酿酒公司生产的"烟台古酿"白酒为知名商品，"烟台古酿"四个字中，"烟台"为县级以上行政区划的地名，"古酿"系指酒的

---

❶ （2015）民三终字第 3 号.

❷ （2015）民三终字第 3 号案中.

❸ 孔祥俊. 论商品名称包装装潢法益的属性与归属——兼评"红罐凉茶"特有包装装潢案 [J]. 知识产权，2017（12）：12 - 13.

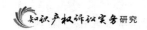

酿造方法，虽然两个词单独使用均不具备区别商品来源的显著特征，但是，烟台酿酒公司自1994年1月起即开始生产销售以"烟台古酿"四个字命名的白酒产品，该产品分别于1997年、2000年、2002年被评为烟台名牌产品、烟台知名商品和山东省白酒行业创新品牌，经过连续20余年的使用、宣传和销售，已经成为山东省相关市场上的知名商品。2011年"烟台古酿"产品被认定为山东名牌产品。"烟台古酿"四个字在相关消费者心中已经作为具体的酒产品名称与烟台酿酒公司建立起紧密联系，取得了区别于同类商品的特定含义，成为识别商品来源的重要标识，具备了区别商品出处的显著特征。❶

（四）特有装潢与装潢设计空间之考量

特有装潢是指非为相关商品所通用，并具有显著的区别性特征。有时，装潢的构成元素有可能是行业内普遍使用的素材，比如常见的颜色、几何图形、线条等，被告有可能抗辩涉案装潢是行业内的普通包装、装潢元素，不具有显著性。对此被告对其主张负有举证责任，需要提供相关证据予以证明。否则需要承担不利的法律后果。在海盐于城众旺食品厂、上海冠生园食品有限公司擅自使用知名商品特有名称、包装、装潢纠纷案中，最高人民法院认为："众旺食品厂虽主张涉案包装、装潢是花生牛轧糖这一传统糖果的普通包装、装潢元素，但未提交充分的证据予以证明。在冠生园公司花生牛轧糖具有较高知名度的情况下，众旺食品厂在其生产、销售的被诉侵权产品上使用近似的包装、装潢，未给出合理的理由，再审申请人主观上难谓善意。"❷

在浙江浪花扑克有限公司诉武义明仕达印业有限公司擅自使用知名商品特有包装、装潢纠纷案中，最高人民法院法院指出，如果作为装饰设计的元素在商业中常见，该元素因其外观设计专利权届满后不再享有独占使用的权利，则权利人需要提供更充分的证据证明该装潢已经足以起到区别商品来源的作用。❸ 在意大利费列罗公司诉蒙特莎（张家港）食品有限公司、天津经济技术开发区正元行销有限公司不正当竞争纠纷案中，法院对装潢设计空间进行了详细陈述。费列罗巧克力组合中的各个要素也属于食品包装行业中通用的包装、装潢元素，不能被独占使用。但是，锡纸、纸托、塑料盒等包装材质与形状、颜色的排列组合有很大的选择空间；将商标标签附加在包装上，该标签的尺

---

❶ （2014）民申字第1866号.

❷ （2019）最高法民申581号.

❸ （2018）最高法民申4956号.

寸、图案、构图方法等亦有很大的设计自由度。在可以自由设计的范围内，将包装、装潢各要素独特排列组合，使其具有区别商品来源的显著特征，可以构成商品特有的包装、装潢。❶

也就是说，构成装潢的各个要素属于行业中通用的包装、装潢元素，并不影响特有装潢的成立。费列罗巧克力所使用的包装、装潢因其构成要素在文字、图形、色彩、形状、大小等方面的排列组合具有独特性，形成了显著的整体形象，且与商品的功能性无关，经过长时间使用和大量宣传，已足以使相关公众将上述包装、装潢的整体形象与费列罗公司的费列罗巧克力商品联系起来，具有识别其商品来源的作用，应当属于《反不正当竞争法》第5条第2项所保护的特有的包装、装潢。在百威英博哈尔滨啤酒有限公司诉浙江喜盈门啤酒有限公司与浙江蓝堡投资有限公司等擅自使用知名商品特有名称、包装、装潢纠纷案中，原告的构图要素冰块浮雕图案，正面瓶贴采用蓝银色搭配作为主基调，瓶贴图案由冰山图、酒厂图、"HARBIN"、"☆哈尔滨啤酒☆"、"冰块图"等要素从上至下依次排列组成，瓶贴上的这些要素与酒瓶上的冰块浮雕设计形成统一的整体，凸显出冰纯系列的特点。虽然被告主张该包装装潢属于通用包装装潢，不具有特有性，但是最高人民法院再审后认定该包装装潢构成特有包装装潢，理由在于该系列啤酒包装装潢的构成元素经过组合运用，特色鲜明，能够吸引普通消费者的注意力，且该包装装潢有别于在同类商品的装潢。❷ 在广州王老吉大健康产业有限公司诉广东加多宝饮料食品有限公司擅自使用知名商品特有包装装潢纠纷案中，最高人民法院指出，虽然以红色为主色调的表现形式在罐装饮料商品包装装潢的设计中并不鲜见，但考虑到饮料商品的包装装潢形式具有较大的设计空间，而涉案包装装潢通过对色彩、文字、图案等设计要素的选择和组合，呈现出了具有一定独特性并与商品的功能效果无关的视觉效果与显著特征，并通过经营者长时间及较大范围的宣传和实际使用行为，使涉案包装装潢所发挥的商品来源的指示作用得以不断加强。❸

如果把上述的红色为主色调理解为一种单一颜色，那么在判断单一颜色能否构成知名商品特有包装装潢时应当考虑以下两点因素：该单一颜色经过实际使用已在反不正当竞争侵权之诉前获得区别性特征，具备第二含义；未在经营中使用成为

---

❶ （2006）民三提字第3号.2015年，最高人民法院颁布为第47号"费列罗案"指导案例。

❷ （2014）民申字第1183号.

❸ （2015）民三终字第2号民事判决书.

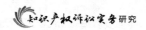

知名商品特有包装装潢的单一颜色，不能够获得反不正当竞争法的保护。❶

（五）特有装潢之分类及构成条件

最高人民法院在上述 16 号案中对装潢进行了如下分类。从外延来看，商品的装潢一般可以分为两种类型：一是文字图案类装潢，即外在于商品之上的文字、图案、色彩及其排列组合；二是形状构造类装潢，即内在于物品之中，属于物品本体但具有装饰作用的物品的整体或者局部外观构造，但仅由商品自身的性质所决定的形状、为实现某种技术效果所必需的形状以及使商品具有实质性价值的形状除外。尽管该两种类型的装潢在表现形态上存在差异，但都因其装饰美化作用而构成商品的装潢。❷ 对于文字图案类装潢而言，由于消费者几乎总是习惯于利用它们来区分商品来源，除因为通用性、描述性或者其他原因而缺乏显著性的情况外，它们通常都可以在一定程度上起到区别商品来源的作用。一般而言，在使用文字图案类装潢的商品构成知名商品的情况下，该文字图案类装潢除缺乏显著性的情形外，通常都可起到区别商品来源的作用，从而构成知名商品的特有装潢。

形状构造类装潢则并非如此。形状构造本身与商品本体不可分割，相关公众往往更容易将其视作商品本体的组成部分，而一般不会直接将其与商品的特定生产者、提供者联系起来。即使使用该形状构造的商品已经成为知名商品，在缺乏充分证据的情况下，也不能直接得出相关公众已经将该种形状构造与特定的生产者、提供者联系起来的结论。

因此，对于形状构造类装潢而言，不能基于使用该种形状构造的商品已经成为知名商品就当然认为该种形状构造已经起到区别商品来源的作用，更不能仅凭使用该种形状构造的商品已经成为知名商品就推定该种形状构造属于知名商品的特有装潢。认定形状构造类装潢构成知名商品特有装潢，需要有更加充分的证据证明该种形状构造起到了区别商品来源的作用。与外在于商品之上的文字图案类装潢相比，内在于商品之中的形状构造类装潢构成知名商品的特有装潢需要满足更严格的条件。这些条件一般至少包括两点：一是该形状构造应该具有区别于一般常见设计的显著特征；二是通过在市场上的使用，相关公众已经将该形状构造与特定生产者、提供者联系起来，即该形状构造通过使用获

---

❶ 秘倩. 论知名商品特有包装装潢权益的归属——兼议最高法院共享红罐包装之判决［J］. 牡丹江大学学报，2018（3）：111.

❷ （2015）京知民终字第 588 号.

得了第二含义。也就是说，一种形状构造要成为知名商品的特有装潢，其仅仅具有新颖性和独特性并对消费者产生了吸引力是不够的，它还必须能够起到区别商品来源的作用。只要有充分证据证明该形状构造特征取得了区别商品来源的作用，就可以依据知名商品的特有装潢获得保护。

二、知名商品的认定标准

（一）知名商品的考虑因素

《最高人民法院关于审理不正当竞争民事案件应用法律若干问题的解释》第1条规定，"在中国境内具有一定的市场知名度，为相关公众所知悉的商品，应当认定为反不正当竞争法第五条第（二）项规定的'知名商品'。人民法院认定知名商品，应当考虑该商品的销售时间、销售区域、销售额和销售对象，进行任何宣传的持续时间、程度和地域范围，作为知名商品受保护的情况等因素，进行综合判断。原告应当对其商品的市场知名度负举证责任"。

1. 知名商品与驰名商标没有必然联系

在河北养元智汇饮品股份有限公司与河北六仁烤饮品有限公司、金华市金东区叶保森副食店擅自使用知名商品特有名称、包装、装潢纠纷案中，再审申请人认为，涉案商标不属于"驰名商标"，因此使用该商标的相应商品自然也不是知名商品。最高人民法院认为，知名商品是指在中国境内具有一定知名度，为相关公众所知悉的商品，与驰名商标的认定没有必然联系。❶

2. 知名商品是一个相对的概念

由于商品种类繁多，受众各不相同，因此商品在相关公众中的知名度也各具特殊性，应当理解为根据商品的属性和特点在相关经营者或消费者中具有一定知名度即可，不应理解为在所有市场和消费群体中均知名，只要在该特定领域内具有相应的知名度即可。❷特别是某些特殊商品不是面对普通消费者，普

---

❶ （2017）最高法民申 3918 号.

❷ （2019）粤民终 1036 号，深圳市博林达科技有限公司诉深圳市艾腾电子材料有限公司、珠海中鼎化工有限公司擅自使用知名商品特有包装、装潢纠纷案。该案涉案商品名称为硫代硫酸钠标准溶液 [c（$Na_2S_2O_3$）=0.1000mol/L] 和盐酸标准溶液 [c（HCL）=0.1000mol/L]，均属于标准物质产品，是拥有特定消费群体，应用于特定细分领域（计量领域），且具有高度专业化色彩的一类特殊商品。涉案商品在该领域相关公众中具有相当的影响力和知名度。在原告的客户中，有62家客户出具了证明函，62家客户中有43家曾经入选或多次入选中国印制电路行业协会公布的企业百强榜，因此认定涉案商品在印制电路板领域的相关公众中具有一定的知名度，属于知名商品并无不当。

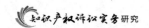

通消费者并不知悉。此时相关行业协会的数据将具有一定的参考价值，可以证明原告在行业内的地位，从而证明其知名度。

（二）国际已知名因素对知名商品认定的影响

我国法律对国际已知名商品特有名称、包装、装潢的保护，仍应以在中国境内为相关公众所知悉为必要，但是也不排除适当考虑国外已知名的因素。在前述费列罗案中，法院认为，反不正当竞争法所指的知名商品，是在中国境内具有一定的市场知名度，为相关公众所知悉的商品，在国际已知名的商品，我国法律对其特有名称、包装、装潢的保护，仍应以在中国境内为相关公众所知悉为必要。所主张的商品或者服务具有知名度，通常系由在中国境内生产、销售或者从事其他经营活动而产生。认定知名商品，应当考虑该商品的销售时间、销售区域、销售额和销售对象，进行任何宣传的持续时间、程度和地域范围，作为知名商品受保护的情况等因素，进行综合判断。❶

最高人民法院还指出，不排除适当考虑国外已知名的因素。费列罗案二审判决中关于"对商品知名状况的评价应根据其在国内外特定市场的知名度综合判定，不能理解为仅指在中国境内知名的商品"的表述欠当，但根据 FER-RERO ROCHER 巧克力进入中国市场的时间、销售情况以及费列罗公司进行的多种宣传活动，认定其属于在中国境内的相关市场中具有较高知名度的知名商品正确。

可见，法院对知名度采取综合判断、主要考虑国内之标准，但是并不排除适当考虑国外已知名的因素。由于互联网的快速传播，商品的知名度早已跨越国境的限制，此时适当考虑商品在国外已知名的因素，具有合理性。有学者建议进一步明确如何判断"适当考虑"，避免出现不确定的因素。❷但是"适当考虑"本身就具有一定的裁量空间，笔者认为无须，也无必要对"适当考虑"作太过于具体的限定，而应当由法院根据具体案情予以综合判定。

（三）商标知名与否与商品的知名度并无必然联系

在广东星群食品饮料有限公司、广东康奇力药业有限公司与广州星群（药业）股份有限公司、广州星群（药业）股份有限公司滋补营养品厂擅自使用知名商品特有包装、装潢纠纷案中，最高人民法院认为，认定一种商品是否

---

❶ （2006）民三提字第 3 号.

❷ 黄军. 知名商品特有包装装潢的竞争法保护——以最高人民法院 2015 年第 47 号指导案例为例 [J]. 上海政法学院学报，2016（1）：114 – 115.

构成知名商品需要考虑该商品的销售时间、销售区域、销售额和销售对象,进行任何宣传的持续时间、程度和地域范围,作为知名商品受保护的情况等因素,进行综合判断。星群药业公司和星群滋补营养品厂自1980年就开始生产和销售夏桑菊颗粒产品,并长期、大量地在广东省和省内地区媒体上以多种方式进行广告宣传,该产品先后获得过广州名牌产品、中国中药名牌产品、广东省名牌产品等多个奖项,销售到广州、深圳、韶关、哈尔滨等多个地区并被销往海外多个国家和地区,在行业和社会上为相关公众所知悉,具有较高的市场知名度。原审判决认定该商品构成知名商品并无不当。❶

可见,商标的使用与商品的知名度并无必然联系。即使某种商标并不知名,也不意味着使用该商标的产品就必定不是知名商品。申请再审人关于离开具体的商标品牌就无所谓商品是否知名、星群药业公司的"GPC"图形商标和"群健"商标不是知名商标,因而使用该商标的夏桑菊颗粒不是知名商品的申请再审理由不能成立。

三、知名商品特有装潢的侵权判定标准

(一) 知名商品的特有装潢不存在保护期限限制

在前述983号案中,最高人民法院指出,知名商品的特有装潢因其具有区别商品来源的作用而受到禁止造成混淆的保护。我国反不正当竞争法并未对知名商品的特有装潢的保护设定期限限制。只要该商品在侵权行为发生时属于知名商品,其装潢具有区别商品来源的显著特征,就应受到制止不正当竞争的保护。申请再审人关于产品装潢使用超过10年即不应受到保护的理由没有法律依据。

(二) 相关公众的一般注意力

判断商品名称、包装、装潢是否近似,应以相关公众的一般注意力为标准,在隔离观察的情况下,通过比较商品名称、包装、装潢的整体和主要部分,对是否构成近似进行综合判断。相关公众施加一般注意力容易产生混淆误认的,应认为构成近似。

1993年及2017年《反不正当竞争法》均未对如何判断商品名称、包装、

---

❶ (2008) 民申字第983号,简称983号案。

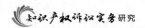

装潢构成近似作出规定。《最高人民法院关于审理不正当竞争民事案件应用法律若干问题的解释》第 4 条规定："认定与知名商品特有名称、包装、装潢相同或者近似，可以参照商标相同或者近似的判断原则和方法。"最高人民法院在《商标法》的司法解释中对商标相同或者近似的判断原则和方法作了明确规定，"商标相同，是指被控侵权的商标与原告的注册商标相比较，二者在视觉上基本无差别。商标近似，是指被控侵权的商标与原告的注册商标相比较，其文字的字形、读音、含义或者图形的构图及颜色，或者其各要素组合后的整体结构相似，或者其立体形状、颜色组合近似，易使相关公众对商品的来源产生误认或者认为其来源与原告注册商标的商品有特定的联系"。通常，认定商标相同或者近似按照以下原则进行：以相关公众的一般注意力为标准；既要进行对商标的整体比对，又要进行对商标主要部分的比对，比对应当在比对对象隔离的状态下分别进行；判断商标是否近似，应当考虑请求保护注册商标的显著性和知名度。

（三）相关司法判例

（1）在四川唐朝老窖（集团）有限公司与重庆诗仙太白酒业（集团）有限公司、重庆市长寿区你我他商贸有限公司不正当竞争纠纷案❶中，最高人民法院认为，"诗仙太白新花瓷酒"外包装盒的特有包装为以下要素的组合：六边柱体；顶部为青色，顶部六边有装饰花纹，顶部中央印有商标；柱体底色为白色，其中有相对两面印有显著的行书"诗仙太白"商标，另有相对两面印有古代人物图，其他相对两面印有诗句和产品介绍；柱体上部和下部印有装饰花纹，下部装饰花纹宽度大于上部装饰花纹宽度。与"诗仙太白新花瓷酒"外包装相比，"新优诗新花瓷酒"外包装在外部形状、颜色搭配、文字风格、图案比例、排列方式等均相似。在相关公众施加一般注意力进行隔离观察的情况下，易导致混淆误认。而且，该案证据表明，已有相当数量的消费者已经实际在"诗仙太白新花瓷酒"和"新优诗新花瓷酒"之间产生了混淆误认。原审判决认定"诗仙太白新花瓷酒"和"新优诗新花瓷酒"的外包装构成近似，并无不当。唐朝老窖公司关于二者的外包装在六面视图上呈现的差异是机械、直接对比新优诗酒瓶包装盒外观设计与诗仙太白公司的"酒盒"外观设计的结果，不符合隔离观察的原则，且所述差异均为局部细微差异，不足以影响相

---

❶（2012）民申字第 627 号.

关公众在隔离观察的情况下对两者近似的判断。

（2）甘肃莫高实业发展股份有限公司与甘肃紫轩酒业有限公司擅自使用知名商品特有包装装潢纠纷案❶中，最高人民法院认为，莫高公司生产、销售的被诉侵权产品的包装装潢与同类三款紫轩梅尔诺葡萄酒包装装潢的主要部分和整体设计基本一致，外包装形体、底色、工艺烫金、葡萄图案、中英文字体的大小、排列、橡木桶陈酿标识等近似，以相关公众的一般注意力为标准，易使相关公众对商品的来源产生混淆误认，应认定为被诉侵权产品的包装装潢与紫轩梅尔诺葡萄酒的包装装潢近似。莫高公司与紫轩公司系生产、销售葡萄酒的同行业经营者，应当知晓紫轩公司的紫轩梅尔诺葡萄酒系知名商品，却擅自在其生产的葡萄酒上使用与紫轩梅尔诺葡萄酒的包装装潢相近似的包装装潢，易使相关公众误认为其葡萄酒系紫轩公司所生产或者与紫轩公司有关联关系，不正当地挤占了紫轩梅尔诺葡萄酒的市场份额，扰乱了正常的市场秩序，损害了紫轩公司的合法权益，构成不正当竞争。

四、知名商品特有装潢权的权利主体

（一）知名商品特有装潢权可由经营者合法继承和转让

在湖北襄樊三九酿酒厂与四川江口醇酒业（集团）有限公司及中山市信和商业连锁有限公司顺德新基路分公司、中山市信和商业连锁有限公司仿冒知名商品特有名称、包装、装潢纠纷案中，最高人民法院认为，商品特有名称、包装和装潢的功能是区别商品的来源，是一种财产利益，属于经营者享有的财产权利，可以由经营者合法继承和转让。根据知识产权权利继承、转让的基本原则，在该案资产转移协议中，对于平昌县酒厂（江口醇公司前身）来说，江口醇公司从继受之日起对"诸葛酿"名称拥有专有权；而在名称权专有关系中，对于除平昌县酒厂之外的所有第三人来说，江口醇公司享有该项名称权客体从原始产生日开始的一切权益，同时亦负担该项权利所承担的一切义务，故江口醇公司享有该项名称权客体自 1999 年 4 月产生日起的一切权益，即江口醇公司自 1999 年 4 月起享有"诸葛酿"名称权。如经营者主体发生变更，在权利继受主体继续经营的情况下，知名商品特有名称、包装和装潢所形成的

---

❶ （2015）民申字第 2163 号.

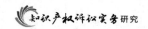

财产权益应出继受主体享有。该案中，江口醇公司受让平昌县酒厂的一切权利和义务后，"诸葛酿"知名商品的特有名称、包装、装潢权利由江口醇公司享有。❶

（二）知名商品特有装潢权由商标权人与经营者共同享有

在广东加多宝饮料食品有限公司与广州王老吉大健康产业有限公司擅自使用知名商品特有包装装潢纠纷案中，广东省高级人民法院认为，包装装潢是由文字、图案、色彩等元素及其排列组合而成的，既可以将商标作为包装装潢的组成要素，也可以将商标排除在包装装潢的组成要素之外。如果将商标标识作为包装装潢的一个组成部分，即商标与包装装潢已经融为一体，此时不应将商标与包装装潢的其他组成部分割裂开来，应将包括该商标标识在内的包装装潢作为一个整体而受到法律的保护。❷ 因此，广药集团的"王老吉"商标和该装潢中的其他构成要素，一并构成该案包装装潢，该案包装装潢已经不能脱离王老吉商标而单独存在，各构成要素作为一个整体在市场上发挥了识别商品来源的作用。加多宝公司认为涉案王老吉红罐凉茶包装装潢载的所有信息无一指向广药集团，消费者根本无从知晓红罐凉茶与广药集团有何关系，甚至无从知晓广药集团是王老吉商标的权利人，自然无法将涉案装潢与广药集团联系起来，并认为该案所涉知名商品特有包装装潢权与商标权应分属于加多宝公司和广药集团。加多宝公司的该主张缺乏事实和法律依据，不能成立。加多宝公司及其各关联公司确实对王老吉红罐凉茶知名度的提升作出了贡献，但是，由此所产生的商誉仍然附属于知名商品王老吉凉茶，应由该知名商品的权利人广药集团享有。因此，涉案知名商品特有包装装潢权在王老吉商标许可使用期满后，由广药集团收归其所用，并不会损害加多宝公司的利益，也不会造成不公平。

最高人民法院在二审中就涉案知名商品特有包装装潢权益归属作出了与一审不同的认定❸，涉案知名商品特有包装装潢权益，在遵循诚实信用原则和尊重消费者认知并不损害他人合法权益的前提下，可由广药集团与加多宝公司共同享有。最高人民法院综合考量了以下因素。

（1）"王老吉"品牌在涉案包装装潢权益形成过程中发挥的作用。从"王老吉"品牌的传承和发展来看，双方于1995年签订第一份许可使用合同之前，

---

❶ （2008）民申字第 1084 号.
❷ （2013）粤高法民三初字第 1 号.
❸ 最高人民法院（2015）民三终字第 2 号.

"王老吉"品牌即已是具有百年历史的"中华老字号",作为"王老吉"注册商标曾经和现在的权利人,广药集团及其关联企业通过开发"王老吉牌清凉茶"饮品等生产经营活动,维系了"王老吉"品牌的历史传承和市场价值。……因此,作为"王老吉"商标权利人的广药集团,对于品牌知名度和美誉度的维护,是红罐王老吉凉茶的知名度得以产生、延续和发展的重要基础。相关公众在购买红罐王老吉凉茶时,既会联想到作为实际经营者的加多宝公司,也会联想到"王老吉"商标的权利人广药集团。……因此,通过加多宝公司的实际使用行为,"王老吉"文字事实上已经成为红罐王老吉凉茶包装装潢的重要组成部分,否定其对涉案包装装潢同样发挥了来源识别的功能,缺乏事实与法律依据。

(2) 加多宝公司对红罐王老吉凉茶的经营行为在涉案包装装潢权益形成过程中发挥的作用。作为红罐王老吉凉茶的实际经营主体,加多宝公司通过多年持续、大规模的宣传和使用行为,不仅清晰地向消费者传递了红罐王老吉凉茶由加多宝公司实际经营这一信息,也显著地提升了加多宝公司及红罐王老吉凉茶的市场知名度,加多宝公司对涉案包装装潢权益的形成作出了重要贡献。

特有包装装潢权益的产生,与相关市场经营主体的实际使用行为具有密不可分的关系。该案中,自红罐王老吉凉茶推出市场至该案纠纷发生之前,加多宝公司是红罐王老吉凉茶的实际经营主体,其持续和稳定的使用行为,在显著提升红罐王老吉凉茶知名度的同时,也使得包含有红色底色、黄色"王老吉"文字等显著识别部分的包装装潢,具备了受到反不正当竞争法保护的条件。同时,消费者在此过程中,亦逐步对加多宝公司是红罐王老吉凉茶在此期间的实际经营者这一事实产生了清晰的认知。因此,否定加多宝公司的经营行为在涉案包装装潢权益形成过程中所发挥的重要作用,亦与事实和法律相悖。

(3) 消费者的认知与公平原则的衡量。在确定特有包装装潢的权益归属时,既要在遵循诚实信用原则前提下鼓励诚实劳动,也应当尊重消费者基于包装装潢本身具有的显著特征,而客观形成的对商品来源指向关系的认知。消费者亦不会刻意区分法律意义上的商标权与知名商品特有包装装潢权益,而会自然地将红罐王老吉凉茶与广药集团、加多宝公司同时建立联系。实际上,涉案包装装潢中确实也同时蕴含了广药集团"王老吉"品牌的影响力,以及加多宝公司通过十余年的生产经营和宣传推广而形成、发展而来的商品知名度和包装装潢的显著识别效果。

综合考虑上述因素，结合红罐王老吉凉茶的历史发展过程、双方的合作背景、消费者的认知及公平原则的考量，因广药集团及其前身、加多宝公司及其关联企业，均对涉案包装装潢权益的形成、发展和商誉建树，各自发挥了积极的作用，将涉案包装装潢权益完全判归一方所有，均会导致显失公平的结果，并可能损及社会公众利益。因此，涉案知名商品特有包装装潢权益，在遵循诚实信用原则和尊重消费者认知并不损害他人合法权益的前提下，可由广药集团与加多宝公司共同享有。一审法院所作涉案知名商品特有包装装潢应由广药集团享有、加多宝公司无权享有的认定，缺乏事实与法律依据，亦有违社会效果，法院予以纠正。

（三）学界关于"后发商誉"归属的观点

有学者认为，作为原"王老吉"品牌巨大商誉载体之一的红罐凉茶"知名商品特有装潢"，并不属于"王老吉"注册商标权利的内容范围，当然也不是许可使用的授权内容（至于合同约定被许可方使用于红罐凉茶，只是当事人签约时对"王老吉"注册商标被许可使用范围的具体合意，并不意味着此后产生的红罐凉茶装潢知识产权权益归属广药集团）。载负"后发商誉"的红罐凉茶装潢完全是由加多宝方一手打造并且独力推广的，其知识产权权益理应归属加多宝方。红罐凉茶"知名商品特有装潢"权益与"王老吉"注册商标权利两者是各自独立的，之前可以在"王老吉"品牌及其商誉构架下平行配置，共存共荣；现在也可以分道扬镳，各奔前程。❶

有学者认为，显然商誉归属于商标权的做法并不适合将商标的资源社会收益最大化。因此，我们必须以维护双方利益，发挥商标最大收益为目的设置商誉的分配思路。通过对争议商誉归属的商标进行商标许可前后的商誉价值的对比，如果二者对比的结果是原商标商誉的价值要远远大于后发商誉价值，那么商誉应该归属于原商标所有权人，商标所有人只需要根据被许可人对后发商誉的投入与贡献给予一定的补偿。如果两者对比的结果是原商标商誉价值相当甚至远小于后发商誉的，此时商誉应该由商标所有权人和被许可人依照其对商誉形成的投入和贡献比例共有该商标。

之所以如此分配是因为，如果后发商誉已经与原商标商誉相当或者远远大于原商标商誉，那就表示此时商标的商誉与商标所有人间的关系已经减弱，商

---

❶ 陶鑫良，张冬梅. 被许可使用"后发商誉"及其移植的知识产权探析［J］. 知识产权，2012（12）：7-9.

标所拥有的标识功能和质量保证功能已经减弱，此时如果将商誉简单归属于商标所有权人，这无疑破坏了商标的标识功能和质量保证功能。标识功能是商标的基本功能，这样的结果无疑是与商标法维护市场秩序和保护消费者的立法初衷相悖。比如上述案例，显而易见，"王老吉"凉茶是由于加多宝公司的苦心经营运作，才拥有今天的市场环境并被全国的消费者所熟悉，成为驰名商标。

由此可以判断出，"王老吉"商标的商誉大部分是由被许可人即加多宝公司创造的，根据以上商标商誉归属的判断思路，被许可人对商标商誉的贡献值远远大于原商标所有人时，商标商誉应该由二者共有。❶有学者认为，商标在授权使用过程中商标使用人的创造成果也应给予保护。该案中红罐包装装潢已经超出商标的范围，不是商标的必然增值部分，是加多宝公司在使用王老吉商标过程中所创造的另一个智力成果，应属于加多宝公司所有，否则也不利于商标使用人的创造积极性的发挥，而且商标与包装、装潢毕竟属于两个范畴，有一定关联性，但是在法律中是两个不同的受保护的权利，当然具有可分性。❷

结　论

从最高人民法院对知名商品特有包装装潢类纠纷案件的裁决可以看出，知名商品的认定及权利归属确认，以诚实信用原则为基础。如在权利归属问题上，最高人民法院充分尊重对涉案包装装潢权益的形成、发展和商誉建树，以及发挥积极作用的各方，如认可经营行为在涉案包装装潢权益形成过程中也发挥了重要作用，引入消费者的认知与公平原则的衡量。实践中，需避免导致已有市场平衡关系的破坏的可能，❸继续深入探讨其中的法律界限和标准，完善将来的法律适用。❹

---

❶　宋伶俐. 商标后发商誉归属问题探析——王老吉加多宝红罐包装装潢案案例分析［J］. 思想政治与法律研究，2016（6）：139.

❷　吴启美. 评加多宝与王老吉互诉产品包装装潢侵权案［J］. 法制与社会，2014（2）：70.

❸　曹新明. 知名商品特有包装装潢权益归属理论探析［J］. 法律科学（西北政法大学学报），2018（6）：168 – 169.

❹　孔祥俊. 论商品名称包装装潢法益的属性与归属——兼评"红罐凉茶"特有包装装潢案［J］. 知识产权，2017（12）：27 – 29.

论《反不正当竞争法》中的"一定影响"

肖雯敏

摘要："一定影响"是我国《反不正当竞争法》2018 年修订时新出现的法律专业语词，由原法律条文"知名商品特有的"修改而来。商品名称、包装、装潢等商业标识具备"有一定影响"要件，是认定构成"混淆"之不正当竞争的基本前提。司法实践中，"有一定影响"的理解与适用对商品名称、包装、装潢等商业标识类不正当竞争纠纷案件的裁决结果有着决定性影响。以"一定影响"在知识产权领域相关法律的规定为基础，阐述新《反不正当竞争法》对"一定影响"的认定标准，梳理当前司法实践对"一定影响"的具体适用，以期明晰"一定影响"的理解与适用。

关键词：反不正当竞争法；一定影响；知名商品；特有

2018 年 1 月 1 日，新《反不正当竞争法》（以下称"2018 年《反不正当竞争法》"）正式实施。该法自 1993 年以来首次修订，在诸多条款中体现了新时代下对市场竞争的保护需求。其中，与 1993 年《反不正当竞争法》第 5 条所规定的禁止混淆条款中所用的"知名商品特有包装装潢"的表述不同，2018 年《反不正当竞争法》统一适用"有一定影响"的限定性表达。毋庸置疑，"一定影响"的理解及适用虽直接影响到当事人的权利义务关系，但无论从学术理论来看还是司法实践来看，"一定影响"的理解并未达成普遍一致的意见。由是，有必要厘清"一定影响"在相关法律规定中的变迁，总结相关案例中"一定影响"的适用标准，以助于司法实践对"一定影响"的准确理解与正确适用。

一、"一定影响"的理解与适用

2018 年《反不正当竞争法》第 6 条规定："经营者不得实施下列混淆行为，引人误认为是他人商品或者与他人存在特定联系：（一）擅自使用与他人有一定影响的商品名称、包装、装潢等相同或近似的标识。"该规定系 2018 年《反不正当竞争法》修订的亮点之一，即将混淆条款中关于商标标识的限定统一为"有一定影响"的表述，意图使原法条中关于"知名商品""特有"等表述在司法实践中的混乱使用情况予以规范。但事实上，"一定影响"的表述并不是第一次出现在法律规定中。

（一）商标法中"一定影响"的理解与适用

《商标法》（2019 年版）第 32 条规定："申请商标注册不得损害他人现有的在先权利，也不得以不正当手段抢先注册他人已经使用并有一定影响的商标。"该条是对保护在先权利和禁止恶意抢注的规定，禁止恶意抢注他人已经使用及有一定影响的商标。《商标法》（2019 年版）第 59 条第 3 款规定："商标注册人申请商标注册前，他人已经在同一种商品或类似商品上先于商标注册人使用与注册商标相同或近似并有一定影响的商标的，注册商标专用权人无权禁止该使用人在原使用范围内继续使用该商标，但可以要求其附加适当区别标识。"该条规定系对注册商标专用权行使的限制，即从另一方面肯定了在先使用的有一定影响的商标的合法性。

《最高人民法院关于审理商标授权确权行政案件若干问题的规定》第 23 条第 2 款规定："在先使用人举证证明其在先商标有一定的持续使用时间、区域、销售量或者广告宣传的，人民法院可以认定为有一定影响。"该条规定系对《商标法》（2019 年版）第 32 条及第 59 条规定的"他人已经使用并有一定影响的商标"作了更详细的要求，进一步明确"一定影响"的考量因素须从商标的使用时间、区域、销售量或广告宣传四个方面予以确定，但在司法实践中其仍然属于法官可以自由裁量的范畴。

在北京中创东方教育科技有限公司与北京市海淀区启航考试培训学校、北京市启航世纪科技发展有限公司侵害商标权纠纷上诉案❶中，贵阳市云岩区启

---

❶ （2015）京知民终字第 588 号，被评为最高人民法院发布的 2015 年中国法院 10 大知识产权案件和 50 件典型知识产权案例之第 5 号案。

航英语培训学校于 2003 年取得第 41 类学校（教育）等服务上的"启航学校 Qihang School"注册商标，并将商标许可给北京中创东方教育科技有限公司（以下简称中创公司）独占使用。中创公司发现北京市海淀区启航考试培训学校（以下简称启航考试学校）及北京市启航世纪科技发展有限公司（以下简称启航公司）在共同运营的启航世纪网站、发放的宣传材料、名片、教材等上以及对外加盟行为中使用与涉案商标相近似的"启航考研"等标识，认为上述行为侵犯其享有的涉案商标专用权，遂诉至法院。启航考试学校成立时间为 1998 年，启航公司成立于 2003 年。1998 ~ 2001 年，启航考试学校编写了由中国人民大学出版社出版的各类考研书籍。启航考试学校及启航公司认为其系对自己在先登记使用并已有极高知名度的企业名称和字号使用，未侵犯中创公司享有的商标权。北京市海淀区人民法院及北京知识产权法院均认为，在"启航"商标的申请日，即 2001 年 10 月 18 日之前，启航考试学校已经在公开出版的图书上使用"启航考研"字样并在公开媒体上发布"启航考研"招生信息，且已经具有一定规模，符合《商标法》第 59 条第 3 款的适用要件，不构成对注册商标专用权的侵犯。北京知识产权法院认为，《商标法》为未注册商标提供保护的前提在于在先使用人基于其对未注册商标的使用已产生了需要商标法保护的利益，而此种利益的产生原则上不需要该商标具有较高知名度，亦不要求其知名度已延及较大的地域范围。因此，通常情况下，如果使用人对其商标的使用确系真实使用，且经过使用已使得商标在使用地域内起到识别作用，则该商标便具有了保护的必要性。相应地，该商标便已达到该规定中"一定影响"的要求。被上诉人启航考试学校自 2000 年 3 月起即在《中国青年报》上连续刊登考研招生宣传报道，并列有多种启航考研辅导材料。同时，启航考试学校已经组织编写并出版了多本考研图书，包括中央民族大学出版社 2001 年 6 月出版的《启航考研政治讲义》及多本《启航考研政治考前 20 天 20 题》等。上述证据足以证明被上诉人启航考试学校的"启航"商标的使用在涉案商标申请日之前已具有一定规模，"启航"商标在考研服务上已实质上产生识别作用，符合《商标法》第 59 条第 3 款规定的"一定影响"要件。

（二）1993 年《反不正当竞争法》"知名商品"的理解与适用

1993 年《反不正当竞争法》第 5 条规定："经营者不得采用下列不正当手段从事市场交易，损害竞争对手：擅自使用知名商品特有的名称、包装、装潢，或者使用与知名商品近似的名称、包装、装潢，造成和他人的知名商品相混淆，使购买者误认为是该知名商品。"《最高人民法院关于审理不正当竞争民事案件应用法律若干问题的解释》第1条规定："在中国境内具有一定的市场知名度，为相关公众所知悉的商品，应当认定为反不正当竞争法第五条第（二）项规定的'知名商品'。人民法院认定知名商品，应当考虑该商品的销售时间、销售区域、销售额和销售对象，进行任何宣传的持续时间、程度和地域范围，作为知名商品受保护的情况等因素，进行综合判断。原告应当对其商品的市场知名度负举证责任。"

1995年，国家工商行政管理总局在《关于禁止仿冒知名商品特有的名称、包装、装潢的不正当竞争行为的若干规定》第2条规定："仿冒知名商品特有的名称、包装、装潢的不正当竞争行为，是指违反《反不正当竞争法》第五条第（二）项规定，擅自将他人知名商品特有的商品名称、包装、装潢作相同或者近似使用，造成与他人的知名商品相混淆，使购买者误认为是该知名商品的行为。"第3条规定："本规定所称知名商品，是指在市场上具有一定知名度，为相关公众所知悉的商品。"第4条规定："商品名称、包装、装潢被他人擅自作相同或者近似使用，足以造成购买者误认的，该商品即可认定为知名商品。"

从以上条文来看，1993年《反不正当竞争法》的禁止仿冒条款规定了"知名商品＋特有"两个构成要件，在同时满足上述要件的前提下仿冒行为才能得到规制。事实上，该种理解在学术界被诟病已久。有学者认为，"知名商品"概念的使用导致用"知名"来修饰"商品"而不是"名称、包装、装潢"，这不仅进一步导致"知名"与"名称、包装、装潢"使用之间可能的不一致，导致《反不正当竞争法》第5条第（2）项的保护对象错置，同时，用"知名"修饰"商品"而不是"名称、包装、装潢"还产生了特别解释"特有"一词的必要。因此，应取消知名商品的概念。❶有学者认为，反不正当竞争法禁止仿冒行为的重要目的是防止因商业标识的混淆而误导消费者。实际上，法律所保护的不是知名商品，而是商品的知名标识，即商品无论多么知名，在市场上都是靠标识进行区别的，区别商品的标识知名的，有人进行仿冒，才会引起市场混淆。因此，将来修改《反不正当竞争法》第5条时，最好将知名商品修改为商品的知名标识。❷还有学者认为，在判断一个商品名

❶ 王太平. 我国知名商品特有名称法律保护制度之完善——基于我国反不正当竞争法第5条第2项的分析［J］. 法商研究，2015，32（6）：180－187.

❷ 孔祥俊. 反不正当竞争法新论［M］. 北京：人民法院出版社，2001：329－330.

称、包装、装潢能否享有反不正当竞争法的保护时，与其说要具备"知名"和"特有"两个要件，不如说只需要具备"知名"或者"特有"一个要件就应予保护。当然，在证明是否"特有"的时候，很大程度上是通过证明该名称、包装、装潢在公众中是否具有知名度或影响力来实现的。《反不正当竞争法》第 5 条中的"特有"，与其说是因为该标识具有显著性而产生的，不如说是因为该标识具有知名度而产生的。❶

可见，知名度是商业标识能够获得反不正当竞争法保护的前提，权益人必须对其主张保护的商业标识的知名度进行举证，包括对其载体商品的知名度情况及该标识与其产生特定联系的情况，证明该种标识已经获得识别商品来源的特征，才能获得反不正当竞争法的保护

（三）2018 年《反不正当竞争法》"一定影响"的理解与适用

2018 年《反不正当竞争法》二次审议稿对经营者擅自使用他人商品特有的名称、包装、装潢等混淆商品来源的不正当竞争行为作了禁止性规定，有常委会委员提出，仿冒他人商业标识构成混淆商品来源的不正当竞争行为，一般以被仿冒的标识在相关领域有一定影响、为相关公众所知悉为前提，建议对此予以明确。为此，三审稿在相关标识前增加了"有一定影响"的限定。❷ 可见，2018 年《反不正当竞争法》关于"一定影响"的本意在于强调商业标识的影响力及其在公众中被知悉的程度。反不正当竞争法对于商业标识的保护不以是否注册为条件，只立足于是否构成商业标识和是否容易导致市场混淆。无论是未注册商标、企业名称和姓名还是域名等标识，只有其具有实际的市场知名度，才能发挥识别商业来源的作用，且才可能导致市场混淆。因此，具有一定知名度是反不正当竞争法保护商业标识的前提条件。❸

相关学者对于 2018 年《反不正当竞争法》中"一定影响"的理解亦存在不同。有学者认为，鉴于 1993 年《反不正当竞争法》"知名商品"之类的措辞，容易被人滥用为追求荣誉称号，且此类标识本质上属于未注册商标，与《商标法》第 32 条"一定影响的商标"具有相同性质，有必要在称谓上保持一致，故新修法以"有一定影响"表达对于商业标识的知名度要求。在解释

---

❶ 张伟君. 论"知名商品特有名称包装装潢"条款的修改和完善 [J]. 知识产权，2017（6）：22-32.

❷《全国人大法律委员会关于〈中华人民共和国反不正当竞争法（修订草案）〉审议结果的报告》（2017 年 10 月 31 日）.

❸ 孔祥俊. 论新修订《反不正当竞争法》的时代精神 [J]. 东方法学，2018（1）：64-80.

上，应与此前的"知名商品"的认定标准没有实质性区别。有人将修改为"有一定影响"解读为提升了保护门槛，相当于《商标法》第 10 条规定的认定驰名商标的"为相关公众所熟知的商标"，但无论是立法过程、立法背景还是措辞本身的一致性，均不能如此解读。❶ 有学者认为，2018 年《反不正当竞争法》第 6 条予以保护的"有一定影响的商品名称、包装、装潢、企业名称、社会组织名称、姓名、域名主体部分、网站名称、网页等"商业标识，其在特定地域市场上的知名度，实质上也接近甚至相当于《商标法》规定的未注册驰名商标，或者说，未注册驰名商标也可按"有一定影响的商品名称等商业标识"寻求 2018 年《反不正当竞争法》的保护。相应地，2018 年《反不正当竞争法》第 6 条"有一定影响"的商业标识的保护范围，也不宜超过未注册驰名商标的保护范围。❷ 有学者认为❸，"有一定影响"相当于商标法中的第二含义或者获得显著性，与《商标法》第 32 条、第 59 条第 3 款"有一定影响"含义和标准相同。"有一定影响"的可能标准应该处于如此范围："第二含义"≤"有一定影响"<"为相关公众所熟知"。由于反不正当竞争法所保护的是一种法益而非绝对性权利，不同于商标法通过注册程序即可获得的商标专用权，反不正当竞争法下的商业标识必须通过使用使其成为可识别性标识。因此，反法中所保护的商业标识应当至少高于或等于注册商标所要求的显著性，才有可能获得保护；又因为我国商标法根据商标的知名度情况有不同的保护力度，针对驰名商标及未注册的驰名商标（在全国范围内为相关公众所熟知的商标）能够获得最大程度的保护力度，而反不正当竞争法所保护的商业标识显然要低于驰名商标的程度。否则，反法中对于商业标识予以保护的相关规定将形同虚设。

二、"一定影响"的认定标准

（一）借鉴商标法"一定影响"及"知名商品"的考虑因素

《最高人民法院关于审理商标授权确权行政案件若干问题的规定》第 23

---

❶ 孔祥俊. 反不正当竞争法新论［M］. 北京：人民法院出版社，2001.

❷ 黄璞琳. 新《反不正当竞争法》中"有一定影响"的商业标识之认定［N］. 中国工商报，2017 - 11 - 07.

❸ 王太平，袁振宗. 反不正当竞争法的商业标识保护制度之评析［J］. 知识产权，2018（5）：3 - 14.

条第 2 款规定："在先使用人举证证明其在先商标有一定的持续使用时间、区域、销售量或者广告宣传的，人民法院可以认定为有一定影响。"《最高人民法院关于审理不正当竞争民事案件应用法律若干问题的解释》第 1 条规定："在中国境内具有一定的市场知名度，为相关公众所知悉的商品，应当认定为反不正当竞争法第五条第（二）项规定的'知名商品'。人民法院认定知名商品，应当考虑该商品的销售时间、销售区域、销售额和销售对象，进行任何宣传的持续时间、程度和地域范围，作为知名商品受保护的情况等因素，进行综合判断。原告应当对其商品的市场知名度负举证责任。"

笔者认为，"一定影响的未注册商标"与"知名商品的商业标识"实际上均为未注册的商业标识，"一定影响"及"知名"的含义及证据要求应当相同，具体理由如下：（1）从商业标识的保护体系来看，注册商标、未注册商标及具有识别特征的包装、装潢、企业名称、域名等标识均为商业标识的客体。其中，注册商标与未注册商标由商标法予以规制，具有识别特征的除商标外的其他标识由反不正当竞争法予以规则。注册商标通过注册取得权利，而未注册商标及其他标识均要通过实际使用与其产生对应关系才能产生相应的法益。由此可见，从体系上来说，未注册商标与其他标识获得法律保护的前提是一致的，即均要通过证明其产生了识别商品来源的特征。具体到法律用语，虽然前者使用的是"一定影响"，后者使用的是"知名"，但二者在本质上是相同的。（2）从司法解释的关于"一定影响"及"知名"的举证要求来看，二者亦蕴含着相同的举证要求。对在先商标具有一定影响的证明主要从持续使用时间、区域、销售量或者广告宣传展开，对于知名商品的证明要求从销售时间、销售区域、销售额和销售对象，进行任何宣传的持续时间、程度和地域范围，两者在程度上均不要求达到全国范围内为相关公众广为知悉的程度。

（二）2018 年《反不正当竞争法》"一定影响"的知名度要求应当低于未注册驰名商标

无论是"一定影响的未注册商标"还是"知名商品的商业标识"，均不等同于驰名商标，驰名商标是指在中国境内为相关公众广为知晓的商标，而"一定影响的未注册商标"及"知名商品的商业标识"只要有一定的市场知名度即可，其在地域上不要求全国范围，在使用时间上也没有具体年限的要求，在知名度上亦不要求相关公众广为知晓的程度。由此可见，知名商品的认定标准比驰名商标要稍低一些，因此二者之间没有必然联系。

未注册驰名商标是已经通过使用达到驰名程度，从而免于注册程序即可取得与注册商标相同的商标专用权。因此，未注册驰名商标的法律效力与注册商标的法律效力相同。如要求一定影响的认定标准达到未注册驰名商标的程度，实际上是以驰名商标的标准认定反不正当竞争法所保护的商业标识，显然该种要求过于严苛。一方面，该种要求会导致通过使用在一定范围内已具有识别特征的标识无法获得保护；另一方面，由于驰名商标是对商业标识最强有力的保护，其不仅可以禁止同类及跨类仿冒行为，还可以进一步禁止他人注册及作为宣告商标无效的理由，这将会引导权益人积极寻求驰名商标的保护，最终使得反不正当竞争法落入被架空的局面。因此，笔者认为无论是从法律规范的体系来看，还是从法律适用的效果来看，对"一定影响"的认定标准均不宜高于未注册驰名商标。

三、从司法案例看2018年《反不正当竞争法》中"一定影响"的具体适用

（一）结合"知名" ＋"显著性"两要件

汕头市澄海区新力星玩具厂与奥飞娱乐股份有限公司、义乌新迪玩具有限公司侵害商标权及不正当竞争纠纷案❶中，法院分别从知名度及显著性两个角度综合认定"一定影响"。法院认为，首先，关于知名度问题。根据一审查明的事实，《超级飞侠》在电视卡通频道播放，并以主题玩具展、环球总动员亲子展、登上春晚舞台等形式的宣传活动进行推广、扩大影响，同时还通过微信公众号、微博及门户网站进行宣传报道，已荣获包括国际性、全国性奖项在内的多个奖项，取得较高知名度。"乐迪"动漫人物系《超级飞侠》主角，也已随着《超级飞侠》的热播和营销推广而取得较大知名度。而"乐迪"玩具是以《超级飞侠》动漫的主角"乐迪"为素材创作，且与"乐迪"人物在造型上高度重合，全面还原了"乐迪"人物形象，系由《超级飞侠》衍生而来的周边产品，且与《超级飞侠》同步面世，其受欢迎程度与《超级飞侠》及"乐迪"人物密切相关，势必承载《超级飞侠》的商誉和知名度。随着《超级飞侠》的播放、宣传推广及其自身长时间的持续销售，"乐迪"玩具已为相关

---

❶ （2018）粤民终 2490 号.

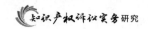

公众知晓，具有一定知名度。其次，关于显著性问题。从"乐迪"玩具的外包装来看，其外包装上多处使用了主要内容为"超级飞侠"的涉案注册商标以及与"乐迪"动漫人物相呼应的"变形机器人乐迪"文字；在包装盒正面、侧面及顶部显著位置使用了"乐迪"形象的图片，并展示了与"乐迪"动漫人物特征相对应的玩具变形过程，包装盒侧面还同时展示了"超级飞侠"家族的其他动漫成员；包装盒有相邻三面采用了透明设计，相关公众透过包装盒可直接看到包装盒内与"乐迪"人物形象一致的玩具实物。由此可见，"乐迪"玩具所使用的包装、装潢从文字、图片、透视度等方面，重点突出了"乐迪"人物的形象和特点，具有一定显著性，且经过奥飞公司的持续性使用及《超级飞侠》的播出、宣传，为相关公众所熟知，已经起到发挥识别商品来源的作用。相关公众看到"乐迪"玩具的包装盒及装潢，即会联想到《超级飞侠》及奥飞公司。对于该案关于"乐迪"玩具的包装装潢具有一定的知名度和显著性，新力星玩具厂实施的被诉行为构成不正当竞争的认定并无影响。

虽然该案适用了新反法关于"一定影响"的规定，但是认定"一定影响"时仍然从该商品名称的知名度与显著性两个角度予以考虑，该种认定规则本质上与1993年《反不正当竞争法》中对知名商品特有名称的认定规则并无不同。

（二）直接考虑标识的使用时间、销量、广告宣传等情况

在优舫（北京）信息科技有限公司与北京人人车旧机动车经纪有限公司不正当竞争纠纷案❶中，人人车公司主张的"人人车"及"renrenche.com"标识是否构成有一定影响的服务名称、域名主体部分，根据人人车公司提交的公证书等证据，优舫公司对"人人车"标识的使用最早为2017年1月，故人人车公司需围绕2017年1月之前"人人车"及"renrenche.com"标识的知名度进行举证。结合人人车公司提交的网站运营及域名使用材料、网络广告发布合同、荣誉和奖励资料、《专项审计报告》等证据可知，人人车公司自2014年开始通过"人人车"网站（www.renrenche.com）和移动端App"人人车"在二手车经纪服务上对"人人车"及"renrenche.com"进行使用。在此期间，"人人车"品牌先后获得"2015（首届）生活服务O2O评价榜行业领先品牌"

---

❶ （2019）京民终1653号.

"2016 年度中国二手车行业驰名品牌"等系列奖项，客观上反映出该品牌在线上二手车经纪服务领域的知名度和影响力。人人车公司提供的《专项审计报告》显示，2014～2016 年公司发生的广告宣传支出累计为 544 039 246.73 元，2014～2016 年公司二手车服务佣金收入累计为 335 641 615.68 元，通过 App 推广、地推、地推投放、电台广告、分众电梯广告、户外广告、网络视频投放、微信、线上流量投放、线上推广、新闻软文等形式，对"人人车""renrenche. com"品牌及相关网站进行了大量且广泛的宣传与推广，其佣金收入水平亦可佐证其在相关市场中拥有一定的市场份额的事实。虽然人人车公司开始提供相关服务的持续时间不长，但鉴于其采取了高投入、高密度、大范围的广告宣传，使得其服务较为迅速地为市场和消费者所知晓，在 2017 年 1 月之前已经在市场竞争中具有一定影响。因此，在 2017 年 1 月之前"人人车"及"renrenche. com"已分别在线上二手车经纪服务领域构成有一定影响的服务名称和有一定影响的域名主体部分。

在上海香飘飘实业有限公司、台州缘份食品制造有限公司、林荣华因与被上诉人香飘飘食品股份有限公司、原审被告瑞安市瑞光副食品经营部不正当竞争纠纷案❶，法院认为：香飘飘公司 2005 年 8 月 12 日成立后，通过明星代言、广告宣传、大规模销售等方式，迅速打造出了为广大消费者所熟知的"香飘飘"奶茶。在上海香飘飘公司 2007 年 11 月 29 日登记成立前，"香飘飘"奶茶广告从 2005 年开始已在覆盖上海地区的中央电视台 2 套、中央电视台 3 套、上海东方卫视及其他省级电视台持续播出。香飘飘公司 2005 年开始也已在包括上海市在内的各大省市建立起"香飘飘"奶茶产品销售网络。香飘飘公司 2006 年、2007 年主营业务收入分别超过 1.74 亿元、3.85 亿元，广告费投入分别超过 1396 万元、2693 万元。从该案基本事实来看，"香飘飘"奶茶和"香飘飘"品牌 2007 年之前在上海区域已具有一定影响力，为社会一般公众所知悉。上海香飘飘公司成立于 2007 年 11 月 29 日，在上海香飘飘公司 2011 年 8 月 1 日将经营范围从"食品销售管理等"变更为"预包装食品的批发等"前，香飘飘公司 2010 年营业收入已达 11.85 亿元，2010 年广告费投入达 2.86 亿元，产品销售范围遍及全国各地，"香飘飘"奶茶和"香飘飘"字号在上海区域也有了更高知名度和影响力。2012 年，"香飘飘"商标被国家工商行政管理

---

❶ （2019）浙民终 3 号.

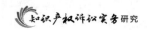

总局认定为驰名商标，香飘飘公司长期产销能力居于行业领先地位，连续多年市场份额保持第一，2017 年营业收入超过 26 亿元，并于 2017 年 11 月公开发行股票，成为上市公司。

上述两案中，法院虽然没有给出"一定影响"的具体认定标准，但从其考量的证据内容来看，无不例外均考虑到了涉案商业标识的使用时间、广告宣传情况、营业收入、销售范围、品牌荣誉及奖励等，整体考虑以上证据所反映出的商业标识与权益人在一定范围内的对应关系。即使是涉案商业标识在使用时间不长，但通过大量投入广告宣传使其已被相关公众知悉，具备识别来源特征的，仍然应当认定为满足"一定影响"的要件。相较于第一种认定方式，笔者更赞赏该种认定方式，其更贴合"一定影响"的立法要求，即要求商业标识通过使用已经具备区分商品来源的特征，这种特征的获得与其使用情况及其所产生的效果密不可分。同时，为避免过分考虑商品知名度而忽视对标识知名度的考察，过分强调商品知名度和标识显著性的区分，产生认定商品知名而非认定标识知名的错误局面，第二种认定方式能有利于弱化该种二分现象。考虑商业标识的使用时间、宣传情况、使用范围和效果等因素是对其是否应当获得反不正当竞争法保护的前提。

（三）参考标识的知名度认定要素

在沃尔玛（中国）投资有限公司与天津山姆大叔商贸有限公司、天津武清山姆进出口有限公司擅自使用知名商品特有名称、包装、装潢纠纷案❶中，法院首先确定反不正当竞争法所保护的有一定影响的服务名称的内容是该名称对服务来源的区别作用。换言之，该服务名称能否使人将其与沃尔玛公司形成对应关系。该案中，山姆会员商店提供百货零售服务，服务方式为会员制。山姆会员商店最早于 1996 年即在中国成立，2017 年以前已经成立了 15 家山姆会员商店，遍布在中国十几个城市，经营时间长，经营地域广。2000 年以后，通过门户网站、微博、微信公众号、官方网站等持续宣传山姆会员商店。经过多年的经营、宣传，山姆会员商店提供的会员制百货零售服务知名度不断提升。在"山姆会员商店"这一称谓中，"会员商店"表示服务方式为会员制零售，"山姆"是识别该服务来源的核心词汇，在山姆会员商店自己的宣传，以及媒体、消费者对山姆会员商店的称呼中，都存在大量以"山姆""地名＋山

---

❶ （2017）津 01 民初 442 号.

姆"指代特定山姆会员商店。山姆会员商店建立了山姆与其提供的服务、销售的产品之间的联系。综合上述因素，在中国"山姆"作为服务名称使用在会员制百货零售服务上有 20 年的历史，"山姆"已经具有区别服务来源的意义，相关权益人有权制止他人擅自使用该服务名称的不正当竞争行为。其次，在有一定影响的服务名称中，具有显著识别特征的特有的名称，使用于特定的服务之上，是相关商业标识性权益获得反不正当竞争法保护的条件。该案中，"山姆""山姆大叔"在英语中具有特定含义，代表美国国家形象。具有特定含义的词汇，经过长期使用产生原叙述含义以外的，具有标识服务特定来源功能的第二含义的，可以成为有一定影响的服务名称，受到反不正当竞争法的保护。山姆会员商店将"山姆"用于百货零售，并经过长期使用、宣传，已经使得"山姆"在百货零售服务领域产生了第二含义，获得了显著性。"山姆"作为特有的名称，将其与使用该名称的服务联系起来，具有反不正当竞争法上的意义。服务名称与使用该名称的服务互为表里，不可分割。该案中，只有将"山姆"用于山姆会员商店提供的会员制百货零售服务上时，"山姆"才成为标识特定服务来源的名称，被纳入反不正当竞争法保护的范围。

结　语

通过以上论述，笔者认为，2018 年《反不正当竞争法》中"一定影响"的具体内涵与商标法中"一定影响"及 1993 年《反不正当竞争法》中"知名"的内涵并无实质性差异。2018 年《反不正当竞争法》中具有一定影响的商业标识与商标法中具有一定影响的未注册商标共同构成未注册标识的保护体系，两者虽然由不同的法律予以规制，但其所起到的作用是相同的，其法律词汇的统一亦表明其内涵应当相同。虽然司法实践及司法解释均未对 2018 年《反不正当竞争法》"一定影响"的认定标准给出具体的答案，但通过以上分析及对司法案例的归纳总结亦可以看出，"一定影响"的认定标准可以参考 1993 年《反不正当竞争法》司法解释中关于知名商品的认定标准予以认定。

知识产权损害赔偿责任承担

论股东或法人承担知识产权
侵权连带责任的可行性

何　俊

摘要：当前，知识产权侵权行为多发甚至泛滥，个人为规避侵权责任，成立一个甚至多个有限公司，利用公司来实施各类知识产权侵权行为。此种情况下，公司股东应当对侵权行为承担连带责任。然而，我国法律缺乏明确规定，司法观点及相关案例对于股东或法人是否需要承担侵权连带责任仍然存有争论，未达成一致意见。结合相关理论，通过对国内外既有司法判例的分析，论证股东及法人承担知识产权侵权连带责任的可行性。

关键词：股东或法人；共同侵权；刺破法人面纱；连带责任

虽然在法律上有限公司是独立责任人，但本身并无意志，其行为实际受控于公司股东或法定代表人。我国当前的知识产权侵权案件中，大量存在股东或法定代表人抢注多个商标，注册多个涉嫌侵权的字号公司，并操纵公司实施重复侵权行为或同时侵害多个权利的侵权假冒行为，或注册涉嫌侵权香港字号公司在内地用于商业宣传等。上述各种行为中，股东操纵和积极参与侵权的痕迹十分明显，但在司法判例和理论研讨中，由于被告一般都会以职务行为或不能轻易突破法人承担有限责任之法律规定进行抗辩，导致目前该问题仍然不能得到较好解决，属于我国司法领域未能达成统一且相对较为疑难复杂的问题。

一、股东或法人承担侵权连带责任的法律依据

（1）共同侵权说。《中华人民共和国侵权责任法》第8条规定，二人以上

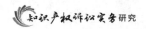

共同实施侵权行为，造成他人损害的，应当承担连带责任。构成共同侵权应当符合相应的构成要件，一般应满足以下几个要求，即侵权主体的复数性、侵权行为人主观过错的共同性、侵权行为的共同性、损害结果的同一性、因果关系的单一性。目前在我国的司法判例中，大多数案件中对于股东或者法人判决承担连带责任都是以共同侵权的法律依据来适用的。比如从股东或法人注册多个商标或成立多个公司、股东提供账号收款、股东注册网站等方面确立股东或者法人实施共同侵权的事实，从而判定股东或者法人承担连带侵权责任。但也有律师提出反对观点，认为按照共同侵权去分析上述案件，无异于在对一个主体和一个侵权行为进行人为的分解，这是十分牵强和让人难以信服的，也会造成法律适用上的不确定性，甚至无端扩大责任范围。公司的行为始终是通过股东等自然人来实施的，自然人代表公司从事经营活动的所产生的后果应当由公司承担，这并不因股东代表公司实施的是侵权行为而发生改变。❶ 最高人民法院在 SMC 株式会社与乐清市中气气动科技有限公司等侵害发明专利权纠纷案中，对共同侵权的构成要件分析如下：首先，倪某某与中气公司具有共同意志。倪某某系中气公司的法定代表人、控股股东、执行董事和经理，仅有的另一名股东与其存在姻亲关系，其对于中气公司有着很强的控制权，其意志与中气公司的意志具有明显的共同性。其次，倪某某和中气公司理应知悉其被诉侵权产品可能侵犯 SMC 株式会社的该案专利权。中气公司在网络宣传中明确提及其批发 SMC 电磁阀，并详细介绍了 SMC 电磁阀工作原理、用途、结构以及选型原则和方法等，且被诉侵权产品上标注有"SMC 及图"商标。作为中气公司的法定代表人，倪某某显然知晓 SMC 株式会社的相应产品及其技术内容，对其被诉侵权产品可能落入 SMC 株式会社该案专利权保护范围有着明确认知。在此情况下，倪某某和中气公司仍然实施了制造、销售和许诺销售被诉侵权产品的行为，可以认为其具有明显的共同侵权故意。最后，倪某某和中气公司客观上存在相互利用、配合或者支持的行为。倪某某以个人银行账户收取中气公司货款，中气公司对于倪某某的上述行为予以认可，两者共同完成了被诉侵权产品的销售和货款回收。可见，倪某某利用其对中气公司的控制权，实际与中气公司共同实施了制造、销售和许诺销售被诉侵权产品的行为。综上，SMC 株

---

❶ 周建中. 以侵害知识产权为业的公司股东是否应当承担侵权连带责任［EB/OL］.（2016 –10 –28）［2020 –04 –16］. 知产力，2016 –10 –28.

式会社关于倪某某与中气公司构成共同侵权并应承担连带责任的主张成立。❶

（2）刺破法人面纱说。《公司法》第20条规定，公司股东滥用公司法人地位和股东有限责任，逃避债务，严重损害公司债权人利益的，应当对公司债务承担连带责任。有学者论述了英美法系对于揭开公司面纱在合同案件中和侵权案件中的适用区别。其中，合同案件中的债权人属于自愿债权人，在不存在欺骗的情况下合同债权人对于可能发生的风险负有谨慎审查的义务，因此对于此类债权引发的责任应当自行承担而不能轻易刺破公司面纱。而在侵权案件中，与合同案件的"自愿"相比，侵权债权人并非"自愿"，侵权案件的债权人非出于"自愿"与公司发生债权债务关系，因此很难事先采取防范措施，无法采用事先的防范而免受他人滥用权利的侵害。考虑股东有理由预见公司是否有足够的财力支付公司因实施侵权行为而产生的责任，在这种情况下法院更加倾向于揭开公司面纱。❷

此外，有学者认为，随着投资者越来越认识到独立法人与有限责任之结合对于减少个人风险的好处，投资者利用公司谋求经济利益的手段和方法也越来越熟练，相伴而生的负面效应也不容忽视，某些股东利用有限责任损害他人合法权益，如利用公司侵害他人专利权，并将责任转嫁给公司。此时如果僵化机械地适用独立法人及有限责任条款，真正的违法者——股东就逃避了法律的惩罚，这当然不符合法的价值初衷。❸

有别于英美法系的做法，我国司法实践中，一方面在揭开公司面纱的法律适用态度上非常谨慎，另一方面主要适用于合同债务案件中，而并非侵权债务案件。这也导致在目前的知识产权侵权案件中，多数案件中法官更倾向于适用共同侵权理论而非揭破公司面纱理论，相对而言这种适用方式更为保险。

二、域外股东或法人承担侵权连带责任的法律规定及司法判例

（一）大陆法系国家或地区对股东或法人承担侵权连带责任相关规定

德国、日本、韩国等的民法典或商法典或判例都明确表达，在法人成立侵

---

❶ （2018）最高法民再201号.

❷ 郑灼武. 论揭开公司面纱 [D]. 广州：中山大学，2005.

❸ 黎明. 浅析衡平居次原则对我国法律完善的意义 [J]. 新乡学院学报（社会科学版），2010，24（3）：58－62.

权责任时，机关成员应当与法人对第三人承担连带损害赔偿责任。如《日本民法典》第44条、《日本商法典》第266条之三第1项、《韩国商法典》第401条第1项、《瑞士民法典》第55条。德国学者卡尔拉伦茨对德国法律的阐述认为，如果有人因机关的侵权行为而受到损害，不仅可以向机关请求赔偿，也可以向机关的法人请求赔偿。❶

（二）美国相关判例

早在1899年，美国法院就在国立收银机公司案中判决高管为公司专利侵权活动对被侵权人承担个人责任。该案确立了专利侵权中公司高管承担个人责任的规则，即公司高管对其直接参与或者特别命令下属实施的专利侵权行为承担严格责任。而在之后多年的演变中，美国逐渐确立了高管直接侵权责任可以适用"控制且受益"的标准来刺破公司面纱，高管承担引诱侵权责任时不要求高管具有授权、指示的故意等。❷从法律实施的效果而言，让控制公司实施专利侵权并从专利侵权中实际获益的承担个人责任与其他制度相结合，有效地促进了美国高科技产业的发展及传统产业的改造，实现了"战后"以来最深刻的经济结构调整。

无论是相较于同为大陆法系的德国、日本等，还是与英美法系的美国相比较，我国对于股东或者法人承担连带侵权责任的规定和法律适用的利益天平明显偏向侵权债务人，而不是受到实质侵权损害的权利人。这也是目前我国同一个自然人成立多个公司重复实施知识产权侵权行为的真实原因所在。作为侵权公司的股东或者法人将侵权责任转嫁给公司很容易，并在公司被追究法律责任后重新成立公司，并再度实施侵权行为，达到规避法律惩罚的目的。

三、我国相关案例及其形成的司法导向

近年来，我国实施知识产权强保护政策，部分法院特别是江浙地区的法院在判决股东或者法人承担侵权连带责任方面有了较大的突破。下面结合相关公开判决来进行具体论述。

（1）在 jashennessy&co 与杭州勃根地葡萄酒有限公司、顾某某侵害商标权

---

❶ 李宗录. 论董事与法人负侵权连带责任的可行性 [J]. 理论月刊，2006（10）：98 – 102.

❷ 和育东，谷慧君. 专利侵权中公司高管个人责任的中美比较 [J]. 知识产权，2013（10）：110 – 115.

纠纷、不正当竞争纠纷案中，法院认为，顾某某登记香港轩尼诗公司和"xu-annishiwine.com"域名交给轩尼斯公司和勃根地公司进行使用的行为表明，其与勃根地公司对涉案侵权行为主观上具有共同侵权的意思联络，客观上具有通力合作的行为协作性，结果上具有导致损害后果发生的同一性，其各自行为已经结合构成了一个具有内在联系的共同侵权行为，应当对法国轩尼诗公司由此造成的损害承担连带责任。❶

（2）在好来化工（中山）有限公司诉广州依时美日用化工有限公司、李某侵害商标权纠纷案中，法院认为，被告李某曾经侵权而被工商处罚，之后作为被告依时美公司的股东和管理者，没有认真履行管理职责，反而操控被告依时美公司生产和销售被控侵权产品，故被告李某和被告依时美公司构成共同侵权，应当承担连带侵权责任。❷

（3）上海闵行区人民法院在美国新科技有限公司与上海艾和生物科技有限公司、占某某侵害商标权纠纷案中认为，艾和公司虽系依法成立的有限责任公司，但其从事的业务系对其股东即法定代表人占某某先前行为的延续，公司账目亦与占某某个人账目相混，艾和公司完全由占某某所控制，且该种控制达到了使公司丧失独立性或在某种业务上不能自主决策的程度，此时，公司已完全丧失了独立的意志能力及独立承担责任的基础，故应由占某某对艾和公司的侵权行为承担连带责任。❸

（4）在上海派若特国际贸易有限公司、仇某与派诺特贸易（深圳）有限公司侵害商标权纠纷、不正当竞争纠纷案中，法院认为，仇某为截取涉案业务以牟取经济利益，利用担任派诺特深圳公司区域商务经理的身份和便利，通过使用派诺特深圳公司商标等方法误导克莱斯勒公司产生与其磋商的对象是法国派诺特公司在中国的相关机构即派诺特深圳公司的误认或者混淆，再利用担任上海派若特公司法定代表人的身份和便利，直接代表该公司与克莱斯勒公司签订合同，其既是侵权行为的起意者，又是具体实施侵权的直接行为人，与上海派若特公司之间存在共同侵权的意思联络和具体分工，构成共同侵权。❹

（5）在戴爱清诉上海瑞坚建材有限公司侵害发明专利权纠纷案中，法院

---

❶（2011）浙知终字第 64 号.

❷（2012）穗越法民四知初字第 38 号.

❸（2014）闵民三（知）初字第 1630 号.

❹（2014）沪一中民五（知）终字第 82 号.

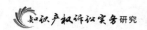

认为，根据现有证据材料查明的事实，可以认定被告瑞坚公司未经原告的许可，为生产经营目的制造、销售、许诺销售被控侵权产品，其行为构成专利侵权。被告黄某某作为被告瑞坚公司的法定代表人，出具定金收据，并提供个人账户收取被告瑞坚公司与案外人朱某甲签订《工矿产品购销合同》项下的部分货款，其行为已经构成帮助侵权。两被告的上述行为已构成对原告享有的发明专利权的侵犯，应当承担相应的民事责任。❶

（6）在樱花卫厨（中国）股份有限公司诉苏州樱花科技发展有限公司、屠某某等商标侵权及不正当竞争纠纷案中，法院认为，屠某某作为苏州樱花电器有限公司的法定代表人，曾经有过侵犯樱花卫厨公司知识产权的历史，但仍然注册多个含有"樱花"字号的公司，成立以来系以侵权经营为主业，相关事实足以证明屠某某通过控制苏州樱花公司、苏州樱花公司中山分公司、中山樱花集成厨卫公司、中山樱花卫厨公司实施侵权行为，其个人对全案侵权行为起到了重要作用，故与苏州樱花公司、苏州樱花公司中山分公司、中山樱花集成厨卫公司、中山樱花卫厨公司构成共同侵权，应对上述公司所实施的涉案侵权行为所产生的损害结果承担连带责任。❷

（7）在阿鲁克集团公司、阿鲁克幕墙门窗系统（上海）有限公司与浙江阿鲁克幕墙门窗有限公司、夏某不正当竞争纠纷案中，法院认为，夏某以外斯公司名义，与金碧公司签订技术支持合作协议，授权金碧公司生产、销售"ALUK"幕墙、门窗产品。而金碧公司取得的产品宣传册与在浙江阿鲁克公司内取得的宣传册完全相同，这也印证了夏某以外斯公司名义和浙江阿鲁克公司共同侵权的事实。因此，夏某和浙江阿鲁克公司对涉案侵权行为主观上具有共同侵权的意思联络，客观上具有通力合作的行为协作性，结果上具有导致损害后果发生的同一性，其各自行为已经结合构成了一个具有内在联系的共同侵权行为，夏某应就被诉侵权行为与浙江阿鲁克公司承担连带责任。❸

（8）在安德烈·斯蒂尔股份两合公司与黄某某、广州锐松机械设备有限公司侵害商标权纠纷案❹中，法院认为，在斯蒂尔公司已经举证了黄某某个人账户涉及多笔油锯货款往来记录的情况下，黄某某虽提交了相应审计报告，但

---

❶（2014）沪一中民五（知）初字第135号.

❷（2015）苏知民终字 第00179号.

❸（2015）浙嘉知初字第269号.

❹（2016）粤73民终958号.

未能举证证明黄某某以其个人账户收取油锯货款的合理理由，因此，法院对黄某某认为锐松公司的财产与其个人财产相独立的主张，不予采纳。因此，一审法院认定黄某某应对锐松公司的债务承担连带清偿责任，共同赔偿斯蒂尔公司的损失，适用法律正确，二审法院予以维持。❶

（9）在安得物流股份有限公司诉无锡市黄家运输有限公司、黄某商标侵权及不正当竞争纠纷案中，法院认为，黄某系黄家公司的设立者，其作为黄家公司的法定代表人，实际控制黄家公司的经营。更重要的是，黄家公司的经营收入打入黄某的个人账户，黄某实际支配黄家公司的侵权收益，可以认定其利用了上述方式，与黄家公司共同实施涉案商标侵权及不正当竞争行为，应就此承担法律责任。❷

（10）在山特电子（深圳）有限公司与叶某某、深圳市伯瑞节能科技有限公司、周某某、四川英威康科技有限公司等侵害商标权、不正当竞争纠纷案中，法院认为，叶某某、南京州盟公司、佛山瑞芯公司、深圳山特公司、深圳伊顿山特公司侵权恶意明显，有共同的意思联络；从近似商标申请注册到侵权产品的生产销售各个环节，亦是由叶某某、南京州盟公司、佛山瑞芯公司、深圳山特公司、深圳伊顿山特公司分工合作、通力完成，最终造成对山特电子公司注册商标专用权的侵害。从周某某作为四川地区唯一代理商的身份、侵权时间、购销合同内容等考查，周某某应该明知其所销售产品属于侵权产品。同时，一审从优势证据规则出发，结合公安机关现场查获的被诉侵权商品、购销合同，以及叶某某、周某某等人的供述等证据，同时考虑到该案侵权时间长、规模大、获利高、当事人主观恶意明显、权利人维权支出大等因素，确定各方当事人的赔偿金额，符合法律规定。❸

（11）在西门子诉新昌县西门子生活电器公司等侵害商标权及不正当竞争案中，法院认为，新昌县西门子公司成立于 2014 年 4 月 14 日，其两位股东吴某某与竺某某是母子关系，其中吴某某的控股比例为 80%，竺某某的控股比例是 20%。吴某某于 2014 年 1 月 23 日注册域名 www.siemives.com 后，许可新昌县西门子公司使用、销售被诉侵权产品。吴某某于 2013 年 11 月 19 日向商标局提出 SIEMIVES 商标注册申请，但尚未核准注册，其许可新昌县西门子

---

❶ （2016）粤 73 民终 958 号.

❷ （2016）苏 02 民初 103 号.

❸ （2016）川民终 940 号.

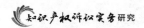

公司使用该"SIEMIVES"标识。新昌县西门子公司在经营活动中存在将吴某某的个人银行账户作为公司经营账户等诸多混同经营情形。吴某某以新昌县西门子公司为工具，实施被诉侵权行为，二者在人员、财务、业务等方面高度混同，判令吴某某对新昌县西门子公司的侵权行为承担连带责任。❶

（12）在新百伦贸易（中国）有限公司诉深圳市新平衡运动体育用品有限公司等多个被告知名商品特有包装装潢纠纷案中，法院认为，郑某某是深圳新平衡公司的唯一股东及法定代表人，也是新纽佰伦鞋厂的经营者，二者均由郑某某设立并控制和经营。郑某某还在博思达克公司办公和对外招商，作为一个在国外从事过制鞋的人具有明显的恶意，综合各种因素足以认定深圳新平衡公司、新纽佰伦鞋厂、郑某某具有共同的故意。❷

上述 12 个案例中，只有 2 个案件判决股东或法人承担连带责任，其中，上海市闵行区人民法院适用了刺破公司面纱理论，广州知识产权法院适用了一人公司股东无证据证明个人与公司财产独立时应当与公司承担连带赔偿责任之法律规定。另外 10 个案例基本上都采用了共同侵权理论，尽管一些判决也提到了个人股东或者法定代表人控制公司、以侵权为业的表述，但是都不约而同地规避适用刺破公司面纱的法律。从地域来看，前述判决中有 9 件来自于长三角地区法院，2 件来自珠三角地区法院，1 件来自四川省高级人民法院，长三角地区法院在此问题上的突破已经形成一定的共识。

2017 年 7 月 18 日，习近平主席在中央财经领导小组第十六次会议上指出，要加大知识产权侵权违法行为惩治力度，让侵权者付出沉重代价。要调动拥有知识产权的自然人和法人的积极性和主动性，提升产权意识，自觉运用法律武器依法维权。加强知识产权保护已经成为全社会的共识，不断修改知识产权法规、设立专门的知识产权法院都彰显了国家在知识产权保护方面的决心。但是仅仅提高赔偿数额，并不足以让侵权者付出沉重代价，特别是很多以侵权为业的公司而言，大多数没有可以执行的资产，判决对于权利人变成了一纸空文。而侵权公司的实际控制者不仅轻易地逍遥法外，还很快成立新的公司继续实施侵权行为，这种情况在现实中屡见不鲜。所以，加大知识产权保护，让侵权者付出代价的口号落实到执行层面，必须考虑借鉴其他国家和地区让股东或者法人与公司承担连带侵权责任的立法和司法实践，否则很难落到实处。

---

❶ （2016）浙民终 699 号.

❷ （2016）苏 05 民初 537 号.

四、股东及法人承担侵权连带责任的标准及证据要求

抛开对于国家法规政策的执行，对于大多数法律工作者而言，更需要掌握的是，在此类案件中所应当秉持的证据标准。有法官认为，如下情形可以适用法人人格否认以追究股东连带责任：一是设立法人以逃避法定义务。如在知识产权侵权案件中，公司被生效判决责令停止侵权后，股东另设公司再度实施侵权行为。二是法人资本显著不足。法人资产与所从事的行为风险明显不能匹配，如制造、生产、销售可能与驰名商标造成混同的产品，给商标持有人造成严重损害，但公司资本畸低的情形，可推定股东利用公司有限责任来故意逃避可能面临的侵权风险。三是股东与法人人格混同。如法人实为一人控制，股东享有高度的决策权，法人营收与个人支出不加区分，可依法适用人格否认制度追究股东连带责任。❶

笔者认为，如果以刺破法人面纱说，可以从如下几个方面的证据来进行判定。

（1）有违诚实信用原则之侵权证据认定。就通过公司法人格否认制度实现对债权人的保护来认定对方侵权而言，不妨首先将诚实信用原则作为兜底条款，这是现代市场经济活动中的基本准则，同时也是我国民法体系中的"帝王"原则，诚实信用原则不仅要求在市场活动中的主体要诚实守信、不欺诈、不虚假，更重要的是为之民事活动中的双方或多方主体的利益平衡，该原则包含禁止权利滥用原则，要求民事主体在实现自身利益的同时要尊重他人利益和社会利益，民法起到基本法的作用，而公司法正是民法特别法，当然受到诚实信用原则的调整。因此，在司法实践中，通过公司法人格否认制度对侵权领域中的适用可以适当积极一些。可以考虑从类似知识产权的侵权纠纷入手，逐步制定相适应的可运用规则。❷ 比如公司股东或者法人申请注册被控侵权标识，注册多个涉嫌侵权的字号，或者涉嫌侵权的注册香港字号公司、注册涉嫌侵权的网站，与和原告处于同一区域或者相近区域，有合作经历等明知熟知权利人品牌及知名度等证据，均可以视为股东或者法人对于公司的侵权行为明知并具

---

❶ 陈健淋. 股东连带责任在知识产权诉讼中的适用［J］. 企业与法，2018（5）：40-47.
❷ 崔煜. 公司法人格否认制度在知识产权侵权中的应用——一起知识产权案例带来的思考［J］. 河南科技，2020（1）.

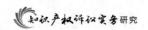

有主观恶意。如在（2016）苏 05 民初 537 号、（2011）浙知终字第 64 号及（2016）浙民终 699 号案中，均存在前述类似的情节和证据，可以作为判定股东或者法人破坏诚信的证据。

（2）股东或者法人是公司实际控制人的认定。一人有限公司股东承担连带责任，在知识产权侵权案件中适用争议并不大，因为大量此类公司独资股东并不举证其财务与公司财务独立。进而有些情况下是两个股东为近亲属，这种情况下司法会出现不同的适用情况。如在略阳县农村信用合作联社与汉中李念农业科技有限公司、李某锐、李某柏、李某、略阳县睿轩农业发展有限公司，略阳县浩翔农业发展有限公司、谭某、陈某借款合同纠纷案中，法院认为，根据《公司登记管理若干问题的规定》第 23 条，家庭成员共同出资设立有限责任公司，必须以各自的财产作为注册资本，并各自承担相应的责任，登记时需要提交财产分割的书面证明或者协议。被告李某柏与李某锐系父子关系，在设立李某公司时，未向工商部门提交分割财产的证明。该公司出资人的财产为家庭成员共同财产，其出资体是单一的，实质为一人公司。《公司法》第 63 条规定，一人有限责任公司的股东不能证明公司财产独立于股东自己的财产的，应当对公司债务承担连带责任。因此，原告略阳县农村信用合作联社要求被告李某锐、李某柏承担连带还款责任的诉讼请求，符合法律规定，法院予以支持。❶

在知识产权案件中，这种情形的判断尚存在一些争议。如在西门子诉新昌县西门子生活电器公司等侵害商标权及不正当竞争案中，法院认为，其两位股东吴某某与竺某某是母子关系，其中吴某某的控股比例为 80％，竺某某的控股比例是 20％，判定吴某某承担连带侵权责任。而在日丰企业集团有限公司诉武汉日丰中塑管道有限公司、武汉世纪管道有限公司等被告商标侵权及不正当竞争纠纷案中，原告主张浙江日丰中塑管道有限公司的股东由其中一被告沈某某和其正在读书的女儿构成，实际上是一人有限公司，且结合沈某某成立多个日丰字号的公司事实而言具有明显恶意，应当承担连带责任，但是一审和二审法院均未采纳上述意见，未能判定该法人及股东承担连带责任。笔者认为，在同时存在恶意侵权以及亲属关系成立公司用于侵权的情形下，应当判定主要股东承担连带侵权责任，否则很容易让侵权策划的个人借助有限公司形式逃避

❶ （2016）陕 0727 民初 684 号.

法律责任。除了股东为亲属关系之外，也有公司显示两个股东，主要股东占股达到50%以上，另一股东参与公司经营情况不详。此种情况很有可能是一个股东控制整个公司来实施侵权行为，应当结合涉案证据情况判定股东是否应当承担连带责任。❶

（3）具有侵权历史或者同时侵害多个公司的知识产权。这种情况属于比较突出的证据情节，可以与此同时认定被告的主观恶意，并进一步认定该公司是以侵权为主业的公司。具有侵权历史的证据，可以是行政处罚决定书或者判决书。侵害多个公司的知识产权，在表现形式上，比如同时生产销售涉嫌侵害多个知名品牌的商标，可以充分证明此公司侵权并非偶然，而是以侵权为业。在佛山东鹏洁具股份有限公司诉潮州市潮安区东鹏陶瓷有限公司等被告商标侵权及不正当竞争纠纷案中，被告公司法定代表人曾经因实施侵害蒙娜丽莎注册商标行为而被起诉，法院认定潮州市潮安区东鹏陶瓷有限公司从成立至今系以侵权为主业，公司实际上是陈某某实施侵权的工具。❷ 在佛山市鼎吉包装技术有限公司与佛山市君友利陶瓷有限公司、崔某某、陈某某、佛山市锐博陶瓷机电有限公司侵害发明专利权纠纷案中，被告崔某某曾经成立锐博字号的个体工商户实施专利侵权行为被判定构成侵权，此后崔某某注销该字号个体工商户，和其配偶共同成立同一字号有限公司继续实施专利侵权行为。对此法院认定：锐博公司虽系依法成立的有限责任公司，但其从事的业务系对其（前）股东和实际经营者之一崔某某，以及股东陈某某二人，先前以个体户方式经营的锐博厂行为的延续，锐博公司实际上是崔某某、陈某某继续实施相同侵权行为的载体和工具。❸

如果存在以下共同侵权意思联络的证据，则可以适用共同侵权理论。其一，股东或者法人与原告有曾经的合作、业务往来关系或者其他关系。在此情况下，股东与公司共同侵权的意思联络非常明显。其二，股东提供个人账号用于收款。其三，参与侵权产品的招商、代表公司进行业务谈判，或者签订合作协议。其四，申请注册被控侵权商标、网站、侵权字号用于实施侵权行为。

---

❶ （2019）粤06民终8093号.

❷ （2019）粤20民终6107号.

❸ （2016）粤73民初671号.

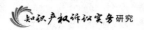

结　语

由于诚信价值观念的缺失，股东利用公司外壳逃避责任的现象时有发生。公司成立后，所有权和经营权没有完全分离，股东控制公司实施违法行为大量存在。一方面是大量中小企业赔偿能力不足，而另一方面是股东利用法人恶意侵犯知识产权以攫取巨额财富。在恶意侵权案件中突破法人独立责任，追究股东连带责任，已经成为知识产权审判实务的客观需求。在创新驱动已成为社会发展的主要动力，加强知识产权的司法保护已经成为国策的背景下，有必要适当放宽对于股东责任追究的认定标准，通过个案分析被告的侵权证据，并树立多个典型案例追究股东的个人责任，以此来形成知识产权司法保护的良好环境。

法律意义上的"生产者"之司法认定

——基于案例的视角

陈建南

摘要： 在知识产权诉讼中，法律意义上的"生产者"认定直接影响案件的责任主体的确认。对于法律意义上"生产者"认定的重要性，在理论及实务上并无疑义。对于侵权产品的实际生产者应在法律上承担侵权责任，在实践中亦无争议。然而，对于什么是法律意义上的"生产者"，在理论及实务中尚未达成统一认识，本文以大量案例为研究基础，结合相关司法解释关于如何判断"生产者"之规定，从民事证据规则、举证责任分配、具体案情个案综合判断等角度进行具体分析，试图明晰什么是法律意义上的"生产者"。

关键词： 法律意义上的"生产者"；举证责任分配

一、"生产者"及其涵盖的范围

一般来说，生产者可以大致分为产品的实际生产者和法律意义上的生产者。产品的实际生产者是指在生产经营中实际直接从事主要产品生产活动的主体，是产品的实际加工制作者或直接制造者。但在现代经济活动中，随着社会分工的细化，也由于市场经营主体自身生产能力的限制和经营策略的考虑，生产方式呈现多样化，并不限于单独、直接生产的唯一方式，大量存在委托、代工等间接生产和共同生产的生产方式。生产者已绝非一个简单、易辨认的概念，而是呈现多种表现形态。在司法实践中，"生产者"的范围已被适当扩展。根据《最高人民法院关于产品侵权案件的受害人能否以产品的商标所有人为被告提起民事诉讼的批复》（法释〔2002〕22 号，以下简称"批复"）的规定，任何将自己的姓名、名称、商标或者可资识别的其他标识体现在产品上，表示其为产品制造者的企业或个人，均属于《中华人民共和国民法通则》第 122 条规定的"产品制造者"和《中华人民共和国产品质量法》规定的"生产者"。在案件审理中，该批复对于确定法律意义上的"生产者"发挥着非常重要的作用，相当多的案件均援引该《批复》进行裁判。可见，法律意义上的生产者是指通过标识标注表明并足以使他人同样认为是产品制造者，并对外承担产品质量法律责任的主体。❶ 如授意他人在委托生产的产品上使用自己的商标，就是明确向一般消费者昭示自己是产品的生产者。❷ 也就是说，生产者并不限于产品直接的实际制作者，还包括各种委托、代工等间接生产者，消费者根据产品外观的标识可以识别其是产品的制造者。

二、司法实践中法律意义上的"生产者"认定

（一）被控侵权产品上标识了企业名称或商标

1. "生产者"认定中《批复》可否直接适用之争

在（2014）民申字第 819 号案中，被诉侵权产品的内包装盒上及纸质外拎包装袋上均使用了涉案美术作品，并标明生产者为杜康酒业公司，产地亦为杜康酒业公司的住所地。最高人民法院认为，一审、二审法院根据《批复》关于"任何将自己的姓名、名称、商标或者可识别的其他标识体现在产品上，表示其为产品制造者的企业或个人，均属于《中华人民共和国民法通则》第一百二十二条规定的'产品制造者'和《中华人民共和国产品质量法》规定的'生产者'"的规定，将杜康酒业公司视为被控侵权包装物的生产者，并无不当。

该案引发的争议是《批复》可否直接适用的问题。《批复》是最高人民法院针对北京市高级人民法院《关于荆其廉、张新荣等诉美国通用汽车公司、美国通用汽车海外公司损害赔偿案诉讼主体确立问题处理结果的请示报告》所作的答复，解决的是关于产品侵权案件的受害人能否以产品的商标所有人为

---

❶ 沙知行. 关于"产品生产者"法律概念的思考［J］. 法制与社会（旬刊），2016（3）：286 - 287.

❷ （2016）粤民终 1568 号.

被告提起民事诉讼的问题，不是针对知识产权侵权而作出的。

对此，有学者担心，在司法实践中追究商标注册人的专利侵权责任时，若不区分产品责任和专利侵权责任，也未对商标注册人在产品责任和专利侵权责任中的注意义务进行区别对待；仅从商标的基本功能出发，直接将上述针对产品责任做出的批复适用于专利侵权案件，是否会产生泛化适用的现象，误解最高人民法院批复的出发点，混淆消费者保护和专利权保护的不同基点。❶

笔者认为，这种担心有合理之处，《批复》的出台有其特定背景，是为了解决产品责任而做出的，并不是因为知识产权侵权案件而专门出台的，产品责任与知识产权侵权责任毕竟属于不同的领域，因此在适用该《批复》时不能简单地照搬，需要根据案情具体分析。

2. 仅有被控侵权产品上的商标不足以被认定为"生产者"

在（2012）民申字第 211 号雅洁诉蓝天案中，最高人民法院指出，不能仅仅以被控侵权产品上的商标就将商标持有人认定为"产品制造者"，尚需要结合其他证据进行认定。

广东雅洁公司申请再审称，商标是识别商品来源的重要标志，根据《批复》，应当推定被诉侵权产品外包装上所标示商标的所有人温州蓝天公司是被诉侵权产品的制造者。最高人民法院认为，广东雅洁公司主张温州蓝天公司为被诉侵权产品的制造者，其提供的唯一证据是被诉侵权产品的包装盒上标示有温州蓝天公司的商标。温州蓝天公司作为知识产权代理公司，其经营范围是从事知识产权代理业务，不具有制造被诉侵权产品锁具的能力，且广东雅洁公司也没有提供证据证明温州蓝天公司与他人使用该商标共同实施了制造被诉侵权产品的行为。因此，仅凭该证据尚不足以认定温州蓝天公司系被诉侵权产品的制造者。

该案值得讨论的是，是否可以仅凭经营范围来判断被告不具有生产能力，从而推定其不是生产者？答案是否定的。在（2014）粤高法民三终字第 1060 号案中，广东省高级人民法院认为："亮迪公司辩称其经营范围不包括生产外包装瓶，其不具有生产能力，对此本院认为，虽然亮迪公司营业执照登记的经营范围不包含生产外包装瓶，但不能排除其采取委托加工等方式进行生产，亮迪公司应承担生产者的法律后果。亮迪公司还辩称被诉侵权产品是由他人冒用

---

❶ 周雨沁，魏大海. 商标注册人在专利侵权诉讼中的诉讼主体地位及责任承担——兼析法释 [2002] 22 号的理解与适用 [J]. 电子知识产权，2012 (1)：85–89.

其公司名义生产、销售，但未能提交相关证据予以证明，故本院对其主张不予认可。"

不难发现，广东省高级人民法院与最高人民法院的观点并不相同，笔者认为，被控侵权者不能仅因被控侵权行为不在其经营范围之内而免责，因为不能排除其采取委托加工的方式进行生产。因此，有必要加大被控侵权者的举证责任，以保证更有利于权利人的维权。

值得注意的是，最高人民法院还指出，"本案并不涉及产品质量问题，并且广东雅洁公司也未提供证据证明温州蓝天公司曾许可他人将涉案商标体现在被诉侵权产品上，故该批复不适用于本案的情形。鉴于温州蓝天公司不具有制造锁具的能力，且没有证据表明其与他人使用该商标共同实施了制造被诉侵权产品的行为，因此该商标是否为温州蓝天公司代汪元平持有并不影响裁判的结果"。笔者认为，广东雅洁公司很难举证证明温州蓝天公司曾许可他人将涉案商标体现在被诉侵权产品上，该举证责任分配对权利人来说较为不利。

可以发现，广东雅洁公司败诉的主要原因，是证据不足。其提供的唯一证据是被诉侵权产品的包装盒上标示有温州蓝天公司的商标。由于温州蓝天公司经营范围是从事知识产权代理业务，不具有制造被诉侵权产品锁具的能力，此时广东雅洁公司的证据只有一份孤证，尚未达到高度盖然性，无法形成优势证据。有学者认为，该证据本身仅能证明有人曾经将该包装盒用作被诉侵权产品的包装盒，以试图向消费者标示该包装盒内的产品来源于商标权人。至于该人是谁、该人是否制造了被控侵权产品，该证据本身并不能证明。故从法律程序上讲，广东雅洁公司主张温州蓝天公司是被诉侵权产品的制造者证据不足。

最高人民法院的上述观点已发生变化。在（2013）民申字第58号案中，最高人民法院认为，被控侵权产品包装盒上所使用的"爱普司"标志与青岛照光公司已核准注册的"爱普司"商标相同，被控侵权产品包装盒上所使用的"APS""祥祥及图"与青岛照光公司申请但尚未核准注册的商标基本相同。青岛照光公司未举出证据证明他人未经许可使用其商标。综上，该案公证购买的被控侵权产品虽然没有标注系青岛照光公司生产，但综合该案证据，从证据优势和盖然性考虑，一审、二审认定被控侵权产品是由青岛照光公司生产和销售并无不妥。

通过对（2012）民申字第211号与（2013）民申字第58号两案的比较可以看出，前案将举证责任分配给权利人，后案将举证责任分配给被控侵权人。

"举证之所在，败诉之所在"，承担举证责任的一方如果未能尽到举证责任，则可能面临败诉的风险。最高人民法院第 58 号案将举证责任分配给被控侵权人，一方面系考虑到被控侵权人在是否许可他人使用其商标时更有能力及条件举证，另一方面也利于减轻权利人的举证责任，对保护知识产权更为有利。

当然，权利人提供的证据应当形成证据链，否则有可能不被法院支持。在（2014）民申字第 1773 号案中，最高人民法院认为，雅洁公司所提供的证据皆是间接证据，无法直接证明张某某生产了被控侵权产品，证据也未能形成证据链，不能有效证明张某某系被控侵权产品生产者。雅洁公司主张被控侵权产品外包装上明确注明"台湾奋成五金实业有限公司"，外包装上标注的该公司地址与奋成公司属一个区域，就能推断案外人台湾奋成五金实业有限公司就是本案奋成公司。因雅洁公司所提供的证据系间接证据，不能证明案外人台湾奋成五金实业有限公司就是该案奋成公司这一事实，故雅洁公司关于奋成公司系被控侵权产品生产者的主张亦缺乏证据证明，法院不予支持。

其实，如果证据充分，就算被控侵权产品上没有标注被控侵权者信息，法院也可认定被控侵权者。如在（2013）民申字第 58 号案中，最高人民法院就认为，"本案公证购买的被控侵权产品虽然没有标注系青岛照光公司生产，但综合本案证据，从证据优势和盖然性考虑，一、二审认定被控侵权产品是由青岛照光公司生产和销售并无不妥"。

3.《批复》中的"商标"不限于注册商标，未注册商标同样包括在内

在（2018）最高法民申 4912 号案❶中，童梦公司称"VOVO"品牌的被诉侵权产品并非其制造，而是从爱贝尔公司购买，对此其在原审诉讼中提供了该公司的送货单、廖某某的支付宝转账凭证等证据。被诉侵权产品的外包装上记载了童梦公司及爱贝尔公司的公司名称、地址和联系电话，标注了童梦公司曾申请注册的"VOVO"商标。最高人民法院认为，虽然该"VOVO"商标并未最终获得注册，但童梦公司在被诉侵权产品及外包装上标注其商标和企业名称的行为足以表明其系以生产者、制造者身份对外公示，足以让购买者相信其为该产品的生产者、制造者。原审法院据此认定童梦公司与爱贝尔公司共同制造了被诉侵权产品并无不当。

---

❶ （2018）最高法民申 4912 号民事裁定书，贝比赞公司诉中山市童梦电子商务有限公司侵害发明专利权纠纷案.

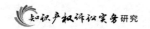

（二）贴牌加工中的"生产者"认定

1. 贴牌加工中技术方案的实施和管理者是"生产者"

最高人民法院在（2012）民申字第 197 号敖某某诉飞利浦再审案判决中，明确了什么是"制造"行为以及在贴牌加工的情况下如何判断"生产者"。这里的"制造专利产品"，对于发明或者实用新型来说，是指作出或者形成覆盖专利权利要求所记载的全部技术特征的产品。上述理解综合考虑了"制造"一词本身的含义和《专利法》第 11 条的立法目的。在委托加工专利产品的情况下，如果委托方要求加工方根据其提供的技术方案制造专利产品，或者专利产品的形成中体现了委托方提出的技术要求，则可以认定是双方共同实施了制造专利产品的行为。❶

该案中，被诉侵权产品是和宏公司在原有模具基础上改模刻字交由惠州和宏公司生产，被诉侵权产品的技术方案完全来源于和宏公司，飞利浦公司没有向惠州和宏公司就被诉侵权产品的生产提供技术方案或者提出技术要求，飞利浦公司不是专利法意义上的制造者，其行为并不构成侵害涉案专利权。敖某某关于飞利浦公司是被诉侵权产品的制造者、独立实施了涉案专利的申请再审理由不能成立。

浙江省高级人民法院认为，在该案贴牌生产的承揽方全权负责生产技术的情况下，不应由定作方承担因产品侵犯他人专利权所导致的责任，从而使得无过错的定作方无须承担过高的侵权风险，有利于促进贴牌生产模式的健康发展。

通常，在援引前述《批复》判断生产者时，更加注重判断产品的外观要素（字号、商标等），因为这些要素明确向一般消费者昭示自己是产品的生产者。该案则更加重视实际上对于技术方案的实施是由何者管理和支配的，从该意义上说，该案确立了从实质角度评价专利法意义上"制造"行为的判断标准。❷

2. 以委托加工表象掩盖共同侵权实质中的"生产者"认定

浙江省高级人民法院确认的规则应适用于真正的委托加。在（2019）最

---

❶ （2012）民申字第 197 号民事裁定书，敖某某与飞利浦（中国）投资有限公司、深圳市和宏实业有限公司、宁波新亚文照明电器有限公司、宁波亚明照明电器有限公司侵害发明专利权纠纷案，该案入选浙江高院 2011 年十大知识产权案例。

❷ 张鹏. 专利法意义上"制造"主体的认定——敖谦平与飞利浦（中国）投资有限公司等侵害发明专利权纠纷再审案［J］. 中国发明与专利，2018，15（10）：111 – 113.

高法民申 6366 号案中，中山金星公司主张被诉侵权产品来源于博伦公司，中山金星公司并非被诉侵权产品的生产者和实际销售者，仅完成了博伦公司交付的标签贴附行为。最高人民法院考虑了以下情节：中山金星公司受博伦公司委托生产加工被诉侵权产品，基于百威公司涉案商标的知名度，作为同行业经营者的中山金星公司理应知晓其受托加工的产品存在侵权的可能；中山金星公司使用百威公司的啤酒瓶灌装被诉侵权产品；博伦公司在其公司网站上宣称博伦百威啤酒在香港注册、中国大陆生产，是一家集研发、生产、销售为一体的大型啤酒企业，其生产地址记载为中山金星公司，并宣称中山金星公司系其广东总代理，所留联系方式和地址均与中山金星公司相关信息一致；博伦公司的网站上公司简介、资质证书和工厂环境等多个栏目下，还展示了中山金星公司的生产车间和相关证书。基于上述因素，最高人民法院认定中山金星公司具有侵权的主观故意，应当承担生产以及销售被诉侵权产品的责任。中山金星公司与博伦公司均具有侵权的主观故意，二者构成共同侵权。

3. "生产者"认定中法院对贴牌合同权利义务条款的审查

如前所述，《OEM 贴牌合同》条款中权利义务的不同约定，决定了定作方的不同法律责任的承担。在司法实践中，法院是如何审查贴牌合同的条款的呢？以下案例可进一步说明。

（1）在（2018）京民终 173 号案中，四季沐歌公司上诉主张，被控侵权产品的实际生产者为安蜜尔公司；四季沐歌公司作为贴牌销售商，没有参与被控侵权产品的设计和生产，并非被控侵权产品的制造者，并提交了用以证明被控侵权产品为安蜜尔公司制造的核心证据，即案外人日出东方公司与安蜜尔公司签订的《OEM 采购合同》等相关证据。根据《OEM 采购合同》，日出东方公司作为甲方的权利包括：对合同项下的产品"监制、审核"、对合同项下产品质量标准的确定、要求乙方提供制造合同项下产品的零部件清单和关键零部件必须经甲方技术人员书面确认同意；在未提前得到其技术人员书面签字同意的情况下乙方不得私自更改产品的任何配置、派驻检验员在乙方工厂进行检验。北京市高级人民法院认为，被控侵权产品的制造并非由安蜜尔公司独立完成，甲方在被控侵权产品的制造过程中，包括技术方案的确定、原材料及零部件的采购、技术方案的修订等方面均有参与其中。即日出东方公司与安蜜尔公司共同完成了被控侵权产品的制造过程。考虑到被控侵权产品的实际贴牌商为四季沐歌公司，因此，作为权利人的惠人公司可以安蜜尔公司或四季沐歌公司作为被控侵权人择一或将其作为共同被告主张其权利。据此，一审法院将四季沐歌公司作为被控侵权产品的制造者确定其侵权责任，并无不当。

（2）在（2018）沪民终 116 号案中，帛琦公司认为其系被控侵权产品的贴牌方，未参与产品设计和生产，不是专利法意义上的产品制造者。上海市高级人民法院认为，根据帛琦公司与妈咪宝公司签订的《订货合同》，其中明确约定由帛琦公司将设计稿提交妈咪宝公司，且妈咪宝公司投产前的样品需经帛琦公司确认。上述约定可以证明被控侵权产品外观设计的设计稿系由帛琦公司提供，且其对被控侵权产品的外观设计具有决策权。帛琦公司认为其未参与产品设计和生产的理由，不能成立。

（3）在（2017）粤民终 2247 号案中，大明公司与大鸿公司签订的《供货合同书》对灯具的材质、尺寸、功率、色温、电压、光源等技术指标、质量标准及包装方式等作出了约定，以合同的方式明确双方在生产被诉侵权产品中的合作关系和具体合作方式。广东省高级人民法院认为，根据该合同，所涉产品并非大鸿公司自行制造之后销售给大明公司，而是大鸿公司根据大明公司的订单制造而来，产品的形成和产品外观是委托方大明公司确定的结果，产品的外观设计体现的是大明公司的设计要求。该《供货合同书》并非简单的买卖合同，而是委托加工合同。是先有大明公司对生产产品的选择，后有产品的制造，而非先有产品，后有大明公司的购买和贴牌销售。该合同难以证明大明公司仅为单纯的赚取流通利润的销售者。大明公司作为照明器具及 LED 产品专业的生产厂家，其对同类产品的市场经营状况具备相应的辨别能力，对产品的知识产权状况具有较高的注意义务。即使在委托他人制造产品时，亦应尽相应的注意义务，避免侵害他人的专利权。大明公司提交的证据未能形成证据链证明被诉侵权产品系根据《供货合同书》制造而来。

（三）品牌授权许可关系下的"生产者"认定

如果商标权人仅授权商标给被控侵权者使用，并未参与被诉侵权产品的制造，那么，标注在产品上的商标权利人是否存在法律意义上的共同制造行为？笔者认为，虽然不能仅凭产品上标有该商标权利人的商标，就断定商标权利人必然是该产品的制造者之一，而应当结合案件其他事实进行综合判断。但整体而言，商标权人如果实际参与被控侵权产品的制造、广告宣传等行为，且不能有效管控商标使用的，法律风险极大。

（1）在（2017）粤民终 982 号案中，志高公司上诉称，其与顺邦公司之间是商标许可使用关系，其并未参与被诉侵权产品的制造。广东省高级人民法院认为，对于标注在产品上的商标权利人是否存在专利法意义上共同制造行为这一问题，不能仅凭产品上标有该商标权利人的商标，就断定商标权利人必然是该产品的制造者之一，而应当结合案件其他事实进行综合判断。

被诉侵权产品包装盒及宣传册上印有商标持有人"广东志高空调有限公司"的字样以及志高公司的监督电话。因为商标具有标识商品来源的功能，该商标被允许标注在被诉侵权产品上，证明志高公司有意愿让消费者知道，被诉侵权产品来源于志高公司或者与志高公司有关联。当然，仅仅以商品在流通阶段标注标识的行为，并不能必然推定商标权利人具有专利法意义上的制造行为。因为专利法意义上的制造，系指运用获得专利权的发明创造再现产品专利保护客体的行为。制造行为是否成立，需要审查商标权利人是否自己单独运用专利再现了产品专利保护客体，抑或与他人分工合作共同实施了该行为。

从该案顺邦公司宣传画册所表述的内容来看，志高公司"进行多元化扩品，并秉承专业的工厂制造专业的产品原则"，"凭借志高集团强大的企业实力和顺邦制造与配套优势，高起点、高品质的崛起于电陶炉领域"，顺邦公司"现已成为国内外众多知名品牌的合作方"等表述来判断，志高公司与顺邦公司之间存在共同研发技术并制造电陶炉产品的事实。再结合被诉侵权产品和宣传画册产品图片上标注有志高公司商标的事实，法院认为该案现有证据可以高度盖然性地证明志高公司和顺邦公司共同制造、许诺销售了被诉侵权产品。志高公司亦未有足以反驳该事实的证据。综上，志高公司该项主张缺乏事实和法律依据，法院不予支持。

（2）在（2018）粤民终2412号案中，新飞公司为"新飞"注册商标的权利人，其与奇贵电器厂签订商标使用许可合同，授权奇贵电器厂在指定的被诉侵权产品上使用该标识，并约定新飞公司有权监督使用注册商标的商品质量且奇贵电器厂需无条件使用新飞公司制作的防伪标识、产品说明书、合格证和配套包装制品。被诉侵权产品的机身及包装箱上均印有"新飞"标识，包装箱上还印有新飞公司的名称及地址。新飞公司主张联创公司没有提交足够的证据证明被诉侵权产品系新飞公司制造。

广东省高级人民法院认为，根据被诉侵权产品上记载的新飞公司名称、商标、地址和合格证等信息，以及新飞公司与奇贵电器厂之间的商标使用许可合同，推定新飞公司制造被诉侵权产品，符合相关证据规则。新飞公司欲推翻前

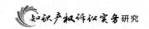

述推定，应承担举证责任。但无论是一审还是二审，新飞公司均未举证证明自己与制造行为无关。而且，在奇贵电器厂于 2017 年 4 月注销后，新飞公司还向被诉侵权产品提供检验日期为"2017 年 7 月"的合格证，其所谓的未制造被诉产品的主张难以成立。

三、"生产者"认定中的其他考量因素

（一）被告的反证及证据盖然性

（1）在认定被控侵权产品的"生产者"时，被告仅消极抗辩不构成侵权，但未进一步举证说明及推翻权利人所主张的事实，应承担举证不足的不利后果。如在（2019）最高法民申 6209 号案中，被诉侵权产品包装袋的正面标有"吉乐娃酒鬼花生"和"酒鬼花生"字样，下方印有宝日公司名称，花生包装袋背面亦印有生产商（厂名）名称为宝日公司，地址为宝日公司住所地。宝日公司主张其并非生产者。最高人民法院认为，百世兴公司已初步完成证明宝日公司为被诉侵权产品生产者的举证责任，宝日公司虽主张其非生产者，但仅主张被诉侵权产品包装袋上的联系电话不是其联系方式，并未提交其他相反证据予以推翻，应承担举证不足的不利后果。

（2）被告在主张其非生产者时，若主张被诉侵权产品系来自第三方，应提交正常市场交易中使用的购销合同、付款凭证、送货单等证据予以证明，否则应承担举证不能的相应后果。值得说明的是，即便被告对其主张进行了举证，仍需结合具体案情对其所举证据进行全面分析。

如在（2019）最高法民申 6168 号案中，东宏陶瓷公司主张被诉侵权产品并非其生产，提交的直接证据为经销商的证言以及自行制作的销售单。最高人民法院认为经销商与东宏陶瓷公司存在利害关系，因此，在无其他证据佐证的情况下，仅凭上述证据，难以推翻唯美陶瓷公司关于被诉侵权产品系东宏陶瓷公司生产的主张。二审判决根据优势证据规则，认定被诉侵权产品系东宏陶瓷公司生产并无不当。同理，根据上述在案证据，二审法院认定唯美陶瓷公司完成了初步的举证责任，而东宏陶瓷公司未提交充分的证据证明其主张，应当承担相应的举证不能的不利后果，二审法院关于举证责任的分配也符合相关法律规定。东宏陶瓷公司的再审理由不能成立。

在（2019）最高法民申 3052 号案中，中茅公司主张其未授权或委托他人

生产被诉侵权商品，其企业名称、厂名、生产许可证号也未授权或委托他人使用，并提交了相关证据，具体包括公安局立案告知书、相关民事裁定书、民事调解书，公安局出具的《印章印文检验鉴定书》、调查笔录、产品委托加工合同公证书卷宗与周某乙出具的情况说明和身份证复印件等。最高人民法院认为，上述证据尚不足以证明该案玉祥泉酒厂生产的被诉侵权商品并非经过中茅公司授权或委托。即使中茅公司二审阶段提交的泸州市公安局出具的《印章印文检验鉴定书》，能够证明张某某领取中茅公司食品生产许可证时使用的企业法人授权委托书、企业法人身份证复印件以及营业执照副本复印件上加盖的印章印文与中茅公司入网证上的印章印文不是同一印章盖印形成，也无法证明该案玉祥泉酒厂生产的被诉侵权商品并非经过中茅公司授权或委托。

由此可见，法院对于被告提供的反证证据的审查标准是比较高的，被告需要提供足够充分的证据，法院才有可能支持其不是生产者的主张。

（3）如果证据充分，即便被控侵权产品上没有标注被控侵权者信息，法院也可认定被控侵权者。如在（2013）民申字第 58 号案中，最高人民法院就认为，"公证购买的被控侵权产品虽然没有标注系青岛照光公司生产，但综合本案证据，从证据优势和盖然性考虑，一、二审认定被控侵权产品是由青岛照光公司生产和销售并无不妥"。

（二）被告产品被仿冒的可能性分析

被告可能会抗辩被诉侵权产品极有可能系他人假冒被告的名义生产、销售的。这种情况从理论上当然不能排除。但是被告需要对其主张进行举证，不能消极地提出该抗辩理由。如果真的存在被假冒情况，被告在其被起诉后就已知晓的情况下，放任假冒不采取相应维权措施，也与常理不符。

在（2016）最高法民申字 2378 号案中，烟台长思公司主张其未在任何网站进行宣传和销售，是另有侵权人所为，但没有提交证据予以证明，亦没有证据证明他人冒用烟台长思公司名义生产了该产品的事实。最高人民法院认为，根据经验法则，其他不相关的市场主体花费成本在网络上对烟台长思公司生产、销售的产品进行宣传，与市场主体追求经济利益的常理明显不符。企业的名称、地址和电话作为公开查询的信息，在生产经营中被他人冒用的可能性较大，仅仅依据被诉侵权产品上标注的企业名称、地址和电话，或者不完整的标注信息尚难单独认定标注者为生产者。但该案中，二审法院依据中粮公司提交的其他证据，结合产品 QS 码、厂商识别代码、烟台长思公司申请与涉案注册商标近似商标的情况，以及烟台长思公司标注他人企业身份信息、宣传展示被诉侵权产品等其他证据，综合考虑上述因素，利用优势证据规则认定被诉侵权产品的生产商为烟台长思公司，并无不当。

有法官认为，"理性经济人"理论推定生产者主体身份，可以很好地解释被告辩称的假冒的可能与合理性。[1] 该理论认为，追求自身利益的最大化是驱使人的经济行为的根本动机，人的思考和行为都是目标理性的，唯一试图获得的经济好处就是物质性补偿的最大化。在知识产权领域，侵权商品的生产者利用各种手段进行商业推广，就是想通过攀附名牌、"搭便车"等不正当手段，在不具备品牌优势、没有创新成果的情况下，使自己的商品或服务在同类市场中获得最大利润。也就是说，能够通过这种违法行为获得最大机会利益的主体，最有可能是这种违法行为的实施者。

（三）如果被告合法来源不成立，不能径行推定被告系侵权产品的生产者

在（2019）最高法民申 6172 号案中，[2] 博全公司主张由于春儿商行不能提供合法来源，则应当承担制造者的法律责任。根据行业经营惯例，春儿商行通过定制方式实施了制造行为。二审法院在春儿商行主张的合法来源不能成立，春儿商行又无法提供其他任何有效来源的情况下，仍然判定春儿商行不存在制造行为，违背了生活经验法则。最高人民法院认为，根据《专利法》第11 条的相关规定，制造、销售以及使用是各自独立的侵权行为。春儿商行是经营食品销售的个体工商户，货架是其开展营业的工具，并非其销售的商品。根据日常生活经验，食品零售商通常并不自行生产制造货架。博全公司提交的公证保全证据仅能证实春儿商行实际使用了被诉侵权产品。合法来源抗辩制度旨在通过免除使用者及销售者的赔偿责任，鼓励追溯生产者，实现打击源头，彻底制止侵权的目的。使用者或销售者主张的合法来源抗辩不能成立，并不能当然推定使用者或者销售者构成制造商。博全公司基于现有证据，主张由于春儿商行未说明被诉侵权合法来源即应当承担被诉侵权产品的制造责任，缺乏法律依据。最高人民法院还认为，博全公司主张春儿商行通过定制方式制造了被

---

[1] 李敏. 被诉侵权商品生产者主体身份的推定 [J]. 山东审判，2016，32 （4）：85–89.

[2] 对比最高人民法院（2012）民申字第 211 号"雅洁诉蓝天"案，该案中雅洁公司主张蓝天公司为被诉侵权产品的制造者，其提供的唯一证据是被诉侵权产品的包装盒上标示有温州蓝天公司的商标。最高人民法院认为仅凭该证据尚不足以认定温州蓝天公司系被诉侵权产品的制造者。而该案博全公司也是仅提交了春儿商行使用被诉侵权产品的证据，不足以证明春儿商行定制被诉侵权产品具有高度盖然性。两案有类似之处，证据均无法达到高度盖然性，最终其主张没有得到法院的支持。

诉侵权产品，但博全公司未提交证据加以证明，在此情况下，博全公司主张春儿商行应当承担举证责任，缺乏法律依据。该案中，博全公司仅提交了春儿商行使用被诉侵权产品的证据，不足以证明春儿商行定制被诉侵权产品具有高度盖然性。据此，在案证据不足以证明春儿商行对被诉侵权产品存在制造、许诺销售、销售或者进口行为。博全公司的相关再审申请理由不能成立。

虽然以销售被诉侵权产品且未能提供合法来源抗辩为由就推定被告为生产者，这种处理方式欠妥，但是如果还附加其他证据，情况就会有所不同。在（2016）粤民终 1819 号案中，一审法院单纯以泉锦公司系有生产电脑键盘能力的企业、其销售被诉侵权产品且未能提供合法来源抗辩为由推定泉锦公司为生产者，二审法院认为该处理欠妥。广东省高级人民法院二审认为，该案还存在一个重要的事实，泉锦公司将被诉侵权产品邮寄给雷柏公司时一并邮寄了一份产品宣传册，展示了被诉侵权产品及其英文性能介绍。这份产品宣传册不仅能够证明泉锦公司存在许诺销售被诉侵权产品的行为，而且因没有标明生产厂家，故可以认定为对自身生产的产品的宣传，结合泉锦公司的经营范围包括生产电脑键盘、其不能提供销售合法来源的事实，应认定泉锦公司存在生产被诉侵权产品的侵权行为。

（四）法理分析：权利与义务相一致的原则

根据《批复》规定，任何将自己的名称、商标或者可资识别的其他标识体现在产品上，表示其为产品制造者的企业或个人认定为"生产者"，具有充分的法律基础。

在（2017）粤民终 844 号案中，被诉侵权产品上印有"克欧克"商标，且标注由"欧克厨具 & 墅乐厨具联合出品"。广东省高级人民法院认为，克欧克公司以此向市场明确昭示其为被诉侵权产品生产者，享受生产者的权利，也应承担生产者的义务。退一步而言，即使克欧克公司关于被诉侵权产品由其委托高达莱公司加工的主张属实，根据双方产品定牌加工协议的内容显示，产品系按照克欧克公司确认的样品制造并经克欧克公司验收，克欧克公司参与制造被诉侵权产品的事实不因其与他人存在委托加工关系而改变。委托生产也是生产，生产方式并不能改变生产的性质。无论克欧克公司是亲自制造被诉侵权产品，还是委托他人制造被诉侵权产品，其均参与了被诉侵权产品的形成过程，应视为被诉侵权产品的制造者之一。

在（2016）浙民终 375 号案中，艾维依斯公司在购入本无生产者信息的被诉侵权产品后，在该产品的网络销售页面上明确标注其注册商标"迪卡西"，并称"产品采用的原材料及生产工艺全部遵照美国加州标准";售出产品所附安装图纸上亦有"迪卡西"字样,所附售后服务卡上则有其企业名称。浙江省高级人民法院认为,上述行为意味着艾维依斯公司主动将自己的商标、企业名称与被诉侵权产品相关联,将本无任何来源信息的"三无"产品作为其自己生产的产品进行销售,其在向社会公众彰显生产者身份、享受生产者利益的同时,也应承担作为生产者的相应义务,包括确保其产品不侵害他人知识产权的义务。因此,艾维依斯公司的上述行为已构成专利法意义上的制造行为,其作为生产者应当在其产品侵害他人专利权时承担相应的法律责任。

值得一提的是,上海市高级人民法院在(2018)沪民终116号判决中结合财务数据对权利义务进行深入分析,说理充分。根据该案证据显示,被控侵权产品的订制价为1160元,而帛琦公司在相关网站的售价分别为2699元和2199元,故帛琦公司通过被控侵权产品的订制、销售可以获取超过100%的利润。根据"权利义务相一致"的原则,在帛琦公司对该产品享有生产者权利并因此获取高额商业利益的同时,亦应就该产品对外承担包括产品质量、知识产权等在内的相应法律责任。此时,帛琦公司不能再以其产品系委托定制、具有合法来源之理由进行抗辩,以寻求仅承担销售商之专利侵权责任,即只需停止销售而无须承担损害赔偿之法律责任;如果此种抗辩得以成立,则帛琦公司即可规避专利权人对其生产、销售侵权产品之获利的追索,而这显然与专利法保护专利权人的合法权益、鼓励发明创造的立法宗旨相悖。一审法院据此认定帛琦公司与妈咪宝公司共同实施了制造、销售及许诺销售被控侵权产品的行为并判令其共同承担相应法律责任,具有事实和法律依据。

结 语

综上所述,对于什么是法律意义上的"生产者",最高人民法院及各级法院在相关判例中给出了具体的答案。总体而言,最高人民法院的《批复》是一份基础性的规定,(2012)民申字第211号"雅洁诉蓝天"案是一份非常重要的判决,法院在此基础上再结合民事证据规则、举证责任分配、被告侵权形态等具体案情进行个案综合判断。通过以上对案例的解读,希望对权利人及代理人在确定被控侵权产品的"生产者"时有所借鉴和裨益。

突破知识产权法定赔偿：
路径探讨与实证分析

何　俊

摘要： 在我国政府各级层面已对严格知识产权保护，加大侵权赔偿力度达成共识的今天，法定赔偿的适用比例过高、赔偿金额难以突破上限已经成为阻碍我国知识产权保护力度提升的瓶颈。以经办案例为基础，限定问题研究的背景，用大量实际案例，解读法定赔偿适用现实情况，分析其背后原因所在，进而提出突破知识产权法定赔偿的解决途径，旨在为目前法定赔偿难以突破，导致赔偿低、赔偿难问题提供切实可行的解决思路，以期为法界同行抛砖引玉。

关键词： 法定赔偿；证据规则；突破；利润

一、原告积极举证但仍然无法突破法定赔偿的案例

在佛山市鼎吉包装技术有限公司诉崔某某侵害发明专利纠纷案件中，原告主张以其损失来作为索赔依据，❶ 并提供了以下证据：其一，以被告销售给另一个使用方被告8条被控侵权产品设备生产线；其二，被告向其他厂家销售涉案侵权产品生产线超过10条；其三，原告近三年公司的利润审计报告；其四，原告专利产品的销售合同及发票。基于以上法律事实，原告认为，该案中被告销售合同所显示客户曾是原告客户，因此被告销售被控侵权产品直接导致原告的损失，因此将被告侵权产品的销售数量乘以原告的销售单价，然后再乘以原

---

❶　（2012）佛中法知民初字第521号.

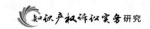

告的销售利润，从而计算出原告因被告侵权而受到损失已经超出其诉讼请求100万元。然而，法院最终选择了适用酌定赔偿，判定被告承担侵权赔偿65万元。

在佛山东鹏洁具股份有限公司诉开平市东鹏卫浴实业有限公司商标侵权及不正当竞争纠纷案❶中，原告主张以被告获利来计算赔偿。该案有如下与赔偿相关的证据：其一，原告代理人在超过5个省份实地公证购买取得被告的侵权产品；其二，原告通过百度地图检索公证书显示，被告在全国有超过20个经销商网点；其三，被告网站宣传其在全国有超过600个销售点，产品远销国内外；其四，原告调查了被告向工商局2012～2015年公开的财务审计报告，证明被告公开的财务数据每年的营业额在2000万元左右；其五，法院依照原告申请向被告颁发证据保全裁定书，但被告未提交完整财务账册；庭审中原告再次请求法院责令被告提交与侵权有关的账册，被告仍未提交；其六，原告本公司的利润审计报告，以及同行业几个上市公司的公开毛利润资料，印证原告利润率20%的真实性。原告认为，该案被告具有重复侵权的情节，在法院多次要求仍拒不提交账册已经构成举证妨碍，再结合原告提交各项参考计算数据，该案突破法定赔偿相比其他案件而言，条件相对比较充分。原告为此也穷尽了几乎所有取证途径，希望通过充分的证据来突破以往案件均以酌定法定赔偿结案的惯例。然而，法院综合考虑之下，还是在法定赔偿数额之下适用了酌定赔偿，判决被告承担160万元侵权赔偿。

以上两起案件中，原告均采取了多种方式进行取证和举证，希望能够突破法定赔偿，但最后均未能成功。所以，本文所讨论问题的背景条件，是在原告已经充分举证的前提下，如何进一步适用举证规则和现有法律，突破目前法定赔偿比例居高不下之怪圈。

二、我国知识产权法定赔偿在司法实践中的适用比例

早在2013年，中南财经政法大学知识产权研究中心就曾做过学术调研，发现在著作权、商标权及专利权侵权案件判赔中，采用"法定赔偿"判赔比

---

❶ （2018）粤06民终9052号.

例分别高达 78.54%、97.63%、97.25%。❶ 报告分析，赔偿金额普遍较低的结果，一方面与知识产权侵权损害取证难度较大等因素有关，反映出当事人的举证能力、举证技巧或举证意识不足；另一方面也反映法院在审判实践中存在过度采用法定赔偿标准的倾向。

2016 年，宋健法官公开撰文表示了与前述学术调研较为一致的观点，即法定赔偿的适用比例过高，高达 98% 左右，导致司法判赔额较低。❷ 由此，高达 97% 以上的法定赔偿适用比例，充分说明司法实践对法定赔偿适用的依赖性。我国商标法在 2013 年修法之前，规定法定赔偿上限为 50 万元，修法之后调整为 300 万元；专利法的法定赔偿上限为 100 万元；不正当竞争法在 2017 年修改之前法定赔偿上限为 50 万元，调整之后为 300 万元；著作权法的法定赔偿上限为 50 万元。可见，全国超过 97% 的案件由于适用法定赔偿，其赔偿金额必然受到法定上限金额的限制。那么对于一些高价值知识产权，在被侵权较为严重的企业采取维权措施时，实际获赔难以达成弥补权利人损失，甚至惩罚侵权人的目标。

三、难以突破适用知识产权法定赔偿的原因分析

为何法定赔偿的适用比例高达 97%，笔者从诉讼参与方的角度来看，主要原因如下。

其一，就原告而言，普遍存在举证能力不足的现状。比如在大量的批量维权案件中，原告的举证都很少，此类案件均只能适用法定赔偿，但此类案件不在本文的讨论之列。更大程度上而言，原告在举证上还是存在较大的难度。因为要适用损失或者获利证据，如果单纯以原告方的证据来计算是不太现实的。很多知识产权权利人的财务数据无法直接显示因侵权导致销售量下降。即使有这样的数据，被告也可以抗辩是其他的市场原因所造成。所以，无论是计算原告损失还是被告侵权获利，目前主要是依赖于被告的销售数据。而这部分的证据，除了上市公司被告有公开的数据之外，其他的非上市公司被告要获得此类证据是非常难的。以方图律所办理案件为例，大量案件只能通过多个省份的线

---

❶ 中南财经政法大学知识产权研究中心. 知识产权侵权获赔额整体偏低 [N]. 法制日报，2013 - 04 - 18.

❷ 宋健. 知识产权损害赔偿问题探讨——以实证分析为视角 [J]. 知识产权，2016 (5)：10 - 19.

下公证购买来证明被告的销售情节，真正能够取得被告参考性销售数据的案件是少之又少。主要原因是被告的销售证据掌握在被告手中，除非被告主动公开，否则原告不可能获得。另外，就被告提交的工商财务审计报告而言，大量从事侵权的企业为了规避纳税义务，均会显示账目营业额很小，利润很少甚至为负数，所以这部分的审计报告常常是对被告有利，而对原告不利的证据。在这种情况下，部分法院为了减少证据保全的申请量，会要求原告在申请证据保全时，一方面必须缴纳审计费用，另一方面申明放弃酌定赔偿的适用方式，必须以审计被告财务账册的结果为准。此时，原告担心万一被告账册虚假，审计不出来获利，那么将会承担相当不利的后果，最后往往会选择放弃证据保全。

其二，就被告而言，我国法律对于被告提供证据的强制力明显不够。在方图律所律师代理的案件中，一般都会向法院申请证据保全，要求取得被告销售账册、销售合同、产品出库单等证据，但在实践中，通常被告都不会给予配合，常常以一句"财务不在"，或者"没有财务账册、合同"等借口了事。在原告的请求下，法院通常也在庭审中再次要求被告限期提交上述证据，但是被告未提供最后也没有承担任何不利的法律责任。此种司法现状，变相鼓励越来越多的被告无视法院证据保全的裁定书，拒绝提供对自己不利的证据。

其三，就法院而言，相对于其他赔偿计算方式，酌定赔偿的改判风险无疑是相对较低的。因为现实中很多案件，虽然取得了一些参考性的被告销售数据，但都不准确。比如被告的自我宣传销售数据，一天销售额超过300万。这样的数据要适用，就需要乘以侵权时间，再乘以侵权的利润从而得出赔偿数额。但是法官可能会考虑这个数据不准确，从而不敢轻易据此推定。另外，法院对于原告提交的利润证据采纳也是有疑虑的，这些证据一般来说都是单方审计的证据，被告不认可。即使原告同时提交其他公开的利润证据，法院也仍然会觉得采纳是有改判风险的。最后，还有一个疑难问题，就是有时候法院会考量知识产权的贡献率问题，这个问题只要一纳入考量范围，就更是难上加难了。因为无论是权利人、被告，还是法院很难确定某个权利在一个产品中的贡献率数字，最后只能由原告初步举证说明产品价值构成，然后由法院酌定一个贡献率数字，这种方式显然主观性很强，无法真正准确，由此更加驱动法官不愿意做损失或者获利计算。

总体而言，由于法定赔偿的适用比较简便，可以省去举证、质证的烦琐程序，提高审判效率，当事人及法官都乐于适用。❶ 绝大部分知识产权案件都是以这种方式确定侵权人的损害赔偿数额，法定赔偿有成为确定损害赔偿数额的唯一方式的风险。造成这一现象的原因可能是多方面的。首先，侵害知识产权行为本身的技术性、复杂性和隐蔽性，使得侵权诉讼证据的取证困难重重。在无法获得所失利润或者侵权所得的有效证据的情况下，选择法定赔偿的方式是权利人的一种有力保护；而在很多原本权利人已经证明实际损失或侵权所得的情况下，法院可能对证据的要求过于严格，依然拒绝接受，而代之以法院拥有较大裁量权的法定赔偿。其次，现有的民事诉讼制度没有提供有效手段保障权利人在面对不合作的侵权人时能够完成举证责任。且不说侵权人不愿意提供相关的账簿账册，即使能够通过法院对侵权人的账簿账册进行保全并审计，审计后无结果或者审计结果无法为法院使用的现象也并不少见。再次，即使有途径可以取得损失或者获利的证据，权利人考虑到诉讼成本、诉讼周期以及可能引发其他纠纷等种种因素，也宁愿选择法定赔偿的方式。最后，长期以来，法院判决赔偿额方面的谦抑政策也会导致法院倾向于选择法定赔偿。绝大多数法院判决书中呈现出千篇一律的"套话"，没有具体分析最终确定的法定赔偿数额与侵权行为各因素之间的因果关系。

四、突破知识产权法定赔偿的主要思路和相关案例

目前在知识产权严格保护的司法政策驱动下，多个法院亦多次突破了法定赔偿的约束，运用不同的证据和理论从而达到比较高的判赔金额。如布鲁克（成都）工程有限公司诉北京市迪盈特进出口贸易有限公司侵害专利权纠纷案，判决损害赔偿 600 万元，合理支出 15 万元；❷ 兄弟工业株式会社诉宁波舒普机电科技有限公司侵害专利权纠纷案，判决损害赔偿 500 万元，合理支出 50 万元；❸ 新百伦贸易（中国）有限公司诉深圳市新平衡运动体育用品有限公司侵害商标权纠纷案判决损害赔偿和合理支出 1000 万元；❹ 美巢集团股份公司诉北京秀洁新兴建材有限责任公司侵害商标权纠纷案，判决损害赔偿和合理

---

❶ 张春艳. 我国知识产权法定赔偿制度之反思与完善 [J]. 法学杂志，2011（5）：126－129.

❷ （2015）京知民初字第 1579 号.

❸ （2016）沪 73 民初 520 号.

❹ （2016）苏 05 民初 537 号.

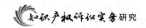

支出 600 万元；❶ 浙江新和成股份有限公司诉福建省海欣药业股份有限公司侵害商业秘密纠纷案，判决损害赔偿 3500 万元，合理支出 22 万元。❷ 实践中突破法定赔偿的案例远不止以上所述，在此不一一列举，从上述案例的判决思路，可以归纳出如下几种突破知识产权法定赔偿的路径。

（1）大胆采纳原告提交的有效证据，从而鼓励权利人积极举证。

在笔者经办案件中，原告进行积极举证，比如对被告生产销售被控侵权产品的数量、营业额都进行了调查，虽然这些数据并不精确，但可以证明被告的销售数据至少在某个数据之上。另外，原告提交的利润审计报告，即使被告没有认可，在无反证推翻的情况下，实际上也是可以采纳的。另外，笔者在另一起案件中通过调查人员与被告方销售总监进行微信聊天，取得其公司涉案产品的生产数量，该数据在一审判决中也没有被采纳。但是这些证据都是原告穷尽手段方能取得的证据，一旦多次都无法得到法院的采纳，那么无疑会严重挫伤原告举证的积极性。正如有法官所言，司法实务中，知识产权侵权案件与其他案件证据的采信标准相同，证明赔偿数额的证据也应具备"三性"，即真实性、合法性和关联性。尤其是关联性的审查，以专利侵权案件中适用"权利人因被诉侵权所受到的实际损失"确定赔偿数额为例，其涉及"专利产品因侵权所造成销售量减少的总数""专利产品的合理利润""侵权产品在市场上销售的总数"等具体的计算项目。而司法实务中，权利人往往很难全部提供这些证据，且其中任何内容的不精确都可能导致权利人的实际损失、侵权人获得的利益、许可使用费的合理倍数等计算方式无法适用，进而不得不适用法定赔偿的计算方式。一旦权利人举证无法得到善意的回应，将导致其不再积极举证，进而陷入"权利人怠于举证，判赔数额低；判赔数额低，权利人不愿积极举证"的怪圈。❸

上述观点在多个案例也有体现。如在北京握奇数据系统有限公司诉恒宝股份有限公司专利侵权案❹中，在确定专利产品的合理利润时，考虑了权利人提交的专项审计报告、第三方的招股说明书中所披露的毛利润数据，并对计算的结果进行了平均。同时指出因相关司法解释并未强求采用营业利润还是净利

---

❶ （2017）京民终 335 号.

❷ （2014）浙绍知初字第 500 号.

❸ 陈锦川，陈志兴. 确定赔偿数额需要处理好的几个关系 ［EB/OL］. ［2020 - 04 - 16］. https：//mp. weixin. qq. com/s/aqWu - fG8lfke42UKStfMRg. 2018 - 02.

❹ （2015）京知民初字第 441 号.

润，而是规定了"合理利润"，因此接受了以毛利润作为合理利润计算的基础。关于合理支出部分，法院首先确认了律师费计时收费方式的合理性，在确定具体数额时，不但认可了原告向其委托的律师事务所已经实际支付部分的律师费，而且对于未实际支付的律师费部分也进行了确认。最终该案件全额支持了原告要求的损害赔偿 4900 万元和合理支出 100 万元。

再如钜泉公司诉某公司侵害集成电路布图设计专有权纠纷案，原告起诉请求被告赔偿经济损失 1500 万元。❶ 关于涉案芯片销售数量，被告自己在网站上宣称其至 2010 年 9 月销售 RN8209 芯片已突破 1000 万片，但审理中又予以否认，且不同意审计，并拒绝提供相关财务资料。在此情况下，法院以被告网站宣称的销售数量作为赔偿计算的依据。

（2）运用证据规则对赔偿证据数字进行推定，从而计算出合理的赔偿数额。

在司法实践中，原告提交证据的数据不精确，是法院难以采信原告证据，担心改判风险最大症结点。但如果为了追求数据的精确性，继续给原告强加难以实现的举证义务，那么必然导致原告积极举证得不到回应，从而继续陷入怠于取证，赔偿越来越低的怪圈。此时，大胆适用一些证据规则，则有可能解决该症结问题。有法官认为，高度盖然性的规则还有另外一种适用方法。例如，某些数字可以查明，某些数字查不明的时候，对于那些不能查明的部分进行一个高度盖然的推测，推测它是多少，最后再计算出实际损失的数额。❷ 如浙江三维公司诉干人友侵犯商标专用权纠纷案，就通过两步来适用：步骤一是销售的净收益 = 销售收入 −（进货成本 + 经营成本），由于没有证据证实经营成本和进货成本的具体数额，最后法院考虑侵权人的经营规模和经营性质酌定了经营成本的数字，最后计算损失是 529 万。可见案件中有些数字是查实的，有些数字是酌情的，最后计算出来的数字是有整有零的，反而是一个很确定的数字。步骤二是销售净收益 = 销售收入 × 利润率，同类企业的年利润率为12% ~ 15%，被告不用支付商标许可费，其利润率应高于合法同类企业，侵权获利

---

❶ （2014）沪高民三（知）终字第 12 号.

❷ 广东高院张学军副庭长：知识产权侵权损害赔偿认定原则的细化——中国知识产权法官讲坛第 26 讲（三）[EB/OL].（2017 − 07 − 29）[2020 − 04 − 26]. https：//mp. weixin. qq. com/s？＿ ＿ biz = MzA3ODU5MjEyMw = = &mid = 2653159007&idx = 1&sn = 17e1a8ad81fa7f18ef269aba139edcba&chksm = 84973f4bb3e0b65d55221cdfbe64de2c801667309dd3b13fbf5c75efc86babd9e0b7bf224a31&mpshare = 1&scene = 23&srcid = 0424Az64M31VY3BLmCgatd1F#rd.

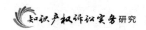

529万余元，得出利润率为21%，反过来证明了步骤一酌定的经营成本是合理的。最后判定赔偿529万元。这是高度盖然性的另外一种适用方法。在美孚商标侵权案中，法院认为，被告宣称其在2009～2010年为中国农药企业百强；中新网文章中记载，2009年农业企业百强最后一名的年销售额亦在1.7亿元以上；中国农药信息网显示2012年中国农药行业百强榜单最后一名的年销售额在2.0亿元。由上述事实可推知，第一、第二被告在2009年的年销售额至少在1.7亿元以上，2010年的销售额亦应在该数额上下。即便两被告并非在此之前的每年均有此销售额，但无论如何，在整个侵权持续期间，被诉行为所获得的利益以及该行为对原告所造成的损失，均显然远远高于原告所主张的450万元的诉讼请求，故法院对该数额予以全额支持。❶ 该案中，法院通过对权利人公证的被告及案外人官方网站的介绍，推定出相应的赔偿数额。尽管该数额与实际数额并不一定相符，但法院通过这种推定方式，对权利人的举证活动进行了积极回应，也完成了赔偿数额的确定。在新百伦贸易（中国）有限公司诉深圳市新平衡运动体育用品有限公司、郑某某等被告侵害商标权及不正当竞争案中，法院认定被控侵权产品在2015年、2016年两年的销售量至少在100万双。以下证据可以证明：其一，被告在其官网、微信上自我宣传其销售额超过200万双，门店500多家，原告实际购买取证超过10家；其二，工商局处罚记录显示单店淡季半年进货量数百双，旺季单店进货量达1000多双，据此推断每个店平均进货量在3000多双；其三，公证书照片显示侵权工厂共有三层，每层面积约有1600平方米，用于存放被控侵权产品；其四，侵权人运营负责人陈述仓库存货量有14万双，2015年销售量100万双，2016年为230万～260万双；其五，郑某某陈述其有7条生产线，其中河北代理商"双十一"11天共盈利300多万元。❷ 最后法院判决被告赔偿金额1000万元。

（3）大胆适用举证妨碍规则和惩罚性赔偿原则，推定原告主张成立。

针对被告藐视知识产权法律制度及国家政策，故意实施甚至重复实施侵权行为，或者对法院要求其提供财务资料的要求拒不履行的，此时如果不能让被告为其行为承担更为严重的法律后果，那么势必产生变相纵容被告借此大肆谋取侵权利润，进而借助"谁主张，谁举证"规则逃避法律责任之怪现象。对

---

❶ 陈锦川，陈志兴. 确定赔偿数额需要处理好的几个关系［EB/OL］.［2020-04-16］. https：//mp. weixin. qq. com/s/aqWu-fG8lfke42UKStfMRg. 2018-02.

❷ （2016）苏05民初537号.

此，有法官认为，应充分适用举证妨碍等证据规则。❶ 李克强总理在2018年政府工作报告中指出，强化知识产权保护，实行侵权惩罚性赔偿制度。此是政府工作报告层面首次提出"侵权惩罚性赔偿制度"。

在"墙铟"商标侵权案❷中，法院认为，原告尽其所能提交了由公开信息渠道可以获知的被告经营被控侵权商品的证据，在法院向被告释明后，被告虽然对上述证据所载信息的客观性提出异议，但仍不提供相关账簿、资料予以反驳，也未就相应公证书效力向公证行政主管机关提出撤销，法院将结合原告美巢公司提供的相关证据对赔偿数额予以确定。据此，法院结合被告的经营规模，侵权产品的单位销售利润、产量、销售时间、销售门店数量、地域范围等因素，对于原告1000万元的赔偿请求予以全额支持。对于举证妨碍规则的适用，此案并非孤例。在"防火隔热卷帘用耐火纤维复合卷帘及其应用"发明专利侵权案中，法院明确提出，原告提交的项目利润审计报告可以作为被告获利的参照，以确定原告能够获得的经济损失赔偿数额。❸ 在"四氢苯并咪唑衍生物的制备方法"发明专利侵权案中，法院认定，被控侵权产品的销售额不等于被告获利数额，但通过结合同类产品的市场利润率，则可以作为计算被告获利数额的基础。在"弯曲切刀钉紧器所用的刀具回缩臂"发明专利侵权案中，法院指出，在法院已明确相应不利法律后果的情况下，被告仍然拒绝在指定期限内提交涉案侵权产品相应财务资料的，可推定其非法所得超出法定赔偿上限。在"行星式搅拌机的一种高效传动装置"实用新型专利侵权案中，原告青岛科尼乐公司主张以被告侵权获利的方式确定赔偿数额，并提出涉案行业的平均利润率为40%。法院认为，被告经法院裁定，负有保全并提交其财务账册以便法院查明其利润率的责任，但被告未执行法院的查封、扣押裁定，亦未向法院提交相关证据。此外，被告在原告明确主张行业平均利润率为40%的情况下，仍然拒绝执行法院裁定并拒绝提供相应的证据，应当承担举证妨碍的法律后果。据此，法院采纳了原告关于行业平均利润率为40%的主张。

针对恶意侵权的惩罚性规则适用，在北京汇源公司诉菏泽汇源公司商标侵权案中，一审法院根据侵权情节酌定被告赔偿金额300万元，但最高人民法院

---

❶ 陈锦川，陈志兴. 确定赔偿数额需要处理好的几个关系 [EB/OL]. [2020 - 04 - 16]. https：//mp. weixin. qq. com/s/aqWu - fG8lfke42UKStfMRg. 2018 - 02.

❷ (2015) 京知民初字第12号.

❸ 专利侵权高额赔偿典型案例解读 [N/OL]. 中国知识产权报，2017 - 09 - 25. http：//www. dooland. com/magazine/article_959189. html.

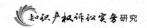

二审判决认为，一审法院酌定赔偿仅考虑水果罐头的生产和销售量，而没有考虑冰糖山药罐头和八宝粥等两种侵权产品，同时考虑到菏泽汇源公司主观恶意明显，为让北京汇源公司利益得到补偿，让被诉侵权人菏泽汇源公司无利可图，根据北京汇源所提交的菏泽汇源公司销售额以及获利情况的证据，酌定菏泽汇源公司赔偿北京汇源公司经济损失 1000 万元。❶

（4）采纳被告的自我宣传证据作为确定赔偿数额的参考数据。

针对侵权人自我宣传证据是否可以作为赔偿参考，目前在法律规定和司法解释层面还未有规定，但北京市高级人民法院曾经起草并发布两个解答文件。《北京市高级人民法院关于审理商标民事纠纷案件若干问题的解答》："在没有其他参考依据的情况下，可以根据被控侵权人在有关媒介上宣传的销售数量作为认定其销售侵权商品数量的参考。"《北京市高级人民法院关于确定著作权侵权损害赔偿责任的指导意见》第 33 条："被告在被控侵权出版物或者广告宣传中表明的侵权复制品的数量高于其在诉讼中的陈述，除其提供证据或者合理理由予以否认，应以出版物或者广告宣传中表明的数量作为确定赔偿数额的依据。"从近年来的法院判决来说，也有不少案例以被告的自我宣传数据作为赔偿计算依据。

在 ZER 中央服务商贸股份有限公司与中山市欧博尔电器有限公司侵害商标权及不正当竞争纠纷案中，二审法院查明，欧博尔公司在网站中多次声称其年销售额为 500 万美元到 1000 万美元，主要市场为北美、南美、东欧、东南亚、非洲，甚至有一次称其成立于 2007 年 6 月 6 日，年产量超过 500 万台，年销售额 5000 万美元到 1 亿美元，并称产品出口率 91%～100%。据此，二审法院认为，根据欧博尔公司在其网站上宣传的数据推算，欧博尔公司的获利明显超过 100 万元。ZER 中央服务商贸股份有限公司起诉要求欧博尔公司赔偿 100 万元，应予以全额支持。❷

在苏州恒远精密数控设备有限公司诉深圳市创世纪机械有限公司专利侵权纠纷案中，原告提供的侵权损害赔偿证据中包括了在某知名股票论坛中被告母公司股吧中的自认证据，在该网页上被告母公司账号在回答网友提问时回答道"目前公司全资子公司（被告）规划产能为 600～800 台/月"。一审法院认为，原告提供的包括上述被控侵权人关联公司的声称等证据，可以认定原告已就创

---

❶ （2015）民三终字第 7 号.
❷ （2016）粤民终 1954 号.

世纪公司侵权获利进行了初步举证，法院同意原告证据保全申请，裁定创世纪公司提供关于被诉侵权产品的财务账册。在该财务账册不全的情况下，最终法院结合上述证据及其他材料综合酌定创世纪公司赔偿原告经济损失 500 万元。❶

佛山市海天调味食品股份有限公司、浙江中味酿造有限公司与仪陇县中味食品有限公司不正当竞争纠纷案中，法院认为，鉴于薛某某仅系仪陇中味公司的销售总监、在浙江中味公司并无任职，故对其关于浙江中味公司黄豆酱产品年产量的陈述内容，不予采信。但其关于仪陇中味公司黄豆酱产品年产量的陈述内容，应予采信。即应当认定仪陇中味公司黄豆酱产品年产量为 3000 吨。同时，因浙江中味公司、仪陇中味公司使用标注生产商同为浙江中味公司的涉案包装、装潢生产被控侵权产品，故该 3000 吨可视为两公司的共同产量。以该 3000 吨及被控侵权产品在飞牛网的销售价格 7 元/瓶为依据，即便假设每吨产品因装瓶及破损等造成的合理损耗为 2000 元，则 3000 吨中味黄豆酱产品的年获利总额已达 510 万元。海天公司主张的 350 万元未超出上述获利总额，应予支持。❷

（5）单独支持原告合理维权费用，加大此部分对于侵权方的威慑力度，并借此鼓励权利人借助专业力量积极举证。

法律规定对于赔偿损失和合理支出是分别规定的，在司法实践中，有的法院会将赔偿损失与合理支出各自列出，从而明确了合理支出的费用支持金额。而有的法院则将合理支出包含在赔偿损失范围内，一并支持，从而并不能显示出合理支持被法院所支持的金额。从不单独支持法官的观点来看，包含支持不需要说明支持金额的多少以及理由，因此包含支持适用起来更方便。

对此，笔者认为，单独支持原告的合理维权费用，尤其是聘请专业律师大额投入的费用，一方面将会让被告对于侵权后果有更清醒的认识，担心原告聘请专业律师高额律师费转嫁的风险，另一方面可以鼓励原告聘请专业律师进行积极搜集证据等工作，加大对于赔偿证据的举证力度。反之，含糊地将合理支持费用包含其中，常常会导致权利人扣除合理支出后实际获赔很少的极端案例。比如，笔者经手的某上诉案件，一审法官忽视案件实际维权支出一审证据显示金额达到已经超过 6 万元的情况，酌定侵权生产厂家和销售商分别赔偿 8

---

❶ （2017）粤 73 民初 2517 号.
❷ （2019）苏民终 212 号.

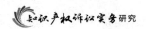
万元和 3 万元损失，并包含原告合理维权费用。上述赔偿金额比原告两审维权费用支出还少，可能导致原告殆于维权。

其实，在此方面有多个案例可供参考。如在北京知识产权法院裁决的某案中，原告主张以计时收费方式作为律师费的计算标准，对此，法院经审判委员会讨论予以认可。在此基础上，法院结合案件代理的必要性、案件难易程度以及代理律师为该案的实际付出等情况认为，原告在该案中主张的律师费数额合理，应予以支持。❶ 再如在最高人民法院判决的某案中，认为日骋公司虽对律师费（按照每位律师每小时 3000 元计收，共计 442 500 元）的数额提出质疑，但未提出充分的事实和理由，且律师费以每小时 3000 元计收并未违反有关法律、行政法规以及行政规章的规定，故予以支持。❷

结 论

突破知识产权法定赔偿既是落实我国严格知识产权保护政策的现实需要，又是司法实践发挥知识产权保护引领作用、实现司法创新的客观基础。从以上分析可知，知识产权法定赔偿已在部分法院有所突破，继续深入并发挥对诉讼当事人的积极价值引导作用，尚需从多个层面上解决取证难、举证不足、证据采信难等问题。

---

❶ （2015）京知民初字第 441 号.

❷ （2012）民提字第 1 号.

知识产权损害赔偿案件中的
利润和利润率确定

——以案例为视角

陈建南

摘要：在确定知识产权赔偿金额时，无论是计算权利人因被侵权所受到的实际损失，还是计算侵权产品的获利，均需要确定相应的利润或者利润率。目前在法律及司法解释层面，均没有对各种不同利润及其计算方式作出明确的规定，更多的是在司法案例中有所体现。结合司法案例，梳理各种不同利润及其计算方式、举证方式、利润率与专利贡献度的关系等，有助于深入了解利润和利润率，并在此基础上提出若干建议，期待将来可以明确各种不同利润及其计算方式。

关键词：利润；营业利润；利润率；专利贡献度

一、司法解释及司法实践关于各种"利润"的理解与适用

（一）司法解释对"利润"的说明

利润是财务会计的专业术语，可以有不同的分类和计算方法，简单可以分为毛利润和营业利润等。

毛利润❶＝销售收入－直接成本（未扣除营业税金及附加、销售费用、管

---

❶ 参见"江苏天容集团股份有限公司诉湖南昊华化工有限责任公司不正当竞争纠纷案"，载《最高人民法院公报》2018 年第 10 期。上海市浦东新区人民法院认为：企业在经营中需缴纳相应的税金，支出相应的费用，尤其是销售费用、管理费用、财务费用在企业正常支出中通常占有相当大的比例。由于计算毛利润时未扣除营业税金及附加、销售费用、管理费用、财务费用，故企业的毛利润和营业利润一般都存在较大的差距。

理费用、财务费用）

营业利润❶＝营业收入－营业成本－营业税金及附加－销售费用－管理费用－财务费用

在最高人民法院《商标法》及《专利法》的相关司法解释中，对于利润也有不同的表达方式。《最高人民法院关于审理商标民事纠纷案件适用法律若干问题的解释》第 14 条规定，《商标法》第 56 条第 1 款规定的侵权所获得的利益，可以根据侵权商品销售量与该商品单位利润乘积计算；该商品单位利润无法查明的，按照注册商标商品的单位利润计算。可以看出，此处强调的是商品的单位利润，该商品的单位利润与企业的营业利润是不同的概念。❷商品的单位利润与毛利润也是不同的概念。❸

"商品的单位利润"是商品的"毛利润"还是"净利润"？在司法实践中有一定的争议。北京市高级人民法院在"斐乐诉中远"再审案中认为：《商标民事司法解释》第 14 条并未将商品单位利润限定为纯利润，在当前加大知识产权侵权损害赔偿力度的司法政策指引下，二审法院考虑了侵权行为与正常商品经营之间的区别，从遏制侵权加大赔偿力度的角度出发，采取销售价格减去成本价格后再除以销售价格的方法计算得出毛利润后作为计算赔偿数额的依据并无明显不当。❹

---

❶ 《最高人民法院关于审理专利纠纷案件适用法律问题的若干规定》第 20 条第 3 款规定，侵权人因侵权所获得的利益一般按照侵权人的营业利润计算，对于完全以侵权为业的侵权人，可以按照销售利润计算。参见（2006）民三终字第 1 号民事判决书，最高人民法院认为：营业利润，并非销售利润和净利润，已扣除相关的产品销售税金及附加、销售费用、管理费用和财务费用，无须扣除企业的所得税。另参见（2017）京 0102 民初 2431 号民事判决书，法院认为"侵权人因侵权所获得的利益一般按照侵权人的营业利润计算，其营业收入除了扣减营业成本和营业税金及附加外，还应扣减销售费用、管理费用和财务费用"。

❷ 被控侵权商品的单位利润率与企业的营业利润率不同。参见（2017）京 73 民终 1991 号民事判决书，北京市高级人民法院认为：《商标纠纷解释》第 14 条规定的利润为商品单位利润，并非企业营业利润。不论是三上诉人在一审审理中提交的瑞安市鞋革行业协会出具的关于其会员单位净利润率的《证明》，还是三上诉人在二审审理中根据《浙江中远鞋业有限公司审计报告》及《审核报告》中的营业收入及营业利润计算出的利润率，均为企业的营业利润率，并非本案被控侵权商品的单位利润率。

❸ （2011）粤高法民三终字第 143 号民事判决书. 广东省高级人民法院认为：鉴于菊乐公司所主张的纯利润率是该公司所有生产经营活动的纯利润率，并非本案被控产品的利润率，不能确切反应被控产品的实际利润，而乳制品行业中其他企业的年度报告中毛利润的计算并没有减去税金，故也不能准确反应被控产品的实际利润。

❹ （2018）京民申 4666 号民事裁定书. 该案中，再审申请人中远鞋业公司、独特公司、刘俊认为二审判决确定的商品单位利润畸高，主张按照商品单位利润应为纯利润，即不仅应减去商品制作成本，还应减去销售、财务等各项支出，中远鞋业公司提交了中远鞋业公司销售涉案侵权产品的专项审计报告。法院认为该份审计报告的数据为中远鞋业公司自行提供，为本案诉讼自行委托商业机构进行审计，且在同一期间在不同平台利润率出现明显差异尚未给出合理理由的情况下，再审申请人中远鞋业公司、独特公司、刘俊主张以该份审计报告确定的 2.21% 作为单位商品利润率的主张缺乏依据，没有得到法院支持。

广东省高级人民法院同样认为"我国现行商标法及实施条例和最高人民法院司法解释均没有明确以毛利润或者纯利润作为商标侵权获利……侵权所获得的利润是指除成本和税金以外的所有利润"，与上述判决相比略有不同，在计算利润时扣除税金。❶

《最高人民法院关于审理专利纠纷案件适用法律问题的若干规定》第20条规定：《专利法》第65条规定的权利人因被侵权所受到的实际损失可以根据专利权人的专利产品因侵权所造成销售量减少的总数乘以每件专利产品的合理利润所得之积计算。权利人销售量减少的总数难以确定的，侵权产品在市场上销售的总数乘以每件专利产品的合理利润所得之积可以视为权利人因被侵权所受到的实际损失。❷《专利法》第65条规定的侵权人因侵权所获得的利益可以根据该侵权产品在市场上销售的总数乘以每件侵权产品的合理利润所得之积计算。侵权人因侵权所获得的利益一般按照侵权人的营业利润计算，对于完全以侵权为业的侵权人，可以按照销售利润计算。

可以发现，前述相关表述用词并不统一，分别用到单位利润、合理利润、销售利润表述。其中合理利润具有一定的模糊性和裁量权，计算销售利润时往往需要考虑专利贡献度或者其他的因素。❸

最高人民法院在解释以上司法解释时指出，在现行的会计制度下，利润的概念一般涉及营业利润、产品销售利润和净利润。营业利润为产品销售利润减去管理、财务等费用后的利润；销售利润为产品销售收入减去相应的销售成本

---

❶ （2011）粤高法民三终字第143号民事判决书．该案中，法院参考国家工商行政管理局《关于商标行政执法中若干问题的意见》以及最高人民法院《关于侵犯商标专用权如何计算损失赔偿额和侵权期间的批复》，前述意见中提出侵权人侵权期间因侵权所获得的利润，一般是指销售收入减去成本及应缴纳的税金。前述批复中认为侵权所获得的利润是指除成本和税金以外的所有利润。

❷ （2007）民三终字第3号民事判决书．最高人民法院认为：在侵权产品销售数量可以确定的情况下，根据专利产品或者侵权产品的利润率，即可以计算出被侵权人的损失或者侵权人获得的利益，并以此来确定赔偿额；在有关产品的利润率难以准确计算时，人民法院可以酌定一个合理的利润率来计算。

❸ （2018）最高法民再111号民事判决书．最高人民法院认为：侵权产品销售总金额乘以侵权产品利润率得到的是侵权产品销售利润，该销售利润并不必然就是侵权行为人因侵权所得的利润。原因在于，被诉侵权产品的利润来源除了使用专利技术方案外，可能来自于其使用的其他专利或者其他部件。因此，需要考虑本案专利对于侵权产品利润的贡献度。（2015）民提字第38号民事判决书，在该案中，关于被申请人和巴莉甜甜公司的侵权获利，梁或、卢宜坚主张按照其销售收入与中山市采蝶轩食品有限公司的销售利润率的乘积计算。最高人民法院认为：被申请人和巴莉甜甜公司的销售收入与其生产经营规模、广告宣传、商品质量等是密切相关的，不仅仅来源于对涉案商标的使用以及涉案商标的知名度，故对梁或、卢宜坚的前述主张不予支持。

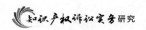

（包括制造成本和销售费用）、产品销售税金及附加等费用后的利润。净利润为营业利润减去所得税后的利润。由于在一般情况下销售利润远远大于营业利润，因此，以哪一种利润来计算赔偿，涉及当事人利益重大，需要对此予以明确。❶

（二）司法实践中不同法院对利润的解释

1. 最高人民法院关于"利润"的解释

早期的案例没有出现"利润率"，表述方式为"利润"，上述司法解释中提到了两个利润，一个是侵权商品的利润，如果在该利润无法查清的情况下，则按照注册商标商品的利润来计算。

在"长城牌"商标案，法院详细解释了如何通过利润来计算损害赔偿金额（见表1）。❷

表1　中粮公司主张的损害赔偿计算表

参照主体	销售价格（元）	成本（元）	利润（元）	依据
被告嘉裕公司（未被采信）	24.5	7.75	16.75	中粮公司提交的嘉裕公司价目表，但对于该价目表是否为嘉裕公司所有，并无证据证明，最高人民法院不予采信
被告嘉裕公司（未被采信）	17.17	12.4738	4.7491	嘉裕公司对其随意抽取的5份发票的统计分析。因嘉裕公司无法说明该计算方法的客观合理性，最高人民法院不予认定
原告中粮公司（法院采信）			11.3	（1）中粮公司提出其普通葡萄酒产品的利润为每瓶11.3元。 （2）由于嘉裕公司的侵权产品销售利润无法确定，嘉裕公司又无证据和充分理由否认中粮公司注册商标商品的单位利润，在综合考虑相关因素的基础上，最高人民法院认为中粮公司提供的单位利润基本合理，故予以认定

被告获利计算公式：939 300 瓶×11.3 元/瓶＝10 614 090 元

---

❶ 曹建明. 新专利法司法解释精解［M］. 北京：人民法院出版社，2012：101.

❷ （2005）民三终字第5号民事判决书.

通过表1可以看出，中粮公司在一审、二审提出了三种计算方法，具体如下。

第一种：中粮公司认为嘉裕公司平均销售价格为24.5元，成本为7.75元，每瓶获利16.75元，其依据为嘉裕公司价目表，但对于该价目表是否为嘉裕公司所有，并无证据证明，法院不予采信。

第二种：在二审审理中，嘉裕公司认为其平均销售价格为17.17元，成本为12.4738元，获利4.7491元，其依据为对其随意抽取的5份发票的统计分析。因嘉裕公司无法说明该计算方法的客观合理性，法院不予认定。

第三种：在二审审理中，中粮公司向最高人民法院提出其普通葡萄酒产品的利润为每瓶11.3元。由于嘉裕公司的侵权产品销售利润无法确定，嘉裕公司又无证据和充分理由否认中粮公司注册商标商品的单位利润，在综合考虑相关因素的基础上，法院认为中粮公司提供的单位利润基本合理，故予以认定。[1]

可以看出，法院首先考虑的是被告的侵权产品的利润，如果被告怠于举证，不积极举证说明侵权产品的利润，导致无法确定利润的，则法院就会考虑原告的注册商标商品的单位利润。如果被告无证据和充分理由否认原告注册商标商品的单位利润，则法院通常就会予以认定。

2. 广东省高级人民法院对于"利润"的分析

在"黑牛诉菊乐"案中，广东省高级人民法院认为，我国现行商标法及实施条例和最高人民法院司法解释均没有明确以毛利润或者纯利润作为商标侵权获利。[2]

目前可供参考的是国家工商行政管理局《关于商标行政执法中若干问题的意见》以及最高人民法院《关于侵犯商标专用权如何计算损失赔偿额和侵权期间的批复》，前述意见中提出侵权人侵权期间因侵权所获得的利润，一般是指销售收入减去成本及应缴纳的税金。前述批复中认为侵权所获得的利润是指除成本和税金以外的所有利润。因此，"黑牛诉菊乐"案无论以黑牛公司或者菊乐公司所主张的利润计算方式（见表2），均与该意见和批复的计算方法不同。

---

[1] （2005）民三终字第5号民事判决书. 因被控侵权商品单位利润无法查明，法院根据中粮公司提供的注册商标商品单位利润与被控侵权商品销售数量的乘积，认定嘉裕公司共获利10 614 090元。

[2] （2011）粤高法民三终字第143号民事判决书.

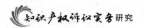

表 2 黑牛诉菊乐案利润率计算表

	利润率	理由
原告黑牛公司	30%	光明乳业股份有限公司、内蒙古伊利实业集团股份有限公司、广西皇氏甲天下乳业股份有限公司三个公司公布的年度报告，该三个公司的平均毛利润率 2007 年为 34.69%，2008 年为 33.2%，2009 年为 38.26%，2010 年为 36.05%
被告菊乐公司	3%	菊乐公司则以该公司提供的 2008～2010 年财务审计报告为依据，认为该公司的纯利润率为 3% 左右，主张利润应当以此为依据计算
一审法院	参照三个公司公布的年度报告	黑牛公司提供的与菊乐公司为同一行业的光明乳业股份有限公司、内蒙古伊利实业集团股份有限公司、广西皇氏甲天下乳业股份有限公司的毛利率具有一定的参考价值
二审法院	酌定	(1) 鉴于菊乐公司所主张的纯利润率是该公司所有生产经营活动的纯利润率，并非本案被控产品的利润率，不能确切反映被控产品的实际利润，而乳制品行业中其他企业的年度报告中的毛利润的计算并没有减去税金，故也不能准确反映被控产品的实际利润。 (2) 原审法院以双方当事人无争议的被控产品的销售数额 7669 万元为基础，参照各方关于利润率的计算意见，综合考虑菊乐公司的规模大、侵权时间较长、销售网络遍及全国 20 多个省市自治区以及目前证据无法准确计算菊乐公司侵权产品的利润的实际情况，确定赔偿额为 1000 万元，并无明显不当

该案中，黑牛公司提供了光明乳业股份有限公司、内蒙古伊利实业集团股份有限公司、广西皇氏甲天下乳业股份有限公司的利润率，这些公司的平均毛利率约为 30%，并主张按此计算。菊乐公司则以该公司提供的 2008～2010 年财务审计报告为依据，认为该公司的纯利润率为 3% 左右，主张利润应当以此为依据计算。

鉴于菊乐公司所主张的纯利润率是该公司所有生产经营活动的纯利润率，并非该案被控产品的利润率，不能确切反映被控产品的实际利润，而乳制品行业中其他企业的年度报告中的毛利润的计算并没有减去税金，故也不能准确反映被控产品的实际利润。

因此，二审法院既没有采纳原告主张的毛利率，也没有采纳被告的公司纯利润率，二审法院最终是参照各方关于利润率的计算意见，综合侵权情节确定

赔偿金额 1000 万元。❶

二、《最高人民法院公报案例》对于利润率的计算方式

《最高人民法院公报》2018 年第 10 期刊登了江苏天容集团股份有限公司诉湖南昊华化工有限责任公司不正当竞争纠纷案，❷ 法院进一步对利润率的计算方式进行了详细说明（见表 3）。

表 3　原告杀螟丹系列产品利润率计算表

年份	营业收入（亿元）	营业成本（亿元）	毛利率（原告主张）（%）	营业利润率（法院认定）（%）
2012 年	1.104	0.878	20.50	10.75
2013 年	1.739	1.319	24.11	11.45
2014 年	2.853	1.610	43.58	33.24

原告主张：应当按照毛利率计算损害赔偿金额，应以原告杀螟丹的利润率乘以侵权商品销售金额来计算赔偿金额。

被告主张：毛利率未扣除企业经营中所产生的费用，不应以毛利率计算赔偿金额，应以被告杀螟丹的利润率乘以侵权商品销售金额来计算赔偿金额。

法院认定：企业在经营中需缴纳相应的税金，支出相应的费用，尤其是销售费用、管理费用、财务费用在企业正常支出中通常占有相当大的比例。由于计算毛利润时未扣除营业税金及附加、销售费用、管理费用、财务费用，故企业的毛利润和营业利润一般都存在较大的差距。因本案被告除了生产销售侵权商品，还有其他正常的经营业务，涉案商品的货值仅占其营业收入的一小部分，被告并非以侵权为业，故本案按照营业利润计算赔偿金额更为合理。

原告的年度审计报告中不仅有公司的利润表，还单列了杀螟丹的营业收入和营业成本，能够据此概算出原告杀螟丹的利润率。因被告杀螟丹的单位利润无法确定，故可根据原告杀螟丹的单位利润计算赔偿金额。

原告天容公司主张，应当按照毛利率计算损害赔偿金额。被告昊华公司主张，毛利率未扣除企业经营中所产生的费用，不应以毛利率计算赔偿金额。

法院认为，由于计算毛利润时未扣除营业税金及附加、销售费用、管理费

---

❶　（2011）粤高法民三终字第 143 号民事判决书．原审法院以双方当事人无争议的被控产品的销售数额 7669 万元为基础，参照各方关于利润率的计算意见，综合考虑菊乐公司的规模大、侵权时间较长、销售网络遍及全国 20 多个省市自治区以及目前证据无法准确计算菊乐公司侵权产品的利润的实际情况，确定赔偿额为 1000 万元。二审法院认为并无明显不当，予以维持。

❷　本案同时还入选浦东法院知识产权司法保护十佳案例（2016）、涉自贸试验区典型案例（2016 年 11 月~2017 年 10 月）。

用、财务费用，故企业的毛利润和营业利润一般都存在较大的差距。因该案被告除了生产销售侵权商品，还有其他正常的经营业务，涉案商品的货值仅占其营业收入的一小部分，被告并非以侵权为业，故该案按照营业利润计算赔偿金额更为合理。被告的年度审计报告中只有整个公司的利润表，报告中未单列杀螟丹的营业收入和营业成本，根据被告的年度审计报告，无法计算出杀螟丹的利润率。

原告天容公司的年度审计报告中有杀螟丹的营业收入和营业成本，计算杀螟丹的营业利润时，还应根据杀螟丹的营业收入占企业营业收入的比例，扣除相应的营业税金及附加、销售费用、管理费用、财务费用。杀螟丹的营业利润率＝［杀螟丹的营业收入－杀螟丹的营业成本－（营业税金及附加＋销售费用＋管理费用＋财务费用）×杀螟丹的营业收入/企业总营业收入］/杀螟丹的营业收入。❶

可以看出，法院在计算原告杀螟丹的营业利润时，没有采纳原告主张的毛利率来计算赔偿金额，而是根据原告杀螟丹的营业收入占企业营业收入的比例，扣除相应的营业税金及附加、销售费用、管理费用、财务费用，最终算出营业利润率。

三、司法实践中计算利润率的几种方法

（一）当事人自行提交相关证据

"谁主张谁举证"，当事人对于其主张的利润率应当进行举证证明。权利人可以委托专业机构出具涉案产品的利润率，❷ 也可以参考第三方的客观数据。❸

---

❶ 以 2012 年度为例，原告营业收入为人民币 199 980 695.72 元，营业成本为人民币 164 659 114.76 元，营业税金及附加、销售费用、管理费用、财务费用共计 19 495 987.72 元，杀螟丹的营业收入为人民币 110 427 932.34 元，杀螟丹的营业成本为人民币 87 794 178.03 元。根据上述计算公式，该年度原告杀螟丹的营业利润率 10.75%。

❷ (2018) 最高法民再 111 号民事判决书．原告委托江苏省宜兴市正大税务师事务所出具了《关于对无锡国威陶瓷电器有限公司 2014 年度企业信息公示鉴证的报告》，国威公司 12 种涉案产品中，最低销售利润率为 16.54%，最高销售利润率为 32.04%。

❸ (2018) 沪民终 433 号民事判决书．在该案中，关于被告迪奥公司制造销售被控侵权产品的利润率，原告提交了两份证据：一份是华经纵横公司的《2013～2015 年双面喷气式干手机市场发展深度分析报告》，显示平均利润率为 17%；另一份是福建洁来智能厨卫股份有限公司 2015 年 6 月《公开转让说明书》，显示干手机 2013 年度销售毛利率为 62.44%，2014 年销售毛利率为 43.36%。当事人为证明同一事实提交的若干份证据存在不一致的情况下，应优先选择对举证人不利的证据。因此，一审法院认定被告迪奥公司制造、销售被控侵权产品的营业利润率为 17%，二审法院予以维持。

如果原告是上市公司，可以直接提交其上市公司的年度报告中公布的利润率作为证据。在老板电器案❶中，原告杭州老板电器股份有限公司是上市公司，根据该公司2014年、2015年、2016年年度报告，该公司2014年、2015年、2016年的营业利润分别为17.93%、20.98%和23.02%，其中最低利润率为17.93%，平均利润率为21.04%。老板电器公司系上市公司，该公司的主营业务即生产销售"老板"品牌的厨房电器产品，故对其年度报告中披露的利润率的真实性及与该案的关联性均应予认定。

法院认为，香港老板电器、厦门乐保德公司和嵊州乐保德公司作为专门以生产销售ROBAND系列侵权产品为业的企业，其利润率理应高于规范经营的上市公司，❷故权利人关于按照老板电器公司的营业利润率计算侵权获利的主张应予支持。

（二）参考同行业经营者利润率

除了原告自行提供利润率数据，参考同行业经营者，尤其是上市公司的年报中关于利润率的数据是非常好的办法。现实中企业和企业之间千差万别，每个经营实体因经济理念、管理水平、经营规模等因素的差异，利润率各不相同。但是，从权利人举证的角度上看，因侵权获利之证据一般由侵权人持有，也往往对侵权人不利，司法实践中侵权人也往往以各种理由不配合权利人收集证据，行业平均利润率成为权利人能收集到的最接近于侵权人实际利润的证据。❸

最高人民法院在司法文件中也鼓励当事人充分运用工商税务部门、第三方商业平台、侵权人网站或上市文件显示的相关数据以及行业平均利润率来计算获利情况。❹

一般情况下，原告应该与该同行业其他经营者在业务结构、公司规模等方

---

❶ （2018）浙民终20号民事判决书.

❷ 在司法实践中也有法院认为被告的利润率低于原告利润率的。参见（2019）苏民终212号民事判决书，根据广东粤信会计师事务所出具的专项审计报告中的数据可以计算出，2015～2017年，海天公司生产的海天黄豆酱的利润率分别为23.25%、23.21%和24.04%，平均利润率为23.5%。但考虑到浙江中味公司、仪陇中味公司的企业规模、经营状况以及知名度等均远逊于海天公司，故如将浙江中味公司、仪陇中味公司黄豆酱产品的利润率酌定为10%。

❸ 陈小珍，唐小妹. 行业平均利润率作为计算侵权获利依据的正当性分析［J］. 人民司法，2016（20）：97－98.

❹ 《最高人民法院关于全面加强知识产权司法保护的意见》（法发〔2020〕11号）.

面具有一定的可比性，其数据才具有相应的参考价值。❶ 在巴洛克案❷中，根据中国林产工业协会出具的证明可见，巴洛克木业公司在地板行业中处于领先地位，其行业地位与大自然家居、大亚圣象、德尔地板等公司在某种程度上具有一定的可比性。而德尔公司和巴洛克木业公司在业务结构上相似，二者均是以地板类产品作为主营业务，地板类产品的销售收入均占总营业收入的90%以上。

两公司在公司规模上相似，德尔公司2015年总营业收入约8.4亿元，2014年6.8亿元；巴洛克木业公司2015年总营业收入约6.3亿元，2014年约6.5亿元。两家在业务结构和公司规模上均相似的企业关于同类产品的净利润率的数据应具有一定的可参考性。德尔公司地板产品2015年的净利润率为16.25%，2014年为18.97%。巴洛克木业公司在该案中按照10%的净利润率进行主张，远低于同行业同类企业，也低于其经销商到庭陈述的数据。

综上，巴洛克木业公司主张以10%的净利润率计算其销售收入减少的实际损失有事实依据，应予支持，二审法院维持一审判决。

可以看出，如果原告是权利人的话，其年报的营业利润率通常可以得到支持。即使权利人不是上市公司，如果其行业地位与上市公司在业务结构、公司规模等方面具有一定的可比性，法院通常也会予以支持。但是如果同行业经营者不具有可比性的时候，则同行业经营者年度报告上的数据可能不被采信。❸

---

❶ 在司法实践中，法院对于同行业经营者利润率并不是当然采纳。参见（2017）闽民终161号民事判决书，法院认为：阿迪达斯公司提供了同行业上市公司业绩年报，引用年报所体现的毛利率，乘以经公安机关委托鉴定的谭荣和非法经营数额计算其可能的利益损失，以上计算方式体现了阿迪达斯公司为证明其损失所做的尝试，但该方式与该案并不具有直接的因果关系：一则阿迪达斯公司并未证明其利润率必然高于或等同于同行业上市公司，二则利润率是经一定时期大量经营数据计算所得均值，并不代表每次经营行为可得利益均等同。故阿迪达斯公司以以上方式计算其可能的利益损失，不予采信；对于其提供的同行业上市公司年报所体现的市场毛利率及经公安机关委托鉴定的谭荣和非法经营数额两份证据，法院在确定赔偿数额时予以参考，但不作为直接的定案依据。

❷ （2016）苏05民初41号一审民事判决书，（2017）苏民终1297号二审民事判决书. 该案被评为2018年中国法院50件典型知识产权案例之一，2020年苏沪浙皖四地高院第一批长三角地区人民法院典型案例。

❸ （2018）粤民终1132号民事判决书. 一审法院参照格力公司和美的集团股份有限公司的净利润率，酌定奥胜公司被诉侵权产品净利润率不低于10%，并据此计算奥胜公司的合理利润。奥胜公司上诉主张应参考同为生产空调整机的美的制冷设备有限公司或青岛海尔股份有限公司空调分部的利润率确定奥胜公司被诉侵权产品的利润。广东省高级人民法院认为，空调及其零部件业务仅是格力公司、美的集团股份有限公司等企业的经营业务之一，一审法院参照同行企业集团公司的净利润率酌定被诉侵权产品的净利润率的方法并不妥当。最终法院根据奥胜公司自认的3.7%的净利润率，奥胜公司制造、销售被诉侵权产品的获利为13.76亿元×3.7% =5091.2万元。

如果被告的规模属于中小型民营企业，被告可能会抗辩不能参照上市公司的利润率确定赔偿额。在小米商标诉小米生活电器案❶中，原告提供的国内两大电器上市公司的年度报告显示，小家电行业的毛利率为 29.69% ~ 37.01%。被告辩称广东省中山市中小企业的家电利润率大约为 10%，格力公司、美的公司是上市公司，被告属于小型民营企业，不能参照格力公司、美的公司的利润率确定。法院最终认定被告规模虽小于上市公司，但其综合成本也应小于上市公司，其利润率应大于上市公司。以该两上市公司小家电毛利率的中间数 33.35% 作为中山奔腾公司、独领风骚公司制造、销售被控侵权产品的利润率较为公平合理。❷

值得思考的是，在李道之诉卡思黛乐公司再审案❸中，最高人民法院认为："李道之、班提公司作为权利人，且从事葡萄酒的生产销售，在有法律、司法解释明确规定可以依权利人利润率为计算依据的情况下，并未向法院提交其利润率，而是请求以本案无任何法律上利害关系的案外人的利润率作为计算赔偿数额的依据，无事实和法律依据，本院不予支持。"

可见，权利人负有对利润率的初步举证责任，况且一般来说，权利人对于其自己的利润率应当是知情的，也是完全可以提供的，不可能出现无法举证的问题。如果权利人不提供自己利润率的初步证据，很可能是自身的利润率比较低。那么，在权利人没有尽到初步举证责任的情况下，就直接援引案外人的较高的利润率作为赔偿依据，对被告来说并不公平，同时还很可能面临法院不接受该利润率的情形。

（三）被告自认的利润率判断标准

（1）如果没有合理理由，被告的陈述禁止反悔。在西门子中国公司诉中德建秋公司案❹中，被上诉人（原审被告）建秋公司的法定代表人纪某及其委托诉讼代理人许某某到庭参加诉讼。关于利润率，建秋公司法定代表人二审庭审中陈述其公司利润率为 5%，建秋公司在庭后质证时又主张其法定代表人不

---

❶ （2019）苏民终 1316 号民事判决书.

❷ （2019）苏民终 1316 号民事判决书. 法院认为，"经营规模大小与利润率高低并无直接对应关系，通常情况下，生产侵权商品的综合成本相对较低，尤其通过线上方式销售成本则更低"。至于被告中山奔腾公司称其在 2017 年、2018 年平均毛利率约为 13.88%，但根据前述，其提交审计以及纳税申报的销售额与一审法院已查明的事实明显不符，故对审计报告及纳税材料的证明力不予采信。

❸ （2014）民提字第 25 号民事判决书.

❹ （2017）鲁民终 1651 号民事判决书.

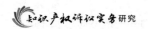

懂财务，5%是想当然的陈述，实际利润率并没有这么高。

对此，山东省高级人民法院认为，建秋公司对其当庭陈述予以否认，但并未提交证据作出合理解释，而根据西门子公司、西门子中国公司提供的电梯行业相关上市公司的财务报表，能够佐证该行业毛利润率在35%左右，即使扣除相关费用，利润率也应该高于建秋公司自认的5%，故法院确认建秋公司的利润率应不低5%。即使按照建秋公司陈述的利润率5%计算，建秋公司侵权期间的获利亦已超过了西门子公司、西门子中国公司主张的人民币200万元。

（2）被告虽然自认利润率，但是明显不合理的，法院可以酌情予以调整。在量子公司诉明兴达公司侵犯商业秘密纠纷案❶中，涉及被控侵权商品的利润率。明兴达公司二审自认被控侵权商品利润率为20%，量子公司主张利润率高达40%。

山东省高级人民法院认为，考虑到明兴达公司系非法获得他人技术秘密及经营信息进行生产销售，并无研发投入和开拓客户的成本，故法院确定明兴达公司利润率不低于30%。以利润率30%计算，明兴达公司2011年7月前的侵权获利就高达3266.328万元（988台×11.02万元/台×30%）。即使按照明兴达公司现有销售发票和合同对应的100台甲带式给料机计算，其获利也高达330.6万元（11 020 458.92元×30%），故一审法院确定明兴达公司赔偿300万元并无不当。

且在一审法院确定赔偿数额300万元的情形下，明兴达公司消极举证，并未提供证据证明实际销售情况，在法院多次释明下，其仍未积极提供真实的财务资料来证明其真实销售情况，该怠于举证的行为也能够证明其实际获利大于一审法院确定的赔偿数额。

可见，对于被告自认的利润率，法院的态度是比较灵活的。一方面，不允许被告无正当理由随便就其陈述反悔；另一方面，如果被告陈述的利润率明显过低的话，法院会酌情予以调整。

（四）法院酌定而不采纳原被告提交的利润率

在原被告双方均提供利润率的情况下，法院也有可能采取酌定利润率的方式。在无锡国威诉常熟林芝案❷中，林芝公司在一审庭审中表示其产品的利润率为10%~15%。根据江苏省宜兴市正大税务师事务所出具的《关于对无锡

---

❶ （2016）鲁民终1364号民事判决书.

❷ （2018）最高法民再111号民事判决书.

国威陶瓷电器有限公司 2014 年度企业信息公示鉴证的报告》，国威公司 12 种产品中，最低销售利润率为 16.54%，最高销售利润率为 32.04%。综合考虑林芝公司主张的最高利润率和国威公司主张的最低利润率，法院酌定被诉侵权产品的利润率为 15%。

被告认为法院酌定的利润率过高，被告可以提出反驳的证据，提交其财务账册予以证明。如果没有提交反驳证据，则抗辩通常不会被采纳。❶ 被告在抗辩行业利润率明显偏高时，抗辩理由还可能包括确定赔偿额时应当考虑专利的技术贡献度、涉案专利技术存在替代方案等。在敦骏公司诉腾达公司案❷中，最高人民法院认为：如果专利权人已经完成初步举证，被诉侵权人无正当理由拒不提供有关侵权规模基础事实的相应证据材料，导致用于计算侵权获利的基础事实无法精准确定，对其提出的应考虑涉案专利对其侵权获利的贡献度等抗辩理由可不予考虑。

依照民事诉讼法及专利法司法解释的规定，在侵权人构成损害赔偿举证妨碍的情况下，法院应当尽可能依照现有的其他证据确认损失。在没有其他证据且权利人的主张没有相反的理由予以反驳的情况下，应当采纳权利人的主张。❸

在科尼乐诉迪凯案❹中，科尼乐公司主张该案行业的平均利润率为 40%，鉴于迪凯公司经法院裁定保全并再次释明要求其提交财务账册以便法院查明其利润率，但未执行法院的查封、扣押裁定，亦未向法院提交相关证据。加之，迪凯公司在科尼乐公司明确主张利润率为 40% 的情况下，仍然拒绝执行法院裁定并拒绝提供相应的证据，应当承担举证妨碍的法律后果。据此，法院采纳科尼乐公司关于行业平均利润率为 40% 的主张。

---

❶ （2014）民三终字第 2 号民事判决书. 在该案中，被上诉人主张侵权产品的利润率为 65%，上诉人主张侵权产品的利润率为 13%，一审法院考虑涉案产品的价值并结合双方当事人主张的利润率，酌定侵权产品的合理利润率为 30%。上诉人主张一审法院酌定的 30% 的利润率过高，不符合行业和上诉人的实际情况，但又没有提交其财务账册予以证明，最高人民法院对其上诉理由不予支持。

❷ （2019）最高法知民终 147 号民事判决书.

❸ （2019）最高法知民终 147 号民事判决书. 在该案中，在已有证据显示腾达公司实际侵权规模已远大于敦骏公司所主张赔偿的范围时，腾达公司如对原审法院确定的全额赔偿持有异议，应先就敦骏公司计算赔偿所依据的基础事实是否客观准确进行实质性抗辩。在腾达公司拒不提供有关侵权规模的基础事实，致使对专利技术贡献度的考量缺乏侵权规模基础事实的情况下，最高人民法院对腾达公司二审中关于原审确定赔偿额过高的各项抗辩主张不予支持。

❹ （2019）最高法民再 250 号民事判决书.

四、利润率与专利贡献度的关系

在专利案件中，计算赔偿数额时，除了利润率之外，还需要考虑专利贡献度。通常情况下，专利贡献率高的专利，其利润率也会较高。❶ 最高人民法院知识产权庭副庭长林广海指出：重视侵权诉讼中知识产权对侵权获利的贡献率。即在计算实际损失或侵权获益时，应当考虑知识产权在实现商品利润中所起的作用来确定其对获利的贡献率，合理确定知识产权对于产品附加值的贡献比重。❷

根据当事人的诉讼请求和案件事实，选择以侵权人因侵权获得的利益计算专利侵权损害赔偿数额时，对于多部件或者多专利的被诉侵权产品，原则上不宜简单采用侵权产品销售总金额乘以侵权产品利润率的方式计算侵权获利，而需要考虑涉案专利对于侵权产品利润的贡献度，以"侵权产品销售总金额 × 利润率 × 专利技术对产品价值的贡献度"的方法进行计算。❸ 对于专利技术对产品价值的贡献度，可以结合涉案专利对产品的重要性等因素酌定。

在（2018）最高法民再111号案中，根据本案专利说明书对发明有益效果的记载，与本案专利要求2的技术方案相关的有益效果包括产品结构更加紧凑，各配件之间在经过压制后结合更牢固，提高热传导性能，减少配件松动造成的安全隐患，提高产品的可靠性和制作成本等。可见，本案专利对于林芝公司PTC发热器的市场吸引力起到了重要作用。同时，考虑到本案专利权利要求2技术方案实现上述有益效果的特征主要体现在导热铝管压制后在左右侧面形成的半圆形凹槽结构，而PTC发热器还包括其他部件，不宜将侵权产品的利润全部归因于本案专利。在林芝公司无正当理由拒不参加本案庭审的情况下，法院酌定本案专利对于林芝公司侵权产品利润的贡献度为50%。

综合上述分析，法院对于林芝公司在向海信（山东）空调有限公司销售被诉侵权产品过程中因侵犯本案专利权获得的利润计算如下：114 371 557 元 ×15% ×50% ≈ 8 577 867 元。

---

❶ （2016）粤民终1390号民事判决书. 广东省高级人民法院认为：侵权技术方案占据产品技术的核心，其价值主导了产品的市场价格；涉案发明专利用于成型轮胎的轮胎鼓，技术研发成本高，所涉行业技术门槛高，可合理推定该行业平均利润率相对高，故原告关于该行业平均利润率为20%的陈述可予采信。

❷ 林广海. 市场价值视域下的知识产权侵权赔偿［J］. 知识产权，2016（5）：24.

❸ （2018）最高法民再111号民事判决书.

五、利润率和侵权获利的可验证性

为了保证侵权获利计算的准确性，法院可以对侵权获利是否适合进行验证。在斐乐诉中远案❶中，一审法院推定涉案被诉商品的营业利润所占比例为中远鞋业公司营业利润的1/3，则中远鞋业公司侵权所获得的利润 =（营业收入－营业成本－营业税金及附加－销售费用－管理费用－财务费用）÷3，最终得出中远鞋业公司两年侵权所获得的利润为 2 638 322 元的结论。❷

三上诉人主张该案应以其提交的经审计的 2015 年及 2016 年的实际销售被控侵权产品的营业额作为基数，采用中远鞋业公司的营业利润情况计算获利所得。❸ 虽然三上诉人所主张的获利计算方法与一审法院的计算方法不同，但可以通过该方法检验一审法院所认定的侵权获利是否适当。❹

依据双方当事人均认可三上诉人在线上线下总计销售被控侵权商品的销售额为 1800 万元。三上诉人在二审中提交了瑞安市鞋革行业协会出具的《夏季平底平跟休闲薄底帆布鞋成本价证明》，列明了一双普通夏季平底平跟休闲薄底帆布鞋的成本价为 20.35 元，鉴于中远鞋业公司为瑞安市鞋革行业协会的会员，该协会出具的该类帆布鞋成本价可作为三上诉人生产、销售的被控侵权商品的成本价格参考。

又根据斐乐公司在一审审理提交的证据，三上诉人在京东商城、淘宝网上经营的杰飞乐旗舰店中销售的各类平底休闲鞋的销售价格在 35～69 元不等，

---

❶ 该案历经三个审级，具体参见（2017）京 0102 民初 2431 号一审判决书、（2017）京 73 民终 1991 号二审民事判决书、（2018）京民申 4666 号再审民事裁定书。

❷ 一审法院参考《最高人民法院关于审理专利纠纷案件适用法律问题的若干规定》第 20 条第 3 款规定，通过计算营业利润来认定侵权人的侵权获利。

❸ 在再审阶段，再审申请人中远鞋业公司、独特公司、刘俊为证明二审确定的商品利润率畸高，提交了中远鞋业公司销售涉案侵权产品的专项审计报告，但从审计报告的数据来看，涉案侵权产品在天猫、淘宝和京东线上销售的利润在不同的月份区间呈现利润率明显不同的状况，京东平台在 2016 年 4～12 月的利润率可达 29%，而天猫和淘宝平台在 2016 年 1～12 月的利润率仅为 1.07%。基于该份审计报告的数据为中远鞋业公司自行提供，为该案诉讼自行委托商业机构进行审计，且在同一期间在不同平台利润率出现明显差异尚未给出合理理由的情况下，再审申请人中远鞋业公司、独特公司、刘俊主张以该份审计报告确定的 2.21% 作为单位商品利润率的主张缺乏依据，再审法院不予支持。

❹ 二审法院依据的是《最高人民法院关于审理商标民事纠纷案件适用法律若干问题的解释》第 14 条的规定：商标法第五十六条第一款规定的侵权所得的利益，可以根据侵权商品销量与该商品单位利润乘积计算；该商品单位利润无法查明的，按照注册商标商品的单位利润计算。

法院取最低价 35 元计算，一双被控侵权商品的销售利润率至少为 41.8%。

综上，取一双被控侵权商品的销售利润率计算，则三上诉人 2015 年及 2016 年销售被控侵权商品的获利计算方式为：被控侵权商品销售总数额×被控侵权商品销售利润率＝被控侵权商品销售获利。故可得出三上诉人的侵权获利数额为 752.4 万元，高于一审法院认定的 2 638 322 元。因此，一审法院认定的三上诉人的侵权获利数额适当，二审法院予以支持。

这两种计算方式分别根据《专利法》《商标法》司法解释确定的方法，所依据的计算基础不同，因此对证据的要求也就不同。营业利润的计算，通常需要企业的年度报告、财务报表等证据；而侵权商品销售量与该商品单位利润乘积则需要销售数据、产品单价及成本价格等证据。因此，法院在审理商标侵权纠纷案件中，可以根据当事人提交的不同证据选取不同的计算方式，以便得出较为贴切的侵权获利数额。再审法院对于这种侵权获利的印证方式也予以了充分肯定。❶

对于当事人的举证，需要法官在案件审理时发挥和运用好证据规则，将提交相应证据的义务根据当事人的掌握程度进行合理的分配。同时法官还要行使好释明权，向负有举证责任的一方当事人释明其应当提交哪些证据，以及如不提交会承担怎样的后果。通过证据规则和释明权的运用，使当事人积极举证，为查清侵权损害数额扫除障碍。❷

结　论

由于法律对于各种利润的核算方式并没有作出规定，因此案件中当事人基于自身利益的考量可能提出"毛利率""净利率""营业利润率"等多个概念，不同的计算基准之间差异较大。❸ 因此，建议将来修订法律或者制定知识产权损害赔偿的司法解释时，对各种不同利润及其计算方式作出明确规定，更好地统一司法裁判标准。

---

❶　（2018）京民申 4666 号再审民事裁定书. 该裁定书认为："二审判决根据再审申请人中远鞋业公司、独特公司、刘俊在二审时的上诉主张，又通过侵权商品销售量与该商品单位利润乘积的方法印证一审判决计算的赔偿数额是否适当……二审判决在印证一审判决数额适当时采取的计算方法并无不妥。"

❷　张天浩. 北京知识产权法院积极探索侵权赔偿数额计算方式，二审维持"FILA"商标侵权案件高赔额 [EB/OL]. （2018 - 03 - 24）［2020 - 04 - 16］. https：//mp. weixin. qq. com/s/75UHnK6Dd_LNvo0XqOn3sQ.

❸　王彦杰. 商标侵权损害赔偿中"利润率"的界定与计算——以"侵权人获利"赔偿方式中的适用为视角 [J]. 中华商标，2016（2 - 3）：73 - 74.

知识产权惩罚性赔偿制度
司法适用的实证研究
——以案例为视角

陈建南

摘要： 近年来，为加强知识产权保护，我国出台了惩罚性赔偿相关政策，并在相关法律中引入了惩罚性赔偿制度，即对恶意侵犯知识产权，且情节严重的适用惩罚性赔偿。然而，惩罚性赔偿的构成要件仅在《商标法》中作了原则性规定，在司法实践中如何具体运用还需要进一步明确。实践中，适用惩罚性赔偿的案件非常少，究其原因，在于难以证明被告侵权行为与权利人损失之间存在因果关系，难以确定"恶意""情节严重"。此时，维权方穷尽调查取证手段，积极举证尤为重要，最高人民法院出台知识产权惩罚性赔偿的司法解释亦极为必要。

关键词： 惩罚性赔偿；因果关系；恶意；情节严重

一、知识产权惩罚性赔偿相关规定

（一）法律及法规

2013 年《中华人民共和国商标法》（以下简称《商标法》）首次规定了惩罚性赔偿制度，[1] 2019 年新修订的《商标法》第 63 条规定："侵犯商标专用权

---

[1] 在 2019 年修改《反不正当竞争法》中也引入了"惩罚性赔偿"条款，该法第 17 条规定："经营者恶意实施侵犯商业秘密行为，情节严重的，可以在按照上述方法确定数额的一倍以上五倍以下确定赔偿数额。赔偿数额还应当包括经营者为制止侵权行为所支付的合理开支。"此外，《著作权法》及《专利法》目前虽然尚未制定惩罚性赔偿，但是这两部法目前正在紧锣密鼓的修订当中，并且在草案中引入了惩罚性赔偿的条款。

的赔偿数额，按照权利人因被侵权所受到的实际损失确定；实际损失难以确定的，可以按照侵权人因侵权所获得的利益确定；权利人的损失或者侵权人获得的利益难以确定的，参照该商标许可使用费的倍数合理确定。""对恶意侵犯商标专用权，情节严重的，可以在按照上述方法确定数额的一倍以上五倍以下确定赔偿数额。❶ 赔偿数额应当包括权利人为制止侵权行为所支付的合理开支。"

2013 年《商标法》修正案说明稿明确指出"针对实践中权利人维权成本高，往往得不偿失的现象，草案引入了惩罚性赔偿制度"。可见，在我国商标法引入惩罚性赔偿制度，很大程度上是为了弥补和平衡受害人的全部损失。

我国在商标保护领域一直沿用补偿性赔偿原则，但是补偿性赔偿原则并不能弥补侵权人之违法行为给被侵权人带来的损失。在填平性赔偿原则下，侵权人侵犯知识产权的最坏结果无非是支付本该支付的许可费或者失去本不该得到的非法获利，而如果不被发现或者权利人不能获得足够证据则侵权人即可免费或者低价享受他人的知识产权。事实上侵权行为被发现的概率并不高，再加上诉讼具有诸多不确定因素，抱有侥幸心理的侵权人在如此低的侵权成本下肆意妄为、侵犯知识产权的现象如此普遍就不足为奇了。❷

（二）司法政策

2019 年 8 月，江苏省高级人民法院颁布的《关于实行最严格知识产权司法保护为高质量发展提供司法保障的指导意见》（以下简称《江苏高院指导意见》）第 26 条规定："积极适用惩罚性赔偿。有证据证明侵权人故意侵害知识产权的，可以根据侵权人主观恶意程度或侵权情节，适用惩罚性赔偿，以确定的补偿性损害赔偿数额为基数，在法定倍数范围内酌定损害赔偿数额。权利人维权支出的合理开支，不纳入计算基数。"

2019 年 11 月，中共中央办公厅、国务院办公厅印发《关于强化知识产权保护的意见》，明确提出加快在专利、著作权等领域引入侵权惩罚性赔偿制度。

2020 年 1 月 1 日施行的《优化营商环境条例》第 15 条进一步强调"国家建立知识产权侵权惩罚性赔偿制度"。

---

❶ 2013 年修订的《商标法》第 63 条规定："对恶意侵犯商标专用权，情节严重的，可以在按照上述方法确定数额的一倍以上三倍以下确定赔偿数额。"2019 年修订的《商标法》将赔偿倍数的上限由 3 倍提高到 5 倍。

❷ 罗莉. 论惩罚性赔偿在知识产权法中的引进及实施［J］. 法学，2014（4）：25－30.

从以上一系列规定可以看出，无论是法律层面还是政策层面，均已经明确提出要在知识产权侵权案件中积极适用惩罚性赔偿制度，知识产权保护实施惩罚性赔偿势在必行。

二、惩罚性赔偿的构成要件

《商标法》第63条规定，惩罚性赔偿应当包括以下三个构成要件，分别是赔偿基数的确定、被告的行为属于恶意侵犯商标专用权、情节严重。其中，赔偿基数包括权利人因被侵权所受到的实际损失、侵权人因侵权所获得的利益、商标许可使用费的倍数。❶ 在确定上述三个基数之后，如果被告恶意侵犯商标专用权，情节严重的，可以在按上述方法确定数额的1倍以上5倍以下确定赔偿数额。赔偿数额应当包括权利人为制止侵权行为所支付的合理开支。如果上述三个基数都难以确定的，那就无法适用惩罚性赔偿，只能适用法定赔偿，根据侵权行为的情节判决给予500万元以下的赔偿。关于上述三个赔偿基数的确定，以下分别论述。

三、赔偿基数的确定之一：权利人因被侵权所受到的实际损失

（一）《商标法》及司法解释的规定

《商标法》第63条规定："侵犯商标专用权的赔偿数额，按照权利人因被侵权所受到的实际损失确定。"最高人民法院在司法解释进一步明确规定，"因被侵权所受到的损失，可以根据权利人因侵权所造成商品销售减少量或者侵权商品销售量与该注册商标商品的单位利润乘积计算"。❷ 该规定对权利人的损失的计算方式进行了细化，并且给出了具体的计算公式。但是在实践中影响被侵权人商品销售量的因素有很多，不能将商品销售量的减少简单地归结于侵权行为。也就是说，确定侵权所受损失的主要难点，在于权利人的实际损失

---

❶ 赔偿基数的确定，主要依赖于销售量的增减，将其等同于原告的损失或者被告的获利。但在实际中，商标侵权（尤其是驰名商标）的表现通常是混淆或者淡化商标，从商标是无形资产这一特性出发，需要明确有形损失和无形损失。依照现有的计算模式计算惩罚性赔偿金，显然无法覆盖原告商标显著性减弱、商标声誉受损等无形损失。参见：钱玉文，李安琪. 论商标法中惩罚性赔偿制度的适用——以《商标法》第63条为中心 [J]. 知识产权，2016（9）：63 – 65.

❷ 最高人民法院《关于审理商标民事纠纷案件适用法律若干问题的解释》第15条。

与侵权行为之间的因果关系难以完全对应，权利人应当如何举证自己的损失是由被告的侵权行为造成的，面临很大的困难。

《江苏高院指导意见》指出，综合考虑因侵权行为导致的价格侵蚀，许可费，权利人商品（服务）、侵权商品（服务）或者同期同类商品（服务）的价格、利润率，商誉损失，可得利益损失，技术成果的研发成本及其对商品（服务）价值的贡献度等多方面因素，旨在建立与知识产权市场价值相适应的侵权损害赔偿标准。该司法文件中，可以看出法院对巴洛克案❶审判思路的经验借鉴，下文以该案例为研究样本，详细分析司法实践中如何运用权利人的实际损失主张更高的赔偿金额。

（二）因果关系存在的证明

要证明权利人的损失是非常困难的，因为权利人的损失可能会有多种因素造成，比如管理不善、成本过高、营销不得力、整个市场环境变得恶劣等因素所致，不一定完全就是由被告的侵权行为造成。因此，法律意义上的权利人实际损失，应当是该实际损失与被告的侵权行为之间存在因果关系。权利人应当证明损害与侵权行为之间存在因果关系，与侵权行为关系不大的赔偿主张，或者猜测性的赔偿主张，不会得到法院支持。通常，因果关系可以从以下两方面加以证明。❷

1. 以竞争关系证明因果关系

原告巴洛克木业公司和被告浙江巴洛克公司之间存在直接的竞争关系主要体现在产品、经营场所的设置以及广告宣传上，二者均存竞争关系。❸ 法院是从以下几方面考虑的。

第一，浙江巴洛克公司和巴洛克木业公司经营的是同一种商品，且两公司大部分产品的品名、规格完全相同。自 2015 年 8 月至 2016 年，浙江巴洛克公司在全国各地开设了 48 家销售被诉侵权产品的店铺。这些店铺开设的地点或

---

❶ 一审案号：（2016）苏 05 民初 41 号，二审案号：（2017）苏民 1297 号。该案被评为 2018 年中国法院 50 件典型知识产权案例之一，具有很高的研究价值。

❷ 黄武双，黄骥，等. 美国商标案件金钱偿还数额的计算：原理与判例［M］. 北京：法律出版社，2014：10 - 15.

❸ 当事人的竞争关系在不同个案的表现形式不尽相同。除了该案的情形之外，还可以包括公司的内部文件或本行业的出版物。当事人的公司简介、营业计划、产品介绍、市场调研资料通常会涉及竞争对手和竞争产品。此外，本行业权威性的商业评论、行业报告等资料也可以用来证明当事人的竞争关系。法院也可以对比原告与被告的客户来判断双方的竞争关系。参见：黄武双，黄骥，等. 美国商标案件金钱偿还数额的计算：原理与判例［M］. 北京：法律出版社，2014：10 - 15.

与巴洛克木业公司的店铺在同一商场，或在其附近区域，且以较低的价格销售被诉侵权产品，这在客观上抢占了巴洛克木业公司的市场份额，影响巴洛克木业公司地板的销售。不仅如此，浙江巴洛克公司在全国各地的经销商使用的店铺门头字样、宣传海报、产品宣传手册、订货单等均是统一的版本，这些均系浙江巴洛克公司对经销商的统一安排与要求。导致各地消费者产生实际混淆与误认，使得原本应当由巴洛克木业公司实现的销售被浙江巴洛克公司夺取而致巴洛克木业公司遭受损失。因此，浙江巴洛克公司与巴洛克木业公司存在直接的竞争关系，由于侵权竞争导致巴洛克木业公司的业务实际转移到了浙江巴洛克公司。

毋庸置疑，因果关系的证明是有相当难度的。该案首先从被控侵权产品的特定销售区域入手，是一个很好的切入点，同时在举证上也较为容易。现实中极有可能出现的一种矛盾情形是，虽然权利人诉称被告侵权，但是权利人收入可能在整体上呈现增长趋势，如果以此来说明权利人损失明显理据不足。侵权行为的后果并不直观反映为销售量的减少，所以自证所减少的销售量并以此为依据主张惩罚性赔偿数额的做法并不为多数商标权人所采用。❶

但是可以把目光转向受到侵权行为影响严重的特定区域。如果在特定区域市场上出现萎缩，而这些萎缩就是由这些区域被控侵权产品的销售所导致的，则权利人通过这些特定区域市场的萎缩数据，一方面可以解释特定区域之所以出现销量萎缩的因果关系（侵权产品抢占相应市场份额），另一方面也可以解释权利人整体市场上的增长与特定市场的销量萎缩之间看起来似乎存在的悖论，事实上这种悖论有其存在的合理性，逻辑上完全可以进行合理的解释。

第二，考量被告统一的广告宣传。由于被告全国各地的经销商侵权的手法具有统一性，导致各地消费者产生实际混淆与误认，使得原本应当由巴洛克木业公司实现的销售被浙江巴洛克公司夺取而致巴洛克木业公司遭受损失。这时因果关系也比较容易建立起来。如果被告的广告宣传方式不是统一的，则消费者的混淆与误认就具有不特定性，不能全部归结于被告的侵权行为所导致，也有可能是经销商的个人行为所导致的。

其实，判决书中提到的直接的竞争关系，美国判例中称为"head – to – head competition"（势均力敌的竞争），在权利人与侵权人直接对抗的案件中，

---

❶ 钱玉文，李安琪. 论商标法中惩罚性赔偿制度的适用——以《商标法》第 63 条为中心［J］. 知识产权，2016（9）：63 – 64.

证明因果关系十分容易。在 Grain Processing Corp . v. American Maize – Products Co. 案中，美国联邦巡回法院认为，权利人可以通过证明双头供应市场的存在，完成对"若非"❶ 因果关系的初步举证责任。❷ 巴洛克案中存在明显的"head – to – head competition"，原被告之间有过多年的 OEM 代工合同关系，涉案时双方经营的是同一种商品，且两公司大部分产品的品名、规格完全相同，店铺选址相邻。被告与其经销商不仅在各处使用涉案标识，而且以"门迪尼巴洛克"为生活家、生活家巴洛克旗下的系列品牌进行宣传，非常容易导致各地消费者产生实际混淆与误认，使得原本应当由原告实现的销售被被告夺取而致原告遭受损失。

2. 以对比方法证明因果关系

各项数据的对比方法可以进一步证明巴洛克木业公司的实际损害与浙江巴洛克公司的侵权行为间存在因果关系（见图1）。❸

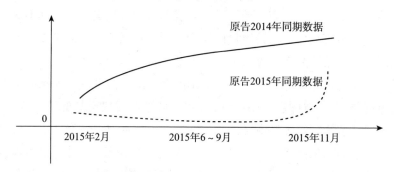

图1 2014～2015 年原告销量比对

（1）自 2015 年 2 月起，浙江巴洛克公司就与巴洛克木业公司的经销商达成协议，以低于巴洛克木业公司的价格向其经销商私下发货，订货量为 1 万平方米左右。此后，浙江巴洛克公司陆续向该经销商发货，直至被巴洛克木业公司发现。据此可知，浙江巴洛克公司的被控侵权行为至少自 2015 年 2 月已经

---

❶ 英文为 but for，意思为如果被诉侵权行为没有发生，原本可以期待出现的情况。

❷ 黄武双，黄骥，等著译. 美国商标案件金钱偿还数额的计算：原理与判例［M］. 北京：法律出版社，2014：12 – 13.

❸ 常用的证明方法是，将侵权产品开始销售之前的一段时间确定为基准期间（base period），再将被侵权产品在侵权期间的销量和基准期间进行对比；另一种方法是将被侵权商品的销量与原告其他类似商品的销量变化进行对比，如果类似商品的销量翻了两倍、三倍，而被侵权商品的销量只有略微增长甚至下降，这也可以初步证明因果关系的存在。参见：黄武双，黄骥，等. 美国商标案件金钱偿还数额的计算：原理与判例［M］. 北京：法律出版社，2014：13 – 15.

开始。巴洛克木业公司的经销商在已经向浙江巴洛克公司订货之后，自然向巴洛克木业公司的订货量就会变少。而巴洛克木业公司整年的销售收入也就是自该月开始下降。这两个时间点具有非巧合般的一致性。

2015 年 6~12 月，浙江巴洛克公司向巴洛克木业公司南京经销商、合肥经销商销售其自身产品。而在该期间，巴洛克木业公司每月的销售收入同比 2014 年都呈明显下降趋势，并且在 2015 年 6~9 月，销售收入下降的最为严重，这期间恰恰是浙江巴洛克公司同时向巴洛克木业公司南京经销商与合肥经销商供货的阶段。由此可见，浙江巴洛克公司侵权行为的介入与巴克洛木业公司销量流失之间存在很大的相关性。

（2）巴洛克木业公司为了应对浙江巴洛克公司低价销售给其经销商带来的冲击，于 2015 年 11 月第一次采取力度较大的降价措施，结果该月的销售收入成为 2015 年下半年唯一一个同比销售收入增长的月份。由此可见，巴洛克木业公司之前几个月销售收入的下降与浙江巴洛克公司低价销售被诉侵权产品具有很大的关联性。

（3）巴洛克木业公司 2015 年地板外销收入同比增长 59.4%，而同年内销收入却下降 10.71%。与同行业的大亚圣象、大自然家居等上市公司相比，巴洛克木业公司的外销增长率远远高于这两家公司，高出两三倍之巨，而其内销增长率却与这两家上市公司相去甚远（见图 2）。

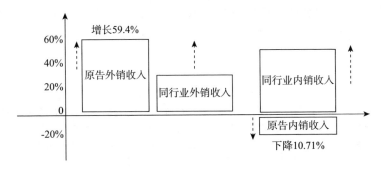

图 2 原告与同行业销量比对

（4）对比分析巴洛克木业公司自身内外销的情况以及其与同行业其他企业的情况可得，巴洛克木业公司的内部管理并非系其内销收入减少的重要变量因素，因为内外销均处于巴洛克木业公司的统一管理与经营之下，如若系因其管理不善所导致的内销减少，那么无法解释外销为何会呈大幅度增长的事实；

同理，亦可得出市场大环境并非系巴洛克木业公司内销减少的重要变量因素，因为同时期、同行业、行业地位相当的其他企业内销收入呈增长趋势，如若系市场大环境巨大波动所致内销减少，那么无法解释同时期、同行业、行业地位相当的其他企业销售收入为何会增长的事实。❶

因此，在未有相应反证的情况下，现有证据可以证实内部管理因素以及市场因素并非系巴洛克木业公司内销收入减少的重要影响因素。❷纵观该案事实，结合浙江巴洛克公司不具备从事出口业务资质的情况，因此其侵权行为不会影响到巴洛克木业公司的外销，只会对其内销产生影响，这就能很好地解释了巴洛克木业公司外销收入明显增长内销却明显下降的原因。

综上，有充分理由认为除了被诉侵权行为之外，没有证据证明有其他重大因素会导致巴洛克木业公司的销量严重受损，因此被诉侵权行为系造成巴洛克木业公司地板内销收入减少的最重要原因。从上述分析可以看出，在数据对比的过程中，举证责任是不断变化的。原告首先需要提出初步的因果关系的证据，证明原告的损失是由被告侵权行为造成的。被告会提出反驳意见，认为原告的损失系由侵权行为之外的其他因素造成的。如果被告提出了这方面的证据的情况下，原告则需要进一步证明因果关系的存在。

（三）权利人实际损失的构成与确定

与一般的赔偿案件不同，巴洛克案详细分析了权利人的实际损失，包括因销售流失而损失的利润、价格侵蚀、未来利润损失、商誉损失、合理费用等（见表1），并且讨论了惩罚性赔偿在该案的适用。

---

❶ 以上（1）至（4）的各项数据的对比方法，包括通过侵权时间点前后年份数据的对比、原告的数据与同行业其他公司同期的数据进行对比等，旨在初步证明因果关系的存在，接着再进一步论述是如何排除其他因素的干扰，以增强因果关系的合理性，因果关系才具有非常高的盖然性。

在 Lam, Inc. v. Johns – Manville Corp 一案中，法院认为："如果有关于侵权之前、之后的增长率的证据，利润的损失就不仅源自推测和猜想，而是从实际数据推理出来的结果。"参见：黄武双，黄骥，等．美国商标案件金钱偿还数额的计算：原理与判例［M］．北京：法律出版社，2014：13 – 14.

❷ 虽然内部管理因素以及市场因素影响是影响因果关系两个非常重要的变量，但是变量并不仅仅限于上述提到的两个变量，比如权利人人员的稳定性、原材料价格的稳定性等，均是可考虑的变量。权利人可以结合自身的证据，继续举证来增强因果关系的说服力。事实上，浙江巴洛克公司抗辩认为巴洛克木业公司销量减少与其无关，是因巴洛克木业公司内部管理混乱以及整个市场环境变得恶劣所致，但是这一抗辩不仅没有证据支持，而且与该案证据所体现的客观事实不相符。如果被告提出了这方面的证据的情况下，原告则需要进一步证明因果关系的存在。参见：黄武双，黄骥，等．美国商标案件金钱偿还数额的计算：原理与判例［M］．北京：法律出版社，2014：13 – 15.

表1　巴洛克木业公司实际损失的构成与确定

序号	实际损失的构成	具体内容
1	因销售流失而损失的利润	损失的利润 = 损失的销售额 × 被侵权产品的净利润率
2	因价格侵蚀而损失的利润	指侵权产品的竞争迫使巴洛克木业公司降低价格或者无法实现较高的价格而导致销售利润的损失
3	未来损失的销售利润	指未来销售流失和未来价格侵蚀导致的利润
4	商誉的损害	一旦商誉受到非法侵害，其势必导致信任利益受损，从而使得消费者拒绝与该企业继续交易，转而选择生产同类商品的其他企业
5	合理费用支出	律师费、公证费、翻译费、打印费等属于调查取证必然支出的费用，应予全额支持。对住宿费、交通费等费用根据实际支出的必要性在合理范围内予以确定

1. 因销售流失而损失的利润

因销售流失而造成的损失，是指侵权行为导致巴洛克木业公司未能实现其原本能够实现的销售业务而损失的利润。计算公式为：损失的利润 = 损失的销售额 × 被侵权产品的净利润率。❶ 巴洛克木业公司在该案中按照 10% 的净利润率进行主张，远低于同行业同类企业，也低于其经销商到庭陈述的数据。根据上述分析可得，巴洛克木业公司 2015 年销售利润实际损失的计算公式为：2015 年度比 2014 年度地板内销减少的销售收入 × 10% 的净利润率，即（4343.54 万元 × 10%）= 434.354 万元。有足够理由认定浙江巴洛克公司在 2016 年对巴洛克木业公司造成的实际损失远大于 2015 年所造成的金额。故巴洛克木业公司在 2016 年的实际损失 ≥ 2015 年的实际损失，即大于等于 434.354 万元。

综上，巴洛克木业公司在 2015～2016 年因浙江巴洛克公司被诉侵权行为所受到的因销售量减少而损失的利润至少为 868.708 万元。

---

❶ 黄武双，黄骥，等. 美国商标案件金钱偿还数额的计算：原理与判例 [M]. 北京：法律出版社，2014：15 - 20.

2. 因价格侵蚀而损失的利润❶

巴洛克木业公司因浙江巴洛克公司被诉侵权行为所受到的实际损失还包括因价格侵蚀而损失的利润。所谓因价格侵蚀而损失的利润，是指侵权产品的竞争迫使巴洛克木业公司降低价格或者无法实现较高的价格而导致销售利润的损失。❷

该案证据显示，巴洛克木业公司为了应对浙江巴洛克公司的低价销售给其经销商带来的冲击，应各经销商的要求，两次采取降价措施，降价中降幅最小的为 5 元/平方米。巴洛克木业公司在庭审中陈述自 2015 年 10 月至 2016 年上半年，其共接到降价申请约 800 单，总量约 232 万平方米。如果仅按照巴洛克木业公司降低通知中所列的降幅最小的 5 元每平方米来计算，因价格下调而损失的利润 = 232 万平方米 × 5 元/平方米 = 1160 万元，已超过 1000 万元。

3. 未来损失的销售利润

未来损失的利润，是指未来销售流失和未来价格侵蚀导致的利润。对于权利人而言，主张未来利润损失赔偿的关键在于证明，如果没有侵权行为，其可以确定地获取此种利润。一般来说，对未来损害的举证责任要高于已经发生的损害的举证责任，因为未来总是包含未知因素。❸ 在该案中，巴洛克木业公司没有就这一块损失的具体金额进行举证，因此法院对未来利润的损失也不进行具体计算，但有一点是肯定的，即巴洛克木业公司未来利润的损失确系存在。

4. 商誉的损害

商誉是指企业拥有的一种利益，源于该企业的名誉与顾客的联系以及使顾客的联系得以保持的条件。商誉的实质在于其所蕴含的消费者对于该企业的信

---

❶ 虽然巴洛克案入选 2018 年中国法院 50 件典型知识产权案例，但是以"价格侵蚀而损失的利润"作为关键词在中国裁判文书网检索，只检索到本案一件案件，司法实践中尚未见到其他案件适用。一方面是举证的难度，另一方面是"价格侵蚀而损失的利润"并不见于《商标法》及司法解释，但在前文提及的《江苏高院指导意见》第 23 条进行了积极的探索，"坚持损害赔偿的市场价值导向，综合考虑因侵权行为导致的价格侵蚀，许可费，权利人商品（服务）、侵权商品（服务）或者同期同类商品（服务）的价格、利润率，商誉损失……多方面因素，并尽可能细化并阐述赔偿标准，确定与知识产权市场价值相适应的侵权损害赔偿数额"。

❷ 黄武双，黄骥，等. 美国商标案件金钱偿还数额的计算：原理与判例 [M]. 北京：法律出版社，2014：34 – 39. "判断价格侵蚀损害时，除了侵权行为之外，其他因素也可能对原告产品价格产生影响。例如经济衰退、消费者的议价能力、供应充足的非侵权替代品等。法院应当考虑这些因素的影响，如果没有弄清其他因素对权利人历史价格的影响，就难以判定价格侵蚀的程度。"

❸ 黄武双，黄骥，等. 美国商标案件金钱偿还数额的计算：原理与判例 [M]. 北京：法律出版社，2014：39 – 41.

任利益。一旦商誉受到非法侵害，其势必导致信任利益受损，从而使得消费者拒绝与该企业继续交易，转而选择生产同类商品的其他企业。该案中，消费者从巴洛克木业公司正品经销门店中购买到了浙江巴洛克公司的地板，购买后不仅发现正品门店混售侵权产品，而且所销售的侵权产品存在质量问题，故而投诉至媒体进行曝光，最后由巴洛克木业公司的经销商赔偿消费者 25000 元。浙江巴洛克公司的被控侵权行为确实导致巴洛克木业公司商誉受损。❶

5. 合理支出费用

巴洛克木业公司提供了律师费、公证费、翻译费、打印费发票等支付凭证，共计 1 566 166 元。法院认为公证费、翻译费、打印费等属于调查取证必然支出的费用，应予全额支持。对住宿费、交通费等费用根据实际支出的必要性在合理范围内予以确定。

总的来说，巴洛克案在赔偿数额的精细化方面进行了有益的探索和实践，为如何证明权利人的实际损失提供了开拓性的思路，该案是一个非常典型的高额赔偿案件，值得我们深入研究、学习。

四、赔偿基数的确定之二：权利人因被侵权所受到的实际损失

最高人民法院司法解释规定："侵权所获得的利益，可以根据侵权商品销售量与该商品单位利润乘积计算；该商品单位利润无法查明的，按照注册商标商品的单位利润计算。"❷适用该规定的难点在于侵权商品销售量以及该商品单位利润。通常来说，被告是不会主动提交其侵权产品的销售数量及利润的，即使提供了也可能是不真实的数据，可信性不高。对于原告提出的被告违法所得的相关证据，不少法院提出，涉案知识产权对总利润的贡献率难以确定，故不能将有关证据作为赔偿额的计算依据。❸ 而原告又难以取得被告侵权产品的销售数量及利润。以下通过对上海市首例惩罚性赔偿案例的分析进一步研究。❹

---

❶ 黄武双，黄骥，等. 美国商标案件金钱偿还数额的计算：原理与判例［M］. 北京：法律出版社，2014：42-47. 权利人商誉受损害时，往往会增加成本和费用，包括纠正广告费用、未来产品责任的开支等。巴洛克案件中权利人被侵权行为造成产品质量问题，向消费者赔偿，属于因产品质量造成的开支，并且也是为了维护商誉所必须与合理的措施。

❷ 最高人民法院《关于审理商标民事纠纷案件适用法律若干问题的解释》第 15 条。

❸ 詹映. 我国知识产权侵权损害赔偿司法现状再调查与再思考——基于我国 11984 件知识产权侵权司法判例的深度分析［J］. 法律科学（西北政法大学学报），2020（1）：195.

❹ （2018）沪 0115 民初 53351 号民事判决书.

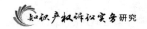

（一）关于侵权产品的销售量

原告认为即使只考虑 2017 年 10~11 月的微信销售情况，侵权产品的销售量已达 1500 件，[1] 考虑到被告还有工厂现场销售和展览会等多种销售渠道，产品的生产、销售期间不止 2 个月，其产品的实际销量应超过 1500 件，法院认可原告观点，并将该数据作为计算参数。[2]

（二）关于侵权产品的单价

被告主张其产品单价为 830~850 元，但在案公证书显示，侵权产品的单价分别为 1428 元（工厂购买）、1680 元（微信标价）和 1569 元（微信标价），被告的陈述与公证书记载的内容不符，被告对此无法作出合理解释或提供证据加以证实，故法院对被告的该主张不予采信，并将上述公证取证的单价作为计算参数。

（三）关于侵权产品的生产成本

原告根据案外人浙江扬美工贸有限公司、浙江应晓工贸有限公司提交的生产同款产品所需各种零部件的物料价格主张该案侵权产品的成本为 675.30 元/件，但被告自认为 750 元/件，考虑到产品生产还需要支出人工、经营场地等营业成本，故法院认可并采信被告关于生产成本为 750 元/件的陈述内容，并将其作为计算参数。

（四）关于被告举证妨碍

现有证据能够估算出被告的侵权获利范围，但为进一步查明侵权产品的销售获利精确数额，法院责令被告提交有关销售数据、财务账册和原始凭证，但

---

[1] 对于被告已经公开的商品销售量，在司法实践中可以作为确定赔偿金额的依据。参考江苏省高级人民法院《关于实行最严格知识产权司法保护为高质量发展提供司法保障的指导意见》第 24 条：侵权人公开的经营信息可以作为确定赔偿数额的依据。侵权人已经公开的商品销售或服务经营状况、纳税记录、营业收入或获利状况，以及其他经营业绩的信息，除该信息明显不符合常理或者侵权人提供证据推翻外，可以作为证明其侵权规模、经营业绩或获利状况等确定赔偿数额的相关依据。

[2] 如果被告存在多个侵权主体及多地侵权的，则可以将其侵权分别列出进行汇总。参见（2017）京民终 413 号民事判决书："约翰迪尔北京公司、约翰迪尔丹东公司及兰西佳联迪尔公司及其加盟店（10 家）的侵权获利为人民币 753 000 元 + 人民币 352 567 元 + 人民币 550 000 元 + 人民币 551 856 元 × 10 = 人民币 7 174 127 元；在前述计算约翰迪尔北京公司、约翰迪尔丹东公司及兰西佳联迪尔公司侵权获利的基础上按照三倍计算赔偿数额已经远远超出了迪尔公司、约翰迪尔中国公司所主张的人民币 500 万元索赔数额。因此，对于迪尔公司、约翰迪尔中国公司关于赔偿数额人民币 500 万元的诉讼请求予以全额支持。"

被告拒绝提交，其行为已构成举证妨碍。❶ 根据《商标法》第 63 条第 2 款规定，在原告已经尽力举证，而与侵权行为相关的账簿、资料主要由被告掌握的情况下，被告不提供账簿、资料的，法院可以参考原告的主张和提供的证据判定赔偿数额。

该案中，法院根据产品单位利润 = 产品售价 - 产品成本，计算得出侵权产品的单位利润在 678～930 元。再根据侵权获利 = 侵权产品销售量 × 产品单位利润，推算出被告对侵权产品的获利至少在 101.7 万～139.5 万元。❷ 在被告未提供其他证据的情况下，法院认定被告的侵权获利在 101.7 万～139.5 万元。此外，原告认为被告故意实施侵权行为，大量售卖仿冒产品且系重复侵权，属于情节严重，主张适用惩罚性赔偿标准按照被告非法获益金额的 3 倍确定被告应承担的赔偿数额。

五、赔偿基数的确定之三：商标许可使用费的确定

（一）适用商标许可使用费的顺序

如果前述的权利人的损失或者侵权人获得的利益均难以确定的，则可以参照该商标许可使用费的倍数合理确定。《商标法》第 63 条既规定了损害赔偿的计算方法，也规定了损害赔偿方法适用时的顺序。一般情况下，当事人应当按照权利人的实际损失、侵权人的获利、许可使用费、法定赔偿的顺序，提出具体的赔偿计算方法。❸ 在不能适用常规赔偿方法时，才能参照商标许可使用费的倍数合理确定侵权赔偿数额。

（二）商标许可使用费合理的判断标准

一般而言，可以作为赔偿基数的商标许可使用费需满足如下条件：许可使

---

❶ 北京市高级人民法院《关于侵害知识产权及不正当竞争案件确定损害赔偿的指导意见及法定赔偿的裁判标准（一）》规定了举证妨碍适用的适用条件、释明及后果。其中 1.28【举证妨碍的释明及后果】责令被告提供账簿、资料的，应当向其释明拒不提供或者提供虚假账簿、资料的法律后果。

❷ 被告虽然抗辩称公司生产经营规模小，销售价格也仅为 830～850 元/个，微信所称的销售数量 1500 个为夸大宣传，但被告并未就赔偿数额的计算提出自己的依据及方法，亦未提交有关涉案产品的销售数量和单位利润的证据。因此，法院对于原告的计算方法予以认可。另，参考（2019）苏民终 212 号案，法院认为"为顺应客户而随意虚报的说法，不能支持。退一步讲，即便有夸大成分，也应对自身的不诚信行为承担责任"，因此该案被告应当对其关于"微信所称的销售数量 1500 个为夸大宣传"的说法承担责任。

❸ 北京市高级人民法院《关于侵害知识产权及不正当竞争案件确定损害赔偿的指导意见及法定赔偿的裁判标准》第 1.2【赔偿计算方法及顺序】。

用合同已经过商标局备案，存在真实的商标许可使用事实；权利人提供了被许可人支付了许可使用费的支付凭证，商标许可使用合同已实际履行；许可使用的商标与权利人在案件中主张的商标一致，与本案直接相关；商标许可使用的商品或服务领域与被控侵权商品或服务的领域一致，这是参照商标许可使用费计算赔偿的事实依据；商标许可使用的地域范围和时间与侵权范围、侵权时间无明显差异，如果存在明显差异，也就不存在参照适用的可能性。❶ 北京市高级人民法院对于合理的许可使用费也给出了判断标准，与上面的考虑标准基本一致，在认定合理的许可使用费时，可以综合考虑下列因素：❷ 许可使用合同是否实际履行，有无发票、付款凭证等相应证据；许可使用合同是否备案；许可使用的权项、方式、范围、期限等因素与被诉行为之间有无可比性；许可使用费是否为正常的商业许可费用而未受到诉讼、并购、破产、清算等外在因素的影响；许可人与被许可人之间是否存在亲属关系、投资或关联公司等利害关系；其他因素。

（三） 商标许可使用费的合理性

商标许可使用费数额明确、合理。参照商标许可使用费倍数的赔偿方法的计算基数是商标许可使用费，这就需要权利人提供明确的或可供计算的商标许可费数额。商标许可使用费数额还要有一定的合理性，以其作为计算依据所得出的赔偿数额不会明显高于侵权者对权利人可能造成的损失。确定商标许可使用费后，应当基于侵权者的情节酌定"倍数"。❸ 这些情节包括侵占者的主观恶意、侵权行为持续时间、侵权规模、权利人的商标知名度等。

在参照许可使用费计算赔偿数额时，应该认真审核相关许可使用合同的真实合法性及其实际履行情况，即审查相关合同何时签订、许可费用是否合理、实际履行的发票、转账记录等，不能仅以许可使用合同签订双方并无争议为由认定许可使用费，防止原告为了获得高额赔偿而提供虚假的许可使用合同。❹

---

❶ 欧阳福生. 参照商标许可使用费倍数确定商标侵权赔偿额的司法适用 ［J］. 中华商标，2017 （10）：14 – 17.

❷ 北京市高级人民法院《关于侵害知识产权及不正当竞争案件确定损害赔偿的指导意见及法定赔偿的裁判标准》1. 9【合理的许可使用费】。

❸ 北京市高级人民法院《关于侵害知识产权及不正当竞争案件确定损害赔偿的指导意见及法定赔偿的裁判标准》1. 19【惩罚性赔偿的"倍数"】：标准惩罚性赔偿的"倍数"，可以不是整数。

❹ 关于《广东法院"探索完善司法证据制度破解知识产权侵权损害赔偿难"试点工作座谈会纪要》的起草说明，2013 年 5 月 17 日。

（四）商标许可使用费的可参考性

在确认相关许可使用合同是真实可信的基础上，可以结合具体案情与许可使用费的可比性，充分考虑正常许可与侵权实施在实施方式、时间和规模等方面的区别，并体现侵权赔偿金适当高于正常许可使用费的精神，作出合理的判赔决定。❶也就是说，法院对于原告提交的商标许可费并不是当然采纳，需要考虑具体案情以及商标许可费的可比性问题。如在钱柜企业股份有限公司诉烟台华畅兄弟娱乐有限公司侵害商标权纠纷一案❷中，原告于 2012 年、2013 年授权北京钱柜娱乐有限公司、上海钱汇文化娱乐有限公司、上海钱源娱乐有限公司、北京宜禾钱柜娱乐有限公司使用涉案系列商标，每年的商标许可费从70 万元至 90 万元不等，原告据此主张 50 万元的赔偿金额。

一审法院认为，钱柜公司在一审庭审中提交了"钱柜"系列注册商标的许可使用合同，其中被许可人均位于北京、上海等一线城市，经济发达且消费水平较高，而该案烟台华畅公司的经营场所所处区域的经济环境、消费水平与上述地区情况不同，故不应直接采用钱柜公司提交的商标许可使用合同来确定商标许可费数额。一审法院综合考虑涉案商标的知名度、烟台华畅公司的经营模式、经营时间、侵权行为的性质、后果及钱柜公司为制止侵权行为支出的合理费用等因素酌情确定赔偿数额为 5 万元。

二审法院认为，虽然钱柜公司一审中为证明其商标许可费提交了一系列证据，但其商标许可费均系 2013 年之前的标准，其未能提交被诉行为发生时（2015 年）的商标许可费标准，且被许可人均位于北京、上海等一线发达城市，与烟台华畅公司所处地域的经济发展水平有较大差异，所以一审法院认为不应直接采用钱柜公司提交的商标许可使用合同来确定商标许可费数额并无不当。

可见，法院在考虑商标许可费时，不但对地域进行可比性分析，同时还对时间进行可比性分析。该案由于商标许可使用费涉及的商标、许可时间、许可地域均有不同，存在较大的差异，最终法院并没有完全按照原告提供的商标许可使用费进行判决，原告虽然主张 50 万元的赔偿金额，法院最终酌定判决 5 万元。如果被告所在的区域与原告商标许可使用的区域较为接近，则商标许可

---

❶ 关于《广东法院"探索完善司法证据制度破解知识产权侵权损害赔偿难"试点工作座谈会纪要》的起草说明，2013 年 5 月 17 日。

❷ （2018）鲁民终 65 号民事判决书.

使用费具有较高的参考价值。❶

（五）商标使用许可费的参考价值

虽然如上所述，原告提供的商标使用许可费因各种原因可能不具有可比性，但是不影响商标使用许可费的参考价值，❷ 法院可以将该费用作为法定赔偿的考虑因素之一。

在北京同仁堂股份有限公司诉李永祥侵害商标权纠纷一案❸中，北京同仁堂股份有限公司与同仁堂（集团）公司签订《"同仁堂"商标使用许可合同》，双方约定同仁堂（集团）公司将 9 个"同仁堂"系列商标许可北京同仁堂股份有限公司使用在注册商标核准使用的商品和服务上；2013 年商标许可使用费为人民币 2 031 700 元。该许可合同附件为许可使用的药品明细，其中包括"安宫牛黄丸"在内共计 30 种药品。北京同仁堂股份有限公司与同仁堂（集团）公司签订的商标许可使用合同涉及 9 个商标、30 种药品，而案件仅涉及 1 个商标、1 种药品，因此难以参照商标许可使用费计算赔偿金额。

该案虽不适用商标许可费倍数计算赔偿金额，但商标许可费在一定程度上说明涉诉商标的市场价值，法院在确定赔偿金额是可予以参考，最终法院判决被告赔偿数额为人民币 60 万元。

六、惩罚性赔偿构成要件中的"恶意"❹

（一）"恶意"的学界观点

就立法概念而言，"恶意侵权"本身并不是一个具有严密逻辑性的法律用

---

❶ 在（2017）粤 06 民终 280 号案中，佛山市中级人民法院认为："虽然由于消费能力和消费水平的不同而导致不同地域的服务商标的许可费可能存在不同，不能直接以钱柜股份公司所提交的北上广等城市的商标使用许可合同约定的许可费确定本案赔偿数额，但该商标使用许可费一定程度上体现了涉案商标的市场价值，且中诚公司所处的佛山市三水区处于珠三角，属于经济较发达地区，故上述商标使用许可合同所约定的许可费也具有一定的参考作用。"

❷ 此处的参考价值是针对有偿许可而言。如果商标使用许可是无偿许可的，则对赔偿金额的确定无参考价值。参见（2018）黑民终 278 号民事判决书，"中粮集团许可中粮置业投资有限公司等关联企业使用涉案商标的方式均为无偿许可，本案也无合理的许可使用费可供参照"；（2019）云民终 59 号民事判决书，"原告提交的商标许可使用合同系企业集团内部的免费许可，对本案赔偿金额的确定无参考价值"。

❸ （2017）粤 73 民终 140 号民事判决书.

❹ 根据《民法典》第 1185 条规定"故意侵害他人知识产权情节严重的被侵权人有权请求相应的惩罚性赔偿。"本文撰写时，《民法典》尚未通过，故仍沿用《商标法》关于惩罚性赔偿构成要件中的"恶意"，以及研究司法实践中对"恶意"的界定。

语，需要结合行为人的主观心态和侵权情节进行综合判断。❶ 大多数学者认为，此处的"恶意"系指"故意"。有学者认为，侵害知识产权的惩罚性赔偿责任应当以行为人故意为要件，因为从惩罚性赔偿的产生和发展来看，由于惩罚性赔偿具有加重责任的性质，因此为了防止被滥用，或给行为人施加过度责任，自惩罚性赔偿产生以来，就一直以故意为要件。❷

《商标法》第63条没有规定"故意"，而是"恶意"，二者有无区别？有学者认为，故意和恶意确实存在区别，但是二者均是指明知行为侵权而故意为之，即明知故犯。❸《民法典》第1185条规定：故意侵害他人知识产权，情节严重的被侵权人有权请求相应的惩罚性赔偿。

可见，《民法典》已经采纳了学术界中的主流观点，将"恶意"调整为"故意"。事实上也和司法实践中的观点是一致的。

有学者从语义上分析，"恶意"是一种较"故意"更具可责性的主观心态。所谓"故意"，特指行为人对行为可能产生的危害结果具有清醒的认识，并且希望或放任危害结果的发生；与之相比，"恶意"则更加强调行为人在实施行为过程中的不良居心或坏的用意，由于恶意侵权人对权利人利益的损害具有明确的指向性，这使得"恶意"与故意侵权中希望或主动追求危害结果发生的心态大致对应。❹ 还有学者认为，"恶意"与"故意"都是当事人有意识的主观意图，明知不应或不必这样做而这样做。只是"恶意"行为者在做其行为时还怀有不良的居心和坏的用意，其程度更甚。❺

可见，目前在学界比较一致的看法是，从知识产权惩罚性赔偿的制度目的来看，惩罚性赔偿制度的主要功能是为了针对恶意侵权且情节严重的侵权行为，只有对那些极为恶劣的商标侵权行为才能适用惩罚性赔偿。侵害知识产权惩罚性赔偿的主观要件不应当包括"重大过失"。如果将"重大过失"纳入主观恶意的构成要件，则可能导致几乎所有的侵害知识产权行为都有可能符合惩罚性赔偿的要件，可能会不当扩大惩罚性赔偿规则的适用范围，也会使得对惩

---

❶ 徐聪颖. 知识产权惩罚性赔偿的功能认知与效用选择——从我国商标权领域的司法判赔实践说起 [J]. 湖北社会科学，2018（7）：148-149.

❷❸ 王利明. 论我国民法典中侵害知识产权惩罚性赔偿的规则 [J]. 政治与法律，2019（8）：95-105.

❹ 徐聪颖. 制度的迷失与重构：对我国商标权惩罚性赔偿机制的反思 [J]. 知识产权，2015（12）：45-46.

❺ 曹新明. 知识产权侵权惩罚性赔偿责任探析——兼论我国知识产权领域三部法律的修订 [J]. 知识产权，2013（4）：7-8.

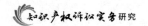

罚性赔偿主观要件的限制形同虚设，不符合《商标法》的立法本意。

（二）司法实践对于"恶意"的认定

在司法实践中，目前也基本采取"故意"之标准。北京市高级人民法院认为，"恶意"应当仅限于"明知"即故意而为，虽然注册商标经申请核准注册后具有公示性，诚实信用的市场主体应当主动避让，但是一般而言被控侵权人从事侵犯商标专用权的行为主观上存在过错，并不当然能够认定为"故意"。❶ 并且其采取了列举式的方式对以下"恶意"的情形进行认定，❷ 具体包括：被告或者其控股股东、法定代表人等在生效判决作出后，重复或变相重复实施相同侵权行为或不正当竞争行为；被告或者其控股股东、法定代表人等经权利人多次警告或受到行政机关处罚后，仍继续实施侵权行为或不正当竞争行为；假冒原告注册商标；攀附原告驰名商标声誉、抢注原告驰名商标；被告在相同或类似商品上使用原告驰名商标；原告与被告之间存在劳动、劳务关系，或者具有代理、许可、经销、合作等关系，或者进行过磋商，被告明知他人知识产权存在；被告存在掩盖被诉行为、伪造或毁灭侵权证据等行为；被告拒不履行行为保全裁定；其他情形。《江苏高院指导意见》第26条关于惩罚性赔偿的规定中也是同样采取"故意"的认定标准，并且以列举式的方式列出了以下"故意"情形：侵权人在权利人发出侵权警告函或通知后无正当理由继续实施侵权行为；侵权人与权利人或其被许可人之间的代理、许可、合作关系终止后未经许可继续实施相关行为；侵权人不履行行为保全裁定继续实施相关行为；侵权人在法院或行政机关对相同行为作出判决或处罚决定后继续实施相同侵权行为；侵权人以侵权为业，不断变换公司名称或新设立公司实施侵权行为；侵权人故意攀附驰名商标声誉抢注相同、近似商标或者实施其他商标侵权行为等情形。

总之，北京市高级人民法院在认为"恶意"时指"直接故意"。

（三）典型案例中的"恶意"认定

在不同的案件中，被告恶意的表现形式各不相同，以下通过案例进一步加以说明。

---

❶ （2017）京民终413号民事判决书.

❷ 北京市高级人民法院《关于侵害知识产权及不正当竞争案件确定损害赔偿的指导意见及法定赔偿的裁判标准》1.13【惩罚性赔偿的适用条件】、1.15【惩罚性赔偿"恶意"的认定】.

如在巴洛克案❶中，法院从以下情节判断恶意侵权：浙江巴洛克公司和巴洛克木业公司有过多年的 OEM 代工合同关系，在双方合作期间以及合同解除后，浙江巴洛克公司从事针对涉案商标的侵权行为，其主观上系基于对涉案商标的了解，恶意从事侵权行为谋取该商标所蕴含的商业利益。浙江巴洛克公司在巴洛克木业公司已向其发出侵权警告后仍继续实施侵权行为；并且其在全国各地的多家经销商因商标侵权和不正当竞争被当地的市场监督管理局予以了行政处罚，其依旧不停止侵权行为。在法院禁令送达之后，浙江巴洛克公司拒不履行已经发生法律效力的裁定，继续在其生产、销售的地板上以及网站上使用为禁令所禁止使用的标识。最终法院认定浙江巴洛克公司不顾权利人的侵权警告，无视行政部门的行政处罚，拒不履行法院的生效裁定，侵权恶意极其严重。

又如在浦东法院首例惩罚性赔偿案❷中，浦东法院从以下两个方面来考虑被告的恶意情节：一是被告使用的侵权标识与原告的权利商标标识完全相同，且二者使用于相同产品上，产品的款式、颜色、商标的标识位置等几乎完全相同，此种全面摹仿原告商标及产品的行为足见被告侵犯原告商标权、攀附原告商誉的意图十分明显。二是被告早在 2011 年已因出口西班牙的产品涉嫌侵权而被原告发函警告，在原告多次沟通之后，被告最终签署和解协议，承诺今后不会从事任何可能侵犯或妨碍原告所拥有的知识产权的活动，但时隔几年之后，被告再次被发现生产销售侵犯原告注册商标专用权的产品。被告此种不信守承诺、无视他人知识产权的行为，是对诚实信用原则的违背，侵权恶意极其严重。

该案是上海首例知识产权侵权惩罚性赔偿案件，对同类案件的审理具有重要的参考价值，充分体现了人民法院为加大惩罚性赔偿适用力度的司法导向。

七、惩罚性赔偿构成要件中的"情节严重"

《商标法》并没有对"情节严重"作出明确的界定，一般来说，情节严重是在恶意侵权的情况下有别于一般的商标侵权行为，因此情节严重和主观恶意之间具有法律上一定的关联关系。"恶意"与"情节严重"的关系可以理解为并列关系，这是因为"恶意"与"情节严重"分别描述的是侵权行为的主观方面和客观方面，即说明商标侵权惩罚性赔偿所规制的是侵权行为在主观方面

---

❶ （2017）苏民终 1297 号民事判决书.
❷ （2018）沪 0115 民初 53351 号民事判决书.

应具有"恶意",在客观方面应具有"严重的侵权情节"。❶ 主观和客观要件相互结合，才使得侵权行为受到惩罚具有正当性。单纯考虑主观要件或客观要件，就过于片面和绝对。❷ 主观恶意越大，往往其侵权的情节就越严重，给权利人造成的损失越大。

（一）"情节严重"的理论认识

在恶意侵权主观故意之外增加情节严重作为惩罚性赔偿要件，可以区别于一般的故意侵权案件，有利于防止惩罚过度、泛化、确保"罚当其责"。对故意侵害知识产权的行为应当进行惩罚，但应当做到"罚当其责"。❸ 在侵害知识产权的情形下，仍应当贯彻损害填补的一般原则，如果不要求情节严重，而仅要求行为人故意，则可能导致惩罚性赔偿规则适用的泛化。这显然不符合惩罚性赔偿的制度功能，也可能不当加重行为人的负担。❹

因此，在适用侵害知识产权的惩罚性赔偿规则时，应避免惩罚性赔偿的泛化。其首要考虑的是行为人主观上是否具有故意，继而对行为人的行为方式、所获利益，受害人所遭受的损失等综合进行考量，这样才能做到"罚当其责"。行为人虽然有侵权的故意，但如果行为人的行为方式并不恶劣或没有造成严重的损害后果等，则按照损害填补的一般规则，由行为人承担实际损失赔偿责任，即可有效填补受害人的损害，而没有必要适用惩罚性赔偿规则，否则可能会不当加重行为人的负担，影响知识的流通与再创造。❺

（二）司法实践对"情节严重"的认定

在司法实践中，情节严重一般是指被控侵权人从事的侵犯商标专用权的行为从方式、范围、所造成的影响等方面均对权利人产生了巨大的损失与消极影响。❻ 情节严重虽然难以量化，但是可以从数量方面得到体现。❼

---

❶ 杨方程．完善知识产权惩罚性赔偿数额确定的路径思考［J］．贵阳学院学报（社会科学版），2018（8）：73-74.

❷ 王利明．论我国民法典中侵害知识产权惩罚性赔偿的规则［J］．政治与法律，2019（8）：101.

❸ 徐聪颖．知识产权惩罚性赔偿的功能认知与效用选择［J］．湖北社会科学，2018（7）：153-157.

❹❺ 王利明．论我国民法典中侵害知识产权惩罚性赔偿的规则［J］．政治与法律，2019（8）：101-102.

❻ （2017）京民终413号民事判决书．

❼ 贵州省高级人民法院杨方程法官认为可以从如下几个方面予以考虑：一是侵权手段恶劣造成物质、精神或者商誉等方面重大损失；二是侵权时间长（如1年以上）或多次侵权的（3次以上）；三是侵权人因侵权获得非法利益巨大的（参照数额巨大标准如30万元以上）；四是经行政处罚或法院判决后再次侵权的。参见：杨方程．完善知识产权惩罚性赔偿数额确定的路径思考［J］．贵阳学院学报（社会科学版），2018（4）：71-72.

北京市高级人民法院对于侵害商标权"情节严重"的认定采用了列举式的方式进行说明。❶ 具有下列情形之一的，可以认定为侵害商标权的情节严重：完全以侵权为业；被诉行为持续时间长；被诉行为涉及区域范围广；侵权获利数额巨大；被诉行为同时违反了食品、药品、医疗、卫生、环境保护等法律法规，可能危害人身安全、破坏环境资源或者严重损害公共利益；其他情形。

因此，一般情况下可以通过多种证据来证明被告侵权行为的"情节严重"，不同案件有不同的"情节严重"标准，比如侵权人侵权行为持续时间较长、重复性侵权、以侵权为业，或者给权利人造成的损失比较大，或者产品的质量比较差，粗制滥造，严重损害消费者的利益等，都是判断行为人侵权"情节严重"的重要参考。

需要特别注意的是，对涉及食品、药品、危险品、种子等商品的知识产权侵权或犯罪行为，法院依法从重处理。❷ 在（2016）苏民终718号案中，江苏省高级人民法院认为：被控侵权产品涉及公众安全，应严厉打击销售涉案假冒产品的侵权行为。涉案产品为低压电气产品，郑某某始终未能提供涉案假冒产品的真实来源，故存在重大安全隐患。如不能有效遏制此类侵权行为的持续发生，显然不利于保障社会公众安全，也不利于市场的健康有序发展。

在（2017）苏民终220号案中，江苏省高级人民法院为，涉案产品为复合肥料，属于农业生产必需的农资产品，不仅仅关系到农产品的安全，更关系到农民的切身利益和人民群众身体健康与财产安全，而假冒伪劣复合肥料农资产品是农民群众反映强烈的突出问题。对于此类"傍名牌"，以国产复合肥料冒充进口复合肥料等坑农害农的行为应予以重点打击，加大赔偿力度，从而保障农业发展和农产品的安全，维护农民的合法权益，净化农资市场环境。

（三）典型案例中的"情节严重"认定

（1）约翰迪尔案❸。在该案中，法院从以下四个方面来考虑惩罚性赔偿的"情节严重"适用条件：被告在辽宁、黑龙江、新疆、北京均有销售网络；被告实施的被诉侵权行为方式多样，不仅在相同或类似商品上使用涉案

---

❶ 北京市高级人民法院《关于侵害知识产权及不正当竞争案件确定损害赔偿的指导意见及法定赔偿的裁判标准》1.16【侵害商标权"情节严重"的认定】。

❷ 江苏省高级人民法院颁布了《关于实行最严格知识产权司法保护为高质量发展提供司法保障的指导意见》第34条。

❸ （2016）京73民初93号民事判决书，（2017）京民终413号民事判决书.

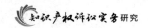

商标，通过域名、企业名称等方式使用涉案商标；被告还通过注册商标的方式复制、摹仿、翻译驰名商标，同时，涉及的侵权商标众多，且在商标侵权的同时实施了多种不正当竞争行为，属于商标、不正当竞争全方位侵权；原告主张涉案商标的显著性、知名度以及涉案被控侵权行为所造成的损害后果的严重性。

（2）浦东法院首例惩罚性赔偿案❶。在该案中，浦东法院从四个方面来考虑惩罚性赔偿的"情节严重"适用条件：被告在 2016 年的销售总额已达 800 余万元，该案中被告通过微信商城、微信朋友圈、工厂、展览会等线上、线下多种渠道进行侵权产品的推广和销售，产品被售往厦门等省市，可见被告的生产经营规模较大、产品销售渠道多、涉及地域范围广，侵权行为影响较大；被告的侵权行为不仅造成市场混淆，而且侵权产品存在脱胶的质量问题，会使得消费者误购并误认为原告的产品存在质量问题，会给原告的商业信誉带来负面评价，侵权后果较为严重。综合上述情节，法院认定被告的主观恶意明显、侵权情节严重，应加大对被告的惩罚力度，故确定 3 倍的惩罚性赔偿比例。

（3）巴洛克案❷。在该案中，法院从以下三个方面来考虑惩罚性赔偿的"情节严重"适用条件：基于浙江巴洛克公司与巴洛克木业公司有过多年的合作关系，因此，浙江巴洛克公司的行为给巴洛克木业公司造成的损害后果比其他普通主体的侵权行为更为严重；浙江巴洛克公司在全国各地开设门店进行销售，销售网络遍布全国 15 个省份，侵权规模巨大；浙江巴洛克公司与经销商之间的业务往来不通过公司账户进行结算，而是直接通过私人账号进行，这使得公司成了个人获得非法利益的工具。

（4）小米案❸。2019 年 12 月，小米与中山米家电器有限公司（已更名）等相关方的侵害商标权及不正当竞争纠纷一案尘埃落定，江苏省高级人民法院二审判决裁决，小米终审胜诉，将获 5000 万元赔偿，这是近三年国内已公开商标侵权判决中的最高赔偿。在该案中，法院从以下五个方面来考虑惩罚性赔偿的"情节严重"适用条件。

一是从销售情况看，京东网、淘宝网、苏宁易购、1 号店、拼多多等电商

---

❶ （2018）沪 0115 民初 53351 号民事判决书.

❷ （2017）苏民终 1297 号民事判决书.

❸ （2019）苏民终 1316 号民事判决书.

平台的 23 家店铺均销售被告中山奔腾公司、独领风骚公司制造的被控侵权产品，其中既有两被告的自营店铺，也有两被告自认为其经销商的店铺，另有其他店铺。被告中山奔腾公司还在线下实体经营场所直接销售被控侵权产品。销售两被告生产的被控侵权产品的店铺数量众多，销售范围广、数量多，产品种类多样，销售额巨大。

二是从两被告实际的经营行为看，被告中山奔腾公司在与余姚智米生活电器有限公司签订的合作协议中，约定了每年 29 万台产品的销售量，且其约定"小米生活"商标的转让价不低于 2000 万元，说明该标识可为其带来的巨额利益。

三是从原告案涉商标的知名度和显著性看，原告的案涉"小米"商标在被告申请注册"小米生活"商标前已达驰名程度，具有较高的市场知名度、美誉度和影响力，具有较强的显著性。

四是从被告的侵权行为看，被告中山奔腾公司侵权的意图明显，其从原告注册、使用"小米"商标后即摹仿该商标，申请注册"小米生活"商标，其后又申请注册原告已注册的"米家"等商标，使用与原告宣传语近似或基本相同的宣传语，使用与原告配色相同的配色，申请与原告商标近似的域名。

五是被告独领风骚公司虽注册成立的时间较晚，但其与被告中山奔腾公司间存在股东、法定代表人和业务上的关联关系，其使用与原告的"米家"商标相同的字号，使用被告中山奔腾公司注册的侵犯原告商标权的域名，两被告全面摹仿原告及其商标、产品，企图使相关公众误认为其与原告间存在某种特定的联系或商标许可使用关系，并且实际已使用造成混淆。

结　语

惩罚性赔偿的三个构成要件目前仅在《商标法》第 63 条有一个原则性的论述，但是在司法实践中如何具体运用还有一定的困惑，如何具体界定还需要进一步明确。调查研究发现，从近三年新《商标法》的施行情况看，惩罚性赔偿机制在司法层面的运行并不如预想的那样顺畅，适用惩罚性赔偿的案件非常少。总体而言，法院对商标权领域惩罚性赔偿的运用仍缺乏较为统一的认知。❶

---

❶　徐聪颖. 知识产权惩罚性赔偿的功能认知与效用选择——从我国商标权领域的司法判赔实践说起［J］. 湖北社会科学，2018（7）：145－148.

正如有学者提出的那样，在三个构成要件中，虽然目前学界和司法实务界对何谓"侵权恶意"与"侵权情节严重"的认知困惑也会在一定程度上对惩罚性赔偿的适用产生不利影响，但真正对惩罚性赔偿机制的运行构成现实障碍的乃是上述三种赔偿数额认定方法在司法实践中面临的适用困境。❶ 对此，笔者深感如是，在司法实践中大量的被告恶意案件难以适用惩罚性赔偿的主要原因，就是上述三种赔偿基数都非常难以举证。权利人要证明自己的损失，需要证明被告侵权行为与权利人损失之间存在因果关系，这需要充分的证据才足以证明。❷ 被告的获利就更加难以证明，权利人通常无法获得被告的财务账册，即使被告提供账册也未必可信。

商标权人在适用"许可使用费的合理倍数"时也同样面临困境。由于许可费的数额与许可方式，许可使用的范围，许可使用规模、期限以及许可双方的权利义务关系等因素密切相关，法院通常会对原告方主张的许可使用费的合理性产生怀疑，进而排除对该种赔偿方法的适用。❸

笔者认为，在适用惩罚性赔偿时，最核心的还是证据，无论是赔偿基数的确定，还是"恶意""情节严重"均需要充分证据才能得到支持。因此，律师在代理过程中必须穷尽调查取证手段，积极举证，对于确因客观原因不能自行收集的证据，应当及时申请法院出具调查令或者申请适用举证妨碍制度，最大程度克服权利人举证难的问题，积极向法院提供证据。同时，建议最高人民法院综合考虑、系统总结学术界的研究成果、各级法院的审判经验，尽早出台惩罚性赔偿的司法解释，加大知识产权的保护力度。

---

❶ 徐聪颖. 制度的迷失与重构：对我国商标权惩罚性赔偿机制的反思［J］. 知识产权，2015（12）：39－41.

❷ 陈建南. 知识产权高额索赔难点之——权利人的实际损失［J/OL］. 道方图说，2019（12）. https://mp.weixin.qq.com/s/7kn7MtzqAAbFmMn3qMONzg.

❸ （2015）浙甬知终字第55号案. 在该案中，江西开心人公司上诉主张应按商标许可使用费的合理倍数来确定该案赔偿数额宁波中院认为，江西开心人公司未在宁波开设实体药店系事实，且根据上诉人提供的证据不足以证明江西开心人公司在城市之光开心人公司被诉侵权时间段通过互联网进入宁波市场经营。退一步讲，即使在被诉侵权时间段江西开心人公司通过互联网对宁波市场有所涉及，但"开心人大药房"注册商标在宁波地区的知名度和市场信誉与江西及其他地区仍不相同。江西开心人公司提供的特许经营合同系许可他人在江西省九江县内的涉案商标独家许可，且从特许经营协议的内容看，江西开心人公司对加盟商负有较多管理协助义务，而该案并未涉及，故特许经营协议与该案不具有可比性和关联性，原审未予采信并无不当。

后　记

出版一本专业书籍，相信在每个热爱文字的专业律师心中，都是追寻已久的梦想。

我一直都有这个梦想，也觉得它是有希望实现的。相比很多同行无暇撰写文章，这么多年来，方图团队一直都在坚持写作，也获得了不少的认可和奖励。我记得，自己在实习律师期间撰写的关于商标确认不侵权的论文曾获得佛山律师论文一等奖，当时内心获得的那种满足感和成就感，激励着自己每每遇到疑难的专业问题时，就通过写文章的方式来梳理思路，论证观点。我多年的搭档陈建南律师，恰好也是一位热爱专业研究和撰写文章的律师，从2007年开始他的专业论文就源源不断地在全国知识产权律师论坛上获奖，很多知识产权法官都对他的论文赞不绝口。还有合作超过9年的合伙人荷花律师，更是一位妙笔生花的律师，不仅公号文章粉丝遍布全国，而且专业论文多次获得省级、国家级奖项。这么热爱且擅长写作的团队，一起来做写书这件事情，应该没有问题吧。

但是，这个梦想的实现仍然是十分曲折的。

早在2017年，我们就开始嚷嚷着出版事宜，2018年立项并列入律所计划，但是直到2020年才真正落实完成。这里面有好多原因。比如，写论文是一件特别费心费时的事情，加之实务经验和专业研究功底的因素，大部分论文撰写任务实际上都落在合伙人身上，恰好合伙人又是律所最为忙碌的人：忙着盯案件关键节点，忙着制作法律服务方案，忙着指导新人，忙着统筹安排调查取证，忙着见客户，忙着做计划中的律所活动，等等。忙起来，似乎每一件事情都要比写论文来得紧急和重要，于是，写论文就变成一个一直在拖延中的事项。又比如，虽然我们以前写过多篇文章，但是部分文章由于年份久远，观点和论据早已发生诸多变化，需要进行较大的修改，才能让读者不至于陷入误

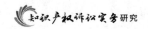

区，且能让读者在文章中获得最前沿的信息和观点解读。这种修正工作往往不亚于重新写一篇文章。于是，很多次想动笔，却又被这前路的困难给阻绊，停在那里了。

感谢我的大学同学兼室友何荣华博士。在毕业 17 年后，我们竟然因为同在知识产权领域而重新会聚在了一起，而她这位师从我国著名知识产权专家吴汉东教授的博士，自然成了我们书籍出版项目的最好负责人。

让专业的人做专业的事情，这句话实在是太对了。方图之前一直未能推进书籍出版项目，就是因为缺乏像她这样的专业人才。相比律师对于论文撰写和书籍出版的浅薄认识，已经在高校从事多年知识产权教学科研工作，并已具有副教授职称的何博士，有已完成待出版的专著和多篇公开发表的论文成果。她非常了解出版社对于专业文章的体例及内容、引用及注释的要求，能对每一篇论文的撰写和修改进行很好的指导和规范。而当有一个专人来推进这个项目之后，书籍出版才算真正进入正轨。我们召开了书籍出版会议，分配了文章撰写任务，列出了详细的撰写指引。但在实施的过程中，进展仍然很慢，大家很快再次陷入各种忙碌而不记得写文章的困境。于是，我们再次开会，明确文章撰写时限，打消项目负责人不好意思催促的顾虑。此后在方图书籍出版群中，每周都有跟进，文章成果陆续出现，不管业务如何忙，大家终于抽出时间完成各自的分工了。

同时，感谢梁楚婷同学，她是暨南大学知识产权专业的在读研究生，也是方图律所的实习生，负责协助催促进度和收稿。有那么一个月，我每周都会收到她的信息，贴心地提醒我当周要完成的任务，真正起到了协助项目推进的作用。

此次，还有很多年轻的同事也参与了书籍撰写工作，这是方图向来的行事风格，不追求个人英雄主义，群策群力认真完成一件又一件事情。每一个人自有一分光和热，集中起来就是一团绚丽的火焰。感谢这次参与书籍撰写工作的各位同事，大家不管是前期写作，还是后期修改，都非常认真尽力，真正体现了专业人士的能力水平和责任态度。

感恩我们的团队，这只是一个开始。方图的路还很漫长，我们希望用一篇一篇的文章，一本一本的书籍，方方面面地记录方图的成长轨迹。当我们最终老去，有一天翻开这些文字，会感受到自己律师生命的意义。

何　俊